CONCORSO SCUOLA
STRAORDINARIO TER

Manuale per la prova scritta e orale

Portalba
Editori.

ConcorsiPortalba

Il progetto della collana "Concorsi Portalba", edita Portalba Editori® nasce dall'idea di offrire una valida risposta alle esigenze e criticità sollevate dal pubblico sempre più vasto degli aspiranti concorsisti, in specie quelli a digiuno di nozioni giuridiche, nell'affrontare lo studio delle materie oggetto dei vari bandi di concorso.

Pertanto, proprio partendo da questa postulata necessità, si è scelto di trattare in maniera mirata e schematica i contenuti scientifici delle materie interessate, declinando un impianto di tipo nozionistico e prediligendo piuttosto un'accurata e ragionata analisi degli argomenti ritenuti "strategici".

Questo approccio metodologico inoltre è costantemente accompagnato da un' attenta opera di osservazione delle banche dati ufficiali e, soprattutto, è affiancato dallo studio degli indirizzi che promanano da un legislatore sempre più prolifico, garantendo così un prodotto aggiornato e di alta qualità .

Il risultato è un supporto per lo studio agile e soprattutto idoneo a consentire ai lettori un apprendimento immediato della materia oltre che una facile memorizzazione dei concetti chiave finalizzati al superamento delle prove concorsuali, scritte ed orali. Infine, grazie al formidabile lavoro di sintesi dei nostri esperti collaboratori, viene altresì traguardato l'obiettivo bidimensionale di offrire un prodotto a bassissimo impatto ambientale ad un prezzo accessibile a tutti.

I nostri riferimenti social

Sito: www.portalbaeditori.it

Indirizzo e-mail: info@portalbaeditori.it

Facebook - gruppo: Materiale per Concorsi

Facebook - pagina: Portalba Editori

Instagram: Portalba Editori

Tik Tok: Portalba Editori

Prefazione

Questo Manuale si rivela un'indispensabile guida per raggiungere il grado ottimale di preparazione funzionale al superamento delle prove, scritta ed orale, previste dal Concorso Straordinario Scuola.

Al fine di rendere agile lo studio e veloce l'apprendimento delle materie interessate la struttura del volume è schematica ed è suddivisa in cinque *Parti* rispettivamente concernenti: la funzione del docente alla luce dei recenti **sviluppi normativi** le competenze pedagogiche, le competenze psicopedagogiche, le metodologie didattiche, le competenze relazionali e per l'inclusione, la legislazione scolastica.

Inoltre si è tenuto conto degli ultimi indirizzi ministeriali, in particolare dando conto alle seguenti novità:
- il nuovo **CCNL del Comparto Istruzione e Ricerca** (ipotesi sottoscritta il 14-7-2023) che ha previsto lo svolgimento a distanza delle attività funzionali all'insegnamento;
- le direttrici MIM (29-6-2023) relative alla **riforma del sistema di valutazione**;
- la nota prot. 11-4-2023 n.1589 con la quale il Ministero dell'Istruzione e del Merito (MIM) ha trasmesso alle scuole le **Linee di indirizzo per favorire il diritto allo studio delle alunne e degli alunni che sono stati adottati**;
- le **Linee guida per la riforma dell'orientamento scolastico - 2023** (D.M. 22-12- 2022, n. 328), riforma prevista dal Piano Nazionale di Ripresa e Resilienza (PNRR):

Il volume si correda, in chiusura, di una preziosa Appendice contenente una Guida alla progettazione efficace dell'UdA e della lezione inclusiva, con relativi modelli esemplificativi, utile per superare il test specifico (lezione simulata) richiesto alla prova orale.

Disponibili nella sezione online 400 quiz per mettersi alla prova.

Indice

Capitolo Secondo

Parte Terza
LE COMPETENZE PSICO-PEDAGOGICHE

Capitolo Primo
Psicologia dello sviluppo 143

Parte Quarta
METODOLOGIE DIDATTICHE E COMPETENZE SOCIO-RELAZIONALI DEL DOCENTE

Capitolo Primo
Le metodologie didattiche   **195**

Capitolo Secondo
Interculturalità e inclusione 219

Capitolo Sesto
Le competenze digitali del docente: uso delle TIC   281

Parte Quinta
LEGISLAZIONE SCOLASTICA

Capitolo Primo
Le tappe normative   291

Capitolo Secondo
La struttura dell'istituzione scolastica   **311**

Appendice
GUIDA ALLA PROGETTAZIONE DIDATTICA

Sezione 1
Guida alla progettazione UdA   **335**

Sezione 2
Guida alla lezione inclusiva   **351**

Sezione 3
Quesiti specifici per la prova orale   **358**

Parte Prima

PROFILO PROFESSIONALE E FUNZIONE DEL DOCENTE

Capitolo I

La figura del docente

1.1 La funzione docente

La scuola, recita l'art. 3 del D. lgs.16 aprile 1994, n. 297, recante il Testo Unico in materia di istruzione, è una **comunità educante di dialogo, di ricerca, di esperienza sociale, che deve essere improntata ai valori democratici e volta alla crescita della persona in tutte le sue dimensioni**. In essa ognuno, con pari dignità e nella diversità dei ruoli, deve operare per garantire:

- la *formazione alla cittadinanza*;
- la *realizzazione del diritto allo studio*;
- lo *sviluppo delle potenzialità di ciascuno*;
- il *recupero delle situazioni di svantaggio*.

Tale ordine di attività postulate dal legislatore deve svolgersi in armonia con i princìpi sanciti dalla Costituzione e dalla Convenzione internazionale sui diritti dell'infanzia, approvata dall'ONU il 20 novembre 1989, e con i princìpi generali dell'ordinamento italiano.

In tale contesto, secondo quanto stabilito dall'art. 395 del succitato D. lgs. 297/1994, la funzione del docente deve essere intesa come *esplicazione essenziale dell'attività di trasmissione della cultura, di contributo alla elaborazione di essa e di impulso alla partecipazione dei giovani a tale processo e alla formazione umana e critica della loro personalità*.

La funzione del docente viene ulteriormente specificata nel nuovo contratto collettivo CCNL Istruzione e Ricerca 2019/2021 (firmato da ARAN il 14-7-2023), laddove all'art. 40 si afferma che la funzione docente deve realizzare, nel rispetto della Costituzione Italiana, il *processo di insegnamento/apprendimento volto a promuovere lo sviluppo umano, culturale, civile e professionale degli alunni, sulla base delle finalità e degli obiettivi previsti dagli ordinamenti scolastici definiti per i vari ordini e gradi dell'istruzione*.

La funzione docente, ancora si legge nel CCNL, si estrinseca altresì nella partecipazione alle attività di aggiornamento e di formazione in servizio.

1.2 Il profilo professionale dei docenti

Il profilo professionale dei docenti è la risultante di una pluralità di competenze che devono concorrere al fine dello svolgimento ottimale del ruolo rivestito. Esso è infatti costituito da *competenze disciplinari, informatiche, linguistiche, psicopedagogiche, metodologico-didattiche, organizzativo-relazionali, di orientamento e di ricerca, documentazione e valutazione tra loro correlate ed interagenti*, che si sviluppano col maturare dell'esperienza didattica, l'attività di studio e di sistematizzazione della pratica didattica. I contenuti della prestazione professionale del personale docente si definiscono nel quadro degli obiettivi generali perseguiti dal Sistema nazionale di istruzione e nel rispetto degli indirizzi delineati nel piano dell'offerta formativa della scuola (art. 42 CCNL 2019/2021).

A tal fine le istituzioni scolastiche sono quindi chiamate ad adottare ogni modalità organizzativa che sia espressione di autonomia progettuale e sia coerente con gli obiettivi generali e specifici di ciascun tipo e indirizzo di studio, curando la promozione e il sostegno dei processi innovativi e il miglioramento dell'offerta formativa. Nel rispetto della libertà d'insegnamento, i competenti organi delle istituzioni scolastiche devono regolare lo svolgimento delle attività didattiche nel modo più adeguato al tipo di studi e ai ritmi di apprendimento degli alunni, con la possibilità di adottare le forme di flessibilità previste dal D.P.R. 8 marzo 1999, n. 275 recante il Regolamento in materia di autonomia delle istituzioni scolastiche.

Dal quadro normativo suesposto discende che il docente deve possedere:

1. **Competenze disciplinari**: deve conoscere approfonditamente la/le propria/e disciplinate;

2. **Competenze culturali**: non può limitarsi ad una competenza settoriale, ma, poiché deve promuovere cultura, deve amare e possedere un'ampia cultura che spazi su più campi;

3. **Competenze didattiche e metodologiche**: non basta padroneggiare una disciplina (questo viene richiesto ad un semplice esperto), l'insegnante deve anche essere in grado di sviluppare le competenze ad essa legate degli studenti. Deve saper appassionare alla disciplina, stimolare la curiosità, fornire i contenuti di base, insegnare a ricercare ulteriori conoscenze sugli argomenti affrontanti, spingere alla ricerca e alla discriminazione tra le fonti. Deve padroneggiare diverse metodologie didattiche per rispondere ai bisogni di stili cognitivi e di apprendimento che sono diversi da alunno ad alunno;

4. **Competenze organizzativo – gestionali**: deve saper organizzare al meglio il tempo e le risorse a disposizione, in relazione agli obiettivi e ad una classe fatta di studenti reali, tutti con richieste diverse; deve saper scegliere, in relazione allo scopo, e saper gestire una lezione frontale, un lavoro di gruppo, un'attività di cooperative *learning*, una presentazione con contenuti multimediali, un lavoro per progetti, una ricerca ecc.;

5. **Competenze relazionali**: deve essere attento alle richieste educative dei singoli e della classe nel suo complesso, saper cogliere i messaggi verbali e non verbali degli studenti, essere disponibile al confronto, a mettersi in gioco, ad essere un modello coerente e un adulto credibile al quale i giovani possono ispirarsi;

6. **Autonomia culturale e professionale e competenze di ricerca, documentazione e valutazione:** non deve mai sentirsi "arrivato", ma perseguire continuamente obiettivi di miglioramento, aggiornamento, approfondimento. La formazione e l'aggiornamento, culturali e professionali, sono alla base di tali aspetti;

7. **Correttezza personale e osservanza dei doveri**: deve svolgere tutte le attività di insegnamento e funzionali all'insegnamento, individuali e collegiali, dando il proprio apporto al miglioramento della comunità scolastica.

In maniera analoga le Indicazioni nazionali per il curricolo del 2012 nel paragrafo «I docenti», relativo alla scuola dell'infanzia ma estendibile a tutti i gradi e ordini di scuola, nel definire i tratti peculiari del profilo dell'insegnante evidenziano: *la preparazione culturale, la motivazione alla professione, l'attenzione agli alunni, la cura di un ambiente di apprendimento accogliente e ben organizzato, arricchito attraverso* «*il lavoro collaborativo, la formazione continua in servizio, la riflessione sulla pratica didattica*». Sul punto si richiama l'art. 36 del nuovo CCNL Istruzione e Ricerca 2019/2021 ove si considera la formazione una leva strategica fondamentale per lo sviluppo professionale del personale, per il necessario sostegno agli obiettivi di cambiamento e per un'efficace politica di sviluppo delle risorse umane. L'amministrazione è tenuta a fornire strumenti, risorse e opportunità che garantiscano la formazione in servizio.

APPROFONDIMENTO

La progettazione educativa didattica: il PTOF

In attuazione dell'autonomia scolastica i docenti, nelle attività collegiali, attraverso processi di confronto ritenuti più utili e idonei, devono elaborare, attuare e verificare per gli aspetti pedagogico – didattici, il **piano triennale dell'offerta formativa (PTOF)**, adattandone l'articolazione alle differenziate esigenze degli alunni e tenendo conto del contesto socio - economico di riferimento, anche al fine del raggiungimento di condivisi obiettivi qualitativi di apprendimento in ciascuna classe e nelle diverse discipline.

La progettazione educativa e didattica, che è al centro dell'azione della comunità educante, viene infatti definita con il piano triennale dell'offerta formativa, elaborato dal Collegio dei docenti ed approvato dal Consiglio d'Istituto secondo quanto dispone l'articolo 3, co. 4, D.P.R. 275/1999, nel rispetto della libertà di insegnamento. Nella predisposizione del Piano viene assicurata priorità all'erogazione dell'offerta formativa ordinamentale e alle attività che ne assicurano un incremento, nonché l'utilizzo integrale delle professionalità in servizio presso l'istituzione scolastica.

1.3 Il ruolo di guida del docente nella scuola secondaria di secondo grado

Particolarmente critico è il ruolo di guida che riveste il docente nel secondo ciclo di istruzione, atteso il delicato passaggio dell'allievo tra il periodo dell'adolescenza e l'adultità, da quello di studente a futuro lavoratore. Egli deve pertanto possedere specifiche competenze psicopedagogiche e didattiche, differenti da quelle possedute dai docenti degli altri ordini scolastici. Tra le competenze piscopedagogiche l'insegnate deve: saper rapportarsi con gli allievi, empatizzare con il gruppo classe per realizzare una positiva comunicazione didattica, saper gestire le dinamiche e i conflitti che nascono all'interno della classe o anche tra alunno e insegnante. Lo sviluppo di questa competenza comporta che il docente abbia una buona conoscenza dei processi cognitivi e psicofisici dello sviluppo mentale, affettivo e relazionale dell'età evolutiva e conoscenze di base relativamente alla psicologia dello sviluppo e dell'apprendimento. Le competenze didattiche del docente della secondaria riguardano:

- il saper sviluppare nell'allievo la curiosità, l'interesse e la motivazione verso gli apprendimenti proposti nelle singole discipline;
- il saper proporre compiti di realtà correlati al vissuto degli allievi (**compiti autentici**);
- il saper realizzare percorsi di didattiche attive, laboratoriali e per competenze;
- il promuovere la metacognizione, il pensiero riflessivo e quello critico;
- lo sviluppare il *problem solving* e il pensiero complesso;
- il promuovere la creatività e il pensiero divergente;
- il promuovere abilità prosociali, inclusive e di cittadinanza.

Queste competenze (analizzate in maniera più approfondita nelle Parti successive), devono essere applicate dal docente per gestire la complessità delle classi attuali, attivando tutte le risorse presenti, dagli studenti eccellenti a quelli con Bisogni Educativi Speciali; in particolare per questi ultimi deve saper ideare e fare evolvere dispositivi di differenziazione didattica. Al di fuori della classe, il docente deve possedere competenze di tipo tecnico organizzativo, quali partecipare alla gestione della scuola, informare e coinvolgere i genitori, adempiere agli aspetti burocratici, servirsi delle nuove tecnologie. Per poter rispondere alle competenze appena descritte, il docente della secondaria di secondo grado deve curare particolarmente la **propria formazione continua**.

1.4 Il patto professionale

Il patto professionale **mette in relazione un impegno che vede come contraenti e corresponsabili da un lato il docente e dall'altro il dirigente**, quale rappresentante della comunità scolastica.

Il docente riconosce gli obiettivi formativi della scuola e cerca di corrispondere ai bisogni condivisi, completando ed arricchendo il proprio bagaglio di competenze. Il dirigente mette a disposizione strumenti, risorse ed opportunità affinché il docente possa soddisfare le aspettative del patto. Il docente descrive i compiti che intende privilegiare insieme alle modalità operative che intende utilizzare per raggiungere gli obiettivi formativi della scuola e per migliorare nel contempo la propria professionalità. Il documento costituisce, quindi, per il docente, un impegno nei confronti della scuola, della comunità professionale e sociale. Il patto professionale può riportare i compiti del docente e della scuola declinati in più dimensioni intorno a differenti categorie e correlabili con l'impegno e con le specifiche responsabilità.

Per esempio:

1. impegno sulla didattica (guarda all'impegno del docente su specifici aspetti dell'insegnamento, sulla capacità di intraprendere percorsi di innovazione, sulla propensione a sperimentare nuove strategie in modo metodico);
2. investimento di tempo con gli studenti (l'impegno del docente viene visto come un investimento di tempo dedicato al contatto con gli studenti rispetto a quello

previsto dall'orario scolastico), con un occhio attento alle loro esigenze personali e di studio;

3. ricaduta sulla comunità professionale (l'impegno alla diffusione di conoscenze, attitudini, valori e comportamenti);

4. sviluppo di comunità di pratiche (l'impegno ad essere proattivi nel definire e orientare il proprio sviluppo professionale, a condividere, imparare e mettere alla prova i propri saperi nella comunità);

5. attenzione alla comunità scolastica (il docente sa che la responsabilità di educatore va oltre le mura della classe; si impegna a coinvolgere i diversi attori cui la scuola fa da interlocutore).

Il patto professionale viene sottoscritto non solo in occasione dell'immissione in ruolo, ma anche nelle fasi di transizione come: nei passaggi di ruolo; nella mobilità; dopo un lungo periodo di assenza (oltre un anno); a seguito di cambiamenti strutturali significativi (es. dimensionamento della scuola), strategici della scuola.

Il patto professionale (PP) contiene al suo interno i **patti formativi** (PF) che indicano i passaggi formativi che il docente deve praticare per poter assolvere al meglio quanto dichiarato nel patto professionale. I patti formativi sono parte integrante del patto professionale perché scandiscono le modalità attraverso le quali il docente sviluppa le proprie competenze in relazione alla propria attività "in situazione". Il primo patto formativo è quello che si stabilisce tra docente e dirigente scolastico nell'anno di prova. Poi seguono altri patti nei momenti di transizione suindicati. Nel quadro dell'obbligatorietà della formazione, il docente avrà occasione di stipulare "patti" relativi alle unità formative che si definiscono all'interno dell'istituzione scolastica (cfr. primo gruppo). Le scelte che si effettuano nel corso degli anni possono diventare uno strumento importante per costruire, nel tempo, repertori utili ad identificare il capitale professionale della scuola nei suoi diversi profili. Quindi, all'interno del patto professionale, dovrà essere presente una sezione relativa al patto formativo.

1.5 Il curricolo

Il termine "curricolo" si riferisce **all'insieme organizzato di obiettivi educativi, contenuti, metodologie didattiche, valutazione e risorse che costituiscono il percorso formativo di uno studente** o di un determinato ambito educativo. In altre parole, il curricolo rappresenta l'insieme di ciò che gli studenti devono imparare e delle esperienze che devono vivere durante il loro percorso di istruzione. Viene elaborato dal collegio docenti e descrive il percorso formativo compiuto dallo studente durante tutta la sua carriera scolastica. Il curricolo può essere inteso a diversi livelli, a seconda del contesto educativo considerato. Ad esempio, a livello nazionale, un paese può avere un "curricolo nazionale" che stabilisce gli obiettivi, i contenuti e le competenze che gli studenti devono raggiungere in ogni disciplina o area di apprendimento. Tuttavia, ogni istituzione scolastica ha il proprio curricolo, che si basa sul curricolo nazionale ma può anche includere adattamenti o integrazioni specifiche. Il curricolo scolastico è elaborato dal consiglio dei docenti e definisce quali materie o discipline vengono insegnate, i percorsi educativi, le attività extracurriculari e le modalità di valutazione degli studenti. Il curricolo può essere articolato in diversi modi, ad esempio per fasce di età (curricolo per la scuola primaria, la scuola secondaria di primo grado, la scuola secondaria di secondo grado) o per discipline specifiche (curricolo di matematica, curricolo di scienze, curricolo di lingue straniere, ecc.).

La distinzione fra curricolo **orizzontale e verticale** fa riferimento a due diverse dimensioni nella progettazione e nell'organizzazione del percorso formativo degli studenti. Il curricolo orizzontale si riferisce all'organizzazione delle discipline o aree di apprendimento all'interno di un determinato livello o ciclo scolastico. In questo caso, si considera l'ampiezza e la varietà delle materie o discipline che vengono insegnate in un dato periodo di tempo, tipicamente un anno scolastico. Si tratta di assicurare una copertura adeguata delle diverse discipline, offrendo un'ampia gamma di conoscenze e competenze agli studenti (curricolo di matematica, scienze, lingue straniere, storia, geografia, ecc.). Il curricolo verticale, invece, riguarda l'organizzazione del percorso formativo in una prospettiva di continuità e progressione tra diversi livelli scolastici. Qui si considera la sequenza logica e progressiva delle competenze, dei contenuti e degli obiettivi di apprendimento che gli studenti devono raggiungere nel corso della loro formazione. Il curricolo verticale mira a garantire una connessione e un'evoluzione coerente tra i diversi livelli di istruzione. Ciò implica una progettazione che tiene conto della progressione delle competenze, in modo che ciò che viene appreso in un livello possa essere sviluppato e approfondito nel livello successivo.

L'approccio orizzontale e verticale nel curricolo è complementare: entrambi sono importanti per garantire un percorso educativo completo e coerente. Il curricolo orizzontale assicura una copertura ampia delle discipline, fornendo agli studenti una visione equilibrata del sapere, mentre il curricolo verticale assicura una progressione logica e graduale delle competenze e degli obiettivi di apprendimento, garantendo una continuità efficace nell'acquisizione delle conoscenze nel tempo.

APPROFONDIMENTO

Tyler e Scurati

Il primo modello per la costruzione di un curricolo è fornito da Tyler nel 1949, grazie al quale l'insegnante non è più esecutore di un programma, bensì costruttore del progetto educativo.

Gli allievi di Tyler sviluppano una tecnologizzazione del curricolo che conduce all'istruzione programmata degli anni '50 e '60 e allo sviluppo delle tassonomie di Bloom e Krathwoll, ossia ad una classificazione gerarchica di comportamenti cognitivi, affettivi, sociali e psicomotori attesi dagli alunni, in voga nelle programmazioni degli anni '70 e '80.

Taba e Robinson, allievi di Tyler, sono i primi a spostare il focus dagli obiettivi ai bisogni individuali e sociali degli alunni.

In Italia si sviluppano tre posizioni sul curricolo:

- **ideologico-democratica** (Vertecchi, Maragliano), secondo cui il curricolo è strumento per rispondere ai bisogni degli allievi e di democratizzazione dell'istruzione;
- **tecnico-scientifica** (Visalberghi, Laporta, Pontecorvo), per cui il curricolo è uno strumento tecnico per strutturare un programma educativo;
- **valoriale** (Scurati, Pellerey), secondo cui il curricolo sarebbe lo strumento dell'educazione intenzionale della scuola atto a contrastare i disvalori dell'educazione occasionale.

1.6 Le figure per qualificare l'attività di formazione

1.6.1 Il Facilitatore

In francese '*accompagnant*', in inglese '*facilitator*': è la persona che 'aiuta a camminare', che accompagna a intervalli regolari le persone in un percorso formativo, li aiuta a far emergere gli assunti sottesi all'azione per portarli a prendere coscienza del loro modo di agire e a stimolare l'autovalutazione attraverso la riflessione sulla pratica.

Il facilitatore è attento al processo: interroga le pratiche e ne stimola l'analisi, pone domande di chiarimento più che dare risposte, ascolta, rispecchia e riformula (Rogers; 1969) allo scopo di portare le persone a darsi le risposte e a riflettere sull'azione (Schön; 1983) perché ognuno possa costruirsi il proprio progetto e identità professionale. Il facilitatore è in grado di promuovere rapidamente un clima vitale e costruttivo, garantendo forme di comunicazione partecipata (a forte circolarità), forme di potenziamento e attivazione dei singoli all'interno degli obiettivi del gruppo *(empowerment)*, forme di gestione della negatività. Il docente facilitatore ha una marcia in più che gli permette di trovare la risorsa giusta (cognitiva e relazionale) in rapporto alla situazione problematica o alla criticità del momento: dall'argomento difficile, a uno stato d'ansia dell'interlocutore, alla stanchezza del gruppo classe, all'aggressività o alla passività di alcuni alunni. Ad esempio, una delle competenze attive del facilitatore è sapere osservare.

In questo senso il facilitatore non si pone come esperto, in quanto non sottomette l'altro al proprio sapere, ma accompagna le persone valorizzandone le risorse (affinchè possano appropriarsi del sapere oggetto della formazione) e palesando la consapevolezza delle loro conoscenze.

1.6.2 Il Formatore

Diversamente dal facilitatore, il formatore si pone come **esperto dei contenuti** e presta quindi attenzione a questi più che al processo. Il formatore ha il precipuo compito di stimolare apprendimenti e cambiamenti all'interno di un gruppo alla luce di un'intenzionale opera progettuale e di coinvolgimento. È un operatore che produce apprendimento attraverso il ricorso a precisi metodi scientifico-professionali e adeguate tecniche didattiche. Tre sono le componenti di campo (Bruscaglioni, 1988) che disegnano la figura del formatore esperto, essenziali per dar vita ad un'efficace azione formativa: la componente di campo, quella di metodo e quella di contenuto. La componente di campo è la **profonda conoscenza dell'organizzazione** nella quale si opera; la componente di metodo è la gestione sapiente di "metodi speciali" adeguati e connessi alla peculiarità dell'apprendimento dell'adulto; la componente di contenuto si sostanzia nella profonda e maturata competenza tecnica legata alla materia di docenza. Anche il corposo elenco delle *expertise* tracciato da Ceriani (1996) disegna un formatore esperto come un soggetto che possiede conoscenze disciplinari e pedagogiche sia acquisite che sperimentate, con capacità nella gestione del processo formativo (dal momento progettuale a quello operativo e valutativo) e con capacità di guida e presidio dell'apprendimento dei soggetti adulti in formazione.

Sulla base delle più accreditate teorie si possono, quindi, ritenere ineludibili - nel disegnare il profilo di un Formatore - i seguenti punti:
- scolarità di grado elevato;
- capacità di individuare e mettere in atto tematiche formative e didattiche adeguate all'ambito di riferimento;
- capacità di formulare un progetto didattico coerente agli ambiti tematici previsti dalle azioni formative, con i tempi e le risorse disponibili.
- competenze nell'uso delle diverse e più innovative metodologic sia nelle esperienze di formazione in presenza che a distanza.

L'implementazione di un organico e standardizzato profilo di Formatore potrebbe determinare un significativo strumento capace di aiutare da una parte la selezione di adeguate figure di formatori e dall'altra, di consentire un'elaborazione di *"Customer"* al termine dell'esperienza formativa capace di valutare con maggiore autorevolezza la qualità dell'azione formativa e di consentire al "bravo Formatore" di maturare crediti per una spendibilità ulteriore della sua professionalità all'interno di determinati circuiti formativi.

1.6.3 Il Tutor e il Coach

Come indica l'etimologia, 'tutor' dal verbo latino *'tueri'* è chi si prende cura, affianca e sostiene. La figura del tutor è quindi più vicina a quella del facilitatore, nel senso che la sua funzione in campo educativo è sostenere e avere cura del processo. I due termini, tutor e facilitatore, sono spesso usati come sinonimi. Tuttavia una differenza tra le due figure può essere trovata nella loro diversa posizione rispetto al processo: il facilitatore è più focalizzato sull'**ascolto attivo** finalizzato alla ristrutturazione delle conoscenze e dell'identità professionale degli operatori; il tutor, invece, è più orientato alla **regolazione dei processi**, egli è guida e garante dello svolgimento del programma di formazione, che aiuta a fare il punto sull'avanzamento dei lavori e stimola l'esplicitazione di aspetti della progettazione come scopi, obiettivi, strumenti di monitoraggio e valutazione.

La figura del Coach, infine, è in grado di implementare e stimolare un modello relazionale per creare un contesto d'apprendimento più cooperativo, migliorando le competenze sociali dei ragazzi, motivandoli partendo da loro stessi.

1.7 Il docente coordinatore

Il coordinatore di classe è un docente nominato dal dirigente scolastico che assume un ruolo chiave nella gestione e coordinamento delle attività all'interno di una classe. Si tratta di un incarico non obbligatorio. I suoi compiti sono:

- coordinare e presiedere le riunioni del consiglio di classe, durante le quali vengono valutati l'andamento didattico-disciplinare degli studenti e presi eventuali provvedimenti;
- partecipare alle riunioni del Gruppo di lavoro per l'inclusione, per garantire attenzione alle esigenze degli alunni con disabilità o bisogni educativi speciali;
- informare gli altri docenti sull'andamento didattico-disciplinare della classe;
- gestire la documentazione relativa alla classe, includendo la registrazione dei giudizi, il controllo delle assenze, le note disciplinari e i richiami degli alunni, in vista degli scrutini finali;
- compilare i documenti necessari per gli esami di Stato, garantendo la corretta preparazione degli studenti e la trasmissione delle informazioni richieste dalle procedure di certificazione;
- monitorare regolarmente il registro elettronico per verificare l'accurata registrazione dei voti, delle circolari, delle relazioni e dell'andamento didattico degli studenti;
- segnalare eventuali situazioni di disagio o episodi di bullismo alla presidenza e al referente del bullismo per adottare adeguate misure di prevenzione e intervento;
- comunicare alle famiglie l'andamento didattico-disciplinare degli alunni e controllare le assenze al fine di individuare eventuali situazioni di dispersione scolastica;
- accogliere e rispondere alle richieste delle assemblee di classe;
- presiedere l'assemblea per l'elezione dei rappresentanti dei genitori;
- presentare la programmazione annuale di classe, seguendo le normative relative all'elezione dei rappresentanti dei genitori e presentando il patto di corresponsabilità, che definisce gli impegni condivisi tra scuola e famiglie. Durante i consigli di classe e gli scrutini finali, i verbali vengono di solito redatti dai segretari, docenti incaricati di tale compito. Tuttavia, in presenza del dirigente scolastico che presiede la seduta, il coordinatore può svolgere anche il ruolo di segretario verbalizzante.

1.8 Il docente ITP

Nelle scuole secondarie di secondo grado è presente la figura professionale dell'insegnante ITP (Istruzione Tecnica e Professionale), noto anche come insegnante tecnico-pratico. A differenza degli altri insegnanti, gli insegnanti ITP possono essere assunti anche con un diploma e non necessitano di una laurea. Gli insegnanti ITP hanno la responsabilità di condurre le attività didattiche che si svolgono nei laboratori, sia autonomamente sia in collaborazione con l'insegnante titolare della disciplina. Essi rappresentano il collegamento tra l'insegnamento degli aspetti teorici di una disciplina e la loro applicazione pratica. Le attività svolte da questi insegnanti includono la conduzione di esercitazioni pratiche, dimostrazioni, laboratori e workshop, nonché l'accompagnamento degli studenti nella realizzazione di progetti concreti.

Il sistema dell'istruzione professionale, secondo gli indirizzi dettati dal legislatore, deve perseguire la finalità di formare la studentessa e lo studente ad arti, mestieri e professioni **strategici per l'economia del Paese per un saper fare di qualità comunemente denominato «Made in Italy»**, nonché di garantire che le competenze acquisite nei percorsi di istruzione professionale consentano una facile transizione nel mondo del lavoro e delle professioni e di favorire, altresì, la transizione nel mondo del lavoro e delle professioni, anche con riferimento alle tecnologie (art.1, D. lgs. 61/2017, mod. dalla L. 175/2022). In particolare il modello didattico deve essere improntato al principio della personalizzazione educativa volta a consentire ad ogni studentessa e ad ogni studente di rafforzare e innalzare le proprie competenze per l'apprendimento permanente a partire dalle competenze chiave di cittadinanza, nonché di orientare il progetto di vita e di lavoro della studentessa e dello studente, anche per migliori prospettive di occupabilità.

APPROFONDIMENTO

Il curricolo negli istituti professionali (IP)

Il D Lgs 61/2017 (art. 5) e le Linee guida (DD. 1400/2019) stabiliscono i seguenti principi sul curricolo dei nuovi IP:

- la progettazione dell'offerta formativa deve basarsi su un approccio per competenze su base interdisciplinare, **operando a ritroso a partire dai traguardi formativi di arrivo** (risultati di apprendimento in uscita degli allegati 1 e 2 del D.I. n. 92/2018) e dai risultati intermedi (allegati A, B, C) delle Linee guida;
- **le UdA (unità di apprendimento) diventano il principio d'organizzazione del curricolo**, "incardinandolo su un paradigma di apprendimento autentico e significativo";
- occorre prevedere un adeguato grado di **personalizzazione del curricolo**.

LIVELLO	DEFINIZIONE
CURRICOLO MINISTERIALE	E' composto dal PECuP dei nuovi IP ed articolato nelle competenze in uscita (Allegati 1 e 2 del DI n. 92/2018) e in quelle intermedie (Allegati A, B, C delle Linee guida - DD n. 1400/2019).
CURRICOLO DI ISTITUTO	Può essere strutturato per assi culturali e/o per livelli verticali di competenze ed è articolato in UdA interdisciplinari e moduli monodisciplinari.

CURRICOLO DEL PERCORSO FORMA-TIVO SPECIFICO	A partire dal PECuP comune all'indirizzo, il curricolo del triennio va curvato sulla base della declinazione nel percorso formativo specifico. Si avranno perciò dei curricoli personalizzati di classe/i con uno specifico codice ATECO.
CURRICOLO DELLO STUDENTE	E' la quota di curricolo personalizzato che si ottiene con le attività di personalizzazione nel biennio

1.9 L'etica del docente: il codice deontologico

Il **16 aprile del 1999,** in un convegno nazionale, è stato ufficialmente presentato il codice etico-deontologico degli aderenti all'ADI (Associazione docenti scolastici italiani). Nella Prefazione al Codice si sottolinea che l'etica della docenza, come quella di tutte le altre professioni (esistono anche un'etica politica, un'etica imprenditoriale ecc.), ha **valore relativo.** Questo perché i sistemi etici cambiano come tutto ciò che rientra nei processi evolutivi: ciò che è un valore oggi può non esserlo domani. Una delle condizioni per fare progredire e migliorare la società è infatti la capacità di adattare l'*ethos,* i comportamenti, alle esigenze reali, ai grandi problemi sociali, che si manifestano in un determinato contesto e momento storico.

Pertanto il codice etico-deontologico, lungi dal postulare "fini ultimi", intende invece indicare "comportamenti intermedi" coerenti con il soddisfacimento dei bisogni/problemi che oggi si manifestano nel campo dell'istruzione-formazione.

È del tutto evidente che il complesso di doveri etici, che il codice delinea, richiede una serie di condizioni.

Il codice etico-deontologico è suddiviso in cinque Parti che di seguito si descrivono.

L'ETICA VERSO LA PROFESSIONE.

Il primo dovere di ogni docente è quello di approfondire ed adeguare il proprio bagaglio di conoscenze e competenze definite in *teoriche* (cultura generale di base, specifico disciplinare, didattica generale e disciplinare, teorie della conoscenza e dei processi comunicativo-relazionali, tecnologie della comunicazione ecc..), *operative* (progettazione e pratica didattica, attività di valutazione, uso degli strumenti di verifica, uso delle tecnologie didattiche, organizzazione dei gruppi) e *sociali* (relazione e comunicazione), con riferimento agli standard professionali e con la sottolineatura che è quindi l'insieme di queste conoscenze e competenze che deve essere arricchito, aggiornato ed adeguato. Insieme al dovere dell'approfondimento della preparazione professionale, il codice sottolinea come sia altrettanto rilevante il dovere verso l'autovalutazione, come strumento per correggere e migliorare la propria azione educativa. E ancora, è significativa l'affermazione, forse fatta per la prima volta in Italia, che è dovere di ciascun docente contrastare, per quanto possibile, l'accesso alla professione di persone incompetenti. Dopo decenni di sanatorie e immissioni in ruolo *ope legis*, è questa la prima condizione necessaria e indispensabile per ridare autorità e prestigio alla professione docente. Su questo stesso piano si pone **il dovere di non tollerare, con il silenzio o l'indifferenza, comportamenti di colleghi che possano nuocere agli allievi e alla dignità della professione docente**. Insieme al valore del *merito*, come è stato sopra indicato, viene sancita l'importanza di salvaguardare l'*autonomia* della professione sia da imposizioni politiche, ideologiche o religiose, sia da eccessi normativi e burocratici. Il lavoro dell'insegnante si nutre di relazioni umane e cresce con esse. È dunque dovere del docente impedire che queste siano isterilite dall'ipertrofia delle regole, dalla paranoia documentativa (registri, autorizzazioni, verbalizzazioni, relazioni ecc..) e dai ritualismi di una collegialità formale e inconcludente.

Infine un richiamo forte al fatto che la valorizzazione e la salvaguardia della professione docente richiedono il superamento dell'individualismo e lo sviluppo di forme associative coerenti. A questo fine si sottolinea l'importanza dell'impegno di ciascun insegnante nei confronti dell'*associazionismo professionale,* strumento imprescindibile per l'affermazione del professionismo della docenza.

L'ETICA VERSO GLI ALUNNI

Nel richiamare i diritti fondamentali degli allievi sanciti dalla "Convenzione Internazionale sui Diritti dell'Infanzia" e i valori della Costituzione, questo capitolo afferma innanzitutto che nella scuola i valori vanno "praticati". È un richiamo importante per una scuola chiamata ad impartire mille educazioni (alla pace, alle pari opportunità, alla legalità, alla salute ecc.) ma che ha perso la capacità di educare. È nel concreto dell'azione educativa, nel modo di stare nella scuola, nella valutazione, nell'organizzazione del lavoro del gruppo-classe, che devono emergere i valori della cultura, della giustizia, della tolleranza, del rispetto delle differenze. Ma anche e fortemente il **valore del merito,** che deve essere sostenuto e accompagnato da altri due valori, da vivere come complementari e non contrapposti, la **solidarietà** e l'**emulazione positiva.** Questi due valori, troppo spesso presentati come contraddittori e antagonisti, devono alimentarsi reciprocamente: le azioni positive dei compagni e i loro successi possono e devono spingere ad una emulazione costruttiva.

L'altro messaggio fondamentale del capitolo, forse il più importante, perché è quello che meglio chiarisce il senso del nuovo rapporto etico fra insegnante e allievo, è contenuto nel **dovere dell'insegnante di avere comportamenti coerenti con le finalità della "formazione"**. Tutto questo implica il dovere di non appiattire l'insegnamento su di un modello standardizzato e in quanto tale astratto, ma di progettarlo e applicarlo, tenendo conto delle inclinazioni e aspirazioni degli allievi che si hanno di volta in volta di fronte. **Il rendimento medio rimarrà un traguardo importante, ma non potranno essere trascurati né gli allievi con difficoltà né quelli particolarmente dotati.**

Un'altra questione dirimente che viene sottolineata nel rapporto etico con gli allievi è la valutazione. La valutazione è un momento importantissimo nella relazione educativa: è importante per imparare, è importante perché attraverso di essa si comunicano implicitamente dei valori, come quello della giustizia, è importante per capire come si debba e si possa stabilire un rapporto di fiducia fra allievo e insegnante anche di fronte a risultati negativi, è importante perché può rafforzare o indebolire l'autostima, perché può stimolare l'apprendimento o al contrario indurre atteggiamenti di rinuncia e di rifiuto. È nella valutazione che massimamente si coglie l'importanza della componente emotiva ed affettiva dell'apprendimento.Ciò non toglie che la certificazione finale delle conoscenze e delle competenze debba essere il più possibile obiettiva ed imparziale e prescindere da condizionamenti di carattere psicologico, ambientale, sociale o economico degli allievi. Non ha fatto bene alla scuola, non ha fatto bene agli allievi, non ha fatto bene alla società, oscurare per tanti anni l'etica della valutazione, semplicemente facendo finta che le insufficienze fossero sufficienze: gli insuccessi devono essere superati, le insufficienze colmate, non occultate o negate.

L'ETICA VERSO I COLLEGHI

Un aspetto delicato ed importante dell'etica professionale, che si rivolge al dovere e all'impegno di ciascun docente, è di contribuire a costruire relazioni feconde, improntate al rispetto e basate su **un forte spirito di collaborazione, capaci di superare i ritualismi della collegialità formale, alimentare lo scambio delle esperienze e delle idee, stimolare l'elaborazione e la produzione culturale**, così da costruire una vera e propria comunità scientifica e professionale dei docenti.

Nell'impegno all'autovalutazione, non più solo individuale ma di gruppo, si indica poi un modo per costruire atteggiamenti di apertura e fiducia fra colleghi. Una pratica in cui anche i migliori si mettono in discussione, dove si è tutti alla pari e ciascuno ha qualcosa da imparare dall'altro.

Questo capitolo è tutto teso alla costruzione di quella comunità scientifica e professionale che sola può approfondire e insieme "socializzare" i contenuti, i valori e le regole della professione docente, che è anche il modo migliore per aiutare i più giovani, i supplenti e i neo assunti, ad apprendere la professione.

L'ETICA VERSO L'ISTITUZIONE SCOLASTICA

Il superamento della subalternità del ruolo docente, della sua collocazione impiegatizia, è anche determinato dall'assunzione in prima persona, da parte di ciascun insegnante, dell'impegno a contribuire a determinare il "clima" della propria scuola. Il docente professionista non subisce né atteggiamenti dirigistici e autoritari, né, al contrario, fenomeni di lassismo nella conduzione della propria scuola.

È dovere dunque di ciascun insegnante adoperarsi per creare un ambiente impegnato, accogliente e culturalmente stimolante e sconfiggere l'immagine diffusa degli insegnanti-istruttori opachi e rassegnati in una scuola di massa scialba grigia e ripetitiva.

È un richiamo forte al senso di appartenenza alla propria scuola, al dovere di diffonderne una buona immagine e di farla apprezzare dalla collettività.

L'ETICA VERSO I GENITORI E LA PIÙ AMPIA COMUNITÀ TERRITORIALE.

È dovere fondamentale dei docenti adoperarsi per costruire, attraverso una varietà di comunicazioni formali ed informali, un clima collaborativo e di fiducia con le famiglie. È questa una componente estremamente importante per la buona riuscita dell'azione educativa. Il docente deve rendere espliciti gli obiettivi dell'insegnamento, essere attento ai problemi posti dai genitori e favorire in tutti i modi un confronto aperto.

Contemporaneamente, però, è chiarita un'altra questione importante, che sgombra il campo da molti equivoci e indebite e spiacevoli interferenze, verificatesi in questi ultimi venticinque anni, dopo l'avvio degli Organi Collegiali della scuola. È l'indicazione del confine oltre il quale l'intervento dei genitori non può andare. Si tratta dell'area delle competenze tecnico-professionali specifiche della docenza. Su questo terreno non si possono consentire intrusioni: svilirebbero l'autorità e il senso stesso della professione. Sarebbe come ammettere che chiunque, senza specifica preparazione e qualificazione, può svolgere, al posto degli insegnanti, la professione di docente. **Sarà all'interno della comunità professionale che verranno decise le eventuali correzioni di rotta, alla luce delle critiche e dei rilievi ricevuti dai genitori sui risultati e sugli effetti dell'azione educativa.**

L'altro dovere del docente è nei confronti di una maggiore apertura verso l'esterno. È un'indicazione di impegno verso la conoscenza e la partecipazione a tutto ciò che, al di fuori della scuola, può consentire un migliore sviluppo dell'attività formativa. Si tratta, in primo luogo, di un collegamento non occasionale con gli altri specialisti che operano sul territorio, in particolare nel settore dell'assistenza socio-sanitaria. In secondo luogo di stabilire collegamenti con le strutture culturali e ricreative e sportive. Per ultimo, ma non per importanza, di conoscere e trovare gli opportuni contatti con le strutture produttive, e più in generale con il mondo del lavoro, al fine di una migliore preparazione professionale e di un più coerente orientamento degli allievi.

Capitolo II

Lavorare per competenze

2.1 Introduzione alla didattica per competenze

Con l'emanazione della L. 107/2015 sono state introdotte una serie di nuove norme che hanno indotto le istituzioni scolastiche ad un ripensamento generale e a una revisione/integrazione periodica del piano dell'offerta formativa (POF) e del curricolo, assegnando un ruolo di primo piano al concetto di competenza.

La competenza non è un fenomeno assimilabile al saper fare, ma **un modo di essere della persona che ne valorizza tutte le potenzialità**. Ciò significa *superare la "socializzazione"* per una *prospettiva di "socievolezza"* propria di chi, dotato di libertà e volontà, è posto in condizione di mettere a frutto i propri talenti nella costruzione di una vita sociale sempre più a misura d'uomo. Questa meta viene perseguita mediante una formazione efficace che valorizza la figura dell'insegnante come adulto significativo, collocato entro una comunità di apprendimento, capace di mobilitare i talenti degli studenti in esperienze significative concrete, sfidanti, che suscitano interesse e sollecitano un apprendimento per scoperta e conquista personale. Tale prospettiva valorizza l'identità della scuola e la mette in relazione con gli attori significativi del contesto territoriale con cui condivide la responsabilità educativa e da cui ricava occasioni e stimoli per arricchire i percorsi formativi degli studenti.

Impostare la didattica per competenze significa **utilizzare i saperi disciplinari in modo integrato per affrontare evenienze e problemi concreti**, mobilitare saperi diversi e risorse personali per gestire situazioni, costruendo nel contempo nuove *conoscenze e abilità*, sempre con la finalità ultima della formazione della persona e del cittadino. La formazione è efficace se non opera su saperi inerti, ma valorizza la cultura realmente vissuta (civica, professionale, umanistica quanto scientifica) stimolando lo studente alla ricerca e alla scoperta dei significati, dei valori, dei metodi, così da acquisire coscienza personale, consapevolezza del mondo e competenze attuali. Il tema delle competenze in ambito scolastico presuppone una concezione dell'apprendimento diversa da quella tradizionale, dove le conoscenze sono il risultato di un processo costruttivo e partecipato.

La didattica delle competenze si fonda sul presupposto che gli studenti apprendono meglio quando **costruiscono il loro sapere in modo attivo** attraverso situazioni di apprendimento fondate sull'esperienza. Aiutando gli studenti a scoprire e perseguire interessi, si può elevare al massimo il loro grado di coinvolgimento, la loro produttività e i loro talenti. **L'insegnante non si limita a trasferire le conoscenze, ma è una guida in grado di porre domande**, sviluppare strategie per risolvere problemi, giungere a comprensioni più profonde, sostenere gli studenti nel trasferimento e uso di ciò che sanno e sanno fare in nuovi contesti.

I "prodotti" dell'attività degli studenti, insieme a comportamenti e atteggiamenti che essi manifestano all'interno di compiti, costituiscono **le evidenze di una valutazione attendibile**, ovvero basata su prove reali e adeguate.

Il valore della didattica per competenze è definito dalle seguenti **mete formative**:

- formare cittadini consapevoli, autonomi e responsabili;
- riconoscere gli apprendimenti acquisiti;
- favorire processi formativi efficaci in grado di mobilitare le capacità e i talenti dei giovani rendendoli responsabili del proprio cammino formativo e consapevoli dei propri processi di apprendimento, verso la competenza di "imparare a imparare";
- caratterizzare in chiave europea il sistema educativo italiano rendendo possibile la mobilità delle persone nel contesto comunitario;
- favorire la continuità tra formazione, lavoro e vita sociale lungo tutto il corso della vita;
- valorizzare la cultura viva del territorio come risorsa per l'apprendimento;
- consentire una corresponsabilità educativa da parte delle famiglie e della comunità territoriale.

Inoltre la didattica per competenze si propone di realizzare dei **percorsi formativi inclusivi** in cui tutti gli alunni possano trovare la possibilità di esprimere le proprie potenzialità.

Nel panorama italiano, le Indicazioni nazionali per il curricolo della scuola dell'infanzia e del primo ciclo d'istruzione (MIUR, 2012) assumono le competenze chiave a quadro di riferimento per la costruzione del curricolo verticale (3-14 anni), mediante la progressione dei traguardi di competenza da raggiungere al termine della scuola dell'infanzia, primaria e secondaria di primo grado. Lo sviluppo di competenze, intese, come afferma **LeBoterf, come forme di «sapere agito»**, richiede non solo di riformulare gli obiettivi di apprendimento, ma anche una profonda trasformazione delle pratiche didattico-valutative degli insegnanti e della visione stessa del processo di insegnamento-apprendimento. Dal punto di vista operativo richiede l'integrazione delle discipline per spiegare la complessità della realtà, la costruzione di conoscenze e abilità attraverso l'analisi di problemi e la gestione di situazioni complesse, la cooperazione e l'apprendimento sociale, la sperimentazione, l'indagine, la contestualizzazione nell'esperienza e la laboratorialità rappresentano dei fattori imprescindibili per sviluppare competenze e apprendimenti significativi.

GLOSSARIO

Conoscenze: possono essere teoriche o pratiche, rappresentano il risultato dell'assimilazione di varie informazioni attraverso il processo di apprendimento e consistono in principi, teorie e pratiche relative ad una disciplina, un campo di studio o di lavoro.

Abilità: indicano la capacità di utilizzare e applicare le conoscenze per risolvere problemi o svolgere dei compiti specifici. Vengono descritte come cognitive le abilità che presuppongono l'uso del pensiero logico, deduttivo, intuitivo e creativo e/o come pratiche le abilità che implicano capacità manuali, utilizzo di materiali e strumenti.

Competenze: costituiscono la comprovata capacità di utilizzare le conoscenze e le abilità personali, sociali e metodologiche acquisite in situazioni di studio/lavoro e vengono descritte in termini di autonomia e responsabilità.

Di seguito, un esempio tratto dalla programmazione individualizzata di un bambino con disturbo dello spettro autistico:

- conoscenze: riconoscere i compagni di classe, i docenti e le altre figure di riferimento;
- abilità: verbalizzare il nome dei compagni, dei docenti e delle altre figure di riferimento;
- competenze: riconoscere i compagni e saper utilizzare i loro nomi per salutarli o chiamarli.

2.2 Le Indicazioni nazionali (D.M. 254/2012)

2.2.1 Il docente quale regista pegadogico del curricolo

La rilevanza strategica della didattica per competenze è al centro del dibattito educativo ormai da diversi anni, e ha acquisito una specifica pregnanza precisamente dal 2012, anno in cui venivano approvate dal Ministro Profumo le nuove *"Indicazioni nazionali per il curricolo della scuola dell'infanzia e del I ciclo d'istruzione"* (D.M. 16 novembre 2012, n. 254). Il testo del 2012 perfezionava e concludeva il percorso avviato nel 2007 con le prime "Indicazioni" emanate il 31 luglio 2007 dall'allora Ministro Fioroni e ha avuto un corollario nel 2018 con il documento *"Indicazioni nazionali e nuovi scenari"*.

Con le Indicazioni Ministeriali del 2012 si è inteso procedere ad una revisione sia dei traguardi per lo sviluppo delle competenze, sia degli obiettivi suggeriti per perseguirli. Lo sviluppo delle competenze non viene quindi presentato come un accessorio del processo di alfabetizzazione, ma come **una finalità della scuola,** come un suo elemento irrinunciabile.

I traguardi per lo sviluppo delle competenze costituiscono **l'asse portante del curricolo** e rappresentano nel documento ministeriale*"riferimenti ineludibili per gli insegnanti, indicano piste culturali e didattiche da percorrere e aiutano a finalizzare l'azione educativa allo sviluppo integrale dell'allievo. Nella scuola del primo ciclo i traguardi costituiscono criteri per la valutazione delle competenze attese e, nella loro scansione temporale, sono prescrittivi, impegnando così le istituzioni scolastiche affinché ogni alunno possa conseguirli, a garanzia dell'unità del sistema nazionale e della qualità del servizio"*. Costituiscono "un punto di arrivo dinamico, un *già* e un *non ancora*, verso un *sempre* più completo padroneggiamento delle competenze, che si accompagna e non si trasmette" (Cerini).

Nelle Indicazioni nazionali è espressa tutta la **problematicità del fare scuola** che continua ad essere «investita da una domanda che comprende, insieme, l'apprendimento e *"il saper stare al mondo"*. Di conseguenza, *"le trasmissioni standardizzate e normative* *delle conoscenze, che comunicano contenuti invarianti pensati per individui medi non sono più adeguate"*.

In uno scenario così complesso e variegato la scuola può trovare un riferimento unitario nella solida formazione della persona che apprende, sicché *"lo studente è posto al centro dell'azione educativa in tutti i suoi aspetti: cognitivi, affettivi, relazionali, corporei, estetici, etici, spirituali, religiosi. In questa prospettiva, i docenti dovranno pensare e realizzare i loro progetti educativi e didattici non per individui astratti, ma per persone che vivono qui e ora, che sollevano precise domande esistenziali, che vanno alla ricerca di orizzonti di significato"*.

Acquista così un ruolo decisivo la prospettiva di un nuovo umanesimo: gli insegnanti sono invitati a superare barriere disciplinari o settoriali e ad aprirsi con curiosità e fiducia alle suggestioni e agli stimoli della cultura contemporanea imparando – essi per primi – a lavorare insieme, costituendo una comunità professionale unita dalla finalità educativa della scuola", nella consapevolezza che il lavoro del docente consista, innanzitutto, nell'insegnare *"a ricomporre i grandi oggetti della conoscenza – l'universo, il pianeta, la natura, la vita, l'umanità, la società, il corpo, la mente, la storia – in una prospettiva complessa, volta cioè a superare la frammentazione delle discipline e a integrarle in nuovi quadri d'insieme"*.

Significativa è, pertanto, l'apertura di credito nei confronti degli insegnanti ai quali è affidata la progettualità e la "regia pedagogica" del curricolo: *"La professionalità docente si arricchisce attraverso il lavoro collaborativo, la formazione continua in servizio, la riflessione sulla pratica didattica, il rapporto adulto con i saperi e la cultura. La costruzione di una comunità professionale ricca di relazioni, orientata all'innovazione e alla condivisione di conoscenze, è stimolata dalla funzione di leadership educativa della dirigenza e dalla presenza di forme di coordinamento pedagogico"*.

2.2.2 L'agenda ONU 2030

Nella stessa prospettiva educativa, volta alla comprensione e soluzione dei problemi che l'umanità attraversa, anche rispetto alla sua relazione con l'ambiente, si colloca l'Agenda ONU 2030 che, in particolare nell'Obiettivo 4, tratta i Traguardi per una istruzione di qualità.

Le finalità educative indicate nell'Asse 4 per una educazione allo sviluppo sostenibile si propongono di:
- garantire istruzione di qualità per tutti i bambini, i ragazzi e i giovani e accesso ai sistemi di istruzione fino ai livelli più alti;
- incrementare le competenze scientifiche e anche tecnico-professionali della popolazione;
- eliminare le disparità di genere e garantire l'accesso all'istruzione e alla formazione anche alle persone più vulnerabili;
- garantire che tutta la popolazione giovane e gran parte di quella adulta acquisisca sufficienti e consolidate competenze di base linguistiche e logico-matematiche;
- garantire che tutti i giovani acquisiscano competenze per lo sviluppo sostenibile, anche tramite un'educazione volta ad uno sviluppo e uno stile di vita sostenibile,

ai diritti umani, alla parità di genere, alla promozione di una cultura pacifica e non violenta, alla cittadinanza globale e alla valorizzazione delle diversità culturali e del contributo della cultura allo sviluppo sostenibile;

- costruire e potenziare le strutture dell'istruzione che siano sensibili ai bisogni dell'infanzia, alle disabilità e alla parità di genere e predisporre ambienti dedicati all'apprendimento che siano sicuri, non violenti e inclusivi per tutti.

I principi enunciati dall'Agenda 2030 sono del tutto coerenti con la Costituzione e sono riconducibili, in termini di progettualità curricolare, alle otto competenze chiave europee e ai Traguardi delle Indicazioni Nazionali.

2.2.3 Autonomia e progettualità del curricolo

Par raggiungere tali finalità generali «le scuole sono chiamate a elaborare il proprio curricolo esercitando così una parte decisiva dell'autonomia che la Repubblica attribuisce loro. Il curricolo diviene perciò lo strumento principale di progettazione con cui le scuole possono rispondere alla domanda educativa degli alunni e delle loro famiglie. La caratteristica fondamentale del curricolo è la sua **progettualità**, ossia la capacità di individuare con chiarezza i fini complessi del percorso di apprendimento, ben delineati tra l'altro dal profilo di competenze attese al termine del primo ciclo, cercando di raggiungerli usando flessibilmente come mezzi le discipline, i traguardi per lo sviluppo delle competenze e gli **obiettivi di apprendimento** individuati nelle Indicazioni.

Il curricolo di istituto è perciò «espressione della libertà d'insegnamento e dell'autonomia scolastica» e la sua costruzione è un «processo attraverso il quale si sviluppano e organizzano la ricerca e l'innovazione educativa. Esso è esplicitato all'interno del Piano dell'offerta formativa, come previsto dal D.P.R. 275/1999, all'art. 3, co. 1, ed è fortemente condizionato dal contesto umano e sociale in cui la singola scuola si trova ad operare. Il processo di revisione e aggiornamento del Piano dell'offerta formativa di ciascuna istituzione scolastica costituisce pertanto un'esigenza prioritaria che emerge nella rivisitazione della didattica, della valutazione e, in generale, del curricolo, anche nella sua dimensione diacronica. In tale ottica è pertanto opportuno definire e condividere, in verticale, sia i traguardi di competenze irrinunciabili alla fine della scuola primaria e alla fine della scuola secondaria di primo grado, sia i criteri e le modalità di valutazione delle competenze stesse.

Sembra anche utile inquadrare il **Profilo atteso e i Traguardi di sviluppo** entro l'orizzonte di riferimento dato dalle competenze chiave europee, la padronanza delle quali alla fine si è chiamati a certificare. Le competenze chiave rappresentano, del resto, anche un elemento di continuità, poiché anche il D.M. 139/2007 e i D.P.R. 87, 88, 89 del 2010 di riordino del secondo ciclo le assumono come finalità formativa di riferimento, pur declinandole in dimensioni specifiche, facilmente riconducibili, comunque, alle competenze europee. Il principio di continuità attraversa le scelte delle nuove Indicazioni. Lo evidenziano, da un lato, la sequenzialità e la progressione/gradualità dei traguardi per lo sviluppo delle competenze e degli obiettivi disciplinari alla fine della scuola primaria e della scuola secondaria di primo grado. Lo richiamano, dall'altro, i riferimenti alla necessaria prosecuzione nel secondo ciclo, che richiede pertanto l'avvio e/o il rafforzamento di una reciproca conoscenza, di dialogo e di collaborazione con le istituzioni scolastiche e formative del secondo ciclo, anche in prospettiva di orientamento. Allo stesso principio di continuità educativa tra scuola primaria e scuola secondaria di primo grado conducono le scelte organizzative del sistema nazionale con la generalizzazione degli istituti comprensivi e la coerente scelta della verticalità nella costruzione del curricolo.

Compito delle istituzioni scolastiche è formulare curricoli nel rispetto delle Indicazioni nazionali, mettendo **al centro del processo di apprendimento gli allievi, le loro esigenze e le loro peculiarità**, in collaborazione e sinergia con le famiglie e il territorio, in un'ottica di apprendimento permanente lungo tutto l'arco della vita.

2.2.4 Criteri per l'elaborazione del curricolo

Il Regolamento sull'autonomia scolastica di cui al **D.P.R. 275/1999** fissa i criteri che le istituzioni scolastiche devono osservare per l'elaborazione del curricolo. In particolare stabilisce quali siano i riferimenti prescrittivi che il centro deve fornire e che riguardano, in particolare, i seguenti aspetti:

1. gli **obiettivi generali del processo formativo**;
2. gli **obiettivi specifici di apprendimento** relativi alle competenze degli alunni;
3. le discipline e attività costituenti **la quota nazionale dei curricoli** e il relativo monte ore annuale.

Per quanto riguarda gli obiettivi generali, il richiamo centrale è dato dalla piena valorizzazione della persona umana, le cui capacità vanno potenziate in modo armonico ed integrale grazie all'apporto degli strumenti culturali propri della scuola e della qualità dell'esperienza che tale ambiente è chiamato a coltivare. Il **riferimento alla persona,** non va inteso astrattamente, ma va visto nella concretezza della situazione evolutiva, sociale, culturale in cui si trova. Inoltre, il processo educativo che la formazione scolastica promuove va oltre la dimensione del sapere e del saper fare aprendosi anche agli alfabeti dell'imparare a vivere ed a convivere in una società della quale si è parte e del cui miglioramento ci si sente responsabili. La competenza alla quale la scuola di base mira è, prima di tutto, generale e riferita all'essere persona e cittadino responsabile, nei confronti di sé stesso, degli altri, della città *(polis)* e dell'ambiente in cui si vive. Non è solo alla scuola che compete la responsabilità educativa né solo nella scuola avvengono i percorsi dell'apprendimento, ma non vi è dubbio che l'istituzione scolastica concorre con gli strumenti che le sono propri e che sono gli strumenti della cultura. Le attività e le discipline di cui la scuola si avvale, mentre forniscono strumenti metodologici, mappe concettuali e chiavi di comprensione specifiche della realtà, rappresentano esse stesse potenti mezzi di educazione. Gli obiettivi di apprendimento che la scuola persegue sono finalizzati allo sviluppo delle competenze. Il Regolamento dell'Autonomia li chiama 'specifici' con una duplice accezione: sono **specifici della scuola,** e quindi si riferiscono alle attività e alle discipline che in ambito scolastico vengono utilizzati; sono specificamente **collegati alle competenze** di cui la scuola deve promuovere lo sviluppo.

Un ulteriore elemento di prescrittività riguarda **le discipline e le attività obbliga-**

torie. Spetta alla *governance* nazionale indicare quali insegnamenti debbano essere impartiti da tutte le istituzioni scolastiche, pur nel rispetto della loro autonomia didattica. È questa una condizione indispensabile per la tenuta unitaria del sistema nazionale di istruzione, che prevede che **il curricolo integri i contenuti culturali prescritti a livello nazionale** e quelli scelti da ogni singola scuola, che può decidere di dedicare loro un maggior spazio di approfondimento o di integrarli con altri ritenuti opportuni in relazione alle peculiarità del contesto. La progettazione curricolare è un'operazione complessa che coinvolge tutti i fattori connessi con il processo educativo, dai contenuti agli esiti formativi, dalla modalità di realizzazione ai condizionamenti dovuti alle situazioni socioambientali. Il processo di costruzione del curricolo non può prescindere da una riconsiderazione critica degli elementi essenziali del rapporto educativo.

In conclusione:

- il curricolo va costruito nella scuola, non viene emanato dal centro per essere applicato;
- tale costruzione deve permettere l'accordo tra istanza centrale, normativa e unitaria, ed istanza locale, pragmatica e flessibile;
- la costruzione del curricolo implica una considerazione della scuola come luogo di ricerca, in rapporto dialettico con le istanze provenienti dalla comunità scientifica, le istanze provenienti dalla comunità sociale e quelle etiche e che caratterizzano l'orizzonte dei valori condivisi rappresentati sia a livello centrale sia a livello locale;
- la problematica curricolare è il terreno su cui si muove l'innovazione educativa.

2.3 Il profilo dello studente

Elemento qualificante delle vigenti Indicazioni ministeriali è il Profilo dello studente che si articola esplicitamente nelle competenze che si auspica l'alunno abbia maturato al termine del primo ciclo di istruzione. Dal momento che «il conseguimento delle competenze delineate nel profilo costituisce l'obiettivo generale del sistema educativo e formativo italiano», le medesime competenze sono presenti nel modello di certificazione da rilasciare al termine della scuola primaria e al termine del primo ciclo. Il riferimento al profilo è dunque il modo per rendere tangibile la dichiarata centralità dello studente. Un'attenta lettura del Profilo consente di ricondurre facilmente le competenze ivi descritte alle competenze chiave per l'apprendimento permanente individuate dalla Raccomandazione del Parlamento europeo e del Consiglio del 18 dicembre 2006, giunte tra l'altro alla seconda riformulazione (22 maggio 2018). Come si vede, è infatti possibile trovare una corrispondenza tra ciascuna competenza chiave europea e uno o più enunciati del Profilo, che possono offrirne un'utile descrizione.

	Competenze chiave europee	Competenze dal Profilo dello studente al termine del primo ciclo di istruzione	Livello (1)
1	Comunicazione nella madrelingua o lingua di istruzione	Ha una padronanza della lingua italiana che gli consente di comprendere e produrre enunciati e testi di una certa complessità, di esprimere le proprie idee, di adottare un registro linguistico appropriato alle diverse situazioni.	
2	Comunicazione nelle lingue straniere	E' in grado di esprimersi in lingua inglese a livello elementare (A2 del Quadro Comune Europeo di Riferimento) e, in una seconda lingua europea, di affrontare una comunicazione essenziale in semplici situazioni di vita quotidiana. Utilizza la lingua inglese anche con le tecnologie dell'informazione e della comunicazione.	
3	Competenza matematica e competenze di base in scienza e tecnologia	Utilizza le sue conoscenze matematiche e scientifico-tecnologiche per analizzare dati e fatti della realtà e per verificare l'attendibilità di analisi quantitative proposte da altri. Utilizza il pensiero logico-scientifico per affrontare problemi e situazioni sulla base di elementi certi. Ha consapevolezza dei limiti delle affermazioni che riguardano questioni complesse.	
4	Competenze digitali	Utilizza con consapevolezza e responsabilità le tecnologie per ricercare, produrre ed elaborare dati e informazioni, per interagire con altre persone, come supporto alla creatività e alla soluzione di problemi.	
5	Imparare ad imparare	Possiede un patrimonio organico di conoscenze e nozioni di base ed è allo stesso tempo capace di ricercare e di organizzare nuove informazioni. Si impegna in nuovi apprendimenti in modo autonomo.	
6	Competenze sociali e civiche	Ha cura e rispetto di sé e degli altri come presupposto di uno stile di vita sano e corretto. E' consapevole della necessità del rispetto di una convivenza civile, pacifica e solidale. Si impegna per portare a compimento il lavoro iniziato, da solo o insieme ad altri.	
7	Spirito di iniziativa*	Ha spirito di iniziativa ed è capace di produrre idee e progetti creativi. Si assume le proprie responsabilità, chiede aiuto quando si trova in difficoltà e sa fornire aiuto a chi lo chiede. E' disposto ad analizzare se stesso e a misurarsi con le novità e gli imprevisti.	
8	Consapevolezza ed espressione culturale	Riconosce ed apprezza le diverse identità, le tradizioni culturali e religiose, in un'ottica di dialogo e di rispetto reciproco.	
		Si orienta nello spazio e nel tempo e interpreta i sistemi simbolici e culturali della società.	
		In relazione alle proprie potenzialità e al proprio talento si esprime negli ambiti che gli sono più congeniali: motori, artistici e musicali.	
9	L'alunno/a ha inoltre mostrato significative competenze nello svolgimento di attività scolastiche e/o extrascolastiche, relativamente a:		

* *Sense of initiative and entrepreneurship* nella Raccomandazione europea e del Consiglio del 18 dicembre 2006

2.4 Le competenze chiave per l'apprendimento permanente

Le Indicazioni Nazionali per il Curricolo stabiliscono conoscenze, abilità e competenze che gli studenti devono acquisire a conclusione della scuola dell'infanzia, della scuola primaria e della scuola secondaria di primo grado. Nel documento si rileva il richiamo diretto alle competenze chiave europee per la cittadinanza e l'apprendimento permanente.

"Ogni persona ha diritto a un'istruzione, a una formazione e a un apprendimento permanente di qualità e inclusivi, al fine di mantenere e acquisire competenze che consentono

di partecipare pienamente alla società e di gestire con successo le transizioni nel mercato del lavoro.

Ogni persona ha diritto a un'assistenza tempestiva e su misura per migliorare le prospettive di occupazione o di attività autonoma. Ciò include il diritto a ricevere un sostegno per la ricerca di un impiego, la formazione e la riqualificazione".

Questi principi sono definiti nel pilastro europeo dei diritti sociali.

In un mondo in rapido cambiamento ed estremamente interconnesso, ogni persona avrà la necessità di possedere un ampio spettro di abilità e competenze e dovrà svilupparle ininterrottamente nel corso della vita. Le competenze chiave, come definite nel presente quadro di riferimento, in una prospettiva di apprendimento permanente, intendono porre le basi per creare società più uguali e più democratiche.

Le **competenze chiave** sono una combinazione dinamica di conoscenze, abilità e atteggiamenti che il discente deve sviluppare lungo tutto il corso della sua vita a partire dalla giovane età. Istruzione, formazione e apprendimento permanente di qualità e inclusivi offrono a ogni persona occasioni per sviluppare le competenze chiave, pertanto gli approcci basati sulle competenze possono essere utilizzati in tutti i contesti educativi, formativi e di apprendimento nel corso della vita.

Ai fini della raccomandazione europea le competenze sono definite come una **combinazione di conoscenze, abilità e atteggiamenti**, in cui:
- la conoscenza si compone di fatti e cifre, concetti, idee e teorie che sono già stabiliti e che forniscono le basi per comprendere un certo settore o argomento;
- per abilità si intende sapere ed essere capaci di eseguire processi ed applicare le conoscenze esistenti al fine di ottenere risultati;
- gli atteggiamenti descrivono la disposizione e la mentalità per agire o reagire a idee, persone o situazioni.

Le competenze chiave sono quelle di cui tutti hanno bisogno per la realizzazione e lo sviluppo personali, l'occupabilità, l'inclusione sociale, uno stile di vita sostenibile, una vita fruttuosa in società pacifiche, una gestione della vita attenta alla salute e la cittadinanza attiva. Esse si sviluppano in una prospettiva di apprendimento permanente, dalla prima infanzia a tutta la vita adulta, mediante l'apprendimento formale, non formale e informale in tutti i contesti, compresi la famiglia, la scuola, il luogo di lavoro, il vicinato e altre comunità.

Le competenze chiave sono considerate tutte di pari importanza; ognuna di esse contribuisce a una vita fruttuosa nella società. Le competenze possono essere applicate in molti contesti differenti e in combinazioni diverse. Esse si sovrappongono e sono interconnesse; gli aspetti essenziali per un determinato ambito favoriscono le competenze in un altro. Elementi quali il pensiero critico, la risoluzione di problemi, il lavoro di squadra, le abilità comunicative e negoziali, le abilità analitiche, la creatività e le abilità interculturali sottendono a tutte le competenze chiave.

Il quadro di riferimento delinea **otto tipi di competenze chiave,** delineate dall'Unione europea nel 2018:
- competenza alfabetica funzionale;
- competenza multilinguistica;
- competenza matematica e competenza in scienze, tecnologie e ingegneria;

- competenza digitale;
- competenza personale, sociale e capacità di imparare a imparare;
- - competenza in materia di cittadinanza;
- - competenza imprenditoriale;
- - competenza in materia di consapevolezza ed espressione culturali.

1. COMPETENZA ALFABETICA FUNZIONALE

La competenza alfabetica funzionale indica la **capacità di individuare, comprendere, esprimere, creare e interpretare concetti, sentimenti, fatti e opinioni,** in forma sia orale sia scritta, utilizzando materiali visivi, sonori e digitali attingendo a varie discipline e contesti. Essa implica l'abilità di comunicare e relazionarsi efficacemente con gli altri in modo opportuno e creativo.

Il suo sviluppo costituisce la base per l'apprendimento successivo e l'ulteriore interazione linguistica. A seconda del contesto, la competenza alfabetica funzionale può essere sviluppata nella lingua madre, nella lingua dell'istruzione scolastica e/o nella lingua ufficiale di un paese o di una regione.

Conoscenze, abilità e atteggiamenti essenziali legati a tale competenza.

Tale competenza comprende la conoscenza della lettura e della scrittura e una buona comprensione delle informazioni scritte e, quindi, presuppone la conoscenza del vocabolario, della grammatica funzionale e delle funzioni del linguaggio. Ciò comporta la conoscenza dei principali tipi di interazione verbale, di una serie di testi letterari e non letterari, delle caratteristiche principali di diversi stili e registri della lingua.

Le persone dovrebbero possedere l'abilità di comunicare in forma orale e scritta in tutta una serie di situazioni e di sorvegliare e adattare la propria comunicazione in funzione della situazione. Questa competenza comprende anche la capacità di distinguere e utilizzare fonti di diverso tipo, di cercare, raccogliere ed elaborare informazioni, di usare ausili, di formulare ed esprimere argomentazioni in modo convincente e appropriato al contesto, sia oralmente sia per iscritto. Essa comprende il pensiero critico e la capacità di valutare informazioni e di servirsene.

Un atteggiamento positivo nei confronti di tale competenza comporta la disponibilità al dialogo critico e costruttivo, l'apprezzamento delle qualità estetiche e l'interesse a interagire con gli altri. Implica la consapevolezza dell'impatto della lingua sugli altri e la necessità di capire e usare la lingua in modo positivo e socialmente responsabile.

2. COMPETENZA MULTILINGUISTICA

Tale competenza definisce la capacità di utilizzare diverse lingue in modo appropriato ed efficace allo scopo di comunicare. In linea di massima essa condivide le abilità principali con la competenza alfabetica: si basa sulla capacità di comprendere, esprimere e interpretare concetti, pensieri, sentimenti, fatti e opinioni in forma sia orale sia scritta (comprensione orale, espressione orale, comprensione scritta ed espressione scritta) in una gamma appropriata di contesti sociali e culturali a seconda dei desideri o delle esigenze individuali. Le competenze linguistiche comprendono una dimensione storica e competenze interculturali. Tale competenza si basa sulla capacità di mediare tra diverse lingue e mezzi di comunicazione, come indicato nel quadro comune europeo di riferimento. Secondo le circostanze, essa può comprendere il mantenimento e l'ulteriore sviluppo delle competenze relative alla lingua madre, nonché l'acquisizione della lingua ufficiale o delle lingue ufficiali di un paese.

Conoscenze, abilità e atteggiamenti essenziali legati a tale competenza

Questa competenza richiede la conoscenza del vocabolario e della grammatica funzionale di lingue diverse e la consapevolezza dei principali tipi di interazione verbale e di registri linguistici. È importante la conoscenza delle convenzioni sociali, dell'aspetto culturale e della variabilità dei linguaggi.

Le abilità essenziali per questa competenza consistono nella capacità di comprendere messaggi orali, di iniziare, sostenere e concludere conversazioni e di leggere, comprendere e redigere testi, a livelli diversi di padronanza in diverse lingue, a seconda delle esigenze individuali. Le persone dovrebbero saper usare gli strumenti in modo opportuno e imparare le lingue in modo formale, non formale e informale tutta la vita.

Un atteggiamento positivo comporta l'apprezzamento della diversità culturale nonché l'interesse e la curiosità per lingue diverse e per la comunicazione interculturale. Essa presuppone anche rispetto per il profilo linguistico individuale di ogni persona, compresi sia il rispetto per la lingua materna di chi appartiene a minoranze e/o proviene da un contesto migratorio che la valorizzazione della lingua ufficiale o delle lingue ufficiali di un paese come quadro comune di interazione.

3. COMPETENZA MATEMATICA E COMPETENZA IN SCIENZE, TECNOLOGIE E INGEGNERIA

A. La competenza matematica. È la capacità di sviluppare e applicare il pensiero e la comprensione matematici per risolvere una serie di problemi in situazioni quotidiane. Partendo da una solida padronanza della competenza aritmetico-matematica, l'accento è posto sugli aspetti del processo e dell'attività oltre che sulla conoscenza. La competenza matematica comporta, a differenti livelli, la capacità di usare modelli matematici di pensiero e di presentazione (formule, modelli, costrutti, grafici, diagrammi) e la disponibilità a farlo.

B. La competenza in scienze. Si riferisce alla capacità di spiegare il mondo che ci circonda usando l'insieme delle conoscenze e delle metodologie, comprese l'osservazione e la sperimentazione, per identificare le problematiche e trarre conclusioni che siano basate su fatti empirici, e alla disponibilità a farlo. Le competenze in tecnologie e ingegneria sono applicazioni di tali conoscenze e metodologie per dare risposta ai desideri o ai bisogni avvertiti dagli esseri umani. La competenza in scienze, tecnologie e ingegneria implica la comprensione dei cambiamenti determinati dall'attività umana e dalla responsabilità individuale del cittadino.

Conoscenze, abilità e atteggiamenti essenziali legati a tale competenza

La conoscenza necessaria in campo matematico comprende una solida conoscenza dei numeri, delle misure e delle strutture, delle operazioni fondamentali e delle presentazioni matematiche di base, la comprensione dei termini e dei concetti matematici e la consapevolezza dei quesiti cui la matematica può fornire una risposta.

Le persone dovrebbero saper applicare i principi e i processi matematici di base nel contesto quotidiano nella sfera domestica e lavorativa (ad esempio in ambito finanziario) nonché seguire e vagliare concatenazioni di argomenti. Le persone dovrebbero essere in grado di svolgere un ragionamento matematico, di comprendere le prove matematiche e di comunicare in linguaggio matematico, oltre a saper usare i sussidi appropriati, tra i quali i dati statistici e i grafici, nonché di comprendere gli aspetti matematici della digitalizzazione.

Un atteggiamento positivo in relazione alla matematica si basa sul rispetto della verità e sulla disponibilità a cercare le cause e a valutarne la validità.

Per quanto concerne scienze, tecnologie e ingegneria, la conoscenza essenziale comprende i principi di base del mondo naturale, i concetti, le teorie, i principi e i metodi scientifici fondamentali, le tecnologie e i prodotti e processi tecnologici, nonché la comprensione dell'impatto delle scienze, delle tecnologie e dell'ingegneria, così come dell'attività umana in genere, sull'ambiente naturale. Queste competenze dovrebbero consentire alle persone di comprendere meglio i progressi, i limiti e i rischi delle teorie, applicazioni e tecnologie scientifiche nella società in senso lato (in relazione alla presa di decisione, ai valori, alle questioni morali, alla cultura ecc.).

Tra le abilità rientra la comprensione della scienza in quanto processo di investigazione mediante metodologie specifiche, tra cui osservazioni ed esperimenti controllati, la capacità di utilizzare il pensiero logico e razionale per verificare un'ipotesi, nonché la disponibilità a rinunciare alle proprie convinzioni se esse sono smentite da nuovi risultati empirici. Le abilità comprendono inoltre la capacità di utilizzare e maneggiare strumenti e macchinari tecnologici nonché dati scientifici per raggiungere un obiettivo o per formulare una decisione o conclusione sulla base di dati probanti. Le persone dovrebbero essere anche in grado di riconoscere gli aspetti essenziali dell'indagine scientifica ed essere capaci di comunicare le conclusioni e i ragionamenti afferenti.

Questa competenza comprende un atteggiamento di valutazione critica e curiosità, l'interesse per le questioni etiche e l'attenzione sia alla sicurezza sia alla sostenibilità ambientale, in particolare per quanto concerne il progresso scientifico e tecnologico in relazione all'individuo, alla famiglia, alla comunità e alle questioni di dimensione globale.

4. COMPETENZA DIGITALE

La competenza digitale presuppone **l'interesse per le tecnologie digitali e il loro utilizzo con dimestichezza,** e spirito critico e responsabile per apprendere, lavorare e partecipare alla società. Essa comprende l'alfabetizzazione informatica e digitale, la comunicazione e la collaborazione, l'alfabetizzazione mediatica, la creazione di contenuti digitali (inclusa la programmazione), la sicurezza (compreso l'essere a proprio agio nel mondo digitale e possedere competenze relative alla cibersicurezza), le questioni legate alla proprietà intellettuale, la risoluzione di problemi e il pensiero critico.

Conoscenze, abilità e atteggiamenti essenziali legati a tale competenza

Le persone dovrebbero comprendere in che modo le tecnologie digitali possono essere di aiuto alla comunicazione, alla creatività e all'innovazione, pur nella consapevolezza di quanto ne consegue in termini di opportunità, limiti, effetti e rischi. Dovrebbero comprendere i principi generali, i meccanismi e la logica che sottendono alle tecnologie digitali in evoluzione, oltre a conoscere il funzionamento e l'utilizzo di base di diversi dispositivi, software e reti. Le persone dovrebbero assumere un approccio critico nei confronti della validità, dell'affidabilità e dell'impatto delle informazioni e dei dati resi disponibili con strumenti digitali ed essere consapevoli dei principi etici e legali chiamati in causa con l'utilizzo delle tecnologie digitali.

Le persone dovrebbero essere in grado di utilizzare le tecnologie digitali come ausilio per la cittadinanza attiva e l'inclusione sociale, la collaborazione con gli altri e la creatività nel raggiungimento di obiettivi personali, sociali o commerciali. Le abilità comprendono la capacità di utilizzare, accedere a, filtrare, valutare, creare, programmare e condividere contenuti digitali. Le persone dovrebbero essere in grado di gestire e proteggere informazioni, contenuti, dati e identità digitali, oltre a riconoscere software, dispositivi, intelligenza artificiale o robot e interagire efficacemente con essi.

Interagire con tecnologie e contenuti digitali presuppone un atteggiamento riflessivo e critico, ma anche improntato alla curiosità, aperto e interessato al futuro della loro evoluzione. Impone anche un approccio etico, sicuro e responsabile all'utilizzo di tali strumenti.

5. COMPETENZA PERSONALE, SOCIALE E CAPACITÀ DI IMPARARE A IMPARARE

La competenza personale, sociale e la capacità di imparare a imparare consiste nella capacità di riflettere su sé stessi, di gestire efficacemente il tempo e le informazioni, di lavorare con gli altri in maniera costruttiva, di mantenersi resilienti e di gestire il proprio apprendimento e la propria carriera. Comprende la **capacità di far fronte all'incertezza** e alla complessità, di imparare a imparare, di favorire il proprio benessere fisico ed emotivo, di mantenere la salute fisica e mentale, nonché di essere in grado di condurre una vita attenta alla salute e orientata al futuro, di empatizzare e di gestire il conflitto in un contesto favorevole e inclusivo.

Conoscenze, abilità e atteggiamenti essenziali legati a tale competenza

Per il successo delle relazioni interpersonali e della partecipazione alla società è essenziale comprendere i codici di comportamento e le norme di comunicazione generalmente accettati in ambienti e società diversi. La competenza personale, sociale e la capacità di imparare a imparare richiede inoltre la conoscenza degli elementi che compongono una mente, un corpo e uno stile di vita salutari. Presuppone la conoscenza delle proprie strategie di apprendimento preferite, delle proprie necessità di sviluppo delle competenze e di diversi modi per sviluppare le competenze e per cercare le occasioni di istruzione, formazione e carriera, o per individuare le forme di orientamento e sostegno disponibili.

Vi rientrano la **capacità di individuare le proprie capacità, di concentrarsi, di gestire la complessità, di riflettere criticamente e di prendere decisioni.** Ne fa parte la capacità di imparare e di lavorare sia in modalità collaborativa sia in maniera autonoma, di organizzare il proprio apprendimento e di perseverare, di saperlo valutare e condividere, di cercare sostegno quando opportuno e di gestire in modo efficace la propria carriera e le proprie interazioni sociali. Le persone dovrebbero essere resilienti e capaci di gestire l'incertezza e lo stress. Dovrebbero saper comunicare costruttivamente in ambienti diversi, collaborare nel lavoro in gruppo e negoziare. Ciò comprende: manifestare tolleranza, esprimere e comprendere punti di vista diversi, oltre alla capacità di creare fiducia e provare empatia.

Tale competenza si basa su un atteggiamento positivo verso il proprio benessere personale, sociale e fisico e verso l'apprendimento per tutta la vita. Si basa su un atteggiamento improntato a collaborazione, assertività e integrità, che comprende il rispetto della diversità degli altri e delle loro esigenze, e la disponibilità sia a superare i pregiudizi, sia a raggiungere compromessi. Le persone dovrebbero essere in grado di individuare e fissare obiettivi, di automotivarsi e di sviluppare resilienza e fiducia per perseguire e conseguire l'obiettivo di apprendere lungo tutto il corso della loro vita. Un atteggiamento improntato ad affrontare i problemi per risolverli è utile sia per il processo di apprendimento sia per la capacità di gestire gli ostacoli e i cambiamenti. Comprende il desiderio di applicare quanto si è appreso in precedenza e le proprie esperienze di vita nonché la curiosità di cercare nuove opportunità di apprendimento e sviluppo nei diversi contesti della vita.

6. COMPETENZA IN MATERIA DI CITTADINANZA

La competenza in materia di cittadinanza si riferisce alla capacità di agire da cittadini responsabili e di partecipare pienamente alla vita civica e sociale, in base alla comprensione delle strutture e dei concetti sociali, economici, giuridici e politici oltre che dell'evoluzione a livello globale e della sostenibilità.

Conoscenze, abilità e atteggiamenti essenziali legati a tale competenza

La competenza in materia di cittadinanza si fonda sulla conoscenza dei concetti e dei fenomeni di base riguardanti gli individui, i gruppi, le organizzazioni lavorative, la società, l'economia e la cultura. Essa presuppone la comprensione dei valori comuni dell'Europa, espressi nell'articolo 2 del trattato sull'Unione europea e nella Carta dei diritti fondamentali dell'Unione europea. Comprende la conoscenza delle vicende contemporanee nonché l'interpretazione critica dei principali eventi della storia nazionale, europea e mondiale. Abbraccia inoltre la conoscenza degli obiettivi, dei valori e delle politiche dei movimenti sociali e politici oltre che dei sistemi sostenibili, in particolare dei cambiamenti climatici e demografici a livello globale e delle relative cause. È essenziale la conoscenza dell'integrazione europea, unitamente alla consapevolezza della diversità e delle identità culturali in Europa e nel mondo. Vi rientra la comprensione delle dimensioni multiculturali e socioeconomiche delle società europee e del modo in cui l'identità culturale nazionale contribuisce all'identità europea.

Per la competenza in materia di cittadinanza è indispensabile la capacità di impegnarsi **efficacemente con gli altri per conseguire un interesse comune o pubblico,** come lo sviluppo sostenibile della società. Ciò presuppone la capacità di pensiero critico e abilità integrate di risoluzione dei problemi, nonché la capacità di sviluppare argomenti e di partecipare in modo costruttivo alle attività della comunità, oltre che al processo decisionale a tutti i livelli, da quello locale e nazionale al livello europeo e internazionale. Presuppone anche la capacità di accedere ai mezzi di comunicazione sia tradizionali sia nuovi, di interpretarli criticamente e di interagire con essi, nonché di comprendere il ruolo e le funzioni dei media nelle società democratiche.

Il rispetto dei diritti umani, base della democrazia, è il presupposto di un atteggiamento responsabile e costruttivo. La partecipazione costruttiva presuppone la disponibilità a partecipare a un processo decisionale democratico a tutti i livelli e alle attività civiche. Comprende il sostegno della diversità sociale e culturale, della parità di genere e della coesione sociale, di stili di vita sostenibili, della promozione di una cultura di pace e non violenza, nonché della disponibilità a rispettare la privacy degli altri e a essere responsabili in campo ambientale. L'interesse per gli sviluppi politici e socioeconomici, per le discipline umanistiche e per la comunicazione interculturale è indispensabile per la disponibilità sia a superare i pregiudizi sia a raggiungere compromessi ove necessario e a garantire giustizia ed equità sociali.

7. COMPETENZA IMPRENDITORIALE

La competenza imprenditoriale si riferisce alla capacità di agire sulla base di idee e opportunità e di trasformarle in valori per gli altri. Si fonda sulla creatività, sul pensiero critico e sulla risoluzione di problemi, sull'iniziativa e sulla perseveranza, nonché sulla capacità di lavorare in modalità collaborativa al fine di programmare e gestire progetti che hanno un valore culturale, sociale o finanziario.

Conoscenze, abilità e atteggiamenti essenziali legati a tale competenza

La competenza imprenditoriale presuppone **la consapevolezza che esistono opportunità e contesti diversi** nei quali è possibile trasformare le idee in azioni nell'ambito di attività personali, sociali e professionali, e la comprensione di come tali opportunità si presentano. Le persone dovrebbero conoscere e capire gli approcci di programmazione e gestione dei progetti, in relazione sia ai processi sia alle risorse. Dovrebbero comprendere l'economia, nonché le opportunità e le sfide sociali ed economiche cui vanno incontro i datori di lavoro, le organizzazioni o la società. Dovrebbero inoltre conoscere i principi etici e le sfide dello sviluppo sostenibile ed essere consapevoli delle proprie forze e debolezze.

Le capacità imprenditoriali si fondano sulla creatività, che comprende immaginazione, pensiero strategico e risoluzione dei problemi, nonché riflessione critica e costruttiva in un contesto di innovazione e di processi creativi in evoluzione. Comprendono la capacità di lavorare sia individualmente sia in modalità collaborativa in gruppo, di mobilitare risorse (umane e materiali) e di mantenere il ritmo dell'attività. Vi rientra la capacità di assumere decisioni finanziarie relative a costi e valori. È essenziale la capacità di comunicare e negoziare efficacemente con gli altri e di saper gestire l'incertezza, l'ambiguità e il rischio in quanto fattori rientranti nell'assunzione di decisioni informate.

Un atteggiamento imprenditoriale è caratterizzato da spirito d'iniziativa e autoconsapevolezza, proattività, lungimiranza, coraggio e perseveranza nel raggiungimento degli obiettivi. Comprende il desiderio di motivare gli altri e la capacità di valorizzare le loro idee, di provare empatia e di prendersi cura delle persone e del mondo, e di saper accettare la responsabilità applicando approcci etici in ogni momento.

8. COMPETENZA IN MATERIA DI CONSAPEVOLEZZA ED ESPRESSIONE CULTURALI

La competenza in materia di consapevolezza ed espressione culturali implica la comprensione e il rispetto di come le idee e i significati vengono espressi creativamente e comunicati in diverse culture e tramite tutta una serie di arti e altre forme culturali. Presuppone l'impegno di capire, sviluppare ed esprimere le proprie idee e il senso della propria funzione o del proprio ruolo nella società in una serie di modi e contesti.

Conoscenze, abilità e atteggiamenti essenziali legati a tale competenza

Questa competenza richiede la conoscenza delle culture e delle espressioni locali, nazionali, regionali, europee e mondiali, comprese le loro lingue, il loro patrimonio espressivo e le loro tradizioni, e dei prodotti culturali, oltre alla comprensione di come tali espressioni possono influenzarsi a vicenda e avere effetti sulle idee dei singoli individui. Essa include la comprensione dei diversi modi della comunicazione di idee tra l'autore, il partecipante e il pubblico nei testi scritti, stampati e digitali, nel teatro, nel cinema, nella danza, nei giochi, nell'arte e nel design, nella musica, nei riti, nell'architettura oltre che nelle forme ibride. Presuppone la consapevolezza dell'identità personale e del patrimonio culturale all'interno di un mondo caratterizzato da diversità culturale e la comprensione del fatto che le arti e le altre forme culturali possono essere strumenti per interpretare e plasmare il mondo.

Le relative abilità comprendono la **capacità di esprimere e interpretare idee figurative e astratte,** esperienze ed emozioni con empatia, e la capacità di farlo in diverse arti e in altre forme culturali. Comprendono anche la capacità di riconoscere e realizzare le opportunità di valorizzazione personale, sociale o commerciale mediante le arti e altre forme culturali e la capacità di impegnarsi in processi creativi, sia individualmente sia collettivamente.

E' importante avere un atteggiamento aperto e rispettoso nei confronti delle diverse manifestazioni dell'espressione culturale, unitamente a un approccio etico e responsabile alla titolarità intellettuale e culturale. Un atteggiamento positivo comprende anche curiosità nei confronti del mondo, apertura per immaginare nuove possibilità e **disponibilità a partecipare a esperienze culturali.**

APPROFONDIMENTO

La centralità della competenza dell'imparare ad imparare

Le Indicazioni nazionali per il curricolo della scuola dell'infanzia e del primo ciclo di istruzione del novembre 2012 sottolineano che un'efficace azione formativa prevede alcuni principi metodologici tesi a favorire l'apprendimento e il successo formativo di tutti gli alunni. Uno di questi consiste nel promuovere nell'allievo e nello studente la consapevolezza del proprio modo di apprendere. Questa padronanza è ricorsivamente richiamata anche nei documenti europei. A questo proposito, tra le otto competenze-chiave per l'apprendimento permanente definite dal Consiglio dell'Unione Europea (Raccomandazione del 22 maggio 2018), viene riconfermata, come nel precedente Documento del 2006, la centralità della competenza personale, sociale e capacità di imparare a imparare. Essa consiste innanzi tutto nella capacità di riflettere su se stessi e di mantenersi resilienti nei momenti di difficoltà. Nelle Indicazioni nazionali, la padronanza relativa all'imparare a imparare viene descritta nel Profilo dello studente come capacità di ricercare in modo efficace le informazioni e di impegnarsi nella ricerca di nuove conoscenze in modo autonomo, e richiede la capacità di organizzare e gestire i tempi dello studio per ottimizzare le condizioni dell'applicazione individuale. Questa competenza deve essere insegnata a partire dai primi anni di scuola in maniera trasversale da parte di tutti i docenti. La scuola deve quindi supportare lo studente nello sviluppare consapevolezza e responsabilità rispetto alle proprie modalità di gestione mentale, ai propri stili di pensiero e punti di forza e di criticità, accrescendo la fiducia nei mezzi e nei personali potenziali di apprendimento. Inoltre nelle Indicazioni del 2012, nel paragrafo «Il senso dell'esperienza educativa», viene sottolineata l'esigenza di educare i ragazzi a un profondo senso di responsabilità, che si traduce nel «fare bene il proprio lavoro, nel portarlo a temine e nell'avere cura di sé». Per fare questo l'alunno va messo nelle condizioni di comprendere i compiti che gli vengono assegnati e i traguardi che può raggiungere, di leggere le proprie emozioni, dimostrando di saper raggiungere nuovi equilibri attraverso la risoluzione dei conflitti che inevitabilmente caratterizzano la sua vita, come quella dei coetanei. La consapevolezza del proprio modo di imparare presuppone anche capacità di natura metacognitiva, che investe alcuni processi chiave dell'apprendimento, quali la riflessione e il controllo. La riflessione accentua il valore e l'importanza di saper comprendere dentro di sé il significato profondo di un'attività didattica, di un lavoro di gruppo, di una relazione amicale. Il controllo coincide con la capacità di verificare, accertare, attuare dei riscontri in modo da favorire un'intelligenza critica e creativa. Stati intenzionali e stati emozionali sono infatti alla base di una pedagogia meta cognitiva.

2.5 Le competenze trasversali

Le competenze trasversali *(soft skills)* sono le caratteristiche personali che influenzano il modo in cui ci relazioniamo, lavoriamo e affrontiamo le sfide in diversi contesti. Queste competenze sono fondamentali sia nella sfera scolastica che in quella lavorativa e quotidiana. Esse includono:

- **autonomia**: la capacità di svolgere compiti e responsabilità senza bisogno di una supervisione costante, dimostrando iniziativa e capacità decisionale;
- fiducia in sé stessi: la consapevolezza delle proprie capacità, conoscenze e valore personale, che si riflette nella sicurezza nel prendere decisioni e nell'affrontare le sfide;
- **flessibilità e adattabilità**: la capacità di adattarsi a nuove situazioni, essere aperti al cambiamento e lavorare in modo collaborativo con persone diverse;
- **resistenza allo stress**: la capacità di gestire efficacemente lo stress e le pressioni del lavoro, mantenendo il controllo emotivo e reagendo in modo positivo alle difficoltà;
- **capacità di pianificare e organizzare**: la capacità di definire obiettivi, stabilire priorità e pianificare il lavoro in modo efficiente, tenendo conto delle risorse disponibili;
- precisione e attenzione ai dettagli: l'attenzione e la cura dei particolari nel lavoro garantiscono accuratezza e qualità nei risultati;
- **apprendimento continuo**: la volontà e l'impegno nel continuo sviluppo delle proprie conoscenze e competenze, riconoscendo l'importanza dell'apprendimento costante;
- **realizzazione degli obiettivi**: la determinazione e l'impegno nel raggiungimento degli obiettivi assegnati o personali, superando le sfide lungo il percorso;
- intraprendenza e gestione delle informazioni: la capacità di generare idee, organizzarle in progetti e saper acquisire, gestire e utilizzare in modo efficace le informazioni disponibili;
- **capacità comunicativa**: la capacità di trasmettere in modo chiaro, efficace e sintetico idee e informazioni a diversi interlocutori, e di ascoltare e confrontarsi con gli altri;
- *problem solving:* l'abilità di identificare e analizzare i problemi, trovare soluzioni creative e implementarle in modo efficace;
- **lavoro di squadra**: la capacità di lavorare in modo collaborativo con gli altri, creando relazioni positive e costruttive al fine di raggiungere gli obiettivi comuni;
- *leadership:* la capacità di influenzare, motivare e guidare gli altri, creando fiducia e consenso per raggiungere obiettivi ambiziosi.

Anche il **valore della creatività come competenza trasversale** è stato riconosciuto da vari studiosi (Amabile, 1989; Robinson, 2001; Sawyer, 2006; Vygotsky, 2004) oltre che da numerose comunicazioni della Commissione europea (EC, 2009; 2010) in quanto comporta delle innovazioni necessarie sia per lo sviluppo personale sia per la crescita economica. *Cosa si intende per creatività?* La creatività, nella didattica, è considerata come l'abilità di connettere pensieri, concetti e conoscenze disparati e di vedere relazioni tra elementi distinti (Boden, 2001). Inoltre è una forma di creazione di conoscenza e stimola un tipo di apprendimento centrato più sulla comprensione che sulla riproduzione di contenuti. (Craft, 2005; Ferrari, Cachia e Punie, 2009).

APPROFONDIMENTO

Caratteristiche fondamentali della didattica per competenze

Complessità. La didattica di tipo "tradizionale", prevalentemente fondata sull'azione del docente, sulla trasmissione di conoscenze e sull'esercizio di procedure, si è rivelata non sufficientemente utile per fornire agli studenti occasioni utili per costruire la propria competenza, ma consentendo al massimo di conseguire delle buone abilità. La competenza, al contrario, si apprezza in situazione, come "sapere agito", ovvero come capacità di reagire alle sollecitazioni offerte dall'esperienza, mobilitando tutte le proprie risorse cognitive, pratiche, sociali, metodologiche, personali. Pertanto accanto alle lezioni, alle esercitazioni, al consolidamento di procedure, che pure non vanno certo eliminati, è necessario prevedere discussioni, lavori in gruppo, studio di casi, soluzioni di problemi di esperienza, presa di decisioni, realizzazione di compiti significativi. La competenza è costituita da conoscenze e abilità, quindi esse vanno assolutamente mantenute e fornite ai livelli più alti. Ciò che si differenzia è la prospettiva con cui esse vengono offerte agli alunni, attraverso **approcci induttivi,** improntati alla problematizzazione, alla costruzione sociale della conoscenza, alla contestualizzazione del sapere nell'esperienza, all'attribuzione di senso e significato ai contenuti e alle conoscenze (Ciullo).

Lavorare nell'ambito di una didattica per competenze comporta il fare riferimento a dei compiti complessi come i cosiddetti **"compiti di realtà"** o **"significativi"** o **"autentici"**. I compiti che si propongono agli allievi **devono essere più difficili rispetto alle risorse che essi già posseggono**. Se dovessero affrontare lavori commisurati strettamente a ciò che sanno e sanno fare, si limiterebbero a esercitare conoscenze e abilità già conseguite. Salta dunque lo schema tradizionale della lezione frontale: io spiego, tu studi, io interrogo (Ciullo). Per far fronte a compiti complessi non è sufficiente fare riferimento alla somma delle conoscenze acquisite, sebbene esse siano fondamentali; gli alunni dovranno lavorare, mettersi assieme e fare: ricercare informazioni, trovare soluzioni, attivare la propria creatività. Proporre ad esempio ai bambini di curare *l'allestimento di una mostra* è un compito complesso, gli aspetti da gestire sono molteplici e non esiste un solo modo di risolvere il problema. Ed è per questo che un compito di realtà viene definito solo parzialmente, in modo da favorire una maggiore creatività in fase risolutiva (Ciullo).

La situazione appena più complessa **stimola il** *problem solving* **e la necessità di reperire informazioni e strategie** che ancora non si posseggono.

L'agire competente si rivela proprio nella capacità di reperire strumenti e risorse nuovi, partendo da quelli già posseduti.

Integrazione dei saperi. Un compito di realtà è normalmente interdisciplinare, ha maggiori possibilità di risultare complesso e nuovo per gli studenti. Nelle Indicazioni si legge *"Le discipline come noi le conosciamo sono state storicamente separate l'una dall'altra da confini convenzionali che non hanno alcun riscontro con l'unitarietà tipica dei processi di apprendimento. Ogni persona, a scuola come nella vita, impara infatti attingendo liberamente dalla sua esperienza, dalle conoscenze o dalle discipline, elaborandole con un'attività continua e autonoma."* I percorsi didattici privilegiano **l'integrazione dei saperi,** che insieme concorrono a costruire competenze attraverso l'esperienza e la riflessione nei compiti significativi e nelle unità di apprendimento.

Focus sul discente. Nella didattica per competenze viene posta maggior enfasi sul ruolo del discente. Tuttavia il docente non perde importanza, la sua azione viene valorizzata attraverso l'assunzione di un ruolo di mediatore e facilitatore. Mette a disposizione strumenti e pianifica situazioni che permettono all'allievo di costruire il proprio apprendimento. Fornirà probabilmente meno risposte ma molte buone domande per sollecitare la ricerca, la formulazione di ipotesi e la sperimentazione di strategie e tecniche piuttosto che soluzioni. Il docente assume una **responsabilità educativa**, poiché l'insegnamento persegue la finalità della formazione della persona e del cittadino autonomo e responsabile e non resta quindi confinato nell'ambito della dimensione culturale.

Apprendimento in modalità cooperativa. La didattica per competenze **privilegia l'aspetto sociale e cooperativo dell'apprendimento.** I compiti di realtà dovrebbero essere calati in un contesto in cui è possibile accedere a conoscenze, abilità e competenze attraverso gli altri. Del resto chiedere aiuto, saper gestire le informazioni ricevute e impiegarle per la soluzione di un nostro problema fa parte delle esperienze quotidiane di ciascuno di noi. Insieme si può apprendere meglio, si possono condividere informazioni, procedure e strategie, si può prestare e ottenere aiuto. Le tecniche di apprendimento cooperativo, di tutoraggio tra pari, la discussione, sono congeniali alla promozione di competenze. In particolare **la dimensione del piccolo gruppo favorisce gli scambi comunicativi e l'interdipendenza positiva** (Ciullo).

Unità di Apprendimento (UdA). A livello didattico, particolarmente efficaci risultano le UdA, percorsi strutturati che hanno come obiettivo la realizzazione di un prodotto (materiale o immateriale) in un contesto esperienziale (vedi *amplius* Parte 4). La valutazione della competenza avviene attraverso una descrizione che rende conto di cosa sa l'allievo, di cosa sa fare, con che grado di autonomia e responsabilità utilizza conoscenze e abilità, in quali contesti e condizioni. Le descrizioni sono collocate su livelli crescenti di padronanza che documentano conoscenze e abilità via via più complesse nonché gradi sempre maggiori di autonomia, responsabilità e capacità di trasferire quanto appreso in contesti diversi. Per arrivare alla valutazione si possono utilizzare diversi strumenti tra cui griglie di osservazione, diari di bordo, rubriche, portfolio, registrazioni video, documentazioni fotografiche, *checklist*, interviste, valutazioni *inter pares* o ricostruzioni narrative degli allievi.

Capitolo III

La valutazione

3.1 La cultura della valutazione

La certificazione delle competenze non rappresenta un'operazione terminale autonoma, ma si colloca all'interno dell'intero processo di valutazione degli alunni e ne assume le finalità. Il D. lgs. 62/2017 ha evidenziato la natura della valutazione cogliendone le molteplici e rilevanti funzioni: "*La valutazione ha per oggetto il processo e i risultati di apprendimento degli alunni delle istituzioni scolastiche del sistema nazionale di istruzione e formazione, ha essenzialmente finalità formativa, concorre al miglioramento degli apprendimenti e al successo formativo degli alunni, documenta lo sviluppo dell'identità personale e promuove la autovalutazione di ciascuno in relazione alle acquisizioni di conoscenze, abilità e competenze*".

La valutazione rappresenta, quindi, una **dimensione importante dell'insegnamento** perché:
- incide notevolmente sulla formazione della persona;
- contribuisce a determinare la costruzione dell'identità nei ragazzi;
- può far crescere la fiducia in sé quale presupposto della realizzazione e della riuscita nella scuola e nella vita.

Gestire bene la valutazione è fattore di qualità dell'insegnante e della sua stessa azione educativa e didattica. Per fare ciò è necessario prima di tutto avere presenti le diverse funzioni da assegnare alla valutazione e perseguirle in equilibrio senza sbilanciamenti verso l'una o l'altra. Alla tradizionale funzione sommativa che mira ad accertare con vari strumenti di verifica il possesso di conoscenze, abilità e competenze, concentrandosi sul prodotto finale dell'insegnamento/apprendimento, si accompagna **la valutazione formativa che intende sostenere e potenziare il processo di apprendimento dell'alunno.**

La valutazione diventa formativa quando si concentra sul processo e raccoglie un ventaglio di informazioni che, offerte all'alunno, contribuiscono a sviluppare in lui **un'azione di autoorientamento e di autovalutazione.**

Orientare significa guidare l'alunno ad esplorare se stesso, a conoscersi nella sua interezza, a riconoscere le proprie capacità ed i propri limiti, a conquistare la propria identità, a migliorarsi continuamente. Affinché questa azione di miglioramento possa essere intrapresa dall'alunno diventa indispensabile la funzione proattiva della valutazione, che è tale quando mette in moto gli aspetti motivazionali che sorreggono le azioni umane.

La valutazione proattiva riconosce ed evidenzia i progressi, anche piccoli, compiuti dall'alunno nel suo cammino, gratifica i passi effettuati, cerca di far crescere in lui le "emozioni di riuscita" che rappresentano il presupposto per le azioni successive.

Le informazioni raccolte durante il processo sono utili anche per effettuare una verifica della qualità del lavoro svolto dall'insegnante e per attivare eventuali aggiustamenti del percorso: la valutazione in questo modo diventa formativa anche per l'insegnante. Al termine del processo l'alunno avrà costruito dentro di sé una biografia cognitiva che non sempre l'insegnante riesce a cogliere e che si esplicita meglio se è lo stesso alunno a raccontarla. La narrazione di un percorso di apprendimento da parte dell'alunno costituisce un'occasione straordinaria per insegnare agli studenti in modo individualizzato a riflettere sui loro lavori e per sviluppare in loro una struttura cognitiva più ricca e critica. La valutazione in questo modo assume anche una **funzione metacognitiva**. Insieme a questa imprescindibile funzione formativa è evidente che, al termine di una attività didattica centrata su specifici obiettivi di apprendimento, sarà opportuno effettuare prove di valutazione con funzione misurativa e sommativa. Mantenere in equilibrio le diverse funzioni della valutazione, senza trascurarne o enfatizzarne alcuna e senza confondere i diversi oggetti della valutazione (conoscenze o competenze), rappresenta, unitamente al corretto uso di diversi strumenti valutativi, un elemento di qualità dell'intera azione formativa e didattica degli insegnanti, da cui discende la qualità degli apprendimenti.

APPROFONDIMENTO

I momenti principali della valutazione e l'insegnamento di Wiggins

La valutazione comprende quattro momenti principali:
- la valutazione iniziale e collettiva della classe;
- la valutazione intermedia individuale del discente;
- la valutazione finale o sommativa individuale (a conclusione del quadrimestre o dell'anno scolastico), che è comunque effettuata nel quadro della situazione della classe;
- la valutazione formativa (ovvero le prove di verifica in itinere, o i corsi di recupero).

Rileva sottolineare che, in questo modello relativamente nuovo, la valutazione tradizionale ha perso via via i tratti di mero giudizio fino a diventare una sorta di supporto al discente per una sua auto-valutazione: si tratta quindi di una valutazione che "non spiega e non giudica", ma è un sostegno all'apprendimento (Caratù). La rivisitazione della funzionalità della valutazione è avvenuta grazie all'operato di diversi pedagogisti, che hanno "sfidato" il modo usuale di intenderla. Nella docimologia tradizionale, infatti, essa veniva ricavata dalla mera differenza tra le aspettative dei docenti (risultati attesi, o obiettivi) e i risultati effettivamente raggiunti dallo/a scolaro/a, valutati col sistema dei voti: ciò rischiava di diventare un sistema di giudizio selettivo, che non valuta effettivamente le cosiddette "competenze" e la capacità di applicazione delle conoscenze degli alunni nella sfera pratica. Grazie a **Wiggins** e alla sua **"valutazione alternativa"**, nata negli Stati Uniti nei primi anni '90, tutto questo cambiò, poiché si cominciò a valutare anche la capacità di generalizzare, trasferire e utilizzare la conoscenza acquisita nei contesti reali (Caratù). Si cominciò a parlare di **valutazione "autentica"**: essa viene definita tale se è stata progettata per insegnare (non solo per misurare) e se fornisce un feedback significativo a studenti e a insegnanti, come accade con la moderna "auto-valutazione" (Caratù).

3.2 I presupposti della certificazione di competenze

Ai sensi della normativa di cui al D. lgs. 62/2017 gli insegnanti sono chiamati a valutare gli apprendimenti, in termini di conoscenze e abilità, il comportamento e a certificare le competenze. L'operazione di certificazione, in quanto per sua natura terminale, presuppone il possesso di una serie di informazioni da cui far discendere l'apprezzamento e l'attribuzione del livello raggiunto. Si tratta di accertare, come già detto, se l'alunno sappia utilizzare le conoscenze e le abilità acquisite nelle diverse discipline (gli apprendimenti) per risolvere situazioni problematiche complesse e inedite, mostrando un progressivo sviluppo di autonomia e responsabilità nello svolgimento del compito. Tale capacità non può prescindere dalla verifica e valutazione dell'avvicinamento dell'alunno ai traguardi per lo sviluppo delle competenze, previsti per le singole discipline dalle Indicazioni. Per questi motivi la certificazione delle competenze assume come sue caratteristiche peculiari la complessità e la processualità:

- *complessità* in quanto prende in considerazione i diversi aspetti della valutazione: conoscenze, abilità, traguardi per lo sviluppo delle competenze, atteggiamenti da utilizzare in un contesto problematico e più articolato rispetto alla semplice ripetizione e riesposizione dei contenuti appresi;
- *processualità* in quanto tale operazione non può essere confinata nell'ultimo anno della scuola primaria e della scuola secondaria di primo grado, ma deve sostanziarsi con le evidenze raccolte e documentate in tutti gli anni precedenti.

È quanto mai opportuno che negli anni intermedi (prima, seconda, terza e quarta della scuola primaria e prima e seconda della scuola secondaria di primo grado) si proceda, attraverso strumenti che le singole scuole nella loro autonomia possano adottare, ad apprezzare il grado di avvicinamento degli alunni ai traguardi di competenza fissati per ciascuna disciplina e alle competenze delineate nel modello di certificazione. Gli esiti delle verifiche e valutazioni effettuate nel corso degli anni confluiscono, legittimandola, nella certificazione delle competenze da effettuare al termine della scuola primaria e della scuola secondaria di primo grado. Tale operazione è necessaria non solo per dare coerenza e legittimazione alla certificazione finale, ma anche per fornire alle famiglie e agli alunni, durante tutto il percorso di acquisizione delle competenze, informazioni utili ad assumere la consapevolezza del livello raggiunto e soprattutto ad attivare, qualora necessario, azioni e procedure finalizzate a migliorare il processo di acquisizione.

Le Indicazioni nazionali per i Licei di cui al D.P.R. 89/2010, le Linee Guida e il D.P.R. 275/1999 sono le fonti normative di riferimento per l'apprendimento per competenze, laddove le stesse progettano e realizzano interventi per garantire il "successo formativo" di ciascuno sia nell'orientamento alla vita che nell'orientamento al lavoro. La competenza dello studente è la prestazione complessa come **esito di conoscenze ed abilità** apprese e consolidate raggiunta dal soggetto in apprendimento. Una volta compiute nel corso degli anni le operazioni di valutazione delle competenze con gli strumenti indicati, al termine del percorso di studio si potrà procedere alla loro certificazione mediante gli appositi modelli ministeriali.

CERTIFICATO delle COMPETENZE DI BASE

MINISTERO DELL'ISTRUZIONE E DEL MERITO
UFFICIO SCOLASTICO REGIONALE PER _____

LICEO _____

CERTIFICATO delle COMPETENZE DI BASE acquisite nell'assolvimento dell'obbligo di istruzione

Anno Scolastico 2023/2024

N°.................

IL DIRIGENTE SCOLASTICO

visto il regolamento emanato dal Ministro dell'Istruzione con decreto 22 agosto 2007, n.139; visti gli atti di ufficio;

CERTIFICA

che l... studente/ssa

cognome…………………….........................nome ………………………………………
nato/a il …..../....../....., a ……………………………….. Stato ..…………………………………..
iscritto/a presso questo Istituto nella classe II sez. _____ indirizzo di studio
……………………………………………………………………….. nell'anno scolastico 2018/2019 nell'assolvimento dell'obbligo di istruzione, della durata di 10 anni,

ha acquisito

le competenze di base di seguito indicate.

COMPETENZE DI BASE E RELATIVI LIVELLI RAGGIUNTI (1)	
ASSE DEI LINGUAGGI	**LIVELLI**
lingua italiana ì Padroneggiare gli strumenti espressivi ed argomentativi indispensabili per gestire l'interazione comunicativa verbale in vari contesti ì Leggere comprendere e interpretare testi scritti di vario tipo ì Produrre testi di vario tipo in relazione ai differenti scopi comunicativi	**Livello base** **Livello intermedio** **Livello avanzato** **Livello base non raggiunto** perché _____ __ _____ _____
lingua straniera • Utilizzare la lingua* _____ per i principali scopi comunicativi ed operativi	**Livello base** **Livello intermedio** **Livello avanzato** **Livello base non raggiunto** perché _____ _____

altri linguaggi ï Utilizzare gli strumenti fonda- mentali per una fruizione consapevole del patrimonio artistico e letterario ï Utilizzare e produrre testi mul- timediali	**Livello base** **Livello intermedio** **Livello avanzato** **Livello base non raggiunto** perché _____ _____
ASSE MATEMATICO	**LIVELLI**
ï Utilizzare le tecniche e le pro- cedure del calcolo aritmetico ed algebri- co, rappresentandole anche sotto forma grafica ï Confrontare ed analizzare figu- re geometriche, individuando invarianti e relazioni ï Individuare le strategie appro- priate per la soluzione dei problemi ï Analizzare dati e interpretar- li sviluppando deduzioni e ragionamenti sugli stessi anche con l'ausilio di rappre- sentazioni grafiche, usando consapevol- mente gli strumenti di calcolo e le potenzialità offerte da applicazioni specifiche di tipo informatico	**Livello base** **Livello intermedio** **Livello avanzato** **Livello base non raggiunto** perché _____ _____ _____ _____
ASSE SCIENTIFICO-TECNOLOGICO	**LIVELLI**
ï Osservare, descrivere ed ana- lizzare fenomeni appartenenti alla realtà naturale e artificiale e riconoscere nelle varie forme i concetti di sistema e di com- plessità • Analizzare qualitativamente e quantitativamente fenomeni legati alle trasformazioni di energia a partire dall'e- sperienza ï Essere consapevoli delle po- tenzialità e dei limiti delle tecnologie nel contesto culturale e sociale in cui vengono applicate	**Livello base** **Livello intermedio** **Livello avanzato** **Livello base non raggiunto** perché _____ _____ _____ _____
ASSE STORICO-SOCIALE	**LIVELLI**
• Comprendere il cambiamento e la diver- sità dei tempi storici in una dimensione diacronica attraverso il confronto fra epo- che e in una dimensione sincronica	**Livello base** **Livello intermedio** **Livello avanzato**
attraverso il confronto fra aree geogra- fiche e culturali • Collocare l'esperienza personale in un sistema di regole fondato sul reciproco riconoscimento dei diritti garantiti dalla Costituzione, a tutela della persona, della collettività e dell'ambiente • Riconoscere le caratteristiche essenziali del sistema socio economico per orien- tarsi nel tessuto produttivo del proprio territorio	**Livello base non raggiunto** perché _____ _____ _____ _____

Le competenze di base relative agli assi culturali sopra richiamati sono state acquisite dallo studente con riferimento alle competenze chiave di cittadinanza di cui all'allegato 2 del regolamento citato in premessa (1. imparare
ad imparare; 2. progettare; 3. comunicare; 4. collaborare e partecipare; 5. agire in modo autonomo e responsabile;
6. risolvere problemi; 7. individuare collegamenti e relazioni; 8. acquisire e interpretare l'informazione).

_____a, _____   IL DIRIGENTE SCOLASTICO

(1) livelli relativi all'acquisizione delle competenze di ciascun asse

3.3 Gli strumenti per valutare le competenze

L'apprezzamento di una competenza, in uno studente come in un qualsiasi soggetto, non è impresa facile. Preliminarmente occorre assumere la consapevolezza che le prove utilizzate per la valutazione degli apprendimenti non sono affatto adatte per la valutazione delle competenze. È ormai condiviso a livello teorico che la competenza si possa accertare facendo ricorso a compiti di realtà (prove autentiche, prove esperte, ecc.), osservazioni sistematiche e autobiografie cognitive. I compiti di realtà si identificano nella richiesta rivolta allo studente di risolvere una situazione problematica, complessa e nuova, quanto più possibile vicina al mondo reale, utilizzando conoscenze e abilità già acquisite e trasferendo procedure e condotte cognitive in contesti e ambiti di riferimento moderatamente diversi da quelli resi familiari dalla pratica didattica. Pur non escludendo prove che chiamino in causa una sola disciplina, si ritiene opportuno privilegiare prove per la cui risoluzione l'alunno debba richiamare in forma integrata, componendoli autonomamente, più apprendimenti acquisiti.

La risoluzione della situazione-problema (compito di realtà) viene a costituire il prodotto finale degli alunni su cui si basa la valutazione dell'insegnante. Tali tipologie di prove non risultano completamente estranee alla pratica valutativa degli insegnanti in quanto venivano in parte già utilizzate nel passato.

È da considerare oltretutto che i vari progetti presenti nelle scuole (teatro, coro, ambiente, legalità, intercultura, ecc.) rappresentano significativi percorsi di realtà e prove autentiche aventi caratteristiche di complessità e di trasversalità. I progetti svolti dalle scuole entrano dunque a pieno titolo nel ventaglio delle prove autentiche e le prestazioni e i comportamenti (ad es. più o meno collaborativi) degli alunni al loro interno sono elementi su cui basare la valutazione delle competenze.

Compiti di realtà e progetti però hanno dei limiti in quanto per il loro tramite noi possiamo cogliere la manifestazione esterna della competenza, ossia la capacità dell'allievo di portare a termine il compito assegnato con la presentazione del prodotto finale, ma veniamo ad ignorare tutto il processo che compie l'alunno per arrivare a dare prova della sua competenza. Per questi motivi, per verificare il possesso di una competenza è necessario fare ricorso anche ad **osservazioni sistematiche** che permettono agli insegnanti di rilevare il processo, ossia le operazioni che compie l'alunno per interpretare correttamente il compito, per coordinare conoscenze e abilità già possedute, per ricercarne altre, qualora necessarie, e per valorizzare risorse esterne (libri, tecnologie, sussidi vari) e interne (impegno, determinazione, collaborazioni dell'insegnante e dei compagni).

Gli strumenti attraverso cui effettuare le osservazioni sistematiche possono essere diversi – griglie o protocolli strutturati, semistrutturati o non strutturati e partecipati, questionari e interviste *(v. Appendice)* – ma devono riferirsi ad aspetti specifici che caratterizzano la prestazione (indicatori di competenza) quali:

- **autonomia**: è capace di reperire da solo strumenti o materiali necessari e di usarli in modo efficace;
- **relazione**: interagisce con i compagni, sa esprimere e infondere fiducia, sa creare un clima propositivo;
- **partecipazione**: collabora, formula richieste di aiuto, offre il proprio contributo;

- **responsabilità**: rispetta i temi assegnati e le fasi previste del lavoro, porta a termine la consegna ricevuta;
- **flessibilità, resilienza e creatività**: reagisce a situazioni o esigenze non previste con proposte e soluzioni funzionali e all'occorrenza divergenti, con utilizzo originale di materiali, ecc.;
- **consapevolezza:** è consapevole degli effetti delle sue scelte e delle sue azioni.

Le osservazioni sistematiche, in quanto condotte dall'insegnante, non consentono di cogliere interamente altri aspetti che caratterizzano il processo: il senso o il significato attribuito dall'alunno al proprio lavoro, le intenzioni che lo hanno guidato nello svolgere l'attività, le emozioni o gli stati affettivi provati. Questo mondo interiore può essere esplicitato dall'alunno mediante la narrazione del percorso cognitivo compiuto. Si tratta di far raccontare allo stesso alunno quali sono stati gli aspetti più interessanti per lui e perché, quali sono state le difficoltà che ha incontrato e in che modo le abbia superate, fargli descrivere la successione delle operazioni compiute evidenziando gli errori più frequenti e i possibili miglioramenti e, infine, far esprimere l'autovalutazione non solo del prodotto, ma anche del processo produttivo.

La valutazione attraverso la narrazione assume **una funzione riflessiva e metacognitiva** nel senso che guida il soggetto ad assumere la consapevolezza di come avviene l'apprendimento.

Le Indicazioni nazionali per i Licei di cui al D.P.R .89/2010, le Linee Guida e il D.P.R. 275/1999 sono le fonti normative di riferimento per l'apprendimento per competenze, laddove le stesse progettano e realizzano interventi per garantire il "successo formativo" di ciascuno sia nell'orientamento alla vita che nell'orientamento al lavoro. La competenza dello studente è la prestazione complessa come esito di conoscenze ed abilità apprese e consolidate raggiunta dal soggetto in apprendimento. Una volta compiute nel corso degli anni le operazioni di valutazione delle competenze con gli strumenti indicati, al termine del percorso di studio si potrà procedere alla loro certificazione mediante gli appositi modelli ministeriali.

APPROFONDIMENTO

Il metodo triangolare di Pellerey

Pellerey (2004) propone di utilizzare strumenti diversi che, messi in relazione possano fornire un insieme di dati utili ad apprezzare e individuare indizi e comportamenti che indichino la presenza di una determinata competenza. In particolare si analizzano almeno tre prospettive:

- osservazione sistematica;
- autovalutazione;
- analisi dei risultati.

Come si può facilmente rilevare ognuno di questi tre poli si colloca accanto alle dimensioni già esplorate della competenza (oggettiva, soggettiva, intersoggettiva). Se attraverso l'osservazione sistematica accediamo alla dimensione intersoggettiva della competenza (il risultato dell'osservazione è sempre il giudizio e l'interpretazione di un soggetto esterno, l'osservatore, sulle azioni e sulle produzioni dello studente) attraverso l'autovalutazione e la narrazione autobiografica possiamo fare riferimento alla dimensione soggettiva della competenza. L'analisi dei risultati e la ricerca di «evidenze», di prove delle acquisizioni e degli apprendimenti dei soggetti si colloca senza dubbio nella dimensione oggettiva della valutazione delle competenze, caratterizzata da una specifica attenzione alle componenti di rilevazione e di misurazione.

3.4 Finalità della certificazione

La certificazione delle competenze ha una valenza bidimensionale::
- **orientativa**, da cui deriva la scelta di certificare le competenze, nell'ottica della valutazione autentica basata sul criterio dell'attendibilità, ovvero su prestazioni reali ed adeguate che possano orientare l'alunno nel suo percorso scolastico e soprattutto contribuire alla conoscenza di sé, delle proprie attitudini, talenti e qualità personali. La prospettiva orientativa considera implicitamente ed esplicitamente l'apprendimento disciplinare, l'apprendimento formale, informale, non formale;
- **di continuità**, da cui consegue la scelta di mantenere l'impianto strutturale della certificazione all'interno del primo ciclo, in vista di una opportuna connessione anche con le prescrizioni in materia di adempimento dell'obbligo di istruzione, come previsto dal D.M. 139/2007.

3.5 La valutazione scolastica

La valutazione scolastica riguarda l'apprendimento e il comportamento degli studenti e i docenti procedono alle verifiche intermedie, periodiche e finali, coerentemente con gli obiettivi di apprendimento previsti dal PTOF della scuola e con le Indicazioni nazionali e le linee guida specifiche per i diversi livelli. Il Decreto legislativo 62/2017 attuativo della Legge 107/2015 ha modificato il modello di valutazione della scuola del primo ciclo, senza stravolgimenti bensì nell'ottica di apportare i miglioramenti di cui, negli anni, la comunità pedagogica ha condiviso l'opportunità.

3.5.1 Valutazione nel primo ciclo di istruzione

La valutazione degli apprendimenti delle alunne e degli alunni frequentanti la scuola primaria è stata rivista alla luce di un impianto valutativo che supera il voto numerico e introduce il giudizio descrittivo per ciascuna delle discipline previste dalle Indicazioni nazionali per il curricolo, Educazione civica compresa, al fine di rendere la valutazione degli alunni sempre più trasparente e coerente con il percorso di apprendimento di ciascuno. Secondo quanto previsto dalle nuove disposizioni, il giudizio descrittivo di ogni studente sarà riportato nel documento di valutazione e sarà riferito a quattro differenti livelli di apprendimento:

- **Avanzato**: l'alunno porta a termine compiti in situazioni note e non note, mobilitando una varietà di risorse sia fornite dal docente, sia reperite altrove, in modo autonomo e con continuità.
- **Intermedio**: l'alunno porta a termine compiti in situazioni note in modo autonomo e continuo; risolve compiti in situazioni non note, utilizzando le risorse fornite dal docente o reperite altrove, anche se in modo discontinuo e non del tutto autonomo.
- **Base**: l'alunno porta a termine compiti solo in situazioni note e utilizzando le risorse fornite dal docente, sia in modo autonomo ma discontinuo, sia in modo non autonomo, ma con continuità.
- **In via di prima acquisizione**: l'alunno porta a termine compiti solo in situazioni note e unicamente con il supporto del docente e di risorse fornite appositamente.

I livelli di apprendimento saranno riferiti agli esiti raggiunti da ogni alunno in relazione agli obiettivi di ciascuna disciplina. Nell'elaborare il giudizio descrittivo si terrà conto del percorso fatto e della sua evoluzione.

La **valutazione degli alunni con disabilità certificata** sarà correlata agli obiettivi individuati nel Piano educativo individualizzato (PEI), mentre la valutazione degli alunni con disturbi specifici dell'apprendimento terrà conto del Piano didattico personalizzato (PDP).

Nel Piano educativo individualizzato si esplicita per quali discipline siano stati adottati particolari criteri didattici, quali attività integrative e di sostegno siano state svolte (anche in sostituzione parziale dei contenuti programmatici di alcune discipline) e quali attrezzature tecniche e sussidi didattici siano necessari allo svolgimento delle prove (Legge 104/1992).

Ad essere oggetto di valutazione sono:

- Gli apprendimenti disciplinari. La valutazione periodica e finale degli apprendimenti è espressa con votazioni in decimi che indicano i differenti livelli di apprendimento ed è effettuata collegialmente dai docenti contitolari della classe. Per gli alunni con disabilità nella scuola dell'obbligo sono predisposte prove corrispondenti agli insegnamenti impartiti e idonee a valutare il progresso dell'allievo in rapporto alle sue potenzialità e ai suoi livelli di apprendimento iniziali (D. lgs. 62/2017).
- Il comportamento. La valutazione del comportamento viene espressa, per tutto il primo ciclo, mediante un giudizio sintetico che fa riferimento alle competenze di cittadinanza (Nota Miur n. 1865/2017).
- Le competenze trasversali. La certificazione delle competenze acquisite deve essere rilasciata sia al termine della scuola primaria che della secondaria di primo grado.

Per gli alunni con disabilità, il modello nazionale di certificazione delle competenze può essere accompagnato, ove necessario, da una nota esplicativa che rapporti il significato degli enunciati di competenza agli obiettivi specifici del PEI (D.lgs. 62/2017; D.M. 742/2017). Gli alunni con disabilità partecipano anche alle prove INVALSI che, nella scuola primaria, si svolgono nelle classi seconda e quinta (D.P.R. 80/2013; D.lgs. 62/2017). I docenti contitolari della classe possono prevedere adeguate misure compensative o dispensative per lo svolgimento delle prove e, ove non fossero sufficienti, predisporre specifici adattamenti della prova, ovvero disporre, in caso di particolare eccezionalità, l'esonero dalla prova (Nota Miur n. 1865/2017).

Nella **scuola secondaria di primo grado** la valutazione è effettuata dai docenti di classe, mediante l'attribuzione di un voto in decimi e al contempo valorizzandone la funzione formativa. La valutazione dunque accompagna i processi di apprendimento e costituisce uno stimolo al miglioramento continuo, in modo da finalizzare i percorsi didattici all'acquisizione di competenze disciplinari, personali e sociali. In tale ottica si dispone che la valutazione in decimi debba essere correlata alla esplicitazione dei livelli di apprendimento raggiunti dall'alunno, valorizzando l'attivazione da parte dell'istituzione scolastica di specifiche strategie per il miglioramento dei livelli di apprendimento. Per quanto riguarda l'ammissione alla classe successiva, le alunne e gli alunni di scuola primaria saranno ammessi anche in presenza di livelli di apprendimento parzialmente raggiunti o in via di prima acquisizione. Resta ferma, come prevede la normativa vigente, la non ammissione alla classe successiva in casi eccezionali, deliberata all'unanimità dai docenti contitolari.

Per le alunne e gli alunni della scuola secondaria di primo grado, **l'ammissione alla classe successiva o all'esame di Stato è deliberata a maggioranza dal consiglio di classe,** anche nel caso di parziale o mancata acquisizione dei livelli di apprendimento, dunque anche in caso di attribuzione di voti inferiori a sei decimi. La valutazione del comportamento viene declinata in positivo, prevedendo un richiamo diretto allo sviluppo delle competenze di cittadinanza superando il voto in condotta ed introducendo nella scuola secondaria di primo grado la valutazione attraverso un giudizio sintetico.

Comunque, per essere ammessi alla classe successiva, gli alunni devono aver frequentato almeno i tre quarti del monte orario annuale personalizzato. Ad esempio, per un alunno che frequenta un corso ordinario di 30 ore settimanali, il monte orario annuale corrisponde a 990 ore (per convenzione l'anno scolastico è pari a 33 settimane); pertanto deve frequentare per almeno 743 ore. Sono previste delle deroghe a questo limite, deliberate dal collegio dei docenti.

Per essere ammessi all'esame di Stato gli alunni, oltre ad aver frequentato i tre quarti del monte orario annuale personalizzato, devono aver partecipato alle prove INVALSI, che si svolgono nel mese di aprile, e non essere incorsi nella sanzione disciplinare che prevede l'esclusione dall'esame. Durante lo scrutinio finale i docenti del consiglio di classe attribuiscono all'alunno un voto di ammissione che fa riferimento al percorso scolastico triennale. Può anche essere inferiore a 6/10.

3.5.2 Valutazione nella scuola secondaria di secondo grado

La valutazione degli studenti della scuola secondaria di secondo grado ha per oggetto **il loro processo formativo, il comportamento e i risultati dell'apprendimento.** Tali valutazioni devono essere coerenti con gli obiettivi di apprendimento delineati nel Piano triennale dell'offerta formativa (PTOF), con le Indicazioni nazionali per i licei e con le Linee guida per gli istituti tecnici e professionali che definiscono il relativo curricolo, e con i piani di studio personalizzati. Il collegio dei docenti di ogni scuola definisce nel PTOF anche le modalità e i criteri per garantire che la valutazione avvenga in modo omogeneo, trasparente ed equo. La valutazione del comportamento fa riferimento allo sviluppo delle competenze di cittadinanza, in base a quanto stabilito nello 'statuto delle studentesse e degli studenti', dal 'Patto educativo di corresponsabilità', firmato dagli studenti e dalle famiglie al momento dell'iscrizione, e dai regolamenti di ciascuna scuola. Gli insegnanti sono responsabili delle valutazioni periodiche e finali, così come della verifica delle competenze acquisite al termine dell'istruzione obbligatoria e durante il corso di studi. La valutazione periodica si svolge al termine di ogni trimestre o quadrimestre, a seconda della suddivisione dell'anno scolastico stabilita a livello di singolo istituto. Per valutazione finale si intende quella che si svolge al termine di ciascun anno scolastico durante gli scrutini finali e in occasione dell'esame di Stato conclusivo del secondo ciclo di istruzione, che si svolge alla fine del quinto anno di studi. Per la valutazione degli studenti temporaneamente ospedalizzati e per coloro che frequentano l'istruzione familiare, si applicano disposizioni specifiche.

La valutazione finale è espressa in centesimi. Al credito scolastico è attribuito fino a un massimo di 40 punti. Per quanto riguarda le prove scritte, a quella di Italiano sono attribuiti fino a 20 punti, alla seconda prova fino a 20, al colloquio fino a 20. Si può ottenere la lode. La partecipazione alle prove nazionali INVALSI è obbligatoria per sostenere l'esame, mentre lo svolgimento dei Percorsi per le Competenze Trasversali e l'Orientamento non costituisce requisito di accesso alle prove.

Come per l'esame di Stato conclusivo del primo ciclo, l'ammissione degli studenti alla maturità è legata alla frequenza di almeno tre quarti del monte orario annuale personalizzato, al non essere incorsi nella sanzione disciplinare dell'esclusione dall'esame e dalla partecipazione alle prove INVALSI, che si svolgono nel mese di marzo *(vedi anche Parte V, 1.8)*.

3.6 Il Rapporto di Auto Valutazione (RAV)

Secondo la definizione fornita dallo stesso Ministero dell'istruzione il Rapporto di Auto-Valutazione è **un documento composto da più dimensioni ed aperto alle integrazioni delle scuole, in grado di fornire una rappresentazione della scuola attraverso un'analisi del suo funzionamento** e costituisce inoltre la base per individuare le priorità di sviluppo verso cui orientare il piano di miglioramento.

A livello normativo il RAV è stato istituito con il D.P.R. 80/2013, ed ha subito cambiamenti dopo l'entrata in vigore della L. 107/2015, la quale ha cambiato il quadro di riferimento relativo all'impiego dei dati presenti nello stesso. Da quel momento in poi tra gli indicatori di valutazione viene inserito il *"contributo del dirigente al perseguimento dei risultati per il miglioramento del servizio scolastico"*. Successivamente, il Ministero dell'Istruzione ha emanato due importanti note:

- **la nota 7904/2015**, con la quale ha dato indicazioni precise riguardo le sue caratteristiche;
- **la nota 5083/2015**, con la quale ha concesso alle istituzioni scolastiche di rivedere e riconsiderare tutte le parti del proprio RAV, redatto in formato elettronico.

La finalità del RAV è di conseguenza **analizzare** e **valutare ogni istituzione scolastica con lo scopo di programmare i nuovi obiettivi, sia che essi siano a breve che a lungo termine.** Una volta compilato, il rapporto rimane visibile, consultabile e confrontabile, rendendo possibile il confronto con periodi precedenti e il monitoraggio dei miglioramenti e dell'evoluzione dell'istituzione scolastica in questione. Ma il suo scopo principale, oltre a questo, è far si che questa valutazione venga fatta in maniera collegiale per coinvolgere tutti i componenti della scuola, per avere un quadro quanto più realistico possibile.

Il RAV va compilato da tutte le istituzioni scolastiche, siano esse statali o paritarie per le quali viene emanata una Nota specifica con tutte le indicazioni utili alla compilazioni in termini di modalità e tempistiche. Nello specifico, secondo la normativa in vigore, l'obbligo di compilare il RAV ricade materialmente su:

- **Dirigente scolastico**;
- **Nucleo Interno di Valutazione** (si tratta di un gruppo di docenti scelto per svolgere le funzioni relative all'autovalutazione, per assistere il dirigente, definire gli obiettivi, monitorare i progressi e altri ruoli di rilevanza).

I RAV vengono pubblicati nell'apposita sezione del portale "*Scuola in chiaro*". Sia il Dirigente scolastico che il Nucleo interno di valutazione possono intervenire nella compilazione di tutte le sezioni di cui è composto il RAV in tutte le sezioni che lo compongono. L'unica differenza sta nel fatto che al Dirigente vengono assegnate delle funzioni aggiuntive, ovvero:

- validare le singole sezioni;
- pubblicare il RAV;
- modificare la composizione del nucleo interno di valutazione.

Per quanto riguarda quest'ultimo punto, i Dirigenti scolastici possono **modificare la composizione** del Nucleo Interno di Valutazione servendosi di una funzione che si trova nella *Home page* della piattaforma, che gli permette di disabilitare i componenti già esistenti o abilitarne di nuovi. Nel caso di abilitazione di nuovi componenti, è necessario che questi ultimi siano già dotati di credenziali d'accesso all'area riservata del Ministero.

Capitolo IV

La strategia educativa dell'orientamento

4.1 L'orientamento quale modalità educativa permanente

Il passaggio da una programmazione totalmente prefissata dall'alto ad una programmazione curricolare collegiale, dove l'insegnante non svolge più il ruolo impiegatizio del trasmettitore burocratico di cultura, ma quello professionale fondato sulla competenza e sull'etica del "vero professionista" della formazione umana e culturale, operativa e decisionale, ha consacrato la transizione verso un modello secondo cui la materia, piuttosto che essere considerata come un mero "sistema" di conoscenze, diventa una "disciplina" che forma ad un "metodo di studio" tale da favorire nel discente un atteggiamento critico attraverso il pluralistico confronto delle idee (Viglietti).

Di qui, una nuova visione della valutazione nella proiezione dell'orientamento: non più solo una perizia (quantitativamente espressa) sulle prestazioni dell'alunno o sugli esiti delle sue abilità attitudinali come indici del valore, ma una "interpretazione" del rendimento attraverso la conoscenza diretta dell'individuo e delle sue condizioni di vita (anche extrascolastica) e di motivazione all'impegno scolastico e di scelta (immediata o futura), per meglio promuoverne lo sviluppo sociale, culturale e professionale.

Di qui, ancora, una diversa qualificazione dell'orientamento: non più qualificato esclusivamente come impegno di "educazione alla decisionalità e alla scelta", ma definito in un'accezione dilatata di "cultura dell'innovazione e del cambiamento", "cultura del progetto personale e della formazione", invito alla "imprenditorialità personale", da realizzarsi in un processo formativo continuo coinvolgente la "libera partecipazione creativa della persona" (Viglietti).

Si arriva in tal modo al traguardo dell'**orientamento come modalità educativa permanente**. Dalla fase statico meccanicistica dell'uomo e del lavoro (visti come dati immobili e sempre uguali), si passa alla fase psicodinamica incentrata sulla persona vista nell'ottica evolutiva del suo cambiamento: da quello che "sa fare", sulla scorta delle rispettive conoscenze pratiche, a quello che "può fare", in virtù delle proprie attitudini e competenze, a quello che "si sente e vuole fare" (tendenze, bisogni, inclinazioni, interessi, valori e motivazioni) sino ad identificarsi nell'attuale fase pedagogico-didattica diretta a realizzare condizioni di opportunità formative che offrano a tutti anche possibilità di uguaglianza di risultati (in partenza ed in arrivo), mediante interventi compensativi ai vari livelli di sviluppo. L'orientamento ora, sotto la pressione stimolante delle varie richieste postulate da una società che velocemente cambia, non si configura più soltanto come fase operativa di diagnosi psicoattitudinali, ma anche come parte integrante del processo educativo in generale (Viglietti).

Le definizioni di orientamento sono molteplici, eppure concordi fra loro nell'indicare la sostanza dell'obiettivo. Una di queste è quella condivisa fra Governo, Regioni ed Enti Locali nel 2012: **"l'orientamento è un processo volto a facilitare la conoscenza di sé, del contesto formativo, occupazionale, sociale culturale ed economico di riferimento,** delle strategie messe in atto per relazionarsi ed interagire in tali realtà, al fine di favorire la maturazione e lo sviluppo delle competenze necessarie per poter definire o ridefinire autonomamente obiettivi personali e professionali aderenti al contesto, elaborare o rielaborare un progetto di vita e sostenere le scelte relative".

La persona necessita di continuo orientamento e ri-orientamento rispetto alle scelte formative, alle attività lavorative, alla vita sociale. I talenti e le eccellenze di ogni studente, quali che siano, se non costantemente riconosciute ed esercitate, non si sviluppano, compromettendo in questo modo anche il ruolo del merito personale nel successo formativo e professionale. L'orientamento costituisce perciò una responsabilità per tutti gli ordini e gradi di scuola, per i docenti, per le famiglie e i diversi attori istituzionali e sociali con i quali lo studente interagisce. **L'attività didattica in ottica orientativa** è organizzata a partire dalle esperienze degli studenti, con il superamento della sola dimensione trasmissiva delle conoscenze e con la valorizzazione della didattica laboratoriale, di tempi e spazi flessibili, e delle opportunità offerte dall'esercizio dell'autonomia. L'orientamento inizia, sin dalla scuola dell'infanzia e primaria, quale sostegno alla fiducia, all'autostima, all'impegno, alle motivazioni, al riconoscimento dei talenti e delle attitudini, favorendo anche il superamento delle difficoltà presenti nel processo di apprendimento.

La letteratura scientifica sull'orientamento scolastico è concorde nel dichiarare conclusa la stagione che ha visto interventi affidati a iniziative episodiche. Serve, invece, un sistema strutturato e coordinato di interventi che, a partire dal riconoscimento dei talenti, delle attitudini, delle inclinazioni e del merito degli studenti, li accompagni in maniera sempre più personalizzata a elaborare in modo critico e proattivo un loro progetto di vita, anche professionale.

4.2 Lo scenario europeo

L'Unione europea sostiene la necessità che tutti i sistemi formativi degli Stati membri perseguano, fra gli altri, i seguenti obiettivi:

- ridurre la percentuale degli studenti che abbandonano precocemente la scuola a meno del 10%;
- diminuire la distanza tra scuola e realtà socio-economiche, il disallineamento (*mismatch*) tra formazione e lavoro e soprattutto contrastare il fenomeno dei Neet (*Not in Education, Employment or Training* - popolazione di età compresa tra i 15 e i 29 anni che non è né occupata né inserita in un percorso di istruzione o di formazione);
- rafforzare l'apprendimento e la formazione permanente lungo tutto l'arco della vita;
- potenziare e investire sulla formazione tecnica e professionale, costituendola come filiera integrata, modulare, graduale e continua fino alla formazione terziaria (nel caso italiano gli ITS Academy), e aumentare la percentuale di titoli

corrispondenti al livello 5, ma soprattutto al livello 6 del Quadro Europeo delle Qualifiche.

La "**Raccomandazione del Consiglio dell'Unione europea sui percorsi per il successo scolastico**", che sostituisce la Raccomandazione del Consiglio del 28 giugno 2011 sulle politiche di riduzione dell'abbandono scolastico , adottata il 28 novembre 2022, disegna nuove priorità di intervento per il perseguimento del successo scolastico per tutti gli studenti, a prescindere dalle caratteristiche personali e dall'ambito familiare, culturale e socio-economico, con misure strategiche e integrate che ricomprendono, tra gli altri, il coordinamento con i servizi territoriali, il dialogo continuo con gli studenti, i genitori, le famiglie, la messa a sistema di un insieme equilibrato e coordinato di misure di prevenzione, intervento e compensazione, il monitoraggio costante degli interventi. Nello specifico dell'orientamento, **la Raccomandazione sottolinea la necessità di rafforzare l'orientamento scolastico, l'orientamento e la consulenza professionale e la formazione per sostenere l'acquisizione di abilità e competenze di gestione delle carriere nel lavoro.**

4.3 Il contesto normativo nazionale: le Linee guida 2023 sulla riforma dell'orientamento

Con l'approvazione del D.M. 31 dicembre 2022 n. 328 il Ministro dell'Istruzione e del Merito ha diffuso le Linee Guida per l'Orientamento come indicato nel Piano Nazionale di Ripresa e Resilienza. In via esemplificativa, le Linee Guida fissano quattro obiettivi fondamentali:

- potenziare la giuntura tra i primi due cicli di istruzione, permettendo ai giovani di **prendere decisioni ponderate e consapevoli** volte a valorizzare le potenzialità di cui sono dotati;
- combattere la **disgregazione scolastica;**
- facilitare con progetti *ad hoc* l'accesso a tutti i giovani **all'istruzione di tipo terziario;**
- garantire una **formazione costante** che permanga anche nell'età adulta, per gestire le innovazioni del sistema lavorativo.

Il nuovo orientamento deve garantire **un processo di apprendimento e formazione permanente, destinato ad accompagnare un intero progetto di vita.** La riforma è stata approvata entro il termine previsto dal PNRR, fissato al 31 dicembre 2022, dopo aver consultato le Organizzazioni sindacali e avendo recepito la quasi totalità delle osservazioni formulate dal Consiglio Superiore della Pubblica Istruzione (CSPI).

Gli obiettivi europei richiamati sono alla base di molte delle innovazioni del sistema scolastico previste dal Piano Nazionale di Ripresa e Resilienza (PNRR) , in via di attuazione, quali la riforma del reclutamento dei docenti, l'istituzione della Scuola di alta formazione per il personale scolastico, la riforma dell'istruzione tecnico-professionale connessa al sistema di formazione professionale terziaria (ITS Academy), la valorizzazione delle discipline scientifiche, tecnologiche, ingegneristiche, matematiche (STEM), delle competenze digitali, i nuovi principi del dimensionamento scolastico, l'intervento straordinario per la riduzione dei divari e della dispersione scolastica. Tali misure concorrono trasversalmente anche alla ridefinizione dell'organizzazione e delle modalità di gestione dell'orientamento.

'L'orientamento, si legge nel documento, **è un processo non episodico, ma sistematico**. A questi fini - negli anni scolastici 2023/2024, 2024/2025, 2025/2026 - l'orientamento diviene priorità strategica della formazione, nell'anno di prova e in servizio, dei docenti di tutti i gradi di istruzione. Per i docenti tutor per l'orientamento delle scuole secondarie di primo e secondo grado è prevista la realizzazione di iniziative formative specifiche, secondo indirizzi definiti dal Ministero dell'istruzione e del merito. La formazione dei docenti e del personale scolastico è attuata anche attraverso un programma specifico nell'ambito delle risorse del fondo sociale europeo (FSE+). Le attività saranno svolte a livello territoriale, con il coordinamento del Ministero dell'Istruzione e del Merito e degli Uffici scolastici regionali, tramite i "Nuclei di supporto".

Le azioni di orientamento possono essere sostenute da un utilizzo strategico e coordinato da parte delle scuole di tutte le risorse offerte da piani e programmi nazionali ed europei a titolarità del Ministero e da iniziative promosse a livello nazionale e locale da università, Regioni, enti locali, centri per l'impiego, associazioni datoriali, enti e organizzazioni territoriali. Il PNRR consente l'attivazione di molti percorsi e interventi per promuovere l'orientamento nell'ambito di diverse linee di investimento di titolarità del Ministero dell'Istruzione e del Merito, quali:

- **Nuove competenze e nuovi linguaggi**, che offre la possibilità di realizzare attività di orientamento, ad alto contenuto innovativo, verso gli studi e le carriere professionali nelle discipline STEM (Scienza, Tecnologia, Ingegneria e Matematica) in tutte le scuole del primo e del secondo ciclo;
- **Interventi per la riduzione dei divari e della dispersione scolastica,** che contiene diversi strumenti a disposizione delle scuole per la personalizzazione della formazione e dell'orientamento in favore degli studenti con difficoltà scolastiche al fine di sostenerli nelle scelte didattiche e formative, anche con il coinvolgimento delle famiglie.
- **Didattica digitale integrata**, che consente la frequenza di percorsi formativi per il personale scolastico sulla digitalizzazione nonché sull'utilizzo di metodologie didattiche innovative, anche con riferimento ad attività orientative personalizzate, svolte ponendo al centro lo studente e le sue aspirazioni per far emergere i talenti di ciascuno.
- **Sviluppo del sistema di formazione terziaria degli ITS Academy**, che prevede lo svolgimento di attività di orientamento verso il conseguimento di qualifiche innovative ad alto contenuto tecnologico e con importanti esiti occupazionali promosse dagli Istituti tecnologici superiori.

Il Ministero dell'Università e della Ricerca, in collaborazione con il Ministero dell'Istruzione e del Merito, ha attivato, nell'ambito del PNRR, la **specifica linea di investimento 1.6 "Orientamento attivo nella transizione scuola-università",** che consente a tutte le scuole secondarie del secondo ciclo di poter realizzare percorsi di orientamento di 15 ore ciascuno nelle classi terze, quarte e quinte, promossi dalle università e dagli AFAM, tramite sottoscrizione di specifici accordi. Nell'ambito delle risorse europee, **il**

nuovo Programma Nazionale "Scuola e competenze" 2021/2027 prevede specifici interventi per sostenere la riforma dell'orientamento, introdotta dalle presenti Linee guida, per le scuole del primo e del secondo ciclo e per i centri per l'istruzione degli adulti, mentre il programma "Erasmus+" 2021-2027 consente l'attivazione di percorsi di mobilità che abbiano anche un forte impatto in relazione all'orientamento alle scelte future.

4.4 L'orientamento nei percorsi di istruzione secondaria

Nei percorsi di istruzione secondaria l'orientamento efficace, secondo le indicazioni condivise a livello europeo, esige "un più forte accento **sullo sviluppo delle competenze di base e di quelle trasversali** (responsabilità, spirito di iniziativa, motivazione e creatività, fondamentali anche per promuovere l'imprenditorialità giovanile); l'apprendimento delle lingue straniere; (…) l'innalzamento dei livelli di apprendimento in ambito lavorativo e la costituzione di sistemi di istruzione e formazione professionale di eccellenza; la permeabilità delle qualifiche e il riconoscimento delle competenze acquisite al di fuori dei percorsi dell'istruzione e formazione professionale; un crescente utilizzo delle tecnologie digitali, per facilitare l'apprendimento attraverso risorse educative aperte e collaborative; la presenza di docenti formati e motivati; (…) una più stretta integrazione fra l'istruzione, la formazione professionale, l'istruzione superiore, l'università e le imprese".

La dimensione orientativa della scuola secondaria di primo grado va potenziata, garantendo agli studenti l'opportunità di attività opzionali e facoltative infra ed extra scolastiche (quali ad esempio attività culturali, laboratoriali creative e ricreative, di volontariato, sportive, ecc.). Esse hanno lo scopo di consentire agli studenti occasioni per autenticare e mettere a frutto attitudini, capacità e talenti nei quali reputino di poter esprimere il meglio di sé. Sono molteplici i percorsi di istruzione e formazione secondari che possono essere scelti dagli studenti in uscita dalle scuole secondarie di primo grado. Si tratta di percorsi che offrono esperienze diverse di apprendimento, tutte qualificate a cogliere le sfide future. L'orientamento e il contrasto alla dispersione scolastica suggeriscono anche la realizzazione, in prospettiva sperimentale, di **"campus formativi"**, attraverso reti di coordinamento fra istituzioni scolastiche e formative, che vedano compresenti tutti i percorsi secondari, al fine di ottimizzare iniziative che facilitino l'accompagnamento personalizzato e i passaggi orizzontali fra percorsi formativi diversi.

4.5 Riorientamento e rilascio graduale della certificazione delle competenze

Nel 2018 il Consiglio europeo ha raccomandato agli Stati membri di sviluppare l'offerta di competenze chiave per tutti i giovani a un livello tale che li prepari alla vita adulta e costituisca la base per ulteriori occasioni di apprendimento nell'ambito della vita lavorativa. L'ordinamento vigente prevede la certificazione delle competenze al termine della scuola primaria, alla fine del primo ciclo, e a conclusione dell'obbligo di istruzione. Nella scuola secondaria di secondo grado, con il diploma, invece, generalmente si allega un curriculum del giovane che ha superato l'esame di Stato, come previsto dal **D. lgs. 62 del 13 aprile 2017.** Per garantire il passaggio dal percorso di studi a quello professionale, inteso come formazione professionale regionale e apprendistato, il Governo ritiene sia importante valorizzare gli **interventi di ri-orientamento** già dall'anno **2023-2024,** con un rilascio graduale della certificazione delle competenze da parte delle scuole anche alla conclusione del secondo ciclo di istruzione. Tale certificazione assume un ruolo di rilievo nelle annualità che concludono il biennio e consente di **semplificare il ri-orientamento e una migliore riuscita professionale.** In questo modo si permette ai giovani di passare ad altro indirizzo, altro percorso od opzione di scuola secondaria di 2° grado in modo elastico e rapido. Quante volte, infatti, al termine della scuola media gli studenti pensano di voler affrontare un determinato indirizzo, e nel corso del primo anno del nuovo percorso si accorgono che non è stata la decisione più adatta alle proprie inclinazioni. In queste situazioni, il passaggio da un indirizzo a un altro diventa complesso, lungo e pieno di burocrazia. Con tale riforma si intende lavorare anche su queste dinamiche, semplificando l'intero processo. Dare la possibilità di rivedere le proprie scelte senza essere penalizzato rappresenta anch'essa la **piena attuazione del diritto allo studio e alle pari opportunità.**

4.6 Il docente tutor e l'e-portfolio

La **riforma sull'orientamento** contempla apprendimenti di tipo personalizzato che di volta in volta sono registrati in un apposito portfolio virtuale, chiamato **e-portfolio,** che unisce l'intero percorso di studio, accompagnando studenti e genitori nell'individuazione delle attitudini e delle inclinazioni del giovane. La riflessione sulle caratteristiche dello studente viene svolta in modo individuale e attento per puntare sulle caratteristiche vincenti che lo aiuteranno a **scegliere il percorso didattico o professionale nel modo giusto.** Per questo tiene conto anche delle esperienze conseguite e delle conoscenze accumulate negli anni di studio. È per questa ragione che **ogni scuola ha il compito di individuare dei docenti** che insegnano nelle scuole secondarie di primo e secondo grado per assumere il ruolo di tutor. La loro funzione non richiede colloqui singoli *one to one,* ma con gruppi misti di alunni, attraverso un continuo dialogo con il giovane *in primis* e poi con i colleghi e le famiglie, anche attraverso **attività e schede conoscitive.** Si tratta di un'attività significativa che supporta l'alunno ad **analizzare le sezioni del proprio e-portfolio,** ma al contempo funge da consulente della famiglia quando il percorso di studi della secondaria di secondo grado volge al termine e sopravvengono molti dubbi sulle scelte da intraprendere da parte di genitori e figli. Ciò comporta che nei prossimi anni il **Ministero dell'Istruzione dovrà prevedere una formazione mirata** per i docenti delle scuole di ogni ordine e grado, sia nel periodo in cui sono in prova che negli anni di servizio. Quanto detto rende chiaro il ruolo strategico che l'orientamento assumerà per i giovani, aiutandoli a fare le scelte giuste. Per rendere i docenti adatti a tale compito, sono stati introdotti **progetti di formazione sostenuti dai Nuclei di Supporto** istituiti in tutti gli **Uffici Scolastici della Regione.**

APPROFONDIMENTO

Le ore di orientamento extracurricolari

La riforma dell'orientamento ha previsto l'introduzione di 30 ore di orientamento da organizzare nelle scuole secondarie di primo grado e nelle secondarie di secondo grado (solo per il biennio). La norma è già in vigore per l'anno scolastico 2023-2024 e consente di svolgere tali ore in modo extra curricolare, per non penalizzare i docenti e la prosecuzione dei programmi didattici ordinari. Per quanto riguarda il triennio delle scuole secondarie di secondo grado, invece, sono previste 30 ore per ciascun anno scolastico da svolgersi in **orario curricolare**. Si denota, da quanto scritto fin qui, che l'orientamento assume un ruolo di grande importanza, un percorso che è più leggero nei primi anni fino a diventare stringente verso la fine della scuola superiore, quando la scelta del proprio futuro si approssima. In questo modo la riforma contemplata dal PNRR viene ampliata in modo ulteriore. Inizialmente, infatti, prevedeva **30 ore** da svolgersi in orario curricolare ma esclusivamente per le quarte e quinte classi della scuola secondaria di secondo grado. Oggi, invece, le ore a disposizione possono essere ripartite in modo libero dai docenti, senza imporre ore settimanali predeterminate. A tal fine i percorsi di orientamento nelle terze classi vengono intrecciati a percorsi specifici di promozione di competenze straordinarie, oltre al PCTO e ad altri progetti di orientamento sostenuti dalle scuole di formazione superiore, senza tralasciare gli ITS Academy che implementano diverse azioni orientative.

Parte Seconda

LE COMPETENZE PEDAGOGICHE

Capitolo I

Identità della pedagogia ed evoluzione storica dei modelli pedagogici

1.1 Introduzione alla pedagogia

La pedagogia è la branca delle scienze dedicata all'**educazione dei giovani**. Educare implica un processo di intervento culturale su singoli individui o gruppi, e si riferisce sia alla crescita delle potenzialità umane, sia ai valori come gli affetti e le interazioni sociali. Spesso utilizziamo come sinonimi i termini "educazione" e "formazione".

Il concetto di **formazione** è associato ai processi di apprendimento di specifiche abilità professionali. Infatti, troviamo spesso menzione di "corsi di formazione" che consentono alle organizzazioni di condividere in modo costante e continuo le proprie conoscenze, abilità, stili di vita e competenze professionali. In particolare, con il termine "formazione" intendiamo l'insieme di eventi che influenzano globalmente l'individuo a livello cognitivo, mentale, culturale e sociale, quindi ci riferiamo sia ai processi di semplice trasmissione delle conoscenze (istruzione), sia alle pratiche di insegnamento di specifiche abilità tecniche e fisiche. Grazie alla formazione, l'individuo si sente incentivato a sviluppare una maggiore consapevolezza di sé e del mondo circostante, potenziando la propria personalità lungo tutto l'arco della vita e sviluppando al massimo grado possibile la propria identità. La formazione coinvolge tutti gli aspetti dell'individuo, includendo quelli psichici, relativi alla sfera interiore e affettiva, quelli etici, legati al comportamento e alle relazioni con gli altri, nonché quelli sociali, concernenti i processi di interazione sociale con l'ambiente circostante e le istituzioni politiche.

Lo scopo del processo educativo-formativo è quello di facilitare l'interazione positiva e produttiva degli individui con l'ambiente umano e sociale in cui vivono.

Riguardo all'**educazione** degli individui, emergono due teorie:
- le **teorie socio-centriche** si concentrano sulla stabilità e solidità del sistema sociale nel suo complesso, a discapito della libertà individuale; sono state principalmente sviluppate nel XX secolo e hanno riguardato regimi totalitari come il fascismo, il nazismo e il comunismo;
- le **teorie individualistiche**, invece, considerano l'educazione come il processo attraverso cui l'individuo può affermarsi in modo autonomo e critico all'interno dell'ambiente socio-politico cui appartiene.

Di conseguenza, l'educazione e la formazione, insieme alle pratiche educative e alle conoscenze ad esse associate, richiedono un'approfondita disciplina chiamata pedagogia. La ricerca pedagogica si concentra su tre ambiti:
- la teoria degli obiettivi, o scopi, dell'educazione;

- lo studio dei metodi, degli strumenti e delle forme organizzative dell'educazione stessa;
- l'attenzione teorico-pratica rivolta verso lo studente o l'educando.

La pedagogia, pertanto, costituisce la scienza o il complesso di scienze che riguardano i fenomeni educativi e deve considerare diversi modelli di formazione in relazione alla complessità dell'essere umano. Effettivamente, ci sono diverse tipologie di formazione:

- **Formazione intellettuale**: mira a sviluppare la capacità dell'essere umano di affrontare l'esperienza in tutta la sua diversità, rafforzando le caratteristiche della creatività cognitiva, come flessibilità, prontezza, costruttività e versatilità. Ci sono diversi tipi di intelligenze, come quella corporea, linguistica, musicale, ecc. La pedagogia si impegna affinché tutte queste intelligenze siano promosse e integrate tra loro. Lo strumento migliore per questo tipo di formazione è l'esercizio intellettuale, attraverso il quale il soggetto riflette, comprende la realtà e comunica le proprie elaborazioni attraverso il linguaggio.

- **Formazione estetica**: la creatività estetica concerne le esperienze sensoriali, razionali e immaginative. Il soggetto assorbe stimoli dall'ambiente circostante, ai quali poi restituisce nuove idee grazie alla sua creatività. La creatività si esprime in diverse produzioni culturali, come la musica, il canto, la pittura, ecc. La formazione estetica è connessa alla capacità di rinnovare il proprio rapporto con il mondo e con gli altri mediante la cura e la creatività.

- **Formazione del corpo e del movimento**: la dimensione mentale dell'essere umano è collegata alla dimensione corporea, che costituisce un mezzo di conoscenza del mondo esterno, degli altri e di sé stessi. Il corpo ha un potere di mediazione affettiva, cognitiva e comunicativa e, tramite il movimento e il coordinamento del corpo, si realizza l'apprendimento. Questo è fondamentale per la costruzione dell'identità personale e per una valida formazione di tipo intellettuale, affettivo, estetico ed etico-sociale.

- **Formazione affettiva e relazionale**: l'affettività gioca un ruolo fondamentale, poiché attraverso passioni, sentimenti, emozioni e pulsioni inconsce, l'essere umano entra in relazione con l'organismo e l'ambiente circostante. Le esperienze possono essere percepite come piacevoli o spiacevoli, influenzando i comportamenti dell'individuo. Anche l'apprendimento è decisamente influenzato da questo fattore e lo stesso vale per la dimensione etico-sociale.

- **Formazione etica e sociale**: l'essere umano, attraverso la socialità, è in grado di vivere con gli altri, collaborando e condividendo valori e norme che guidano la vita sociale. È importante valorizzare e soddisfare le esigenze individuali per una pacifica convivenza democratica. Ogni individuo diventa consapevole dell'importanza degli altri nella costruzione della propria identità, comprendendo che la socialità e l'eticità sono strettamente legate e strutturano una forma di solidarietà sociale che si estende non solo agli esseri umani, ma anche agli animali e alla natura. Attraverso il rispetto per gli altri, si sviluppa il rispetto per l'ambiente e le altre forme di vita. La famiglia svolge un ruolo fondamentale, perché vi si apprende a considerare e rispettare gli altri, socializzando e interagendo con essi, mentre la scuola offre l'opportunità di sperimentare nuovi rapporti sociali e approcciare nuove regole.

1.2 La pedagogia dalle origini al XVII secolo

1.2.1 Agostino d'Ippona

Agostino nacque nel 354 a Tagaste, nell'attuale Algeria, ed è considerato uno dei più importanti rappresentanti della filosofia cristiana. Studiò a Cartagine, dove tra le altre cose lesse l'"*Ortensio*" di Cicerone. Attraverso quest'opera, Agostino si allontanò momentaneamente dalla fede cristiana e si avvicinò al manicheismo, una dottrina persiana caratterizzata da una forte dualità tra bene e male, luce e tenebre. Nel 384 ottenne un incarico come insegnante di retorica e pubblico oratore a Milano, dove ebbe modo di ascoltare le prediche di Sant'Ambrogio, rimanendo profondamente impressionato e riavvicinandosi così al cristianesimo. Successivamente studiò il neoplatonismo, un approccio filosofico che lo avvicinò ancora di più alla fede cristiana.

Nel 386 si ritirò a *Cassiciacum* (l'odierna Cassago Brianza) per prepararsi al battesimo, e durante questo periodo compose le sue prime opere di ispirazione cristiana, attingendo dalla tradizione filosofica greca e cercando di reinterpretarla alla luce del cristianesimo. Agostino sosteneva che la luce divina potesse diventare una luce interiore, illuminando l'intelletto umano e portandolo a comprendere le idee divine che hanno dato origine a tutto ciò che esiste. Egli considerava l'uomo come un essere intelligente, che utilizza l'intelletto per comprendere il mondo circostante.

Una delle opere in cui trattò questo tema è il "*De Magistro*", in cui analizzò il rapporto tra maestro e allievo. Egli sostenne che il sapere non viene semplicemente trasferito dal maestro al discepolo, ma l'allievo possiede già in sé la conoscenza e la verità. Il maestro, con l'uso delle parole, aiuta a rendere esplicito ciò che l'allievo già sa. Agostino attribuì un ruolo cruciale al maestro interiore, rappresentato da Dio, che attraverso l'illuminazione divina permette la comprensione delle cose. L'allievo deve lavorare per intraprendere un cammino interiore che conduca alla conoscenza e permetta al proprio maestro interiore di emergere. Allo stesso modo, il maestro deve favorire l'apprendimento, la ricerca interiore e la crescita intellettuale dell'allievo. Egli richiama concetti fondamentali come la libertà, l'intelletto, la virtù e l'educazione, che permettono all'uomo di discernere tra bene e male e di scegliere di agire virtuosamente per il proprio bene e quello degli altri, avvicinandosi così alla comprensione della verità e conseguendo la felicità.

Agostino mostrò anche interesse per le discipline che possono aiutare a raggiungere questo obiettivo e menzionò la grammatica, la retorica, la dialettica, l'aritmetica, la musica e l'astronomia come strumenti per la crescita intellettuale e spirituale.

Ecco alcuni principi fondamentali della concezione della didattica in Sant'Agostino:
-   La conoscenza e l'apprendimento sono guidati dalla grazia divina. Solo con l'illuminazione dello Spirito Santo una persona può raggiungere una reale comprensione della verità e crescere spiritualmente.

- L'apprendimento deve iniziare con una comprensione profonda di sé stessi. Conoscendo le proprie debolezze e i propri limiti, una persona può riconoscere il bisogno della grazia divina per progredire nel cammino della conoscenza.
- L'apprendimento è finalizzato non solo all'acquisizione di conoscenze intellettuali, ma anche al miglioramento dell'anima e alla ricerca della virtù.
- Fede e ragione devono integrarsi fra loro. La ragione è un dono di Dio e la fede un mezzo per raggiungere una conoscenza più profonda e significativa.

1.2.2 Tommaso d'Aquino

Tommaso d'Aquino nacque a Roccasecca nel 1225 e si spense a Priverno nel 1274. È ritenuto uno dei principali rappresentanti della filosofia scolastica, per cui l'insegnamento è diviso in sette **arti liberali**:
- il *Trivium* (grammatica, logica, retorica);
- il *Quadrivium* (geometria, aritmetica, astronomia, musica).

Tommaso riteneva che la fede e la ragione dovessero coesistere e che la ragione fosse un dono divino che poteva essere utilizzato per comprendere meglio la fede. La sua teologia scolastica cercava di dimostrare razionalmente i principi della fede, utilizzando la filosofia aristotelica come base.

Dal punto di vista dell'insegnamento, egli utilizzava il metodo scolastico noto come "*quaestio*", che consisteva nel porre una domanda o una questione controversa e poi esaminarla da diverse prospettive, presentando argomenti a favore e contro. Questo metodo incoraggiava il pensiero critico e la discussione, permettendo agli studenti di esaminare in profondità un argomento, partendo dalle conoscenze più semplici e concrete per poi progredire verso concetti più astratti e complessi. Tommaso distingueva infatti tra tre tipi di conoscenza: la conoscenza sensibile (attraverso i sensi), la conoscenza razionale (attraverso la ragione) e la conoscenza intuitiva o intellettuale (attraverso l'intelletto). Quest'ultima forma di conoscenza era la più elevata e permetteva di comprendere le verità più profonde.

Simile a Sant'Agostino, Tommaso considerava l'educazione come un mezzo per sviluppare la virtù e la moralità. L'obiettivo dell'educazione era non solo acquisire conoscenze intellettuali, ma anche coltivare un carattere virtuoso. L'insegnante aveva il compito di guidare gli studenti nella ricerca della verità attraverso la discussione e la guida razionale. Doveva essere un modello di virtù e saggezza, ispirando gli studenti a cercare la verità e a sviluppare un pensiero critico.

1.2.3 Comenio

Jan Amos Komenský, noto come Comenio, visse tra la fine del XVI secolo e l'inizio del XVII secolo, ed è considerato un influente pedagogista moderno grazie alla sua trattazione dei concetti di programma e metodo nell'ambito educativo. Comenio sostiene che "educare è vivere", sottolineando la necessità di definire obiettivi educativi concreti che costituiscono il Metodo attraverso il quale l'educatore trasmette il sapere. L'obiettivo dell'educazione è la formazione completa dell'individuo, sia nella sfera spirituale che in quella civile. Comenio promuove l'istruzione universale che coinvolge tutte le classi sociali.

La concezione pedagogica di Comenio si basa su tre concetti fondamentali:

- **Pansofia**, ovvero una visione unificata delle diverse forme di sapere che hanno una radice comune in Dio, l'artefice dell'universo. Questo concetto permette l'organizzazione sistematica delle discipline e semplifica il loro insegnamento. La pansofia si riflette nell'idea di "educazione universale", che coinvolge ogni aspetto del sapere e si rivolge a tutti.
- **Pampedia**, che rappresenta la formazione. Per Comenio educare è vivere, e per farlo è essenziale definire obiettivi chiari e un metodo per trasmettere il sapere. Questo concetto si applica a tutte le fasi della vita e coinvolge tutte le scuole. L'insegnamento dovrebbe partire dai concetti più semplici per progredire verso quelli più complessi. La didattica non dovrebbe limitarsi ai libri di testo, ma comprendere anche applicazioni pratiche. Comenio suggerisce che i libri di testo siano chiari, affrontando argomenti vicini alla comprensione dei bambini. Le esperienze dirette e le immagini sono fondamentali per la crescita dei bambini.
- **Panglossia**, ossia l'importanza dell'apprendimento delle lingue. Comenio ritiene cruciale che gli studenti apprendano le lingue in modo da sviluppare un vocabolario e una capacità espressiva adeguati a comunicare e riflettere sul mondo. L'obiettivo ideale per Comenio era una lingua universale che eliminasse ambiguità e fraintendimenti.

Per Comenio, il ruolo dell'insegnante è quello di favorire una collaborazione armoniosa tra gli studenti, nonostante le loro diverse personalità e modi di pensare. L'educazione mira a far crescere i bambini, consentendo loro di interagire con gli altri e con gli insegnanti, instaurando un ambiente di rispetto reciproco. Comenio presta grande attenzione alle fasi di sviluppo dei bambini, essenziali per determinare l'approccio dell'insegnante, la struttura dei libri di testo e delle esperienze pratiche e gli obiettivi da perseguire.

Infine, Comenio promuove un sistema scolastico organico, adatto alle capacità reali dei bambini, suddiviso in:

- **scuola materna** (fino a 6 anni), in cui l'attenzione si concentra sui sensi e sulla prima interazione con il mondo circostante, mentre l'istruzione inizia in modo leggero senza separare i bambini dalle affezioni familiari;
- **scuola vernacolare** (6-12 anni), dove si insegna nella lingua locale; questa fase coinvolge insegnanti che guidano l'immaginazione e la memoria dei bambini, mentre essi iniziano a utilizzare simboli per descrivere il mondo circostante;
- **scuola latina** (12-18 anni), che sviluppa l'intelligenza e la capacità di giudizio attraverso l'apprendimento delle lingue classiche e delle lingue delle arti e della natura;
- **scuola accademica** (18-24 anni), che si concentra sulla formazione della volontà e offre opportunità di viaggiare per arricchire le conoscenze e le prospettive degli studenti.

1.3 La pedagogia illuminista

L'Illuminismo rappresentò un profondo risveglio intellettuale che attraversò l'Europa nel corso del XVIII secolo e mise in primo piano l'importanza fondamentale della ragione e dell'intelletto. La parola "lume" evoca il concetto di luce, simbolo dell'emergere di nuove prospettive di progresso. Gli illuministi sostennero che una società prospera dovrebbe basarsi sulla libertà individuale, e che ogni individuo abbia il diritto di pensare, agire ed esprimersi liberamente. Tra i principali sostenitori di questa libertà individuale troviamo **Voltaire**, autore delle **"Lettere inglesi"**, opera in cui esaltava la libertà, la tolleranza e l'accoglienza delle nuove idee filosofiche. Anche se l'opera fu condannata e distrutta, divenne comunque celebre.

Gli illuministi erano convinti che l'ignoranza fosse alla radice dell'ingiustizia e dei problemi del mondo. Pertanto, filosofi influenti come Diderot, D'Alembert e Condillac, con l'obiettivo di diffondere la conoscenza, diedero vita all'**Enciclopedia**. Quest'opera, composta da 28 volumi (17 testi e 11 tavole), offriva una panoramica completa degli sforzi dell'umanità in tutti i campi della conoscenza, espressa con un linguaggio chiaro e accessibile. Particolare attenzione veniva rivolta alla scienza, alle tecniche, alle macchine e agli aspetti pratici del lavoro. Nonostante la censura, l'Enciclopedia ottenne un grandioso successo, vendendo più di ventimila copie.

Gli illuministi discutevano anche della natura. Mentre molti vedevano quest'ultima come imperfetta e ostile, da correggere attraverso la civiltà, gli illuministi la consideravano intrinsecamente buona e giusta, ma corrotta da una società in declino. Queste idee influenzarono anche l'approccio all'educazione dei figli. In genere, all'epoca, si prestava poca attenzione ai bambini nel corso dell'infanzia. Essi venivano considerati come adulti incompleti, ancora da formare e, pertanto, da educare. Nei circoli aristocratici, i bambini venivano vestiti come adulti e indirizzati fin da subito verso l'apprendimento delle buone maniere e del linguaggio. I legami con i genitori erano spesso limitati, arrivando al punto che le visite alla madre potevano avvenire solo una volta al giorno. Questi comportamenti riflettevano l'idea che il bambino fosse intrinsecamente "cattivo per natura" e che l'obiettivo dell'educazione fosse di correggere questa presunta malvagità innata.

Nel corso del XVIII secolo, grazie alle idee di **Jean-Jacques Rousseau**, emersero prospettive opposte. Rousseau credeva nella natura intrinsecamente positiva dell'infanzia, rappresentata da un fanciullo buono e innocente che la società rischiava di corrompere. Pertanto, propugnava un'educazione lontana dalle influenze della vita sociale.

1.3.1 John Locke

John Locke viene considerato uno dei precursori dell'Illuminismo. Egli intraprese un'indagine filosofica sulla mente umana, plasmando le sue riflessioni nel "**Saggio sull'intelletto umano**". Locke sostiene che la mente dell'uomo è paragonabile a una *tabula rasa*, sulla quale le esperienze si inscrivono e si aggiornano. In contrasto con l'innatismo, che propugna l'idea che conoscenze ed esperienze siano innate in ogni individuo, Locke sostiene che l'essere umano è dotato di intelletto e può prendere decisioni razionali solo in base alle proprie esperienze. Questa prospettiva si applica anche al campo religioso, poiché Locke ritiene che se le conoscenze fossero innatamente presenti, non ci sarebbero differenze di opinione riguardo alla natura di Dio. Per dimostrare questa posizione, analizza l'infanzia, sottolineando che se le idee fossero innate, dovrebbero emergere fin da subito anziché svilupparsi attraverso esperienze successive.

Pertanto, Locke afferma che le idee morali e le conoscenze si formano esclusivamente attraverso esperienze dirette. L'ideale educativo di Locke è riflesso nell'opera "**Pensieri sull'educazione**", una serie di riflessioni epistolari scritte in risposta alle richieste di consigli di Edward Clarke riguardo all'educazione dei figli. Questo lavoro presenta una serie di proposte finalizzate a formare la nuova aristocrazia inglese, principalmente rappresentata dalla borghesia.

Nei primi capitoli, che trattano dell'educazione fisica, Locke suggerisce ai genitori di sviluppare la forza fisica dei figli e disciplinare i loro istinti, trasformando il corpo in strumento della ragione. L'istruzione deve essere personalizzata e può iniziare presto, in quanto i bambini già possiedono un proprio insieme di esperienze e idee. Locke promuove comportamenti come l'abituarsi al caldo e al freddo, l'attività all'aperto, l'alzarsi presto e il consumare cibi semplici. Questo regime dovrebbe garantire ai ragazzi una salute robusta per affrontare le sfide della vita adulta.

Nei capitoli successivi, Locke fornisce indicazioni per un'educazione morale e civile, da avviare in parallelo con l'educazione fisica durante l'infanzia, quando la personalità dei bambini è ancora plasmabile. Locke suggerisce che i genitori non debbano essere troppo indulgenti nei confronti dei difetti dei figli, considerando i capricci come questioni di poco conto. Egli tratta l'animo del bambino come quello di un adulto in formazione, meno esperto, meno saggio, ma altrettanto plasmabile e simile all'adulto futuro. I bambini possiedono la ragione, ma questa maturità razionale si sviluppa attraverso l'esperienza e la pratica. Locke sottolinea l'importanza di evitare ragionamenti troppo complessi, poiché i bambini non li comprenderebbero, suggerendo invece di offrire loro esempi di comportamenti ragionevoli e un ambiente stimolante. Solo in età più avanzata, i bambini potranno partecipare a discussioni più complesse con gli educatori e sviluppare rapporti di amicizia e collaborazione.

L'obiettivo dell'educazione, secondo Locke, è formare individui virtuosi in grado di contribuire alla società e di essere accettati dalla comunità. Gli individui costruiranno la propria identità attraverso l'esperienza e l'interazione con il mondo, agendo razionalmente e valutando le scelte nelle diverse circostanze. Per le classi meno abbienti, Locke propone le "scuole lavorative", che mirano a preparare le nuove generazioni al mondo del lavoro e a prevenire il crimine e l'ozio. In queste scuole, l'insegnamento è obbligatorio e gli studenti hanno accesso a vitto e alloggio.

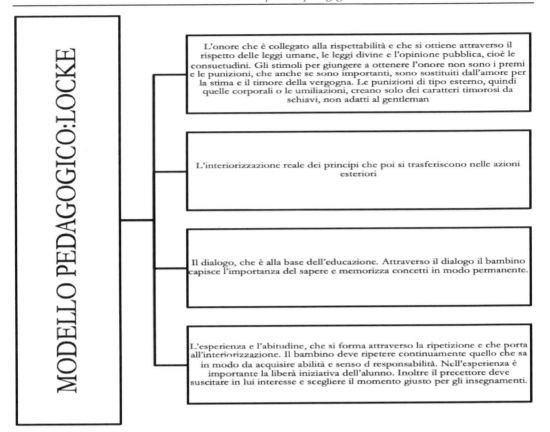

1.3.2 Étienne Bonnot de Condillac

Condillac si distingue come uno dei principali intellettuali illuministi in Francia. Egli abbraccia e sviluppa il pensiero di Locke, identificando le sensazioni come l'unica autentica sorgente primaria di conoscenza. Collaborando con Diderot e D'Alembert, partecipa alla stesura dell'Enciclopedia, che espone i principi fondamentali dell'Illuminismo. Tuttavia, è il **"Trattato delle Sensazioni"** a costituire la sua opera più significativa, in cui si avvicina ancor di più al pensiero di Locke, ma prosegue delineando in che modo si forma l'esperienza. Inoltre, cerca di dimostrare come le attività umane, inclusa la riflessione, siano derivanti dai sensi, ma trasformate da queste sensazioni.

Secondo Condillac, i sensi rappresentano l'unica fonte di conoscenza intuitiva e ogni atto di riflessione da parte dell'intelletto ha origine dalla sensazione. Egli ritiene che l'attenzione sia una sensazione intensa che esclude altre, mentre la memoria costituisce la conservazione delle sensazioni e il giudizio è il confronto di due o più sensazioni. La riflessione, secondo lui, diventa la capacità di dirigere l'attenzione verso specifiche sensazioni e il desiderio è una sensazione di piacere.

Condillac dimostra la sua convinzione che la mente umana sia come una *"tabula rasa"* e che la conoscenza, così come ogni attività intellettuale, abbia origine dai sensi, utilizzando l'esempio celebre della statua che viene dotata dei cinque sensi. Questo esempio evidenzia come le attività intellettuali emergano attraverso riflessioni in aree sempre più ampie, a mano a mano che alla statua viene conferita la percezione dei diversi sensi.

Da queste idee emergono i principi pedagogici di Condillac, che sottolineano l'importanza di un'educazione pratica e operativa, basata su esperienze dirette. L'approccio all'apprendimento deve avvenire in modo graduale e completo, poiché i sensi stimolano e guidano l'intelletto. Inizialmente, gli studenti devono osservare e esplorare il mondo circostante, passando poi a organizzare le loro conoscenze in idee e concetti generali.

Inoltre, Condillac propugna la necessità di un sistema scolastico statale e la liberazione graduale dell'educazione dal controllo religioso.

1.3.3 Nicolas de Condorcet

Anche Condorcet è tra gli autori dell'Enciclopedia degli illuministi. Egli si dedica alla questione di come strutturare un sistema educativo in grado di affrontare efficacemente le sfide della società moderna. Nella sua opera **"Memorie"**, pubblicata nel 1791, emerge per la prima volta l'idea filosofica di un'istruzione completa e la sua relazione con la sovranità popolare. Questa visione sostiene che l'istruzione pubblica rappresenti l'unico mezzo in grado di garantire l'esercizio effettivo dei diritti di libertà e uguaglianza. Nel suo lavoro, Condorcet delineava le seguenti caratteristiche dell'istruzione:

- universale e accessibile a tutti;
- gratuita;
- libera;
- efficace e specializzata, in armonia con le esigenze reali della società produttiva del paese.

Questo sistema educativo ambisce a perseguire gli ideali illuministi, eliminando ogni forma di emarginazione sociale e garantendo parità e libertà a tutti i cittadini. Condorcet comprende che, sebbene un gruppo di aristocratici borghesi possa guidare il cambiamento sociale attraverso leggi appropriate, la nascita di una nuova società sarà possibile solo se il sistema educativo riesce a sostenere questa trasformazione. Questo risultato può essere ottenuto solo attraverso la piena consapevolezza di ogni cittadino.

Il modello educativo proposto da Condorcet si compone di:

- una scuola primaria di due anni, in cui si insegnano i doveri e i diritti del cittadino, nonché le nozioni fondamentali per partecipare alla vita sociale, e una scuola secondaria della stessa durata, che offre l'accesso a discipline scientifiche e alla storia;
- istituti di istruzione secondaria di secondo livello, in cui le conoscenze sono specializzate;
- licei, che sono analoghi alle nostre attuali università;
- la Società Nazionale delle Scienze e delle Arti, che sovrintende a tutti i livelli di istruzione e conduce ricerche in vari settori del sapere.

Una delle idee più innovative di Condorcet riguarda l'educazione delle donne. Egli sostiene che le donne debbano avere gli stessi diritti all'istruzione degli uomini e che una formazione adeguata consentirebbe loro di contribuire in modo significativo alla società.

1.3.4 Giambattista Vico

Giambattista Vico è un grande filosofo e storico italiano del XVIII secolo. Secondo il suo pensiero l'educazione dovrebbe abbracciare tutti, mirando a far sbocciare appieno il potenziale di ciascun individuo. Egli concepisce la storia come risultato dell'essenza umana e cerca di formulare un approccio in grado di estrarre verità dall'analisi storica, da applicare in particolar modo alle scienze umane, ovvero quelle che scrutano l'uomo in tutte le sue sfaccettature. Questa visione si sviluppa attraverso l'opera "**Scienza nuova**". Nei campi della matematica e della fisica, l'uomo studia, rappresenta e astrae ciò che non ha creato personalmente. Infatti, l'universo è la manifestazione della volontà e del piano divino. Al contrario, gli eventi storici e le vicende umane sono prodotto diretto dell'azione dell'uomo. Qui emerge l'elemento distintivo dell'approccio di Vico rispetto alle scienze naturali: egli abbraccia il principio del *Verum ipsum factum*, per cui la vera comprensione di qualcosa appartiene solo a chi l'ha plasmata.

Vico osserva che, oltre alla storia specifica delle nazioni e dei popoli, c'è un'ulteriore trama ideale eterna, articolata in tre fasi chiamate "età":

- **Età degli dei,** in cui gli individui credono di essere guidati da divinità, cercando oracoli e auspici per scrutare il destino scritto dagli dèi. Gli esseri umani sono come bestie, dipendenti dai sensi e dall'istinto, e mancano di riflessione.
- **Età degli eroi,** in cui la fantasia si fonde con il lavoro umano, spiegando eventi oscuri attraverso miti e leggende. Il linguaggio si carica di immagini, metafore e comparazioni. Durante questo periodo, gli eroi manipolano il destino dell'umanità, mentre i plebei li servono.
- **Età degli uomini,** in cui una fondamentale uguaglianza permea tutti gli individui, indipendentemente dal contesto sociale. La razionalità subentra, sostituendo la fantasia e nasce il linguaggio comune.

Ogni nazione e ogni popolo sono tracciati da storie diverse, attraversando cicli storici unici. Il metodo di studio storico di Vico è una sinergia tra filosofia e filologia. La filosofia esplora verità universali sottese alla storia, mentre la filologia riconduce queste verità all'interno delle singole civiltà, indagandone il linguaggio e le tradizioni. Inoltre, tre elementi fondamentali (la religione, il matrimonio e la sepoltura dei morti) accomunano tutti i popoli, riflettendo una natura umana trascendente.

Il pensiero pedagogico di Vico emerge nell'orazione "*De nostri temporis studiorum ratione*", tenuta all'apertura dell'anno accademico dell'Università di Napoli: in essa, egli afferma che gli studi umanistici debbano essere posti su un piano paritario con quelli scientifici. Vico dipinge inoltre l'evoluzione del bambino come riflesso del ciclo storico dell'evoluzione delle civiltà. Il bambino procede dall'essere guidato dai sensi a sviluppare intuizione, fantasia e immaginazione. Infine, acquisisce piena razionalità e utilizza l'intelletto. In base a queste tappe evolutive, le scienze umanistiche dovrebbero precedere lo studio delle scienze scientifiche, per le quali l'astrazione intellettuale è essenziale. Educare attraverso la storia risulta quindi imprescindibile: solo così l'umanità può scoprire appieno la propria natura. La storia facilita un apprendimento completo, fondato sull'indagine e l'analisi dei fatti e dei problemi, evitando qualsiasi approccio dogmatico.

1.3.5 Jean-Jacques Rousseau

Jean-Jacques Rousseau, un eminente pensatore, scrittore e politico del Settecento francese, costruì un suo percorso distinto nella pedagogia, ribellandosi alla prospettiva illuminista della sua epoca. La sua visione educativa si distingue per il forte impegno verso il processo educativo dei bambini e l'accento posto sull'importanza dell'educazione naturale e dell'apprendimento attraverso l'esperienza diretta. Rousseau sosteneva che i neonati nascessero buoni, ma che fosse la società e un'educazione errata a corromperli. Egli propugnava che l'educazione dovesse adattarsi alle singole necessità del bambino, incoraggiando lo sviluppo delle sue inclinazioni innate. Rousseau promuoveva l'uso di metodi didattici che favorissero la scoperta e l'esplorazione, anziché la mera memorizzazione meccanica delle informazioni, e sottolineava l'importanza di un'educazione basata sulla ragione e la logica, piuttosto che sulla fede e l'autorità. Tutte queste idee pedagogiche che trovano espressione nella sua opera "Emilio".

Emilio è un romanzo intriso di didattica che incarna l'ideale educativo dell'autore. In quest'opera, Rousseau illustra come guidare le varie fasi dell'educazione di un giovane, Emilio, che sin dalla nascita è stato allontanato dalla civiltà e portato in campagna, in contatto con la natura, per avvicinarlo allo stato naturale dell'umanità. Il compito dell'educazione è rispettare l'innocenza originaria del bambino, recuperarla, preservarla e supportarne il progresso. Attraverso Emilio, Rousseau propone un modello educativo che si applichi universalmente, richiamando il concetto aristocratico del pedagogo affidato al giovane. Il libro si divide in cinque libri, ciascuno affrontando un periodo specifico della vita di Emilio:

-   Nel primo libro si affronta la prima infanzia (dalla nascita ai tre anni). Il bambino comincia a parlare, facendo leva principalmente sulle capacità sensoriali e motorie, che diventano i canali primari per esplorare il mondo circostante. Rousseau sostiene che, alla nascita, il bambino riceva un'educazione da tre maestri: natura, uomini, cose. La natura sviluppa le sue facoltà interne, gli adulti influenzano il suo utilizzo di queste facoltà e le esperienze e gli oggetti completano la sua formazione. Se questi tre contributi si contraddicono, si genererà un'educazione fallace. La madre ha la responsabilità dell'alimentazione e del nutrimento iniziali, con Rousseau che encomia il ruolo materno come strumento di armonia e crescita per il neonato. Successivamente, il bambino passa sotto la custodia di un precettore, che lo educa in mezzo alla natura, dove l'ambiente rinvigorisce corpo e anima, e la società non esercita influssi correttivi. Qui, l'educazione si traduce nel preservare il giovane da influenze negative e nell'evitare l'asservimento alle abitudini. Infine, nel primo libro, Rousseau sottolinea l'importanza dell'apprendimento linguistico e la necessità che gli adulti rispettino i tempi naturali di sviluppo del bambino, guidandolo verso l'acquisizione del linguaggio.
-   Il secondo libro si occupa della seconda infanzia, l'età della fanciullezza (dai 3 ai 12 anni). Durante questo periodo, il bambino inizia a muoversi e a parlare, acquisendo consapevolezza di sé e autonomia. L'esperienza diretta riveste un'importanza cruciale nell'apprendimento. Il bambino deve sentirsi libero di esplorare e agire, poiché anche le piccole cadute contribuiscono alla comprensione e al

controllo del dolore. La vita all'aperto, il movimento libero e piccoli compiti ma-nuali lo aiutano a svilupparsi in modo salutare e vigoroso. Il precettore dovrebbe astenersi dal trasmettere insegnamenti diretti, ma piuttosto seguire il ritmo na-turale dell'apprendimento del fanciullo, senza forzare il processo e intervenendo solo quando necessario. L'educazione impartita dal precettore sarà indiretta, in modo che il giovane percepisca le sue esperienze come casuali. L'unica lettura consigliata al fanciullo è **"La vita e le strane sorprendenti avventure"** di Rob-inson Crusoe. Quindi, l'educatore agisce "indirettamente" attraverso le necessità naturali, evitando di imporre e offrendo un "indirizzo educativo indiretto".

- Il terzo libro si concentra sulla pubertà, che copre il periodo dai dodici ai quindi-ci anni (età dell'utile). L'educatore lavora affinché il giovane impari a moderare i suoi istinti. Durante questa fase, il ragazzo sviluppa un desiderio di apprendere, spinto dalla sua curiosità intrinseca. Mentre in passato il tempo poteva essere sprecato, ora è diventato prezioso e limitato, richiedendo che l'educazione for-nisca solamente ciò che è veramente essenziale. Il giovane è curioso e l'educatore deve indirizzare questa curiosità in modo adeguato. Il suo compito è creare situa-zioni che stimolino l'interesse e la curiosità del discente.

- Il quarto libro si focalizza sulla prima giovinezza, dai quindici ai diciotto anni, quando il giovane inizia a ragionare in modo astratto, superando l'egoismo det-tato dall'amor proprio. Inizia a desiderare il bene sia per sé che per gli altri, di-ventando un essere sociale. L'educazione diventa più diretta in questa fase. Essa si completa con l'inclusione di elementi religiosi. Rousseau crede che le diverse religioni rappresentino variazioni di un credo fondamentale e quindi il giovane non dovrebbe essere indottrinato in una religione specifica, ma invece essere gui-dato a scegliere la sua fede attraverso la ragione.

- Il quinto libro esamina l'età adulta, fino ai venticinque anni, quando Emilio entra in contatto con la società e incontra Sofia, una giovane semplice, istruita e distante dai vizi. Sofia viene guidata a coltivare cultura, buon gusto, formazione morale e religiosa. Emilio incontra Sofia dopo un lungo viaggio a piedi, un'espe-rienza che lo mette direttamente a contatto con la natura. Rousseau ritiene che il viaggio sia fonte di istruzione. Il romanzo si conclude con il matrimonio di Emilio e la nascita di sua figlia. Il precettore cede la sua autorità, consapevole di aver trasformato l'allievo in un educatore.

Nell'Emilio, Rousseau enfatizza i bisogni profondi del bambino, riconoscendo le caratteristiche peculiari dell'infanzia. L'opera rappresenta una critica ai metodi pedago-gici dell'epoca, poiché nel XVIII secolo i Gesuiti e le istituzioni educative applicavano metodi artificiali e trascuravano i reali bisogni umani. Rousseau introduce il concetto di educazione naturale, opponendo lo stato naturale dell'individuo alla civiltà. L'educa-zione dovrebbe essere orientata verso l'apprendente, risvegliando le sue inclinazioni na-turali che la società ha smorzato. Egli introduce anche i concetti di educazione negativa e positiva. L'educazione negativa prevede l'educatore come guida per eliminare elementi dannosi alla formazione del discente. D'altra parte, l'educazione positiva (12-15 anni) permette al giovane di prepararsi per la vita utilizzando le proprie risorse, comprenden-do i suoi bisogni e interessi, e sviluppando libertà e responsabilità mentre cresce.

Le opere di Rousseau legate all'Emilio includono:

-   **"Contratto sociale"**, pubblicato nel 1792, in cui Rousseau esplora la possibilità di fondare una società basata su libertà ed uguaglianza. Gli individui si uniscono attraverso un contratto, formando una comunità che permette loro di preservare la propria libertà e autonomia mentre si impegnano in un patto sociale. Le leggi devono garantire azioni giuste e comportamenti utili alla collettività. Questo contratto non può funzionare senza una trasformazione della natura umana, affinché l'essere umano ritorni alla sua purezza originaria, superando le sovrastrutture sociali e culturali.
-   **"Discorsi sulle scienze e sulle arti"**, in cui Rousseau introduce il concetto di "stato di natura" e argomenta come il progresso culturale abbia allontanato l'uomo da questa condizione paradisiaca. Sostiene che le arti e le scienze abbiano corrotto le usanze umane e siano diventate uno strumento di oppressione da parte dei tiranni. Rousseau crede che la natura sia stata creata da Dio e sia perfetta. L'uomo, invece, si è separato dal suo stato naturale, creando strutture culturali e sociali che lo hanno corrotto. Le culture e le conoscenze umane hanno dato vita a una società distorta in cui le azioni non rispecchiano più la purezza originale. Per Rousseau, il ritorno a uno stato naturale è fondamentale per ricostruire una società virtuosa.

In sintesi, Jean-Jacques Rousseau è una figura cruciale nella storia del pensiero educativo, con il suo approccio che sfida le convenzioni del suo tempo e pone l'accento sull'educazione naturale, sulla libertà dell'individuo e sulla responsabilità della società nel plasmare gli individui.

1.4 La pedagogia romantica

Il Romanticismo costituisce un movimento culturale, artistico e letterario che ha avuto origine nell'ultimo decennio del XVIII secolo in Germania e in Inghilterra. La pedagogia romantica, invece, focalizza l'obiettivo dell'educazione sulla crescita spirituale dell'individuo, concedendo un'attenzione particolare all'elemento etico. L'approccio educativo romantico si concentra sulla formazione personale del singolo individuo, pur tenendo presente che ogni persona, con la sua libertà e unicità, costituisce una parte integrante dell'ambiente sociale e contribuisce a elevare il contesto circostante attraverso onestà e diligenza.

1.4.1 Johann Heinrich Pestalozzi

Johann Heinrich Pestalozzi nacque a Zurigo nel 1746. La sua giovinezza fu segnata dalla perdita del padre quando era ancora bambino ed egli fu lasciato alle cure della madre e della domestica. Nei primi anni della sua vita fu attratto dal pensiero filosofico di Rousseau e si unì al movimento cattolico "Società elvetica", grazie all'influenza del professore Johann Jacob Bodmer.

Insieme alla moglie, Pestalozzi prese la decisione di aprire un istituto per i bambini svantaggiati, chiamato *"Neuhof"* (nuova fattoria). Aveva fiducia che avrebbe potuto sostenere il progetto attraverso l'agricoltura e la tessitura del cotone, con l'intento di dare ai giovani competenze essenziali come la lettura e la scrittura. Tuttavia, questo tentativo non ebbe successo a causa della mancanza di supporto finanziario. In seguito, Pestalozzi si immerse nella ricerca teorica e scrisse opere significative come "La veglia di un solitario" (1780), "Sull'infanticidio" (1783) e "Leonardo e Gertrude" (un romanzo pedagogico in cui presentò il suo approccio alla materia e il concetto di formazione morale).

Nel 1798, Pestalozzi fondò un istituto per orfani a Stans, in cui introdusse il concetto di "mutuo insegnamento". Questo metodo si basava sulla collaborazione tra gli studenti, in cui ciascuno avrebbe aiutato gli altri nell'apprendimento e nell'organizzazione della vita scolastica. Questo approccio favorì la solidarietà e la cooperazione, consentendo a tutti di progredire. Successivamente, Pestalozzi si trasferì a Berna e continuò a scrivere importanti opere sulla pedagogia, tra cui "Il metodo" (1800), "Come Geltrude istruisce i suoi figli" (1801), "Sillabario" (1801), "L'ABC dell'istruzione" (1801) e "Libro delle madri" (1803).

Nel 1805, Pestalozzi aprì un grande istituto a Yverdon, nel Canton Vaud, che accoglieva studenti di diverse età e provenienze da tutta Europa. Questo istituto divenne noto e diffuse il nome di Pestalozzi e il suo metodo educativo. Nonostante ciò, l'istituto venne chiuso nel 1825 a causa di conflitti interni. Pestalozzi trascorse gli ultimi anni della sua vita presso il nipote e scrisse opere come "Il canto del cigno" e "Destini sulla mia vita", in cui riassunse la sua esperienza educativa e la sua visione pedagogica.

L'impegno di Pestalozzi derivava dalla sua preoccupazione per l'educazione delle fasce svantaggiate della società. Egli considerava l'istruzione come un mezzo per emancipare gli individui da condizioni sociali difficili, permettendo loro di prepararsi per una vita dignitosa attraverso il lavoro. Pestalozzi credeva che l'educazione fosse fondamentale per lo sviluppo completo dell'individuo e avrebbe dovuto risvegliare gli aspetti morali della natura umana.

Per Pestalozzi, l'istruzione doveva iniziare con l'osservazione della natura e coinvolgere tutte le facoltà dell'essere umano: il cuore per i valori morali, la testa per il ragionamento e la memoria, e la mano per l'azione pratica. Il suo metodo sottolineava tre principi chiave: la necessità meccanica dell'educazione, l'organicità e la gradualità dell'apprendimento, e l'approccio dalla concretezza alla generalità.

Inoltre, Pestalozzi attribuiva un ruolo centrale alla famiglia come ambiente educativo ideale. Egli riconosceva la figura materna come essenziale per trasmettere valori di fiducia, amore e protezione. Pestalozzi è stato un pioniere nell'approccio pedagogico centrato sull'esperienza e sulla formazione integrale dell'individuo.

1.4.2 Friedrich Wilhelm August Fröbel

Fröbel, pedagogista tedesco, opera presso la scuola di Yverdon ed è considerato l'erede spirituale di Pestalozzi, poiché eredita il suo pensiero sull'infanzia e l'educazione dei giovani. La madre di Fröbel morì quando era ancora un lattante, un evento che influenzò profondamente la sua vita e lo portò in seguito a dedicarsi al benessere dei bambini piccoli. Durante l'adolescenza, Fröbel si immerse in una varietà di attività e studi. Condividendo le idee di Pestalozzi, lavorò a Yverdon come precettore per tre giovani ragazzi.

L'istituzione educativa di Fröbel ebbe inizio quando si trovò a dover prendersi cura dell'educazione di cinque dei suoi nipotini. Questo evento segnò la nascita dell'"Istituto Generale Tedesco di Educazione", una scuola inizialmente composta da soli cinque studenti. Fröbel cercò di espanderla, ma incontrò ostacoli a causa di alcune resistenze locali. Nel 1837 si trasferì a Blankenburg, dove aprì il primo vero "*Kindergarten*" o "Giardino d'infanzia" per bambini di età inferiore ai sei anni. Questa istituzione, nella sua idea, sarebbe diventata un luogo in cui i bambini potessero crescere liberamente, sotto la guida di un competente "maestro giardiniere". Tuttavia, nel 1851, il governo prussiano decise di chiudere l'istituto, poiché lo riteneva basato su principi atei. Fröbel venne inoltre accusato di liberalismo, poiché durante il periodo rivoluzionario fu sostenuto da insegnanti progressisti.

Fröbel morì nel 1852, ma la sua eredità rimase. I "Giardini d'infanzia" vennero riaperti nel 1860, strutturati con aule interne, spazi per attività fisiche all'aperto e giardini, che consentivano ai bambini di entrare in contatto con la natura. Fröbel concentrò la sua ricerca sull'infanzia e attribuì un valore cruciale al gioco, che considerava uno strumento attraverso il quale i bambini imparavano a interagire con il mondo esterno e con gli altri individui. Fröbel identificò tre aree chiave dello sviluppo infantile influenzate dal gioco:

- lo sviluppo delle forze fisiche, che diventano coordinate attraverso l'attività ludica;
- lo sviluppo delle forze morali, poiché il gioco contribuisce alla formazione del carattere umano;
- lo sviluppo delle capacità intellettuali, poiché il gioco favorisce l'espansione delle potenzialità cognitive.

Ognuna di queste aree è guidata da un'energia specifica che deve essere indirizzata armonicamente verso traguardi positivi. Fröbel credeva che gli educatori dovessero garantire libertà ai bambini durante le attività ludiche, ma dovevano monitorarli attentamente per prevenire squilibri nello sviluppo. Ad esempio, un'eccessiva enfasi sullo sviluppo fisico poteva generare aggressività, mentre un'enfasi eccessiva sullo sviluppo morale poteva portare a una sensibilità eccessiva.

Fröbel osservava che ogni tipo di gioco favoriva lo sviluppo delle tre aree in modi diversi. L'educatore avrebbe dovuto evitare di definire regole troppo stringenti per il gioco, permettendo al bambino di farlo. L'offerta di giochi atletici, attività manuali, canti, poesie e momenti all'aperto arricchiva l'esperienza dei bambini. Inoltre, Fröbel introdusse l'utilizzo del dono, un oggetto dato ai bambini più piccoli per favorire la scoperta di sé e del mondo circostante. I doni, come palle elastiche di diversi colori o oggetti geometrici come sfera, cilindro e cubo, avevano specifiche funzioni educative.

Man mano che i bambini crescevano, Fröbel introdusse varie attività manuali come la creazione di collane, il disegno e la piegatura della carta, stimolando lo sviluppo delle abilità analitiche. Le attività all'aperto, come coltivare un piccolo appezzamento di terreno, avvicinavano i bambini al concetto di Dio come creatore della natura e li guidavano verso la crescita morale.

Fröbel delineò le tappe evolutive del processo di crescita del bambino nell'opera "**L'educazione dell'uomo**", in cui riassunse le fasi di lattante, fanciullo e scolaro. In queste fasi, il bambino inizia a conoscere il mondo attraverso i sensi, impara a utilizzare il linguaggio come strumento di ragionamento e organizzazione, e si avvicina all'istruzione formale e all'approfondimento intellettuale.

1.4.3 Johann Friedrich Herbart

Il filosofo tedesco Herbart, nato a Oldenburg nel 1776 e deceduto a Gottinga nel 1841, si è dedicato a conferire un carattere indipendente alla scienza pedagogica. Questo impegno si riflette principalmente in due opere: la "Pedagogia generale dedotta dal fine dell'educazione" (1806) e il "Disegno di lezioni di pedagogia" (1835). Herbart concepisce la pedagogia come una disciplina autonoma e distintiva, che trova le sue basi nell'etica e nella psicologia.

L'etica ha il compito di delineare il fine stesso della pedagogia, che consiste nella formazione morale dello studente, mentre la psicologia fornisce i mezzi e gli strumenti attraverso i quali raggiungere questi obiettivi. In realtà, Herbart considera l'etica come parte dell'estetica. Quest'ultima non si limita a definire il valore del bello o del piacevole: per "estetica" si intende qualsiasi disciplina che si occupi di stabilire un insieme di valori in un contesto specifico. Di conseguenza, l'etica è una componente dell'estetica poiché identifica i valori all'interno del comportamento umano. È fondamentale che lo studente riconosca i seguenti cinque valori etici:

- **la libertà interiore,** che denota l'armonia tra la volontà individuale e il comportamento;
- **la perfezione,** che rappresenta l'equilibrio interiore e il completo sviluppo dell'individuo;
- **la benevolenza,** che incarna l'armonia tra la volontà del soggetto e quella degli altri;
- il diritto, che sancisce l'accordo delle volontà di molti e previene potenziali conflitti e liti;
- **l'equità,** che regola la retribuzione in base alle azioni compiute.

Nel campo della psicologia, Herbart, seguendo le tracce di altri pedagogisti e filosofi del Romanticismo, respinge l'idea dell'innatismo: le idee non sono insite nel soggetto fin dall'inizio, ma si costruiscono attraverso l'esperienza e le sensazioni. Gli elementi fondamentali dell'ambiente circostante, definiti da Herbart come i "reali", sono immutabili; tuttavia, l'esperienza dimostra che le cose e i fenomeni che ci circondano sono mutevoli. Questo non è dovuto all'instabilità dei "reali", ma al mutamento del sistema di relazioni tra di essi, che contribuisce alla formazione della specificità di ciascun oggetto. Le interazioni dell'individuo con il mondo esterno danno luogo a rappresentazioni mentali della realtà. Due di queste rappresentazioni possono risultare coerenti e si combinano attraverso un processo che Herbart definisce "appercezione". È possibile che, in seguito a tali combinazioni, una rappresentazione raggiunga una massa appercettiva che supera una soglia chiamata "soglia di coscienza". In tal caso, questa rappresentazione si sposta dallo stato inconscio a quello di coscienza. Inoltre, le rappresentazioni che emergono dall'inconscio possono entrare in conflitto con altre già presenti nella parte cosciente. Da questo conflitto, una o più rappresentazioni possono perdere massa appercettiva e ritornare allo stato inconscio, sotto la soglia di coscienza.

Secondo la visione di Herbart, la strutturazione dell'insegnamento emerge attraverso fasi denominate **gradi formali**:

- Il primo stadio è quello dell'**evidenza**. In questa fase, l'insegnamento adopera un metodo descrittivo, in cui l'insegnante delinea l'oggetto o il tema dell'apprendimento attraverso un resoconto dettagliato delle sue caratteristiche, come se l'allievo potesse "visualizzarlo". Questo processo imita l'esperienza diretta, favorendo così l'intuizione nel discente.
- Il secondo stadio è quello dell'**associazione**. È il momento in cui l'insegnante incoraggia l'associazione tra l'oggetto presentato e le rappresentazioni già presenti nella mente. Qui diventa cruciale un approccio analitico, che assiste lo studente a scomporre l'oggetto e le rappresentazioni nelle loro parti fondamentali. Questo rende più agevole l'associazione e l'instaurazione di relazioni tra le rappresentazioni.
- Il terzo stadio è la **sistemazione**, in cui, dopo le associazioni fatte in modo intuitivo, avviene una disposizione organica delle rappresentazioni, creando connessioni significative tra di esse. Questa è la fase in cui l'appercezione si completa e le rappresentazioni raggiungono una massa appercettiva considerevole. Ciò segna l'inizio di una vera consapevolezza. A questo punto, l'obiettivo dell'insegnante è consolidare nel discente una conoscenza ordinata e sistematica, attraverso un approccio sintetico.
- L'ultimo stadio è il **metodo**, in cui quanto appreso in modo organizzato e chiaro nelle fasi precedenti viene messo in pratica.

1.4.4 Ferrante Aporti

Ferrante Aporti vide la luce a Mantova negli ultimi decenni del 1700, facente parte di una famiglia borghese agiata. Il suo cammino fu indirizzato verso la carriera ecclesiastica dal padre, che nel 1804 lo iscrisse al seminario di Cremona per intraprendere il percorso sacerdotale che culminò nei voti nel 1815. Nutrendo una fervente passione per l'istruzione e l'educazione infantile, Aporti viaggiò fino a Vienna per seguire un corso di specializzazione in pedagogia. Rientrato a Cremona nel 1819, entrò al servizio dell'amministrazione austriaca come direttore delle scuole elementari e ispettore scolastico provinciale.

Fu in questo periodo che Aporti abbracciò la sua "missione educativa", concentrando la sua riflessione sull'educazione dell'infanzia. Egli vedeva nell'asilo non solo una forma di assistenza, ma un pilastro della difesa sociale e del primo percorso educativo per i bambini. Nel 1828 inaugurò il secondo "Asilo d'infanzia" a pagamento, destinato ai piccoli dai due anni e mezzo ai sei, e nel 1830 fondò la prima scuola d'infanzia gratuita, sostenuta dal governo austriaco. Aporti ambiva a garantire che, all'interno dell'asilo, i bambini potessero sviluppare in modo armonico e graduale la propria personalità attraverso un percorso che abbracciasse il piano fisico, intellettuale ed etico-religioso. Oltre a ciò, Aporti si dedicò anche alle scuole per ciechi, sordomuti e orfani, e contemporaneamente produsse opere e articoli per diverse riviste.

Nel 1844, il Re Carlo Alberto di Savoia lo chiamò per tenere il primo corso sul "Metodo degli insegnanti elementari" presso l'Università di Torino. Aporti condivideva la sua visione di lezioni chiare e diversificate, capaci di catturare l'interesse dei bambini, e sottolineava l'importanza del fatto che gli educatori dovessero trasmettere affetto e sentimenti genitoriali al fine di educare in modo equilibrato. Con il passare del tempo, Aporti divenne una figura di riferimento nell'organizzazione delle strutture educative sia in Italia che all'estero. Grazie al suo amore per l'educazione e alla sua dedizione, venne nominato presidente del Consiglio universitario per la gestione della pubblica istruzione.

Aporti considerava l'asilo come il luogo ideale per la socializzazione e come un supporto per coloro che non avevano beneficiato di una solida preparazione scolastica. Le attività svolte abbracciavano le sfere fisiche, intellettuali e morali. All'interno della giornata, trovavano spazio momenti di preghiera, canto, colazione, ricreazione, matematica, scrittura e nomenclatura. Tuttavia, alcune limitazioni si riscontravano nelle proposte di Aporti: la mancanza di spazio per il gioco, l'eccessivo numero di preghiere (lunghe e in latino) e un limitato comprendimento della psicologia infantile, che talvolta portava a un'enfasi eccessiva sulla scrittura e la lettura, a discapito della libertà di sperimentazione e azione.

1.4.5 Giovanni Bosco

Il sacerdote Giovanni Bosco, conosciuto come "Don Bosco", si distinse come pedagogista e fondatore delle congregazioni dei Salesiani e delle Figlie di Maria Ausiliatrice. La sua attenzione fu rivolta alle difficili condizioni di vita delle fasce sociali meno fortunate e al disagio giovanile nell'ambiente urbano industrializzato. La fama di Don Bosco derivò non solo dall'organizzazione di laboratori che fornivano ai giovani l'opportunità di apprendere mestieri e sfuggire alle ingiustizie del mondo del lavoro, ma anche dal suo impegno nell'ambito dell'educazione dei bambini. Egli creò scuole in cui i ragazzi sperimentavano la libertà di esplorare, svolgere attività all'aperto e socializzare tra di loro.

A Torino istituì il suo primo oratorio, chiamato "San Francesco di Sales", un luogo dove il gioco era predominante, sotto la supervisione degli educatori, e in cui i bambini potevano agire e riflettere liberamente. Il gioco era concepito come un mezzo per coinvolgere i bambini nell'apprendimento, fornendo un ambiente adatto alle loro esigenze, con gli educatori che svolgevano un ruolo simile a quello dei genitori, guidandoli e correggendoli. La sua visione pedagogica fu resa manifesta attraverso i "Regolamenti" e il "Sistema preventivo per l'educazione della gioventù". In quest'ultima opera, Don Bosco si allontanò dal sistema repressivo dei collegi, che facevano largo uso del castigo per sanzionare le infrazioni alle regole. Invece, adottò il **sistema preventivo**, che si basava sulla vigilanza piuttosto che sulla punizione. L'educatore istruiva, stabiliva le regole e monitorava che queste venissero rispettate, mentre gli allievi si sentivano liberi di sperimentare, riflettere e imparare senza la paura del castigo.

Questo approccio preventivo si fondava su pilastri come la ragione, la religione e la compassione. L'obiettivo era fornire ai giovani la possibilità di esprimere al meglio le loro potenzialità, rispettando gli altri e se stessi, e scoprendo la loro vocazione personale. In questo contesto, Don Bosco diede vita a un'educazione che si basava sulla fiducia, sull'affetto e sulla guida amorevole, in cui i giovani avevano la libertà di crescere e svilupparsi integralmente.

1.5 Le *new schools*

Verso la fine del XIX secolo e l'inizio del XX secolo, emersero le cosiddette ***new schools*** (scuole nuove) in Europa e negli Stati Uniti. Queste scuole si differenziavano dai tradizionali sistemi educativi del tempo, e ponevano una maggiore attenzione sull'alunno come individuo attivo e partecipe nel processo di apprendimento.

Le *new schools* promuovevano l'idea che l'alunno non dovesse essere un mero ricevitore passivo delle nozioni insegnate dal docente, ma dovrebbe essere coinvolto attivamente nell'esplorazione, nella sperimentazione e nel pensiero critico. Questa prospettiva metteva l'accento sull'apprendimento attraverso l'esperienza diretta, l'osservazione, la discussione e il coinvolgimento in attività pratiche.

In aggiunta, le nuove scuole erano di natura privata e avevano l'obiettivo di preparare la futura classe dirigente. Era necessario rivedere l'organizzazione, i contenuti e i metodi di insegnamento in risposta alla mutata realtà, caratterizzata da un rapido processo di trasformazione. Queste istituzioni scolastiche innovative concentravano l'attenzione sull'istruzione di tipo scientifico, sull'approfondimento linguistico e sull'esperienza diretta del mondo circostante. Queste attività erano progettate per suscitare l'interesse degli studenti.

Un notevole pedagogista associato a queste scuole attive fu Adolphe Ferrière. Nel 1921, durante il **Primo Congresso sull'educazione nuova**, Ferrière delineò i principi fondamentali che guidavano l'azione educativa delle scuole attive.

1.5.1 Adolphe Ferrière

Adolphe Ferrière è stato un pedagogista svizzero noto per il suo contributo allo sviluppo dell'educazione attiva. Ottimo conoscitore delle tante esperienze di attivismo pedagogico fiorite in Europa e in America all'inizio del Novecento, divulgatore e propagatore delle loro iniziative, nel 1899 fondò l'"Ufficio internazionale delle scuole nuove", dove vennero delineati i principi fondamentali delle scuole attive e con lo scopo di stabilire rapporti di reciproco aiuto fra le varie scuole nuove. Questi principi sottolineavano il ruolo attivo del fanciullo nel processo educativo e ponevano l'accento sull'importanza di soddisfare le sue attitudini e i suoi bisogni individuali per favorire l'apprendimento. Tali principi, delineati in occasione del Primo congresso sull'educazione nuova del 1921, possono essere così riassunti:

- il bambino ha un'energia vitale che gli permette di avere un ruolo attivo nel processo educativo, e pertanto deve essere posto al centro di tale processo;
- l'azione educativa dovrebbe promuovere la cooperazione tra gli alunni attraverso il fare e l'esperienza diretta; le attività manuali e pratiche sono fondamentali per l'apprendimento;
- Ferrière sottolinea anche l'importanza della **coeducazione**, cioè la presenza di alunni di entrambi i sessi all'interno dell'ambiente scolastico;
- si attribuisce grande importanza all'ambiente in cui si svolgono le attività degli alunni; un ambiente di apprendimento stimolante e positivo può favorire l'apprendimento e lo sviluppo dei bambini; il ruolo dell'insegnante è quello di creare un ambiente di apprendimento efficace, tenendo cura di predisporre gli spazi e le risorse in modo appropriato;
- infine, Ferrière sottolinea l'importanza della libertà degli alunni nell'esprimere i propri bisogni e nel condurre le attività; l'insegnante dovrebbe evitare un atteggiamento autoritario e lasciare spazio ai bambini per esprimersi e sviluppare le proprie potenzialità in modo autonomo.

1.5.2 Edouard Claparéde

Psicologo e pedagogista svizzero, Claparéde si specializzò nell'ambito della neurologia e si avvicinò alle teorie funzionaliste. Il funzionalismo, originato negli Stati Uniti grazie a William James, sostiene che l'azione umana derivi dalla volontà individuale e dalla capacità di interagire creativamente con l'ambiente, rispondendo ai bisogni e agli interessi. Questa prospettiva concepisce la società come un organismo in cui le singole parti svolgono funzioni specifiche e, per sopravvivere e adattarsi all'ambiente, devono soddisfare determinati bisogni. In sintonia con il funzionalismo, Claparéde riconosce alla psicologia una base biologica, affermando che l'organismo debba essere osservato come una realtà unitaria, piuttosto che come una somma di elementi separati. La sfida della psicologia, secondo lui, è spiegare l'adattamento dell'organismo all'ambiente.

Successivamente, Claparéde fondò l'istituto Jean-Jacques Rousseau a Bovet, Ginevra. Claparéde riteneva che Rousseau rappresentasse una delle figure più influenti nella storia della pedagogia, particolarmente durante epoche di cambiamento e rivolta. L'opera "Emilio" incarnava il paradigma dell'educazione innovativa, e richiami a Rousseau si riscontrano nel libro "**Educazione funzionale**". Qui, Claparéde definisce i principi della sua visione pedagogica:

- il **principio della successione genetica:** il bambino progredisce attraverso diverse fasi in successione, con ogni fase, funzionale alla crescita, sostenuta dalle attività naturali che egli compie;
- il **principio dell'esercizio genetico:** in ciascuna fase dello sviluppo, il bambino si impegna spontaneamente in attività gratificanti e proprie di quella fase, contribuendo così alla preparazione per le fasi successive;

- il **principio del bisogno-interesse:** l'azione avviene quando essa soddisfa un bisogno o un interesse ("affinché un individuo agisca, è necessario creare le condizioni che generano il bisogno che quell'azione intende soddisfare");

- il **principio dell'autonomia funzionale dell'infanzia:** il fanciullo non è imperfetto, ma piuttosto adattato alle circostanze proprie, con la sua vita mentale costituente un'unità; garantire un'infanzia autonoma significa garantire le condizioni per la felicità;

- il **principio dell'individualità:** ogni individuo si differenzia dagli altri nei caratteri fisici e psicologici.

Claparéde enfatizzava l'importanza di permettere al bambino di svilupparsi autonomamente, al centro dell'ambiente educativo. L'educatore non solo stimola, ma guida il processo educativo, consentendo agli allievi di acquisire le conoscenze essenziali per la loro futura orientazione attraverso l'esplorazione individuale.

In **"La scuola su misura"**, un'altra opera di rilievo, Claparéde spiega l'importanza di una scuola orientata alle esigenze individuali degli studenti e in grado di coltivare e sviluppare le varie attitudini personali. Inoltre, riflette su come organizzare la scuola per valorizzare al meglio tali attitudini uniche, che caratterizzano ciascun alunno in classe. Claparéde riconosce che ogni studente possiede abilità cognitive proprie, e pertanto la scuola non può applicare una singola strategia educativa a tutti. Egli favorisce soluzioni come classi parallele, classi mobili, sezioni parallele e il sistema delle opzioni, che permette agli studenti di personalizzare il proprio percorso di apprendimento.

1.5.3 Rosa e Carolina Agazzi

Rosa e Carolina Agazzi, nel contesto dell'Ottocento, emergono come pedagogiste di spicco, considerate "donne d'azione" per aver fondato un istituto per l'infanzia a Brescia. In questo ambiente sperimentarono i principi di Fröbel, che si basavano sulla visione del bambino come un individuo attivo, dotato di forze interiori che guidano il suo sviluppo e che vanno incoraggiate. La loro impronta educativo-didattica si caratterizza per un accenno di semplicità e l'eliminazione di artifici mnemonici dalla pratica didattica.

Il loro approccio pedagogico si basa su tre elementi fondamentali: l'ambiente, il materiale didattico e il ruolo dell'insegnante. L'ambiente deve riflettere la realtà familiare e possedere un carattere naturale. Ogni bambino viene affiancato a un compagno più grande, che lo assiste in tutto ciò che non riesce a fare autonomamente. Il materiale didattico utilizzato dalle sorelle Agazzi era particolare, fatto di oggetti comuni come bottoni, chiodi, conchiglie, facilmente reperibili ovunque. Gli oggetti venivano distribuiti in buste o scatole, raggruppati per forma e assegnati agli alunni, cambiando ogni giorno. Questo metodo consentiva ai bambini di concentrarsi sull'aspetto astratto della materia, ovvero la forma.

Inoltre, utilizzavano contrassegni che favorivano l'associazione tra il nome e l'oggetto. Attraverso la ripetizione dei nomi durante questi esercizi, i bambini imparavano a riconoscere gli oggetti, sia quelli propri che quelli degli altri, insieme ai termini che li identificavano. Le sorelle Agazzi incoraggiavano anche esercizi linguistici per aiutare i bambini a sostituire i termini dialettali con quelli in italiano.

L'esperienza delle sorelle Agazzi, che coniarono il termine "scuola materna" nel 1895, inizialmente rimase confinata a Brescia. Solo nel 1910 cominciò a diffondersi al di fuori della provincia lombarda.

1.5.4 Ovide Decroly

Decroly, noto pedagogista belga, si erge come un fervente sostenitore della scuola attiva in Europa. La sua attenzione si rivolgeva in particolare all'educazione dei ragazzi con disabilità, tanto da fondare nel 1901 a Bruxelles una scuola dedicata a loro. La sua didattica poggia su due pilastri fondamentali: il "metodo globale" e la teoria dei "centri di interesse". Secondo Decroly, il bambino assimila la realtà in tutte le sue sfaccettature attraverso l'esperienza sensoriale ed emotiva. Nel contesto didattico, il metodo globale applicato all'apprendimento della lettura e della scrittura si basa non sulla disgregazione dei singoli elementi, bensì su intere frasi dotate di significato completo. Questo metodo si discosta dall'approccio analitico, che inizia con l'insegnamento delle singole lettere memorizzate e poi combinate per formare le sillabe. Invece, avvicina gli studenti al metodo globale, in cui il bambino memorizza la frase intera, ne comprende il senso e successivamente la frammenta in sillabe e lettere.

La scuola, secondo Decroly, si sviluppa con un legame stretto ai centri di interesse, stimolati da quattro bisogni fondamentali: cibo, protezione dagli elementi, sicurezza da pericoli e attività solitarie o di gruppo. Da ciascuno di questi bisogni scaturiscono specifici interessi, e le attività devono essere organizzate in modo accattivante per catturare l'attenzione dei ragazzi e motivarli alla scoperta e all'apprendimento. L'approccio basato sui centri di interesse rivoluziona l'organizzazione del programma educativo. Decroly si riferisce a questo come "programma delle idee associate", dove le idee e i concetti si raccolgono attorno al centro di interesse.

Decroly concede grande importanza anche allo sviluppo sociale dei bambini e considera l'ambiente un altro componente fondamentale della didattica. L'attenzione si focalizza sulle dinamiche di classe, sull'interazione tra gli alunni e sul rapporto tra insegnante e studente. L'organizzazione delle attività didattiche che preparano l'adattamento dei ragazzi all'ambiente fisico e naturale circostante deve essere organica e pianificata. Decroly è convinto che un contatto con la natura e una vita in ambiente rurale siano preferibili rispetto a un ambiente cittadino artificiale nel definire il programma educativo. Questo contatto con la natura stimola maggiormente gli interessi e influisce positivamente sulle interazioni sociali degli allievi.

La didattica focalizzata sui centri di interesse si articola in tre tipi di attività, consentendo agli studenti di partecipare all'osservazione diretta, che permette loro di acquisire esperienze e informazioni in modo personale e immediato, nonché di formulare impressioni soggettive. L'attività di associazione consente ai ragazzi di ottenere conoscenza indiretta, richiamando cognizioni precedentemente acquisite. L'attività di espressione, infine, dà loro modo di riprodurre e comunicare ciò che hanno appreso attraverso disegni, composizioni e realizzazioni pratiche. Queste tre attività, costituenti il "**trittico decrolyano**", si rivelano fondamentali per l'approccio globale all'apprendimento.

1.5.5 John Dewey

John Dewey è considerato uno dei più importanti pedagogisti e filosofi dell'educazione del XX secolo, nonché un significativo esponente dell'**attivismo educativo**. Nel 1896, Dewey fondò una scuola elementare presso l'Università di Chicago, dove condusse studi pedagogici e didattici innovativi. Le sue opere principali includono "Il mio credo pedagogico", "Scuola e società", il saggio "Democrazia ed educazione" ed "Esperienza ed educazione".

Un elemento fondamentale nella filosofia di Dewey è l'importanza centrale dell'esperienza, considerata come l'unica dimensione autentica in cui tutto – storia, vita, cultura – prende forma in un processo continuo. Per Dewey, l'esperienza rappresenta un metodo, più che un particolare contenuto oggettivo. Questa dimensione metodologica si intreccia con l'approccio sperimentale, secondo il quale la risoluzione dei problemi che emergono dall'esperienza può avvenire attraverso una sperimentazione continua e attiva di varie soluzioni da parte dell'individuo.

Dewey ritiene che la conoscenza sia lo strumento più potente a disposizione dell'essere umano per instaurare un ordine nel mondo, e il valore della teoria della conoscenza sta nel suo potere di risolvere problemi e fornire un metodo d'azione. Inoltre, Dewey attribuisce grande rilevanza alle discipline educative. Secondo lui, l'obiettivo dell'insegnamento non è introdurre nuovi "dogmi", bensì stabilire un metodo di apprendimento incentrato sulla ricerca e lo sviluppo delle capacità critiche e sociali dei giovani. La scuola, nell'ottica di Dewey, dovrebbe trasformarsi in una comunità educativa e un laboratorio di apprendimento in cui i rapporti interpersonali possano svilupparsi democraticamente: un ambiente in cui possa emergere una sorta di "società embrionale".

Nell'opera "**Il mio credo pedagogico**", Dewey presenta i principi fondamentali della sua concezione pedagogica in relazione alle nuove scuole. Questi principi possono essere riassunti nei seguenti 5 articoli:

- Educazione: è un processo che permette all'individuo di entrare in contatto con le risorse intellettuali e morali della civiltà, diventando un depositario delle conoscenze accumulate. L'educazione comprende un aspetto psicologico, che considera i bisogni e gli interessi degli studenti, e un aspetto sociologico, che tiene conto delle condizioni sociali dell'individuo e dell'ambiente in cui vive.
- Scuola: Dewey considera la scuola come un ambiente in cui gli studenti devono partecipare attivamente alla vita sociale e contribuire al progresso della società. La scuola non dovrebbe essere separata dalla realtà circostante, ma dovrebbe essere integrata nel tessuto sociale e offrire opportunità di apprendimento pratico e concreto.
- Contenuti dell'educazione: l'educazione deve essere basata sull'esperienza. Gli studenti imparano meglio attraverso l'interazione diretta con l'ambiente, sperimentando, osservando e riflettendo sulle loro esperienze. L'apprendimento non

dovrebbe essere incentrato solo sulla memorizzazione di concetti, ma dovrebbe coinvolgere attivamente gli studenti nella scoperta e nell'applicazione di conoscenze.

- Metodo educativo: deve tener conto della natura e delle caratteristiche dei bambini. Gli insegnanti devono rispettare i tempi di impulsività e iperattività dei bambini, consentendo loro di esplorare e sperimentare in modo autonomo; il metodo educativo dovrebbe favorire l'interesse, la partecipazione attiva e la collaborazione tra gli studenti;
- Progresso sociale: dipende dall'azione educativa delle scuole. L'istruzione deve fornire agli individui gli strumenti per comprendere e contribuire al miglioramento della società (le leggi e le riforme sociali non possono essere efficaci se gli individui non sono adeguatamente preparati per comprenderle e parteciparvi attivamente).

Nell'opera **"Scuola e società"**, Dewey evidenzia le caratteristiche della scuola attiva e sostiene che la scuola stessa deve essere una vita in sé. Ciò significa che la scuola non dovrebbe essere separata dalla vita reale, ma dovrebbe essere un ambiente dinamico e interattivo in cui gli studenti possono esprimere i propri bisogni, impulsi e interessi.

Secondo Dewey, il compito dell'insegnante non è reprimere questi bisogni ma, piuttosto, indirizzarli verso attività educative significative. Lavoro e attività pratica sono aspetti centrali della scuola attiva. Gli studenti sono costantemente impegnati in compiti e lavori pratici attraverso attività di laboratorio, che consentono loro di sviluppare una maggiore consapevolezza e autonomia. Attraverso l'esperienza pratica, gli studenti possono poi passare alla comprensione teorica.

L'approccio di Dewey sottolinea l'importanza dell'esperienza come base dell'apprendimento. Gli studenti imparano meglio quando sono coinvolti in attività concrete e significative che hanno un collegamento con la realtà.

Nell'opera **"Democrazia ed educazione"**, Dewey evidenzia come la democrazia non è solo una forma di governo politico, ma una filosofia di vita che permea tutte le sfere dell'esistenza individuale e sociale. La scuola gioca un ruolo cruciale nella formazione di cittadini democratici e nella promozione di una società democratica.

Secondo Dewey, la scuola deve essere un ambiente in cui si coltivano i principi democratici, come la partecipazione attiva, l'uguaglianza, la cooperazione e il rispetto reciproco. La democrazia non può essere solo un concetto teorico, ma deve essere vissuta e sperimentata dagli studenti nella loro esperienza scolastica.

La comunicazione è un elemento centrale nella visione deweyana della democrazia e dell'educazione. Essa consente agli individui di condividere le proprie esperienze, di scambiare idee e di costruire significati condivisi. Attraverso la comunicazione, gli studenti imparano ad ascoltare e a rispettare le diverse opinioni, a collaborare e a negoziare, sviluppando così le competenze necessarie per partecipare attivamente alla vita democratica.

Nell'opera **"Esperienza ed educazione"**, Dewey sviluppa il concetto di esperienza come fondamento dell'educazione. Egli critica la scuola tradizionale, che considera statica e distante dalla vita reale, e propone un approccio educativo basato sull'esperienza attiva.

Secondo Dewey, la **scuola tradizionale** si concentra su programmi rigidi e immutabili, trasmette conoscenze in modo formale e separato dalla realtà vissuta dagli studenti. Al contrario, la **scuola nuova**, o scuola attiva, pone l'esperienza al centro dell'educazione. Gli studenti devono essere coinvolti in attività pratiche e concrete, che consentono loro di sperimentare e interagire con il mondo reale.

Dewey sottolinea ancora una volta che l'educazione non deve essere un processo isolato, ma deve essere **collegata alla vita reale degli studenti**. Egli propone l'interazione con l'ambiente sociale e culturale come un elemento chiave dell'esperienza educativa. Gli studenti devono essere immersi in contesti reali, in cui possono applicare le loro conoscenze e competenze in situazioni autentiche.

1.5.6 Célestin Freinet

Célestin Freinet nacque a Gars, un piccolo villaggio situato nelle Alpi Marittime francesi, all'interno di una famiglia contadina numerosa ma economicamente svantaggiata. Fin da giovane, alternò gli studi con il lavoro nei campi, spesso recandosi a Nizza. Durante la Prima guerra mondiale, venne chiamato al fronte e, prima di rimanere ferito a un polmone e venire dichiarato inabile per il servizio militare, riuscì a ottenere il diploma di maestro elementare. Ispirandosi alle pedagogie di Pestalozzi, Cousinet, Ferrière e Claparéde, cominciò a applicare la sua idea di istruzione a un sistema educativo tradizionale e superato.

Nel 1926 sposò una giovane donna di nome Élise, che non solo divenne sua moglie, ma anche sua collaboratrice. Insieme fondarono un istituto cooperativo di istruzione moderna (ICEN - Institut coopératif de l'école moderne), un'istituzione scolastica indipendente e innovativa. L'obiettivo di Freinet era distanziarsi dalla maggior parte delle convenzioni dell'educazione tradizionale e delineare una **pedagogia popolare** orientata al recupero delle culture delle classi svantaggiate. La sua intenzione era creare un ambiente di apprendimento basato sull'esperienza, sulla collaborazione e sulla correzione collettiva degli errori, nonché rifiutare l'approccio tradizionale delle lezioni, favorendo invece uno scambio di esperienze tra gli studenti (un apprendimento naturale "a tentoni", basato sulla sperimentazione).

Inoltre, Freinet trasformò la scuola in una piccola comunità fondata su una costante cooperazione tra insegnanti e studenti. La scuola era dotata di laboratori sia per attività manuali che intellettuali e le lezioni includevano passeggiate nella natura e in campagna, oltre alla visita alle botteghe artigianali del paese. Freinet propose diverse innovazioni:

- **L'uso del "testo libero",** in cui gli studenti sceglievano il tema in base ai loro interessi e inclinazioni. Gli insegnanti non fissavano scadenze rigide, e dopo la lettura collettiva, gli studenti votavano il miglior testo, lo correggevano e lo stampavano. I testi selezionati venivano raccolti nel "Libro della vita" e utilizzati per creare un giornalino da condividere con studenti di altre scuole.
- **L'utilizzo della tipografia,** che permetteva di stampare i testi scritti dagli studenti. Questa tecnica valorizzava il lavoro e la creatività degli studenti, promuoveva la collaborazione, l'autodisciplina e il miglioramento dell'ortografia.

- **L'uso di schedari,** contenenti testi selezionati dagli studenti, accessibili a chiunque per approfondimenti o verifiche. Freinet sviluppò anche uno schedario di auto-correzione, consentendo agli studenti di correggersi autonomamente secondo il proprio ritmo di apprendimento.
- **La corrispondenza con altre scuole,** promossa da Freinet per favorire la comunicazione e lo scambio di testi tra studenti di diverse istituzioni. Questo stimolava la scrittura e la conoscenza di realtà diverse.

Freinet scrisse numerose opere che documentavano la sua pratica educativa e le sue tecniche di insegnamento, tra cui "La stamperia a scuola", "La scuola moderna" e "Saggio di psicologia sensibile".

1.5.7 Paulo Freire

Paulo Freire, ispiratore del "Movimento di educazione popolare" brasiliano, nacque in una famiglia della classe media. Dopo aver conseguito la laurea in giurisprudenza, anziché intraprendere la carriera di avvocato, si avvicinò all'insegnamento della lingua portoghese durante gli studi. Questa decisione fu influenzata dall'incontro con Elza Maria Costa de Oliveira, insegnante di scuola primaria e futura moglie. Freire si impegnò nell'educazione degli adulti nel contesto rurale del Nordest brasiliano negli anni Cinquanta, un periodo caratterizzato da profonde disuguaglianze sociali ed economiche e da un alto tasso di analfabetismo. Nel corso del suo esperimento, nel 1963, riuscì a insegnare a leggere e scrivere a trecento lavoratori della canna da zucchero in soli 45 giorni. Questo successo attirò l'attenzione del governo federale, che adottò la nuova metodologia a livello nazionale. Tuttavia, questa iniziativa fu bruscamente interrotta dal colpo di stato e dalla dittatura militare che emerse nel 1964. Freire fu incarcerato e successivamente costretto all'esilio. Si trasferì in Bolivia e poi in Cile, dove insegnò all'Università di Santiago. Durante questo periodo, scrisse opere significative come "L'educazione come pratica di libertà" e "La pedagogia degli oppressi", che delineavano la sua visione dell'istruzione e dell'insegnamento basati su una comunicazione attiva tra insegnanti e studenti, con l'obiettivo di emancipare gli individui e trasformare la società. Dopo la morte della sua prima moglie Elza, Freire sposò Ana Maria de Araujo nel 1988, un'ex allieva e collaboratrice che continuò a curare la pubblicazione dei testi del pensatore anche dopo la sua scomparsa avvenuta il 2 maggio 1997.

"**L'educazione degli oppressi**" è un'opera in cui Freire inizia analizzando i rapporti socio-pedagogici tra coloro che opprimono e quelli che sono oppressi. Secondo lui, spetta agli oppressi compiere una rivoluzione politico-educativa che fino ad allora era stata teorizzata solo in modo astratto da molti ambienti intellettuali libertari. La pedagogia degli oppressi si sviluppa in due momenti distinti:
- la presa di coscienza da parte del popolo della propria condizione e il tentativo di sfidare il potere oppressivo;
- la funzione della pedagogia come stimolo per un processo di liberazione politica e individuale continuo.

Per raggiungere questi obiettivi, è necessario superare l'esperienza storica dell'educazione che genera passività e si limita alla trasmissione di conoscenze, dove gli studenti vengono considerati semplici depositi, concetto definito da Freire come "modello bancario dell'istruzione". Invece, è cruciale evolvere verso un'educazione basata sul dialogo, superando il dualismo tra insegnante e studente, per abbracciare un approccio in cui entrambi diventano soggetti attivi nel percorso di crescita e liberazione. Questa educazione è incentrata sulla libertà e su una visione della realtà come un processo di costante cambiamento e sviluppo di potenziali inesplorati.

1.5.8 Roger Cousinet

Cousinet, un rinomato pedagogista ed educatore francese del XIX secolo, si distinse per la sua dedizione alla pedagogia progressiva e per aver fondato associazioni che promuovevano l'educazione innovativa. Secondo Cousinet, l'ambiente scolastico deve essere coinvolgente per la mente degli studenti e allo stesso tempo favorire lo sviluppo delle relazioni sociali. L'approccio da lui introdotto è noto come **"sistema a gruppi"**, dove la didattica efficace richiede la formazione di gruppi che si costituiscano liberamente in base alle affinità e alle inclinazioni degli studenti. La vita di gruppo, per Cousinet, rappresenta una straordinaria fonte di esperienza, confronto e crescita collettiva, sia dal punto di vista emotivo che intellettuale, nonostante possa anche presentare sfide conflittuali. Tuttavia, Cousinet sostiene che il gruppo è in grado di gestire tali conflitti in modo costruttivo.

L'organizzazione delle classi di Cousinet si basa sull'ampio utilizzo di materiali e strumenti didattici, al fine di consentire a ciascun gruppo di procedere in modo autonomo. Poiché il metodo di insegnamento è basato sulla ricerca, i documenti divisi per materia costituiscono gli strumenti principali a disposizione dei gruppi. Cousinet individua quattro categorie di attività:

- **attività scientifiche:** lo studio di animali, piante e minerali che consente agli studenti di scoprire fenomeni naturali;
- **attività storiche:** attraverso le quali gli studenti possono conoscere la storia del proprio ambiente, consultando documenti che essi stessi trovano o che il docente mette a disposizione;
- **attività geografiche:** coinvolgono lo studio dell'ambiente in cui gli studenti vivono, accompagnato dalla misurazione delle grandezze che gli studenti apprendono a fare;
- **attività creative:** comprendono tutte le attività legate all'invenzione o alla produzione personale, come il disegno, la pittura e le operazioni matematiche.

Secondo Cousinet, il ruolo dell'insegnante non deve più essere quello di un detentore di conoscenza onnisciente e autorevole, bensì di un adulto ragionevole e responsabile che lavora fianco a fianco con gli studenti, sostenendoli nelle loro attività. L'insegnante deve agire come un collaboratore dei gruppi, aiutandoli a capire i compiti, stabilendo regole di base e creando un ambiente che consenta al gruppo di operare con massima libertà.

1.5.9 Maria Montessori

Maria Montessori, nata il 31 agosto 1870 a Chiaravalle, e morta il 6 maggio 1952 ad Amsterdam, Paesi Bassi, è stata una pedagogista italiana che ha lasciato un'impronta molto significativa nell'ambito dell'educazione.

Durante gli anni universitari, Maria Montessori si interessò alla medicina e si laureò nel 1896, diventando una delle prime donne a praticare la medicina in Italia. Tuttavia, il suo interesse per l'educazione la portò a lavorare con bambini con disabilità mentali. Questa esperienza influenzò la sua visione pedagogica.

Nel 1907, Montessori ebbe l'opportunità di dirigere una scuola per bambini delle famiglie operaie a San Lorenzo, Roma. Qui iniziò a mettere in pratica le sue idee pedagogiche, creando un ambiente stimolante e osservando attentamente i bambini. Questa esperienza fu il punto di partenza per lo sviluppo del suo metodo educativo, noto come il "metodo Montessori", basato sulla creazione di un ambiente preparato che favorisce l'apprendimento autonomo. Montessori sviluppò materiali educativi specifici per incoraggiare l'apprendimento attraverso l'esperienza sensoriale e la manipolazione. La filosofia del metodo mette il bambino al centro del processo di apprendimento, consentendogli di esplorare e scoprire in modo autonomo.

Il successo del suo metodo crebbe rapidamente, portando Montessori a diffondere le sue idee in tutto il mondo, fondare scuole Montessori in diversi paesi, tenere conferenze e scrivere libri per condividere il suo approccio educativo.

Oltre al suo lavoro nell'educazione, Montessori si impegnò anche in questioni sociali e politiche, sostenendo i diritti delle donne e la pace internazionale. Nonostante le sfide dell'esilio durante le due guerre mondiali a causa delle sue posizioni pacifiste, Montessori continuò a promuovere il suo metodo educativo fino alla sua morte nel 1952. Oggi, il Metodo Montessori è ancora ampiamente praticato in molte scuole in tutto il mondo e la sua visione pedagogica ha avuto un impatto duraturo nel campo dell'educazione infantile.

Il **metodo Montessori** è un approccio educativo che pone l'accento sulla creazione di un ambiente di apprendimento stimolante e autonomo per i bambini. L'obiettivo principale del metodo è quello di favorire lo sviluppo naturale dei bambini attraverso l'esplorazione, l'apprendimento individuale e l'autodisciplina.

In un ambiente Montessori, gli spazi sono appositamente organizzati e strutturati per favorire l'autonomia dei bambini. Ciò include l'accessibilità ai materiali educativi che sono progettati per essere auto-correttivi e sensoriali. Questi materiali incoraggiano l'apprendimento attraverso l'esperienza pratica e coinvolgono i sensi dei bambini, consentendo loro di esplorare concetti matematici, linguistici, scientifici e altri aspetti.

L'approccio si basa sulla fiducia nell'innata curiosità e nell'entusiasmo dei bambini per l'apprendimento. Gli insegnanti in un ambiente Montessori fungono da guide e osservatori, piuttosto che da fonti di autorità. Questo significa che i bambini sono liberi di scegliere le attività che li interessano e di lavorare su di esse per un periodo prolungato di tempo, consentendo loro di sviluppare la concentrazione, la pazienza e la capacità di risolvere problemi.

Un aspetto centrale del Metodo Montessori è l'attenzione all'apprendimento individuale. Gli insegnanti osservano da vicino ciascun bambino per comprendere le sue esigenze, i suoi interessi e il suo ritmo di apprendimento. Questo permette loro di fornire il supporto adeguato e di adattare l'ambiente in base alle esigenze di ciascun individuo.

Oltre all'aspetto accademico, il metodo mira a sviluppare il carattere e la moralità dei bambini. Attraverso l'interazione con i materiali educativi e le attività pratiche della vita quotidiana, i bambini imparano valori come il rispetto, la gentilezza, la collaborazione e l'empatia.

In sintesi, il Metodo Montessori rappresenta un approccio educativo centrato sul bambino, che mira a creare un ambiente di apprendimento stimolante e autonomo. Questo metodo, basato sulla fiducia nel potenziale dei bambini e sulla loro capacità di apprendere attraverso l'esplorazione e l'esperienza pratica, ha avuto un impatto duraturo nell'educazione moderna in tutto il mondo.

1.5.10 Don Milani

Don Lorenzo Milani, noto come Don Milani, è stato un sacerdote, educatore e scrittore italiano nato nel 1923 a Firenze. È noto per il suo ruolo significativo nel campo dell'educazione e della pedagogia, e si focalizzò sull'emancipazione attraverso l'istruzione e l'azione sociale. Il suo contributo più riconosciuto è stato fondare la Scuola di Barbiana, un'esperienza educativa radicata nei principi di giustizia sociale e partecipazione attiva. Don Milani credeva che l'educazione dovesse essere uno strumento per liberare le persone dalle ingiustizie e offrire opportunità per il cambiamento. La sua pedagogia era profondamente influenzata dalla realtà locale e dal contesto sociale. Egli riteneva che l'educazione dovesse essere connessa con la vita quotidiana degli studenti e le sfide delle loro comunità. Attraverso l'apprendimento basato sulla realtà, voleva rendere l'istruzione significativa e applicabile alla vita.

Don Milani promuoveva la partecipazione attiva degli studenti nel processo educativo. Voleva che fossero coinvolti nella progettazione del curriculum e incoraggiava il dialogo e la riflessione critica su questioni sociali e politiche. Il suo obiettivo era formare cittadini consapevoli e responsabili, capaci di agire per il bene comune.

L'approccio pedagogico di Don Milani rifletteva l'empatia e la solidarietà. Egli incoraggiava gli studenti a comprendere le sfide degli altri e a lavorare insieme per affrontarle.

La sua eredità è evidente nella Scuola di Barbiana e nelle sue opere scritte, che continuano a influenzare l'educazione e l'azione sociale. Don Milani ha dimostrato che l'educazione può essere uno strumento per il cambiamento, per la crescita individuale e per l'attivismo sociale, ispirando generazioni di educatori e attivisti.

1.5.11 Giovanni Gentile

Giovanni Gentile è stato un filosofo, educatore e politico italiano, nato nel 1875 a Castelvetrano e deceduto nel 1944 a Firenze. È conosciuto per la sua influenza nella filosofia idealista e per il suo contributo alla pedagogia, specialmente nel contesto dell'educazione fascista in Italia durante il periodo tra le due guerre mondiali.

La visione pedagogica di Giovanni Gentile era fortemente influenzata dal suo pensiero filosofico, che si basava sull'idealismo. Egli credeva che l'educazione dovesse avere un ruolo centrale nella formazione dell'individuo e nella creazione di una società organica e armoniosa. Secondo Gentile, l'educazione aveva il compito di sviluppare non solo l'intelletto, ma anche il carattere e la moralità dell'individuo. Nel contesto dell'educazione fascista, Gentile sostenne l'idea che l'educazione dovesse essere un mezzo per formare cittadini leali e disciplinati, pronti a servire lo Stato e a contribuire al bene della nazione. Ha promosso un approccio autoritario all'educazione, enfatizzando l'importanza della disciplina, della gerarchia e della conformità.

Gentile ha sostenuto che l'educazione dovesse essere un processo completo e organico, integrando armoniosamente l'aspetto intellettuale, morale e fisico. Ha proposto una riforma del sistema educativo italiano, mirando a creare una scuola che promuovesse l'identità nazionale e la dedizione allo Stato fascista. Ha promosso la centralità dell'insegnante come guida e modello per gli studenti, sottolineando il suo ruolo nell'inculcare i valori fascisti e nell'orientare il processo educativo.

La visione pedagogica di Gentile è stata strettamente associata all'ideologia fascista e ha sollevato critiche per il suo approccio autoritario e per la sua promozione della conformità al regime. Dopo la caduta del regime fascista, la sua influenza nella pedagogia è diminuita notevolmente.

1.5.12 Danilo Dolci

Danilo Dolci è stato un attivista, educatore e poeta italiano, noto per il suo impegno sociale e le sue innovative pratiche pedagogiche. Nato nel 1924 in Sicilia, Dolci dedicò la sua vita a migliorare le condizioni di povertà, analfabetismo e ingiustizia sociale che affliggevano molte comunità della sua Regione.

La sua pedagogia si fondava sull'idea che l'educazione non dovesse essere distinta dall'azione sociale. Credeva che l'apprendimento dovesse essere esperienziale e pratico, collegando la teoria alla vita reale. Questo approccio coinvolgente permetteva agli studenti di affrontare problemi concreti e di diventare protagonisti del loro apprendimento.

Dolci valorizzava la cultura locale e la tradizione. L'educazione per lui non doveva cancellare la cultura esistente, ma abbracciarla e utilizzarla come base per l'apprendimento. Voleva che gli studenti esplorassero la loro eredità culturale, rendendo l'apprendimento più significativo.

Una caratteristica fondamentale della pedagogia di Dolci era il suo impegno per la trasformazione sociale. Vedeva l'educazione come uno strumento per affrontare le ingiustizie e per promuovere il cambiamento. Lavorò a stretto contatto con le comunità locali, mobilitandole per affrontare sfide come la povertà e la corruzione. Il suo obiettivo era l'*empowerment* degli individui. Voleva che le persone acquisissero fiducia in sé stesse e diventassero agenti di cambiamento nella propria vita e nella società. Attraverso progetti come le "Scuole popolari" e la "Città futura", Dolci dimostrò che l'educazione poteva essere un mezzo per migliorare le vite delle persone e trasformare intere comunità.

L'approccio pedagogico di Danilo Dolci ha lasciato un'eredità duratura, dimostrando come l'educazione possa essere una forza motrice per il cambiamento sociale e come l'apprendimento esperienziale e centrato sulla comunità possa dare potere agli individui di affrontare le sfide della vita.

Capitolo II

Teorie e stili di apprendimento

2.1 Il comportamentismo

Durante il percorso della vita, si presentano innumerevoli momenti in cui, attraverso l'interazione con l'ambiente circostante, la persona acquisice o assimila nuove conoscenze. L'apprendimento può essere descritto come una trasformazione nel comportamento che segue l'interazione con il contesto circostante. Questo procedimento rappresenta l'esito delle esperienze che plasmano nuovi modelli di risposta alle influenze esterne.

Il comportamentismo (noto anche come behaviorismo) è una teoria dell'apprendimento moderna nata negli Stati Uniti tra il 1915 e 1950. Questa teoria si basa sull'idea che l'apprendimento avvenga tramite **stimoli S**, provenienti dall'ambiente circostante, che raggiungono il soggetto. In risposta a tali stimoli, il soggetto manifesta delle **risposte R**, ossia comportamenti specifici.

Pertanto, il comportamento viene analizzato in relazione all'ambiente e viene considerato come un meccanismo di stimolo e risposta. Si parte dal presupposto che, disponendo delle adeguate condizioni, come pazienza e tempo, tutto sia possibile. Gli studiosi del comportamentismo si dedicano a indurre una risposta specifica in un individuo di fronte a uno stimolo determinato. Questa risposta può essere osservata e studiata in maniera scientifica. I principali esponenti del comportamentismo includono Pavlov, Watson, Thorndike e Skinner.

2.1.1 Il riflesso condizionato di Pavlov

Ivan Pavlov, un noto psicologo russo, è conosciuto per aver introdotto il concetto di "riflesso condizionato". Attraverso l'osservazione del comportamento dei cani, notò che, quando veniva loro presentato il cibo, iniziavano a produrre una maggiore quantità di saliva, manifestatasi sotto forma di bava. In questo contesto, il cibo rappresenta lo **stimolo incondizionato**, mentre la bava rappresenta la **risposta incondizionata** del cane all'evento precedente.

Successivamente, Pavlov condusse esperimenti in cui analizzò il comportamento di un cane di fronte a un dottore indossante un camice bianco, portando con sé del cibo. Inizialmente, il camice bianco del dottore non suscitava alcuna reazione nel cane, poiché era uno **stimolo neutro**. Tuttavia, Pavlov notò che, man mano che il dottore indossava il camice bianco e offriva cibo al cane, quest'ultimo iniziò a produrre bava semplicemente vedendo il camice. Pertanto, il camice bianco del dottore divenne uno **stimolo condizionato**, in quanto generava una risposta specifica nel cane.

Di conseguenza, la risposta del cane, ossia la produzione di bava, divenne una **risposta condizionata**. Questo significa che, se l'evento scatenante la reazione può essere identificato, è possibile prevedere e controllare anche la risposta stessa. Un esperimento analogo viene fatto usando un campanello elettrico: contemporaneamente al suono dello stesso, viene somministrato del cibo al cane. Anche in questo caso, il rumore del campanello, da stimolo neutro, diventa condizionato. Il condizionamento, quindi, si sostanzia in un processo di sostituzione dello stimolo, per cui uno stimolo originariamente neutro diviene capace di produrre la risposta che originariamente veniva prodotta dallo stimolo incondizionato.

2.1.2 John Watson

John Watson, uno psicologo statunitense, è comunemente considerato il padre del comportamentismo. Nel 1913, pubblicò l'articolo **"Psychology as the Behaviorist Views It"** ("La psicologia dal punto di vista del comportamentista"), che delineava gli aspetti del nuovo approccio. Il comportamentismo si concentra non sulle componenti della mente, ma sui comportamenti osservabili. Watson sosteneva l'esistenza di un ambiente attivo circostante in grado di influenzare un soggetto passivo, il quale impara solo quando viene stimolato.

Watson decise di condurre un esperimento su un bambino di otto mesi, il piccolo Albert, insieme a una sua collaboratrice, recandosi in un orfanotrofio per adottarlo. I suoi esperimenti, ampiamente criticati, avevano lo scopo di dimostrare che un'emozione, come la paura, potesse essere il risultato di un processo di condizionamento determinato dall'ambiente circostante. In questo esperimento, quando il bambino si avvicinava a un topolino (stimolo neutro), veniva prodotto un forte rumore. Di conseguenza, il bambino iniziò a sviluppare paura nei confronti del ratto e il suo comportamento divenne **condizionato** dal rumore prodotto dall'ambiente circostante. Il bambino iniziò a manifestare attacchi di panico e agitazione e Watson venne espulso dall'università senza riuscire a completare i suoi esperimenti.

Watson affermò che, se avesse avuto più tempo, avrebbe condizionato il bambino attraverso il processo di apprendimento e gli stimoli provenienti dall'ambiente esterno. Per lui, mediante il condizionamento e la creazione di un ambiente circostante appropriato, si possono cambiare radicalmente i comportamenti dei soggetti. Egli affermava che, attraverso il condizionamento, sarebbe stato capace di trasformare un bambino privo di deficit cognitivi in un medico, un avvocato, un ladro, in quanto il condizionamento, può consentire a chiunque di raggiungere una certa condizione sociale.

2.1.3 Il condizionamento strumentale di Thorndike

Edward Thorndike fu uno psicologo statunitense noto per il suo contributo al campo del condizionamento strumentale. Le sue opere più significative includono **"Animal Intelligence"** ed **"Educational Psychology"**. Thorndike utilizzò come strumento sperimentale la cosiddetta **gabbia-problema**. In pratica, chiuse un gatto affamato all'interno di una gabbia e posizionò il cibo all'esterno. Successivamente, osservò il comportamento del gatto di fronte al cibo. Inizialmente, il gatto adottò comportamenti inutili come graffiare la gabbia o saltare contro il tetto. Tuttavia, iniziando ad esplorare l'ambiente circostante, comprese che c'erano delle leve, e utilizzò tali leve per uscire dalla gabbia.

Man mano che i giorni passavano, il gatto impiegò sempre meno tempo per uscire dalla gabbia, e da qui Thorndike formulò l'ipotesi dell'**apprendimento per prove ed errori**. Secondo questa teoria, per raggiungere un determinato obiettivo, si sperimentano diversi comportamenti in sequenza o in modo casuale fino a individuare il comportamento che si ritiene soddisfacente per raggiungere l'obiettivo desiderato.

Con l'intento di raggiungere questo obiettivo, Thorndike enuncia le seguenti **leggi dell'apprendimento**:

- **Legge dell'esercizio:** l'apprendimento migliora attraverso la pratica ripetuta. I comportamenti eseguiti più frequentemente hanno maggior probabilità di emergere in contesti simili, mentre quelli trascurati tendono a svanire.
- **Legge dell'effetto:** siamo inclini a ripetere i comportamenti che generano risultati positivi, ossia utili per il nostro scopo.
- **Legge del trasferimento o della generalizzazione:** un comportamento appreso in una specifica situazione tende a essere applicato in circostanze analoghe.

Oltre al campo dell'apprendimento, Thorndike si interessò alle abilità umane, concentrandosi particolarmente sull'intelligenza e sull'apprendimento verbale. Egli sviluppò test per valutare le capacità cognitive dell'individuo, come il CAV, che includeva quesiti riguardanti completamento di frasi, problemi di aritmetica, comprensione e ragionamento.

2.1.4 Il condizionamento operante e rispondente di Skinner

Frederic Skinner, uno psicologo statunitense, è considerato uno dei principali sostenitori del condizionamento operante. Egli distingue due tipi di comportamento:

- **comportamentismo rispondente**: si riferisce a un comportamento indotto da uno stimolo esterno che provoca una risposta nel soggetto (questo tipo di comportamento è passivo, in quanto è una risposta suscitata nel soggetto dall'ambiente esterno);
- **comportamentismo operante**: è un modello in cui il soggetto, anche in assenza di stimoli esterni, tiene un comportamento al fine di ottenere un effetto premiante chiamato **"rinforzo positivo"**. Skinner ha condotto un esperimento in cui ha preso in esame un piccolo animale e lo ha inserito in una scatola chiamata "Skinner box". A differenza dell'esperimento di Thorndike, in cui è presente uno stimolo esterno che induce il comportamento nel topo (il cibo all'esterno della gabbia), in questo caso tale stimolo è assente ma, all'interno della scatola, viene collocato un pulsante che, una volta premuto, fornisce cibo all'animale. L'ani-

male, muovendosi all'interno della scatola, alla fine arrivava a toccare il pulsante e otteneva il cibo. Una volta compreso il funzionamento del pulsante, l'animale andava deliberatamente verso di esso e lo premeva, generando una risposta operante e ottenendo il **rinforzo positivo**. In un altro esperimento, Skinner ha inserito un pulsante che, una volta premuto, provocava una scossa al piccolo animale. Ha notato che, dopo un certo numero di scosse, l'animale si muoveva rapidamente solo in direzione del pulsante che forniva il cibo. In questo caso, si parla di "**rinforzo negativo**", cioè la rimozione del soggetto da una situazione di disagio. L'animale imparava gradualmente quali azioni compiere per liberarsi dal disagio causato dalla scossa. In entrambi i casi, la risposta dell'animale generava un rinforzo che fungeva da stimolo per futuri comportamenti. Skinner riuscì a creare negli animali catene di connessioni, ossia sequenze di comportamenti, anche complessi, tramite adeguati rinforzi al fine di raggiungere un comportamento finale. L'idea di ricevere ricompense sembrava essere più efficace, e così Skinner si dedicò allo studio del fenomeno del **modellamento**, il quale implica la graduale concessione di premi per ogni azione che, via via, conduce al comportamento desiderato dallo sperimentatore. Tale meccanismo si riflette anche nell'apprendimento umano. I giovani imparano in modo più efficace quando vengono elogiati o premiati ogni volta che rispondono correttamente a uno stimolo o seguono in maniera adeguata le istruzioni fornite dagli adulti.

Inoltre, secondo Skinner, gli studenti devono apprendere attraverso concetti semplici e basilari che vengono successivamente assemblati in procedure più complesse. Poiché le dinamiche scolastiche spesso perseguono obiettivi tramite strategie errate, sono necessarie alcune correzioni:

- **Rinforzo**: gli studenti devono svolgere i propri compiti per evitare disagio o ricevere voti negativi.
- **Modalità di somministrazione del rinforzo**: l'efficacia del rinforzo diminuisce quando si verifica molto tempo dopo l'esecuzione del comportamento desiderato. Un breve lasso di tempo è sufficiente affinché il rinforzo perda il suo impatto, quindi è di grande importanza stabilire il momento in cui l'allievo deve ricevere il rinforzo per le sue azioni. Si può argomentare che un alunno competente, quando risponde a una domanda, è in grado di valutare da solo il proprio livello di conoscenza. Tuttavia, durante le prime fasi, quando tale conoscenza deve ancora essere acquisita, è essenziale che l'insegnante fornisca riscontri appropriati per migliorare il processo di apprendimento. È comprensibile che durante le attività in classe, il docente non possa fornire immediatamente a ciascun allievo un feedback dettagliato su cosa stanno facendo bene o male in tempo reale. Inoltre, la correzione dei compiti svolti a casa, contenenti domande diverse, avviene sempre dopo un certo periodo. Tuttavia, sarebbe auspicabile avere un feedback quasi immediato su ciascuna delle singole domande. Questi aspetti possono talvolta indurre nell'allievo una sensazione di incertezza e una mancanza di motivazione.
- **Strutturazione del programma**: il programma serve a guidare gli studenti verso specifici obiettivi (complessi) di conoscenza. Per Skinner è opportuno un pro-

gramma di insegnamento in cui i risultati siano ottenuti progressivamente, in una sequenza stabilita in modo rigoroso e scientifico.

2.2 Il neo comportamentismo

Il Neo comportamentismo è un movimento nell'ambito della psicologia che emerge negli anni '30 del Novecento e rivede le concezioni iniziali di Watson: si attribuisce alla mente un ruolo più dinamico nell'esplorare l'ambiente e acquisire conoscenze. Il neo comportamentismo cerca di estendere la ricerca verso aspetti che vanno al di là del comportamento superficiale. Gli studiosi si concentrano su nuovi concetti come gli scopi e la memoria.

2.2.1 Edward C. Tolman

Tolman, uno psicologo neo comportamentista degli Stati Uniti, propone che l'apprendimento non sia semplicemente una connessione tra stimoli e risposte, ma che rappresenti il raggiungimento di una meta attraverso una serie di spinte esplorative iniziali e l'acquisizione di adattamenti conclusivi all'oggetto. In uno dei suoi esperimenti, Tolman inserisce topi in un labirinto e osserva come si comportano per uscirne. Egli forma tre gruppi di topi: al primo gruppo viene dato un rinforzo (cibo), al secondo gruppo non viene dato alcun rinforzo e al terzo gruppo viene dato il rinforzo solo dopo dodici giorni. Risultò che i topi del primo gruppo uscivano agevolmente dal labirinto con pochi errori, quelli del secondo gruppo, senza rinforzo, non riuscivano ad uscirne, mentre quelli del terzo gruppo, sebbene all'inizio commettessero molti errori, in seguito, grazie al rinforzo, raggiungevano le stesse prestazioni del primo gruppo. Si dedusse che i topi del terzo gruppo avevano appreso la struttura del labirinto nei dieci giorni precedenti al rinforzo, ma solo attraverso il rinforzo erano riusciti a eseguire il compito. Pertanto, secondo Tolman, l'apprendimento può avvenire senza rinforzo (il terzo gruppo ha imparato la struttura del labirinto nei giorni precedenti al rinforzo) e può avvenire anche senza un cambiamento osservabile nel comportamento (il comportamento dei topi non cambia, ma migliora solo la loro performance grazie al rinforzo).

Tolman introduce due elementi cruciali: la memoria e lo scopo. I topi, esplorando il labirinto, creano mappe cognitive che li guidano verso la meta in modo più efficiente. Questa mappa cognitiva rappresenta la meta e lo spazio circostante. Quando il punto di partenza veniva cambiato, i topi sembravano consultare la mappa per trovare la strada migliore. Tolman conia il termine "**apprendimento latente**" per descrivere questa forma di apprendimento che si basa su mappe cognitive, schemi mentali che rappresentano lo spazio attraversato e guidano il soggetto nel mondo circostante. Queste mappe non vengono utilizzate immediatamente, ma sono richiamate solo quando necessario, generando risposte in seguito agli stimoli.

In conclusione, Tolman spiega che diverse variabili entrano in gioco nel comportamento dei ratti nei labirinti, alcune indipendenti e altre dipendenti. Le variabili indipendenti sono manipolate dallo sperimentatore, come variabili ambientali o differenze individuali dei soggetti. Le variabili dipendenti riguardano i risultati mostrati dai topi nell'esperimento, come la velocità con cui escono dal labirinto.

2.2.2 Clark L. Hull

Il neo comportamentismo dello statunitense Clark L. Hull rappresenta un significativo avanzamento nel campo della psicologia comportamentale.

Hull ha sviluppato una teoria conosciuta come "**teoria unitaria dell'apprendimento**" o "**teoria delle ipotesi-deduzione**". Questo modello teorico si proponeva di spiegare come le persone imparino nuovi comportamenti attraverso il ciclo di prove ed errori, basato sull'analisi empirica dei dati.

Una delle idee chiave introdotte da Hull è stata quella delle "spinte" o "bisogni", che fungono da motore principale per l'apprendimento. Questo concetto afferma che le persone apprendono al fine di ridurre stati di bisogno come la fame o la sete, il che li guida verso azioni che possono soddisfare tali bisogni.

Hull ha anche introdotto il concetto di "forza dell'abitudine", che si riferisce alla probabilità di un comportamento in risposta a uno stimolo specifico. Questo concetto considera fattori come la frequenza e la recente associazione tra uno stimolo e una risposta.

Un altro elemento cruciale era quello degli "incentivi", che sono stimoli legati a gratificazione. Hull ha sottolineato il ruolo di questi incentivi nell'influenzare la probabilità di comportamenti futuri, in quanto forniscono una motivazione per l'apprendimento di nuovi schemi comportamentali.

Hull è stato anche oggetto di critiche per la sua complessità e la mancanza di supporto empirico solido per alcune delle sue formulazioni matematiche. Hull desiderava infatti conferire alla psicologia comportamentale un maggior rigore scientifico, simile a quello presente nelle scienze naturali. L'uso di formule matematiche era inteso a fornire alla sua teoria una base quantitativa e oggettiva.

2.2.3 Albert Bandura

Albert Bandura, uno psicologo canadese degli anni '60 del XX secolo, è noto per aver introdotto la "**teoria dell'apprendimento sociale**", anche conosciuta come "teoria dell'apprendimento per osservazione o imitazione". Secondo Bandura, i bambini possono imparare velocemente senza passare attraverso la fase di "prova ed errori", grazie all'osservazione e all'ambiente sociale. Questa teoria considera l'apprendimento come un processo attivo in cui il soggetto osserva, riceve informazioni e le esegue in modo motivato.

Bandura è famoso per l'esperimento della Bambola Bobo, in cui dimostra che l'imitazione di un modello può influenzare maggiormente il soggetto rispetto al rinforzo. Nei suoi esperimenti, Bandura forma tre gruppi di bambini tra i tre e i sei anni e li introduce in una stanza con giochi. Qui è presente un modello, un adulto, che interagisce con una bambola chiamata Bobo, colpendola con pugni e calci. I risultati mostrano che i bambini esposti al modello aggressivo sono più inclini a comportamenti aggressivi rispetto a quelli che non hanno visto tali comportamenti.

Bandura continua con altri esperimenti in cui i bambini vedono filmati in cui un personaggio immaginario colpisce la bambola. Sorprendentemente, il livello di aggressività è lo stesso sia per coloro che hanno visto l'aggressione dal vivo che per quelli che l'hanno visto tramite un filmato.

Inoltre, Bandura conduce un esperimento in cui i bambini vedono filmati in cui un modello aggressivo viene ricompensato, rimproverato o non influenzato. I bambini che vedono il modello ricompensato mostrano comportamenti più aggressivi. Bandura definisce questo fenomeno come **"rinforzo vicario"**, in cui il rinforzo dato al modello influenza il **comportamento** di chi osserva. Oltre al rinforzo vicario, Bandura introduce il concetto di "rinforzo anticipato", in cui il rinforzo migliora l'attenzione del soggetto verso il modello.

Bandura dimostra che esistono tre forme di apprendimento per osservazione: tramite un modello in persona, tramite istruzioni verbali dettagliate e attraverso una dimensione simbolica in cui il modello può essere un personaggio in un film, fumetto o libro. Questo conduce alla **"teoria dell'apprendimento sociale"**, che si trova a metà strada tra il comportamentismo e il cognitivismo. Per Bandura, l'apprendimento avviene tramite l'osservazione diretta di un modello di comportamento, chiamato "modeling", in cui il soggetto conforma il suo comportamento al modello.

Bandura introduce anche il concetto di "autoefficacia", che si riferisce alla capacità dell'individuo di autoregolarsi e autoregolare le proprie azioni. La teoria dell'apprendimento sociale ha influenzato l'educazione, migliorando la motivazione e il rendimento degli studenti attraverso feedback positivi, incoraggiamento dei successi e sviluppo di attività di apprendimento.

2.2.4 Benjamin Bloom

Bloom, uno psicologo e pedagogista statunitense di origine ebraica, ha sviluppato un sistema completo per descrivere e valutare i risultati educativi. Secondo Bloom, il ruolo dell'insegnante è quello di progettare e favorire il raggiungimento degli obiettivi dell'alunno, creando situazioni favorevoli per l'apprendimento. La procedura di apprendimento proposta da Bloom è il *"Mastery learning"*, ovvero l'apprendimento per padronanza. L'obiettivo del *Mastery learning* è far sì che la maggioranza degli alunni, approssimativamente il 90%, raggiunga la padronanza delle discipline insegnate. Bloom sostiene che il sistema educativo non dovrebbe basarsi sulla previsione e sulla selezione dei talenti, ma sulla capacità di sviluppare i talenti nella maggioranza degli alunni. Poiché la capacità di apprendere è un elemento chiave per la forza lavoro, un'esperienza frustrante con l'apprendimento può avere un impatto negativo sulla vita lavorativa di molti individui. Secondo Bloom, è possibile far raggiungere un buon livello di padronanza alla maggior parte degli studenti attraverso strategie di insegnamento-apprendimento che forniscono feedback personalizzati e costanti per ciascuno studente.

Nel *Mastery learning*, le variabili che influenzano il processo di apprendimento sono le seguenti:

- **Attitudine**: si riferisce al tempo necessario per un individuo per imparare un determinato contenuto, che può essere sia elementare che complesso. La padronanza dei contenuti può essere raggiunta se viene concesso allo studente un tempo adeguato in base alla sua attitudine ed è importante sottolineare che anche gli studenti con abilità più deboli possono affrontare compiti complessi, purché siano dati loro tempi aggiuntivi. Naturalmente, studenti con un'attitudine inferiore hanno bisogno di più tempo rispetto a quelli con un'attitudine maggiore.
- **Qualità dell'istruzione**: ogni studente trova un insegnante, un libro di testo o altro materiale didattico che si adatta al proprio stile di apprendimento. È fondamentale che l'insegnante scelga metodi, risorse e strategie didattiche che favoriscano l'efficacia dell'insegnamento per ciascuno studente;
- **Abilità di comprensione dell'istruzione**: si riferisce alla capacità di un individuo di comprendere la natura di un compito assegnato e le procedure necessarie per completarlo. L'insegnante deve adattare l'istruzione alle esigenze individuali degli studenti in modo che le loro abilità di apprendimento possano essere valorizzate e la qualità dell'istruzione dipende in larga misura dalle scelte didattiche effettuate dall'insegnante (un parametro cruciale in questo contesto è la perseveranza, ovvero il tempo che lo studente è disposto a dedicare per apprendere un determinato argomento). Per fare ciò il docente può usare diverse metodologie, come ad esempio gruppi di studio (due o più studenti si incontrano periodicamente e rendono più efficace l'apprendimento grazie all'aiuto e alla cooperazione), tutor (strumento ancor più efficace in quanto non solo è personalizzato, ma cura anche lo sviluppo dell'alunno individuando le sue specifiche difficoltà e favorendone il superamento), libri di testo, quaderni di lavoro, materiale audiovisivo e giochi educativi.
- **Perseveranza**: il tempo che l'allievo è disposto a spendere per imparare un determinato argomento. Se la perseveranza è inferiore all'attitudine, allora l'alunno non potrà raggiungere l'apprendimento, in quanto sarà destinato a interrompere il suo studio prima che tale processo si compia.
- **Tempo disponibile**: nel progettare un percorso educativo, l'insegnante prevede un tempo specifico per presentare e spiegare i contenuti, tenendo conto anche del tempo necessario per la comprensione da parte degli studenti.

Nel contesto del *Mastery learning*, ci sono tre punti essenziali che vengono considerati da Bloom:

- **precondizioni**: sia l'insegnante che lo studente devono avere una chiara comprensione dei criteri per determinare se l'apprendimento è avvenuto; ciò implica avere una visione condivisa degli obiettivi e degli standard di apprendimento, in modo che sia possibile valutare in modo accurato il progresso degli studenti;
- **procedure operative**: il sapere viene suddiviso in piccole unità, e solo quando gli studenti dimostrano di aver compreso pienamente una unità, si passa a quella successiva (è importante rispettare i tempi individuali di apprendimento di ciascuno studente); al termine di ogni unità, viene eseguita una valutazione for-

mativa, che fa parte integrante del processo di insegnamento e apprendimento; queste valutazioni multiple consentono agli studenti di valutare se le strategie di studio che utilizzano sono efficaci, nonché di sviluppare una motivazione intrinseca per impegnarsi nello studio nei tempi opportuni;

- **risultati**: i risultati di un'implementazione efficace del *Mastery learning* possono essere molteplici; uno dei risultati principali è il raggiungimento di una padronanza delle discipline da parte degli studenti, con un tasso di successo che si avvicina al 90%; inoltre, si mira a suscitare negli studenti un'autentica passione per la disciplina studiata, alimentando così un impegno duraturo e un interesse per l'apprendimento.

Attraverso queste precondizioni, procedure operative e risultati, il *Mastery learning* si propone di garantire un apprendimento profondo e significativo per ogni studente, consentendo loro di raggiungere livelli elevati di padronanza e di sviluppare una motivazione intrinseca per l'apprendimento.

Bloom è noto anche per la sua "**tassonomia**" degli obiettivi educativi, che rappresenta uno strumento di supporto per i docenti e gli educatori e si suddivide in due aree principali:

- **tassonomia cognitiva**: riguarda l'organizzazione gerarchica delle abilità cognitive; Bloom ha identificato sei livelli di capacità, a partire dal basso, con il livello base della conoscenza, fino ad arrivare, verso l'alto, al livello massimo della valutazione:

Valutazione	Capacità di valutare le informazioni o le situazioni in base a criteri stabiliti
Sintesi	Capacità di creare qualcosa di nuovo mettendo insieme elementi o idee in modo originale
Analisi	Capacità di scomporre i problemi per cercare connessioni tra gli elementi
Applicazione	Capacità di mettere in pratica ciò che si è imparato
Comprensione	Interpretazione dei dati per legarli alle nuove idee
Conoscenza	Capacità di immagazzinare i dati o le informazioni ricevuti in precedenza.

- **tassonomia affettiva**: entrare in contatto con le proprie emozioni e sviluppare empatia verso gli altri; i livelli sono 5:

Caratteristica del valore	Comportamento di tipo individuale e autonomo
Organizzazione	Interiorizzazione dei fatti e dei valori
Valutazione	Attribuzione di un valore specifico ad un fenomeno
Risposta	Capacità di agire di conseguenza
Ricezione	Capacità di prestare attenzione alle interazioni

L'insegnante deve individuare, all'interno della scala tassonomica, il punto di partenza dell'allievo, stabilendo un obiettivo di competenza da raggiungere nel tempo.

Nel corso degli anni, la tassonomia di Bloom è stata rielaborata da uno degli ex allievi di Bloom, Lorin Anderson, e dallo psicologo David R. Krathwohl. Questa revisione ha mantenuto l'essenza dell'originale, ma ha rinominato le sei categorie utilizzando verbi, evidenziando che l'apprendimento è un processo attivo. Ogni categoria ora rappresenta un'azione in cui uno studente si coinvolge, piuttosto che essere una fase statica di comprensione:

Creare	Fase finale, in precedenza denominata "Sintesi", accomuna gli elementi per formare un insieme coerente o funzionale o riorganizzare gli elementi in un nuovo modello.
Valutare	In precedenza il livello più alto nella tassonomia generale, qui la penultima fase. Consiste nel formulare giudizi sulla base di criteri e standard.
Analizzare	Riguarda la suddivisione del materiale in parti costitutive, nonché il rilevamento di come le parti si relazionino tra loro con una struttura o una scopo generale.
Applicare	Resta invariato, ma implica la costruzione di significato da messaggi orali, scritti e grafici.
Comprendere	Implica la costruzione di significato da messaggi orali, scritti e grafici (in precedenza era la "comprensione")
Ricordare	È il livello di base, in cui c'è il richiamo di conoscenze rilevanti dalla memoria a lungo termine (in precedenza era "la conoscenza").

2.3 Il cognitivismo

Il cognitivismo emerge verso la fine degli anni '50 del 1900 e pone il suo focus sull'analisi della mente e dei processi cognitivi, rifiutando gli assunti fondamentali del comportamentismo. Questa prospettiva privilegia lo studio delle strutture del pensiero rispetto ai dati osservabili del comportamento. Nonostante l'assenza di figure di spicco associate al cognitivismo, la teoria si basa su una metafora che equipara il cervello a un computer.

Per i sostenitori del cognitivismo, l'apprendimento è intrinsecamente legato alla connessione delle informazioni all'interno di strutture di pensiero e alla costruzione di forme di conoscenza. La mente non si limita a percepire lo stimolo, ma lo seleziona e lo elabora, conferendogli significato. In pratica, secondo il paradigma cognitivista, l'apprendimento segue il modello stimolo-risposta-mente, in cui la mente si interpone tra lo stimolo e la risposta, organizzando la conoscenza e attribuendo senso all'esperienza. Questo approccio rende l'individuo un elaboratore di informazioni e un creatore di significati, partecipe nella costruzione della realtà circostante.

Le principali correnti del cognitivismo comprendono la Psicologia della Gestalt, l'analisi dell'elaborazione delle informazioni umane (HIP, *Human Information Processing*) e la teoria metacognitiva.

2.3.1 La psicologia della Gestalt

La Psicologia della Gestalt mira a far comprendere che la conoscenza avviene attraverso l'esperienza, e che non percepiamo il mondo esterno come una somma di singoli elementi, ma come una sintesi della realtà. La nostra percezione si focalizza sull'insieme delle cose presenti nel mondo esterno. La Gestalt adotta un approccio che si basa sul pensiero, sulla comprensione e sull'intuizione, proponendo un criterio di spiegazione che considera l'intero contesto.

Esiste una differenza significativa con il comportamentismo, il quale prevede che gli individui agiscano nel contesto sociale per ottenere stimoli premianti. Secondo la prospettiva della Gestalt, le persone si muovono nel sociale seguendo le proprie emozioni, sensazioni e intuizioni. Il focus principale della Gestalt è la percezione. La mente acquisisce dati sensoriali e sensibili e li elabora per formare la nostra comprensione del mondo.

I principi fondamentali della Gestalt includono:
- il **principio di pregnanza:** tendiamo a organizzare il nostro campo percettivo in modo da formare una struttura che rispetta criteri di ordine e regolarità, preferendo configurazioni chiare, semplici e significative;
- il **principio di vicinanza:** tendiamo a raggruppare elementi che sono vicini tra di loro, percependoli come un insieme unitario piuttosto che come elementi separati;
- il **principio di somiglianza:** tendiamo a raggruppare elementi che condividono

caratteristiche simili, come forma, colore o dimensione, considerandoli come parte di uno stesso gruppo o oggetto;

- il **principio di chiusura:** siamo inclini a percepire la completezza di un oggetto anche quando mancano alcune parti, riempiendo le lacune con simboli o contorni immaginari (ad esempio, possiamo percepire un quadrato anche quando mancano alcuni lati, collegando i punti esistenti).

I fondatori della Gestalt sono Max Wertheimer e Wolfgang Köhler.

2.3.2 Max Wertheimer

Max Wertheimer, nel 1912, pubblicò un articolo intitolato "Studi sperimentali sulla percezione visiva del movimento", in cui analizzava il fenomeno del "movimento apparente" o "fenomeno *phi*". Wertheimer proiettò rapidamente due luci identiche a una distanza minima su un muro scuro. Nonostante le luci fossero due, le persone tendevano a percepirle come un'unica luce in movimento. Questo fenomeno era dovuto alla tendenza della mente umana di elaborare i fenomeni nella loro totalità, anziché separatamente. La mente organizza i dati sensoriali conferendo loro una forma o una "*Gestalt*" unificata. Gli esseri umani tendono a ricevere diversi stimoli ma, guardandoli nella loro complessità, li riorganizzano in schemi determinati e precisi. Wertheimer osservò che i docenti nelle scuole chiedevano agli studenti di riprodurre procedure che avevano già imparato in precedenza. Egli, invece, sosteneva che gli studenti dovessero affrontare problemi nuovi e insoliti per stimolare il loro intuito, e si interrogava sui meccanismi cognitivi che consentissero loro di risolvere situazioni mai affrontate prima. Ciò portò all'idea di "pensiero produttivo", che si riferisce all'attività che genera una nuova conoscenza nell'individuo e che ci spinge a affrontare i problemi e a trovare soluzioni appropriate per superarli.

2.3.3 Wolfgang Köhler

Wolfgang Köhler è un altro importante esponente della Gestalt ed è noto per i suoi esperimenti sulle scimmie. Nel suo lavoro intitolato "*The Mentality of Apes*" ("L'intelligenza delle scimmie antropoidi"), Köhler descrive tali esperimenti. Queste scimmie erano di fronte a cibo che però non era accessibile direttamente: dovevano trovare un modo per raggiungerlo e inizialmente commettevano errori. Tuttavia, successivamente, si fermavano a riflettere e, combinando gli oggetti a loro disposizione, riuscivano a raggiungere l'obiettivo. Köhler chiamò questo processo "*insight*" (intuizione), perché rappresentava l'illuminazione improvvisa che consentiva alle scimmie di risolvere il problema osservandolo in modo globale.

2.3.4 L'Human information processing (HIP)

L'approccio dell'*Human Information Processing* (HIP) è una corrente psicologica che si concentra sullo studio della mente umana e dei processi cognitivi, utilizzando un'analogia con i computer. Un computer è una macchina che riceve informazioni (*input*), le elabora e produce nuove informazioni (*output*). L'uomo viene paragonato a un computer che riceve informazioni dall'ambiente esterno (*input*), le elabora nella sua mente e genera azioni che influenzano l'ambiente esterno (*output*). Queste azioni vengono organizzate in compiti che l'uomo è in grado di svolgere, come scrivere, lavarsi, guidare, respirare, ecc.

Nel 1968, è stato presentato un modello chiamato "***multi-store model***", o modello multi-magazzino, che descrive il funzionamento della mente umana attraverso un sistema di magazzini o memorie che scambiano informazioni. Questi magazzini includono:

- **memoria sensoriale**: questa memoria è in contatto diretto con l'ambiente esterno e riceve gli stimoli sensoriali; è in grado di contenere una grande quantità di stimoli provenienti contemporaneamente dall'esterno; tuttavia, il tempo di conservazione delle informazioni nella memoria sensoriale è limitato e gran parte delle informazioni viene persa nel tempo; si distinguono la memoria sensoriale visiva, che conserva le immagini visive, e la memoria sensoriale uditiva, che conserva i suoni;

- **memoria a breve termine**: questa memoria trasforma le informazioni provenienti dai registri sensoriali in informazioni stabili e le organizza nella forma adatta per essere memorizzate nella memoria a lungo termine; la memoria a breve termine ha una capacità limitata di mantenere attivamente le informazioni per un breve periodo di tempo;

- **memoria a lungo termine**: questa memoria è suddivisa in memoria esplicita e memoria implicita; la memoria esplicita, nota anche come memoria dichiarativa, comprende i contenuti che vengono gestiti consapevolmente dalla mente attraverso processi di cui siamo consapevoli, come i ricordi degli eventi passati della vita; la memoria implicita, invece, è la memoria procedurale, in cui vengono conservate le procedure e le abilità che vengono eseguite automaticamente senza consapevolezza.

2.3.5 La teoria metacognitiva

Negli anni '70 si sviluppò un approccio cognitivista che si proponeva di integrare lo studio dell'attività cognitiva di un bambino o di uno studente con l'attività metacognitiva. L'attività metacognitiva è un processo di auto-riflessione che accompagna l'attività cognitiva e ha il compito di renderla più consapevole. Le diverse fasi dell'attività metacognitiva sono le seguenti:

- **metacomprensione**: è l'attività di valutare consapevolmente il livello di comprensione di un compito; spesso i ragazzi sono in grado di capire il compito da svolgere, ma possono avere difficoltà a individuare i punti critici e le incongruenze;

- **metamemoria**: riguarda la capacità di richiamare dalla memoria le strategie e le sequenze di operazioni più adatte per svolgere un compito;
- **gestione del tempo**: coinvolge la capacità di distribuire adeguatamente il tempo a disposizione per completare il compito;
- **monitoraggio**: consiste nel monitorare il progresso di un compito, ossia valutare a che punto del compito ci si trova rispetto alla sua conclusione; il monitoraggio aiuta a considerare i tempi rimanenti per completare l'attività;
- **controllo dell'esecuzione**: riguarda la capacità di essere consapevoli dell'esito dei passaggi precedenti e di comprendere le implicazioni dell'attuazione dei passaggi successivi in un compito;
- **regolazione** e **valutazione del risultato**: dopo aver completato un compito, è importante regolarlo e valutare se si è raggiunto ciò che era stato programmato inizialmente.

2.3.6 L'apprendimento significativo

Le qualità di un ambiente di apprendimento significativo sono quelle in cui è possibile "acquisire conoscenze in un modo attivo, costruttivo, intenzionale, autentico e collaborativo" (Jonassen). Possiamo sintetizzare queste caratteristiche come segue:

- **attivo**: richiede un concreto sforzo da parte dell'apprendista nell'edificazione della sua conoscenza all'interno di contesti rilevanti, attraverso la manipolazione di oggetti e l'osservazione e l'interpretazione dei risultati delle proprie azioni;
- **costruttivo**: implica l'organizzazione di ciò che è stato svolto e la riflessione sulle proprie attività e osservazioni;
- **collaborativo**: incorpora un elemento conversazionale e cooperativo per favorire la comprensione tramite il confronto e il dialogo con gli altri;
- **autentico**: si distingue per la sua complessità e la sua fortemente contestualizzata natura, si basa su problematiche reali per promuovere un coinvolgimento tangibile degli studenti in contesti pratici;
- **intenzionale**: la determinazione di perseguire e raggiungere un obiettivo è intrinseca allo studente. Compete all'insegnante stimolare la motivazione all'investimento e al conseguente apprendimento.

2.3.7 David Ausubel

David Ausubel, un noto psicologo americano, ha contribuito in modo significativo alla teoria dell'apprendimento significativo e alla psicologia cognitiva.

Ausubel categorizza le forme di apprendimento in termini quantitativi e qualitativi, distinguendo tra l'ampiezza e la profondità delle acquisizioni logiche, che definiscono i prerequisiti che ogni educatore dovrebbe considerare in primo luogo per la loro influenza sull'apprendimento. Le tipologie di apprendimento definite da Ausubel sono:

- **apprendimento per ricezione di tipo meccanico:** ad esempio, apprendere a memoria una poesia;
- **apprendimento per scoperta di tipo meccanico:** scoprire concetti elementari attraverso l'intuito;
- **apprendimento per ricezione di tipo significativo:** coinvolge un apprendimento scolastico in cui lo studente intravede l'importanza dei concetti anche se non li padroneggia completamente;
- **apprendimento per scoperta di tipo significativo:** si basa sull'intuizione intellettuale dell'allievo che lo porta a soluzioni innovative.

Ausubel sottolinea l'importanza dell'**apprendimento significativo**. Esso si basa sull'idea che nuove conoscenze vengano assimilate collegandole in modo significativo alle conoscenze preesistenti, ed è un tipo di apprendimento più efficace e duraturo rispetto a quello meccanico o mnemonico.

Nella teoria dell'apprendimento significativo di Ausubel, l'organizzazione delle conoscenze riveste un ruolo chiave. Le nuove informazioni devono essere organizzate in modo chiaro e logico, in modo che gli apprendenti possano connetterle alle loro idee esistenti. L'apprendimento significativo richiede un coinvolgimento attivo da parte del soggetto, una connessione con la situazione concreta dell'apprendimento e una base nella collaborazione sociale e nella comunicazione interpersonale.

Un altro concetto centrale sviluppato da Ausubel è la **gerarchia dell'apprendimento**. Egli sostiene che gli apprendenti acquisiscano nuove conoscenze in base alle loro abilità cognitive e alla loro familiarità con i concetti. L'apprendimento avviene gradualmente, partendo da concetti generali e semplici per arrivare a quelli più complessi e specifici. L'apprendimento significativo promuove l'indipendenza del soggetto nei propri percorsi di conoscenza.

Inoltre, l'apprendimento significativo si verifica attraverso la scoperta: il ruolo del docente non è solo trasmettere contenuti, ma anche guidare gli studenti a comprendere autonomamente i processi e le dinamiche che regolano i fenomeni oggetto di studio. Attività pratiche, esercizi di risoluzione dei problemi, esperienze sul campo e l'utilizzo di strumenti applicativi funzionali allo studio della materia si rivelano efficaci nell'implementare questa metodologia.

2.3.8 Joseph Novak

Joseph Novak, un pedagogista statunitense degli anni '50 del Novecento, ha lasciato un'impronta significativa con il suo vasto contributo. Con la sua firma su 26 testi e più di 120 articoli, si è concentrato sulla ricerca delle idee degli studenti in merito all'apprendimento e sulla ricerca di metodi per applicare idee e strumenti educativi, come le mappe concettuali, sia in ambienti aziendali che nei programmi di apprendimento a distanza.

Per illuminare il suo approccio all'apprendimento, Novak ha introdotto un elemento didattico cruciale: le **mappe concettuali**. Questi strumenti sono in grado di strutturare e rappresentare la conoscenza, mostrando come i concetti si integrano nella struttura cognitiva dell'apprenditore. Un punto fondamentale è che le mappe non solo visualizzano questo processo, ma anche consentono allo studente di comprendere il suo stesso processo di apprendimento. Le mappe, per Novak, emergono come il mezzo attraverso cui scaturisce l'apprendimento significativo, evidenziando l'intreccio tra vari concetti. In sintesi, la creazione di mappe concettuali risulta di grande utilità per gli studenti, poiché queste rappresentazioni grafiche collegano i concetti all'interno di un determinato ambito di studio. Ciò facilita una maggiore comprensione, potenzialmente traducendosi in un miglioramento delle performance accademiche.

2.3.9 Carl Rogers

Rogers, uno psicologo statunitense del Novecento, pone al cuore dell'apprendimento significativo la motivazione all'apprendimento e la necessità che l'insegnante riconsideri il proprio ruolo, concentrandosi sull'agevolare l'apprendimento attraverso coinvolgimento e motivazione degli studenti. Essenziale è presentare agli studenti una sfida percepita da loro come reale. Per Rogers, lo sviluppo personale dell'individuo si identifica con l'autorealizzazione.

La "**pedagogia non direttiva**" di Rogers richiede un mutamento nel ruolo dell'insegnante, che prima di tutto deve adottare un approccio didattico differente. Al centro del pensiero di Rogers c'è l'idea che nulla può essere "insegnato", ma solo appreso in modo attivo. Di conseguenza, il compito dell'insegnante è quello di attivare le risorse autonome dell'allievo per spingerlo all'autoapprendimento. L'insegnante-facilitatore è fondamentalmente una figura che non impone "conoscenza" e non si pone semplicemente come un dispensatore di lezioni dalla cattedra, ma crea contesti funzionali attraverso ciò che Rogers definisce "**condizioni facilitanti**": autenticità, accettazione, empatia e considerazione positiva dello studente.

La didattica proposta da Rogers implica una presentazione dell'argomento da parte del docente, insieme a un coinvolgimento dei materiali e a suggerimenti di possibili tecniche di studio. Gli studenti poi condurranno in autonomia le loro ricerche e seguiranno una sorta di autovalutazione del proprio lavoro. L'insegnante non assegna voti, ma è disponibile quando è necessario per fornire supporto. Inoltre, attraverso la costruzione di un clima empatico e di fiducia, l'insegnante affronta i problemi che gli studenti percepiscono come importanti.

Secondo Rogers, l'insegnante-facilitatore ha il compito di creare un clima iniziale nel quale l'esperienza di gruppo o di classe possa svilupparsi. L'insegnante si adopera per chiarire gli obiettivi individuali degli studenti e del gruppo, li aiuta a perseguire i loro scopi significativi e agisce come un mezzo per aiutare il gruppo a esprimere pensieri e sentimenti senza imporre nulla, ma partecipando attivamente.

Rogers ritiene che la scuola debba promuovere la libera formazione di gruppi di discussione in cui gli studenti possano interagire e discutere di ciò che li interessa profondamente.

2.3.10 David Jonassen

Jonassen è stato un educatore statunitense prolifico nella pubblicazione di numerosi volumi riguardanti la progettazione didattica e la tecnologia dell'apprendimento.

Secondo la sua visione, la conoscenza si configura come un processo personale di costruzione in cui l'insegnante assume il ruolo di facilitatore, consentendo agli studenti di sviluppare una comprensione autonoma e di autoregolarsi. Il docente, in questa prospettiva, agisce come un istruttore, un mentore che crea ambienti propizi per aiutare gli studenti a interpretare le diverse prospettive del mondo e analizzare le strategie utilizzate dagli studenti per risolvere le sfide proposte. Jonassen identifica una serie di fattori cruciali (ambientali, sociali, metodologici e strumentali) per favorire un apprendimento significativo. La sua ricerca si focalizza sulle modalità per incoraggiare negli studenti l'apprendimento significativo, ossia un apprendimento che abbia rilevanza per il discente e che trascenda la semplice memorizzazione di contenuti.

Affinché ciò avvenga, l'individuo deve essere coinvolto attivamente e in maniera personale, mettendo in gioco le proprie conoscenze, esperienze e convinzioni. L'interazione con i coetanei e l'orientamento degli esperti giocano un ruolo chiave nel processo di costruzione di significati. Jonassen sostiene che l'apprendimento diventa significativo quando è strettamente integrato nel contesto, offrendo possibilità di applicazione pratica nella vita quotidiana. Inoltre, dovrebbe stimolare la riflessione e l'organizzazione sistematica delle conoscenze acquisite, dei processi sottostanti e delle decisioni prese. Secondo Jonassen, strumenti quali *database*, fogli di calcolo e altre applicazioni informatiche che permettono di analizzare, valutare, sintetizzare e risolvere problemi, si presentano come mezzi utili per riflettere sul sapere al fine di costruire una nuova conoscenza.

2.3.11 L'apprendimento esperienziale: David Kolb

Kolb, un pedagogista statunitense del XX secolo, ha rivolto la sua ricerca all'interconnessione tra apprendimento e esperienza pratica. Kolb propugna che l'apprendimento si origina dalla pratica stessa e si manifesta mediante la riflessione sulla propria esperienza, in un percorso circolare noto come "**circolo dell'apprendimento esperienziale**" o "*experiential learning*". Il ciclo proposto da Kolb configura un modello che descrive l'apprendimento esperienziale come un processo a spirale composto da quattro fasi:

- **Esperienza concreta:** coinvolge l'esperienza diretta, la condivisione e la discussione delle esperienze vissute all'interno di un contesto formativo. Questa fase enfatizza l'aspetto emotivo e intuitivo.
- **Riflessione osservativa:** si focalizza sulla riflessione, l'interpretazione e l'analisi delle sensazioni e dei comportamenti emergenti durante l'esperienza. Questo processo di riflessione è arricchito dal confronto e dalla condivisione all'interno del gruppo.
- **Concettualizzazione astratta:** coinvolge la creazione e la schematizzazione di concetti e abilità, estendendoli a situazioni esterne, sia professionali che personali. Questa fase enfatizza la logica e la generalizzazione.

- **Sperimentazione attiva:** richiede la verifica delle conoscenze e delle competenze acquisite in nuove situazioni, ponendo l'accento sul cambiamento e l'evoluzione. In questa fase, le conoscenze acquisite vengono applicate sul campo e sottoposte a sperimentazione.

Quest'ultima fase, a sua volta, diviene un'esperienza concreta che avvia un nuovo ciclo di apprendimento. In virtù di questa natura circolare, l'apprendimento esperienziale è caratterizzato da un processo a spirale. L'efficacia dell'apprendimento si manifesta quando uno studente attraversa tutte e quattro le fasi del modello. Ciascuna fase, presa singolarmente, non risulta efficace come strategia di apprendimento. Kolb definisce quattro stili di apprendimento, basati sul ciclo esperienziale a quattro fasi. Questi stili sono influenzati dall'ambiente sociale, dalle esperienze educative e dalla struttura cognitiva dell'individuo. Identificare lo stile di apprendimento di una persona, compreso il proprio, permette di orientare il processo di apprendimento in accordo con le preferenze individuali. È fondamentale incorporare stimoli di tutti i tipi di **stili di apprendimento**, poiché Kolb identifica quattro stili:

- **Divergente** (sentire-osservare): si manifesta attraverso la capacità di esaminare situazioni da diverse prospettive. Gli individui preferiscono osservare piuttosto che agire, e tendono a raccogliere informazioni e a usare la propria immaginazione per risolvere problemi. Questo stile eccelle nelle situazioni che richiedono la generazione di idee, come il *brainstorming*. Le persone con stile divergente prediligono il lavoro di gruppo, il feedback personale e l'ascolto aperto.
- **Assimilativo** (osservare-pensare): questo stile è tipico di coloro che sono abili nel comprendere una vasta gamma di informazioni e nell'organizzarle in un formato logico e chiaro. I soggetti con questo stile sono meno orientati alle relazioni interpersonali e maggiormente interessati alle idee e ai concetti astratti. Questo stile è particolarmente importante per carriere informatiche e scientifiche. Le persone con stile assimilativo favoriscono letture, conferenze, riflessione personale e analisi concettuali.
- **Convergente** (fare-pensare): le persone con questo stile sono in grado di risolvere problemi e applicare le loro conoscenze per trovare soluzioni a questioni pratiche. Prediligono attività di natura tecnica e sono meno interessate alle relazioni interpersonali. Eccellono nel trovare applicazioni pratiche per idee e teorie. Questo stile è adatto per risolvere problemi e prendere decisioni basate sulla soluzione di domande e situazioni. Gli individui con stile convergente si sentono attratti da attività e problemi tecnici, apprezzano sperimentare nuove idee e creare simulazioni di applicazioni pratiche.
- **Accomodante** (fare-sentire): questo stile è pragmatico e basato sull'intuizione piuttosto che sulla logica. Gli individui di questo stile usano l'analisi di altre persone e preferiscono un approccio pratico ed esperienziale. Sono inclini ad affrontare nuove sfide e a esperienze che comportino azioni concrete. Invece di svolgere analisi personali, si affidano ad altri per ottenere informazioni.

In breve, Kolb, attraverso il suo modello di apprendimento esperienziale e gli stili di apprendimento, evidenzia l'importanza di considerare le preferenze individuali e l'approccio basato sull'esperienza nell'ambito dell'istruzione.

2.3.12 L'apprendimento esperienziale: Peter Jarvis

Secondo Jarvis, un rinomato pedagogista ed educatore, l'atto dell'apprendimento è istigato da situazioni complesse e si traduce nella creazione di nuove esperienze. Questo processo può essere abbracciato sia in ambienti formali che informali, e si esprime attraverso una varietà di modalità e percorsi. Jarvis sostiene che ogni tipo di apprendimento trova la sua origine nell'esperienza, rappresentando un impegno personale che identifica ciascun individuo, conferendogli unicità grazie alla connessione tra la sua biografia e il percorso di apprendimento vissuto. Questa visione dell'apprendimento è intrinseca e in continua evoluzione, poiché è un fenomeno esistenziale che accompagna l'intero arco di vita cosciente e consapevole. Esso costituisce un intreccio di processi in cui l'individuo, con tutte le sue caratteristiche fisiche, biologiche, genetiche e le sue abilità, affronta le dinamiche sociali e le elabora sia a livello cognitivo che emotivo.

Nell'ottica di Jarvis, il processo di apprendimento prende il via nel momento in cui un individuo si trova di fronte a una situazione in cui le consuete e familiari modalità di comportamento risultano inefficaci. Questo processo è profondamente individuale, radicato nell'esistenza e plasmato dall'esperienza personale. È diverso da persona a persona e strettamente connesso al contesto sociale in cui ciascun individuo è immerso, vive e agisce. Per quanto concerne il ruolo dell'educatore, Jarvis propone tre approcci distinti:

- **approccio didattico:** coinvolge la presentazione delle idee che gli studenti dovranno apprendere;
- **approccio socratico:** l'educatore guida gli studenti a una conclusione mediante l'uso di domande provocatorie che li spingono ad investigare e riflettere;
- **approccio facilitante:** questa strategia si focalizza sulla creazione delle condizioni ottimali per il processo di apprendimento, senza l'intento di controllarne gli esiti.

Un educatore di adulti, secondo Jarvis, deve non solo possedere una vasta conoscenza e esperienza rilevante, ma anche una solida comprensione dei processi educativi. Deve dimostrare una spiccata inclinazione all'insegnamento e abilità comunicative, al fine di creare un ambiente che favorisca l'apprendimento.

2.3.13 L'apprendimento cognitivo-sociale: Walter Mischel

Walter Mischel, uno psicologo e pedagogista del ventesimo secolo, è noto per aver sviluppato il "**test del marshmallow**", un contributo rilevante agli studi di psicologia sociale e della personalità. Questo test è stato cruciale per dimostrare l'importanza del controllo degli stimoli e del rinforzo nell'apprendimento. L'esperimento del marshmallow è stato condotto negli anni '60 presso l'Università di Stanford. I bambini venivano posti da soli in una stanza con un marshmallow: potevano scegliere se mangiarlo subito o aspettare quindici minuti per riceverne due come ricompensa. Mischel ha osservato che alcuni bambini hanno resistito all'impulso di mangiare il dolce per attendere la ricompensa maggiore, mentre altri no. Ha poi associato le capacità di autocontrollo dimostrate durante il test con il successo ottenuto in età adulta, dimostrando che chi è stato in grado di aspettare ha raggiunto traguardi più elevati, mentre chi non ha resistito ha manifestato una bassa autostima e livelli di frustrazione.

Mischel sostiene che l'autocontrollo sia fondamentale in varie sfere, tra cui lo studio, lo sport, il lavoro e altre situazioni quotidiane. Tuttavia, è importante riconoscere che anche un eccesso di forza di volontà può avere effetti negativi.

Da un punto di vista metodologico, Walter Mischel è stato uno psicologo rivoluzionario, che ha messo in discussione alcuni dogmi della psicologia contemporanea. Nel 1968 ha pubblicato il volume "***Personality and Assessment***", in cui criticava l'uso dei questionari per misurare disposizioni e fattori invarianti della personalità. Questi questionari, sebbene rilevanti, spiegavano solo una modesta parte della variabilità e avevano una correlazione limitata con i comportamenti osservati. Basandosi su queste evidenze, Mischel ha attribuito grande importanza alle situazioni in cui emergono comportamenti apparentemente invarianti ma che in realtà sono condizionati e moderati dall'interazione tra l'individuo e il contesto.

Per Mischel, il comportamento di ogni individuo è fortemente influenzato dal contesto situazionale. La sua critica alle teorie tradizionali si basa sull'osservazione dell'ampia variabilità, instabilità e incoerenza del comportamento umano in diverse situazioni. Per comprendere e prevedere il comportamento, è essenziale considerare il ruolo delle variabili individuali e situazionali, nonché le loro interazioni nell'organizzazione specifica delle azioni di ciascun individuo. Mischel sottolinea l'importanza di individuare per ogni soggetto:

- l'unicità delle relazioni e delle corrispondenze tra situazioni e comportamenti;
- le condizioni ambientali in cui il comportamento si manifesta;
- le diverse modalità di espressione in situazioni diverse per ciascuna caratteristica individuale.

Con Mischel, lo studio dei tratti globali che definiscono il comportamento degli individui si sposta all'analisi dettagliata delle attività cognitive e comportamentali individuali in situazioni specifiche. La personalità, per Mischel, è un sistema cognitivo-affettivo in cui diverse unità cognitivo-affettive interagiscono per mediare la relazione con l'ambiente.

Le variabili personali analizzate da Mischel si concentrano principalmente sul processo di elaborazione delle informazioni e sulla costruzione dell'esperienza, comprendendo:

- abilità cognitive e comportamentali, che riguardano la generazione di conoscenza, costrutti e comportamenti;
- strategie di codifica e categorizzazione legate ai modi in cui le informazioni vengono raggruppate, essenziali nella descrizione degli eventi e nella percezione di sé;
- processi di prototipizzazione relativi alla selezione e all'organizzazione delle informazioni sugli oggetti e sulle persone;
- aspettative legate alle risposte agli stimoli e ai risultati, che influenzano la coerenza del comportamento in diverse situazioni;
- valori soggettivi riflessi nelle preferenze personali e nella sensibilità ai diversi incentivi;
- processi di autoregolazione, che includono la riflessione su sé stessi e l'autocon-

trollo, definendo le regole per progettare e attuare sequenze comportamentali complesse in modo coerente con obiettivi, standard, piani e controlli personali.

2.4 Il costruttivismo

Il costruttivismo rappresenta un punto di arrivo delle precedenti teorie dell'apprendimento e coinvolge importanti figure come Piaget, Vygotskij e Bruner, noti per i loro contributi alla psicologia dello sviluppo. Questi teorici sono considerati precursori del costruttivismo in quanto hanno evidenziato l'adattamento dell'individuo all'ambiente come una forma di conoscenza. Il costruttivismo ipotizza l'esistenza di strutture psichiche che consentono di costruire una visione personale dell'interpretazione della realtà. Ogni individuo, attraverso la propria prospettiva della realtà, dà un significato ad essa apprendendo attraverso l'interazione con l'ambiente.

J.D. Raskin classifica tre tipologie di costruttivismo:
- **realismo limitato**: secondo questa prospettiva, esiste una realtà esterna oggettiva che può essere conosciuta direttamente; tuttavia, questa conoscenza è parziale e imperfetta a causa delle limitazioni e delle possibili distorsioni nella percezione umana;
- **costruttivismo epistemologico**: secondo questa prospettiva, esiste una realtà esterna indipendente dall'osservatore, ma questa realtà può essere riconosciuta solo attraverso un processo di costruzione; l'individuo costruisce la sua comprensione e interpretazione della realtà sulla base delle sue esperienze e delle interazioni con l'ambiente;
- **costruttivismo ermeneutico**: non riconosce l'esistenza di una realtà esterna, oggettiva ed indipendente dall'individuo; secondo questa prospettiva, la realtà è costruita attraverso l'interpretazione soggettiva e il significato attribuito dall'individuo.

Tra i maggiori esponenti del costruttivismo, meritano senz'altro un approfondimento George Kelly ed Ernst Von Glasersfeld.

2.4.1 George Kelly

George Kelly considera l'essere umano come motivato a conoscere il mondo e a dare significato alle proprie esperienze in modo attivo. Egli sviluppò la **teoria dei costrutti personali**, secondo la quale ognuno di noi non conosce il mondo direttamente, ma attraverso le immagini che creiamo. Pertanto, l'essere umano diventa un "scienziato" che continuamente costruisce e modifica le proprie ipotesi sulla realtà. Fin dalla nascita e lungo tutto il corso della vita, sviluppiamo dei costrutti personali, che sono rappresentazioni mentali utilizzate per spiegare la realtà circostante.

Kelly afferma che l'uomo, durante la sua vita, fa degli esperimenti continui per mettere alla prova le proprie convinzioni, e tutti gli eventi che accadono possono essere soggetti a varie interpretazioni. L'uomo si muove formulando delle ipotesi e poi cerca di rispondere ad esse facendosi delle domande e provando a dimostrarle. Se l'ipotesi che ha formulato si verificherà allora si potrà mantenere quel costrutto per eventi futuri; altrimenti, bisognerà apporre un cambiamento alternando il costrutto o abbandonandolo.

Secondo la psicologia dei costrutti personali di Kelly, la conoscenza non può essere considerata come qualcosa di oggettivo, ma come una rappresentazione soggettiva e personale della realtà. Ogni individuo costruisce la propria interpretazione del mondo basandosi sui suoi costrutti personali. La teoria dei costrutti personali di Kelly è basata su tale postulato fondamentale, da cui derivano diversi corollari:

- **corollario della costruzione**: le persone anticipano gli eventi costruendo repliche cognitive di situazioni passate; l'interpretazione che diamo agli eventi passati ci consente di anticipare l'esito degli eventi futuri;
- **corollario dell'individualità**: le interpretazioni che le persone danno agli eventi differiscono tra loro; ogni individuo reagisce in modo coerente con la propria concezione e percezione del mondo;
- **corollario dell'organizzazione**: i costrutti personali sono organizzati in sistemi di relazioni gerarchiche; un costrutto può implicarne un altro o includerne un altro come suo elemento costituente;
- **corollario dell'esperienza**: il sistema di costrutti di un individuo cambia nel tempo in base alle successive esperienze e alle nuove costruzioni cognitive;
- **corollario della modulazione**: esistono condizioni che possono influenzare e modificare il sistema di costrutti personali di un individuo; queste condizioni possono portare a cambiamenti nel modo in cui percepiamo e interpretiamo gli eventi.

2.4.2 Ernst von Glasersfeld

Ernst von Glasersfeld è noto come un esponente dell'approccio radicale al costruttivismo. Egli si basa sul lavoro di Piaget, che descrive l'evoluzione cognitiva attraverso passaggi di equilibrio tra il soggetto e l'ambiente circostante. Secondo Piaget, tali schemi diventano vere e proprie strutture cognitive, costruite attraverso l'assimilazione e l'accomodamento.

Von Glasersfeld sviluppa l'idea che la conoscenza sia il risultato dell'esperienza personale e della sua rielaborazione nella mente dell'individuo. Non importa come la conoscenza viene formulata, poiché essa è sempre costruita sulla base dell'esperienza. Quest'ultima ha un'essenza soggettiva e, quindi, non è scontato che la stessa esperienza, vissuta da individui diversi, venga costruita e metabolizzata nello stesso modo.

Dal punto di vista pedagogico-didattico, von Glasersfeld distingue tra addestramento e apprendimento. L'**addestramento** si concentra su cosa è utile saper fare, mentre l'**apprendimento** sottolinea l'importanza di conoscere e comprendere i concetti acquisiti. Dal punto di vista costruttivista, l'apprendimento è il risultato dell'auto-organizzazione dei concetti da parte dell'apprendente. Un insegnante costruttivista favorisce la creazione di gruppi di apprendimento o gruppi di studio, in cui gli studenti interagiscono tra loro.

Quando uno studente si confronta con un'esperienza nuova, questa deve essere assimilata o accomodata nelle strutture cognitive preesistenti per creare una nuova conoscenza. Solo attraverso il confronto e l'interazione con gli altri studenti, lo studente viene messo di fronte a elementi che possono perturbare le sue strategie cognitive, stimolando così un processo di apprendimento significativo.

2.4.3 Willem Doise

Doise, eminente psicologo belga del XX secolo, ha dedicato i suoi studi all'analisi dei processi psicosociali attraverso i quali gli individui costruiscono la propria personalità e modellano il loro atteggiamento nei confronti degli altri. Secondo lui, i fenomeni sociali che osserviamo quotidianamente possono essere esplorati attraverso quattro dimensioni distintive:

- **Analisi intrapersonale:** questa dimensione si concentra sull'esame dei processi socio-cognitivi utilizzati dall'individuo non solo per elaborare le informazioni in suo possesso (cioè come apprende le informazioni), ma anche per valutare e agire all'interno dell'ambiente sociale.
- **Analisi interindividuale:** qui si esamina come le relazioni interpersonali influenzano i meccanismi individuali di elaborazione delle informazioni. Si esplora come il confronto con gli altri influenzi l'apprendimento e le decisioni personali.
- **Analisi posizionale o intergruppi:** questa dimensione considera le posizioni che gli individui occupano all'interno di un sistema sociale più ampio. Il modo in cui le persone si comportano in una data situazione è influenzato dalle loro appartenenze di gruppo, dal loro status sociale, dalle esperienze di vita e così via. Ad esempio, si può imparare di più interagendo con un leader o con un coetaneo.
- **Analisi delle norme sociali e delle componenti ideologiche a livello culturale:** in questa prospettiva si valuta come l'adesione a determinate ideologie, norme e valori all'interno del gruppo di riferimento modifichi le capacità individuali. Le influenze culturali e ideologiche giocano un ruolo nell'evoluzione delle competenze individuali.

Tutti questi elementi contribuiscono alla formazione della personalità individuale e alla strutturazione delle sue abilità.

2.4.4 Humberto Maturana

Maturana, influente psicologo e sociologo del XX secolo, ha sviluppato le sue teorie intorno al concetto di "**autopoiesi**" (dal greco autòs, che significa "sé stesso", e poiesis, che significa "creazione"). Invece di spiegare i sistemi viventi attraverso il loro rapporto con l'ambiente circostante, Maturana ha introdotto un nuovo approccio, concependo i sistemi viventi nei termini del processo che li realizza.

Questa visione è stata sviluppata insieme al suo allievo, Francisco Varela, con il quale ha collaborato intensamente. Il frutto di questa collaborazione è stato il libro "**L'albe-**

ro della conoscenza", pubblicato nel 1984, insieme ad altre opere significative come "**Autopoiesi e cognizione**" e "**Macchine ed esseri viventi**". In questi testi, Maturana e Varela affermano che gli esseri viventi si distinguono per la loro capacità di riprodursi continuamente e introducono il concetto di autopoiesi per descrivere un sistema che costantemente si ridefinisce, sostiene e rigenera internamente. Un sistema autopoietico può essere rappresentato come una rete di processi che creano, trasformano e distruggono componenti, i quali interagendo tra di loro mantengono e rinnovano costantemente il sistema stesso. Questo sistema autopoietico possiede un'autonomia e un'organizzazione intrinseche, evidenziando una notevole capacità di autoproduzione.

Gli esseri viventi vengono considerati come organismi autonomi dotati della capacità di auto-riproduzione e auto-rigenerazione. Un sistema vivente è una rete di produzione di componenti, i quali si distinguono per la loro partecipazione alla stessa rete da cui originano. Questi componenti contribuiscono a creare un'unità all'interno dello spazio e dell'ambiente in cui avviene la riproduzione.

Maturana propone una formulazione dell'apprendimento degli esseri viventi, basandosi sulla teoria dell'evoluzione di Darwin, che sottolinea come l'adattamento all'ambiente sia cruciale per l'evoluzione delle specie. Maturana e Varela evidenziano come gli organismi viventi e l'ambiente circostante si adattino costantemente l'uno all'altro, generando un processo coevolutivo, un concetto definito **accoppiamento strutturale**.

L'ambiente non agisce semplicemente come selettore per le specie, ma funge anche da attivatore per esse. Allo stesso modo, gli esseri viventi agiscono come fonte di perturbazione per l'ambiente, attivandolo a loro volta. Per Maturana e Varela, le risposte adattive all'ambiente rappresentano una forma di cognizione e quindi un processo di apprendimento. Va notato che la conoscenza umana non è l'unico tipo di conoscenza esistente. Piante, batteri e animali apprendono anch'essi, adattandosi progressivamente alla realtà circostante. L'interazione con il mondo esterno costituisce un aspetto fondamentale della vita di ogni organismo.

Occorre distinguere due livelli di apprendimento. Il primo riguarda lo sviluppo individuale di ciascun essere vivente, la sua esperienza personale e la conoscenza che si sviluppa attraverso esperienze personali. Queste esperienze individuali segnano e guidano il nostro apprendimento, delineando un percorso esclusivo che può differire da quello di altri individui o esseri viventi. A questo si aggiunge un secondo livello, che riguarda comportamenti istintivi, caratteristiche innate e capacità intrinseche di ogni specie vivente, comuni a tutti gli organismi della stessa specie. Di conseguenza, Maturana sottolinea che ognuno di noi è il risultato non solo dell'apprendimento sviluppato nella propria esperienza personale, ma anche di quello accumulato dai suoi antenati, i membri della stessa specie.

Nel costruttivismo di Maturana emerge il concetto essenziale di **multiverso**, una visione alternativa all'universo. Quando si assume l'esistenza di una realtà oggettiva indipendente dall'esperienza individuale, si presume che questa realtà possa essere conosciuta direttamente tramite la percezione e il ragionamento. La validità di una percezione è giudicata attraverso una fonte esterna che la convalida, che può essere razionale e scientifica o anche religiosa o irrazionale. La nostra esperienza è convalidata dall'aderenza alle descrizioni dell'universo fornite da questa fonte esterna. Le divergenze tra osservatori possono essere risolte ma, al momento in cui percepiamo una realtà, non possiamo distinguere se sia oggettiva, un'illusione, un'allucinazione o un errore di valutazione. La comprensione arriva solo dopo, quando interagiamo con gli altri ed etichettiamo la nostra esperienza come illusione, errore o allucinazione. Tuttavia, l'approvazione sociale non implica l'esistenza di una realtà oggettiva, ma riflette come creiamo una rappresentazione basata sull'esperienza.

Se abbandoniamo l'idea di avere un accesso privilegiato alla realtà oggettiva e alla capacità di discernere tra percezioni corrette e sbagliate, ci spostiamo da un criterio di oggettività a un criterio di accettazione e costruzione della realtà da parte dell'osservatore individuale, che crea il suo dominio di osservazione. **Gli oggetti e la realtà stessa dipendono dall'osservatore**, portando all'esistenza di molteplici domini di osservazione, ciascuno altrettanto valido e utile per l'individuo. Il multiverso implica l'esistenza di diverse realtà determinate dalle esperienze di innumerevoli osservatori, ognuno interpretando l'ambiente a modo proprio.

2.4.5 Heinz von Foerster

Heinz von Foerster è stato uno studioso austro-americano noto per il suo lavoro nell'ambito della cibernetica, della teoria dei sistemi e della pedagogia. I suoi apporti possono essere riassunti nei seguenti punti chiave:

- Von Foerster ha introdotto il concetto di **apprendimento ricorsivo**, che implica un processo in cui le persone apprendono dall'esperienza, ma allo stesso tempo influenzano l'ambiente attraverso le loro azioni e decisioni;
- ha proposto il concetto di **secondo ordine di apprendimento**, che riguarda la capacità di riflettere sul proprio processo di apprendimento e adattare le strategie di apprendimento in base alle nuove informazioni acquisite;
- ha sostenuto che la pedagogia dovrebbe concentrarsi sulle domande degli studenti anziché sulle risposte prefabbricate, enfatizzando l'importanza di incoraggiare la curiosità, la riflessione critica e la capacità di formulare domande significative;
- ha introdotto il concetto di **etica dell'apprendimento**, sottolineando l'importanza di un approccio etico nell'educazione;
- ha sfidato l'idea tradizionale di conoscenza come una rappresentazione oggettiva del mondo esterno, e ha sostenuto che la conoscenza è una costruzione soggettiva che riflette le interpretazioni individuali e la relazione con l'ambiente.

Heinz von Foerster ha inoltre promosso un approccio olistico e interdisciplinare all'educazione, incoraggiando l'interazione tra diverse discipline per una comprensione più profonda del processo di apprendimento. I suoi contributi hanno influenzato la teoria dell'apprendimento, la pedagogia e la filosofia dell'educazione, offrendo nuovi modi di pensare l'educazione come processo dinamico e interattivo.

APPROFONDIMENTO

L'apprendimento su progetti: Design thinking e Project-based learning

L'apprendimento basato su progetti Project-based learning (PBL) di Thom Markham è una pedagogia centrata sullo studente che coinvolge un approccio dinamico in classe in cui si ritiene che gli studenti acquisiscano una conoscenza più profonda attraverso l'esplorazione attiva delle sfide e dei problemi del mondo reale. Gli studenti imparano a conoscere un argomento lavorando per un lungo periodo di tempo per indagare e rispondere a una domanda, una sfida o un problema complesso. È uno stile di apprendimento attivo e di apprendimento basato sull'indagine. Il PBL contrasta con la memorizzazione cartacea, meccanica o l'istruzione guidata dall'insegnante che presenta fatti stabiliti o ritrae un percorso agevole verso la conoscenza ponendo invece domande, problemi o scenari.

2.5 Gli stili di apprendimento

L'apprendimento è il processo di assorbimento di nuove conoscenze, comportamenti, abilità e valori, spesso implicanti la sintesi di differenti tipologie d'informazione. Si configura come un atteggiamento guidato e motivato, che va oltre una mera assimilazione di contenuti privi di connessione emotiva.

L'**ambiente in cui si apprende** può essere tangibile o virtuale, nonché di natura organizzativa ed emozionale. Abbraccia lo spazio in cui si svolgono le attività, gli attori coinvolti nel processo di insegnamento-apprendimento, le azioni compiute, le opzioni disponibili e l'atmosfera relazionale in cui gli intervenienti operano. Tale ambiente è concepito per favorire lo sviluppo di competenze, abilità e conoscenze, con l'influenza degli atteggiamenti dei docenti e degli studenti nei confronti dell'apprendimento, la relazione tra educatore e discente e la capacità dell'educatore di stimolare il discente.

Lo **stile di apprendimento** si ricollega al modo in cui si elaborano le informazioni per acquisire conoscenza e costituisce una riflessione personale sulla realtà, decodificandola e strutturando le informazioni ricevute. A seconda della tipologia di compito e delle risorse temporali a disposizione, è opportuno adottare uno stile che risulti idoneo al contesto specifico. Il carattere di ciascun individuo può indurre a privilegiare differenti stili di apprendimento, come quello sintetico che favorisce una visione d'insieme, o quello analitico, concentrato sui dettagli. Nel contesto dell'apprendimento, occorre considerare i fattori legati alla personalità dello studente, come le sue modalità di interazione sociale, competenze emotive e atteggiamenti. In alcuni casi, l'apprendimento si sviluppa progressivamente, rappresentando una graduale raccolta di conoscenze.

L'apprendimento è un processo continuo e progressivo che può comprendere elementi di creatività, sostenuti dalla qualità degli apprendimenti precedenti. Lo stile di apprendimento tiene in considerazione le peculiarità individuali nell'approccio ai problemi, le strategie variegate per elaborare le informazioni, le diverse tattiche per categorizzare e utilizzare i dati, così come le differenze cognitive, motivazionali e di personalità.

Il concetto di **stile cognitivo** si riferisce alle preferenze nell'elaborazione delle informazioni in contesti differenti. Mentre lo stile cognitivo riflette un approccio globale nell'esaminare l'ambiente circostante, lo stile di apprendimento riguarda la modalità con cui si elaborano le informazioni. Gli stili cognitivi conducono alla formazione degli stili di apprendimento che caratterizzano ogni individuo. Ognuno possiede un proprio stile cognitivo, basato sulle proprie predisposizioni e tratti personali. I vari stili cognitivi si presentano come coppie di aggettivi contrapposti, e includono:

- **Visuale/verbale**: lo stile visuale favorisce l'elaborazione visiva, focalizzandosi su figure, schemi e disegni per agevolare l'apprendimento. Lo stile verbale si concentra su stimoli linguistici, enfatizzando le frasi e captando i messaggi chiave. Ad esempio, davanti a un disegno, chi predilige lo stile visuale si concentrerà sui colori e i disegni, mentre chi opta per lo stile verbale porrà l'attenzione sul contenuto delle vignette. Nel contesto scolastico, i verbalizzatori preferiranno letture e scritture, mentre i visualizzatori utilizzeranno mappe concettuali per una migliore comprensione.

- **Dipendente/indipendente dal contesto**: lo stile dipendente/indipendente si riferisce all'elaborazione percettiva e risoluzione dei problemi in relazione alla personalità. Chi è dipendente dal contesto integra gli elementi con il contesto circostante e analizza i dati disponibili in dettaglio. Invece, chi è indipendente dal contesto estrae elementi e li collega a situazioni più generali, dimostrando flessibilità. Gli studenti con uno stile indipendente dal contesto, ad esempio, sono capaci di collegare figure geometriche a edifici o monumenti esterni al contesto corrente.

- **Globale/analitico**: lo stile globale riflette la capacità di raccogliere informazioni dall'ambiente esterno, con un approccio globale o specifico. Chi adotta uno stile globale percepisce il quadro generale, mentre chi è analitico si concentra sui dettagli minuti.

- **Sistematico/intuitivo**: chi ha uno stile sistematico analizza con attenzione le informazioni, mentre chi è intuitivo verifica l'ipotesi in modi diversi. Gli studenti sistematici procedono con cautela, mentre quelli intuitivi sono più veloci nell'arrivare a soluzioni.

- **Convergente/divergente**: chi è convergente preferisce una soluzione unica e lineare, mentre chi è divergente cerca soluzioni differenti e creative.

- **Impulsivo/riflessivo**: lo stile impulsivo opta per soluzioni immediate, mentre lo stile riflessivo analizza attentamente i dati prima di giungere a una soluzione.

- **Risolutore/assimilatore**: chi è risolutore si focalizza sull'azione e la pratica, cercando soluzioni rapide e soddisfacenti. Chi è assimilatore cerca soluzioni complesse, non necessariamente pratiche o contingenti.

- **Livellatore/puntualizzatore**: chi è livellatore mescola nuove informazioni con quelle già note, mentre chi è puntualizzatore separa e distingue gli elementi.

- **Visuale/tattile**: l'approccio visuale si basa sulla vista e osservazione, mentre lo stile tattile implica un coinvolgimento attivo.

Ogni studente dovrebbe riconoscere l'importanza di conoscere il proprio stile cognitivo, per poter assimilare al meglio le informazioni e ottimizzare il processo di apprendimento.

2.5.1 Robert Sternberg

Sternberg, un illustre psicologo statunitense del XX secolo, ha formulato una teoria riguardante gli stili cognitivi. Questa teoria sottolinea l'importanza del controllo, della direzione e della gestione necessari a chiunque intraprenda un'attività, e illustra varie modalità per raggiungere tali obiettivi. Ogni individuo è chiamato a individuare il modo che meglio si adatta alla propria natura. Questa teoria è conosciuta come "**autogoverno mentale**" e identifica 13 stili cognitivi. I primi tre di essi sono fondamentali:

- **Stile legislativo**: coinvolge coloro che amano creare, ideare e sviluppare da sé, generando idee e comportamenti unici. In questa modalità, la creatività riveste un ruolo essenziale, tuttavia in certi contesti può essere limitata, ad esempio in situazioni lavorative dove sono richieste strutture predefinite. Per quanto riguarda l'ambito educativo, questo modello si rispecchia nell'elaborazione di esercizi e domande su contenuti specifici, nella costruzione di testi narrativi e poetici, e nella progettazione di esperimenti per la verifica delle conoscenze.
- **Stile esecutivo**: qui le persone preferiscono attenersi a regole predefinite e affrontare compiti assegnati. Si sentono più a loro agio quando seguono istruzioni dettagliate e schemi ben noti. Ricevono indicazioni su cosa fare e come farlo. Nel contesto didattico, ad esempio, questo modello si ritrova nelle attività che richiedono l'analisi grammaticale, la risoluzione di problemi e la descrizione di compiti.
- **Stile giudiziario**: tipico di chi ama esprimere giudizi, opinioni e riflessioni personali. Si lavora su situazioni preesistenti, ma si fa emergere la propria valutazione e opinione personale. Nel contesto didattico, ad esempio, questo modello si riscontra nella stesura di commenti su opere, nella valutazione critica di esperienze di apprendimento o nella considerazione critica di temi.

Inoltre, in una prospettiva più dettagliata, emergono altri stili come:
- stile monarchico, adottato da chi ha una visione rigida: coloro che seguono questo stile si concentrano su un obiettivo alla volta, lavorando in modo sistematico per raggiungerlo;
- stile gerarchico: riguarda coloro che considerano diversi obiettivi, assegnando loro un ordine di importanza e creando una gerarchia;
- stile oligarchico: questo stile contempla vari obiettivi, come quello gerarchico, ma li considera tutti ugualmente importanti;
- stile anarchico: coinvolge chi rifiuta regole rigide e segue diverse direzioni (queste persone trovano soluzioni uniche poiché evitano limitazioni predefinite);
- stile globale: scelto da chi predilige visioni ampie e astratte, senza approfondire i dettagli;
- stile analitico: questo stile si rivolge a coloro che amano situazioni concrete, valorizzano i dettagli e la realtà tangibile;
- stile interno: corrisponde a chi preferisce lavorare da solo;
- stile esterno: riguarda chi predilige lavorare in gruppo, collaborando con gli altri e trovando soluzioni condivise;

- stile radicale: coinvolge coloro che cercano cambiamenti, abbracciando il nuovo senza certezze;
- stile conservatore: tipico di chi si sente a proprio agio nella zona di *comfort*, evitando cambiamenti (queste persone preferiscono ambienti strutturati e prevedibili).

2.5.2 Reuven Feuerstein

Reuven Feuerstein, uno psicologo e pedagogista israeliano nato in Romania nel XX secolo, ha dedicato la sua ricerca all'analisi e all'approfondimento dei metodi educativi e dei processi di apprendimento dei bambini più giovani. Il suo obiettivo era di potenziare l'intelligenza nei bambini con difficoltà di apprendimento, ritardi cognitivi e sindrome di Down, allo scopo di sviluppare le loro abilità intrinseche e migliorare la loro capacità di adattarsi al cambiamento. Inoltre, Feuerstein ha cercato di aiutare i bambini che avevano vissuto l'esperienza traumatica dei campi di concentramento a ritornare alla normalità nelle proprie vite.

Feuerstein sosteneva che l'intelligenza non sia una caratteristica innata, ma che possa essere sviluppata e insegnata ai bambini. In passato, l'intelligenza era considerata come un attributo fisso e inalterabile, legato all'eredità familiare. Al contrario, Feuerstein affermava che tutti gli esseri umani sono suscettibili di cambiamenti a livello cerebrale e di pensiero, in grado di migliorare la qualità della vita. Credeva che ogni bambino potesse affinare le proprie capacità intellettive, anche quando affrontava sfide cognitive, e che genitori, insegnanti e professionisti potessero coadiuvare il processo di apprendimento durante il percorso scolastico.

L'elaborazione dell'intelligenza in un bambino coinvolge interazioni e scambi positivi con genitori, insegnanti e tutte le figure coinvolte nell'istruzione ed educazione del bambino. Inoltre, l'ambiente circostante può essere adattato per soddisfare le esigenze individuali del bambino. Partendo da queste premesse, Feuerstein ha sviluppato un metodo mirato a massimizzare il potenziale di ogni bambino, basato su concetti chiave come la **modificabilità cognitiva strutturale**, che riconosce l'intelligenza come una caratteristica plasmabile, e l'**esperienza di apprendimento mediato**, in cui un mediatore assiste nell'"imparare a imparare", aiutando i bambini ad acquisire nuovi processi di pensiero.

Questo metodo si articola in tre sistemi applicativi: la **valutazione dinamica dell'individuo** (**LPAD**), che si basa sul potenziale di apprendimento e non sugli apprendimenti pregressi; il **programma di arricchimento strumentale** (**PAS**), che rafforza le abilità e le strategie cognitive dei bambini per migliorare l'apprendimento e la risoluzione dei problemi; e infine **strumenti pratici che promuovono l'intelligenza del bambino,** come mantenere l'ambiente in ordine, incoraggiare l'espressione dei pensieri, favorire l'autonomia e la scelta.

Feuerstein ha dedicato la sua vita all'"imparare a imparare", contribuendo in modo innovativo alla costruzione del quadro teorico dell'educazione cognitiva e alla diffusione dei suoi principi. Il suo metodo si basa sull'idea che ogni individuo possa migliorare i propri processi cognitivi, attivando risorse latenti. Questo percorso è reso possibile dalla presenza di un mediatore che facilita il processo di apprendimento. Il metodo si basa su tre concetti fondamentali: l'approccio olistico all'individuo, la teoria della modificabilità cognitiva strutturale che riconosce la modellabilità dell'individuo in ogni fase e la teoria dell'esperienza di apprendimento mediato come processo induttore di modificabilità.

Il programma fornisce strumenti che promuovono la capacità di apprendimento attraverso una metodologia attiva che crea un ambiente favorevole all'autostima e all'auto-ridefinizione. Si incentra sull'ascolto, sull'attenzione alle abilità individuali e agli stili cognitivi diversi. Il metodo Feuerstein include esercizi carta-matita che stimolano la riflessione metacognitiva da parte del mediatore.

Nella relazione educativa, il mediatore non fornisce risposte dirette, ma guida l'analisi dei processi di pensiero durante la risoluzione dei problemi. La consapevolezza metacognitiva del proprio stile di apprendimento favorisce il trasferimento delle abilità acquisite in altre situazioni e sviluppa l'uso autonomo del pensiero. Il programma Feuerstein offre strumenti per potenziare la cognizione, affrontare difficoltà di apprendimento, contrastare la dispersione scolastica e promuovere l'inclusione didattica.

2.5.3 Il metodo multisensoriale

L'approccio multisensoriale poggia sull'idea che coinvolgendo simultaneamente vari sensi, gli insegnanti possono meglio adattarsi ai molteplici stili di apprendimento dei loro studenti. Tra i modelli che si ispirano a questa concezione, spicca il modello **VAK** (visivo-auditivo-cinestetico). Integrando il tatto in questa triade sensoriale, si ottiene l'acronimo **VAKT**. Questo approccio si dimostra più efficace nell'insegnamento, potenziando la comprensione e la memorizzazione per un maggior numero di studenti. I canali sensoriali coinvolti nell'approccio VAKT sono i seguenti:

- Visivo: tipico di chi elabora le informazioni attraverso associazioni con immagini mentali. L'uso di diagrammi, disegni e mappe risulta particolarmente efficace.
- Auditivo: caratterizza coloro che imparano attraverso l'ascolto. Narrazioni, video o registrazioni audio facilitano il loro apprendimento.
- Cinestetico: questo canale è proprio di chi impara attraverso l'azione pratica. Attività pratiche e laboratoriali sono particolarmente utili per consolidare i concetti e memorizzare le esperienze.

L'approccio multisensoriale è particolarmente vantaggioso anche per gli studenti con bisogni educativi speciali (BES). Questo metodo di veicolare i contenuti didattici attraverso diversi canali è particolarmente utile per coloro che affrontano sfide linguistiche, culturali o che presentano disturbi dell'apprendimento (DSA). Questo approccio permette loro di beneficiare di supporti adattati al loro stile cognitivo specifico.

2.5.4 Il modello Felder-Silverman

Questo modello è stato sviluppato da due educatori statunitensi, Richard Felder e Linda Silverman, con l'obiettivo di migliorare i percorsi educativi degli studenti universitari. I vari stili di apprendimento identificati da questi due educatori sono suddivisi in cinque categorie:

- concreto/intuitivo: nel primo gruppo ci sono coloro che preferiscono un approccio pratico e pragmatico, mentre nel secondo gruppo vi sono quelli che tendono verso soluzioni creative e un apprendimento più rapido;
- visuale/verbale: i primi si concentrano su immagini, schemi, mappe e figure; i secondi preferiscono testi scritti, narrazioni e ripetizioni ad alta voce;
- induttivo/deduttivo: nel primo caso, gli individui si spostano dal particolare al generale, nel secondo caso partono dal generale per arrivare ai fenomeni specifici e concreti;
- attivo/riflessivo: gli studenti attivi favoriscono l'esperimento e la pratica, mentre quelli riflessivi prediligono lo studio teorico e solitario;
- sequenziale/globale: i primi imparano in modo graduale e lineare, seguendo fasi ben definite; i secondi traggono vantaggio da una visione d'insieme e comprendono il quadro generale prima di approfondire i dettagli specifici.

Al fine di riconoscere lo stile di apprendimento preferito dallo studente, può essere utile per il docente somministrare test specifici che esaminino le modalità di studio, le inclinazioni artistiche, le forme di interazione sociale e le strategie utilizzate per la concentrazione.

2.6 Il modello di sviluppo ecologico culturale e la questione della dispersione scolastica

Lo sviluppo umano è un percorso immerso all'interno di diversi contesti e pratiche sociali e culturali, che danno significato alle esperienze e contribuiscono alla costruzione delle competenze e degli stili di pensiero. Di conseguenza, i motivi che conducono verso percorsi scolastici fallimentari sono il risultato di un intreccio di fattori che possono essere interpretati alla luce del quadro di riferimento della teoria ecologico-culturale dello sviluppo umano.

Il modello di sviluppo ecologico culturale descritto da **Bronfenbrenner** mette in evidenza come diverse dimensioni influiscano sulle traiettorie di apprendimento di ragazzi e ragazze. Secondo Bronfenbrenner le caratteristiche personali sono infatti influenzate da diversi aspetti: dai contesti sociali, dalle esperienze e dalle relazioni. La teoria dello sviluppo di Bronfenbrenner considera che il percorso di vita dell'individuo è determinato dal modo in cui i sistemi ecologici, collocati a livelli di organizzazione differenti, funzionano, interagiscono tra loro e mettono a disposizione risorse (Bronfenbrenner, 1995; Bronfenbrenner e Ceci, 1994; Bronfenbrenner e Morris, 2006). Il modello è definito da quattro proprietà correlate: i processi, le caratteristiche personali, i contesti e il tempo.

2.6.1 I processi

Il processo definisce le forme di interazione che avvengono tra individuo e ambiente; esse possono creare condizioni più o meno favorevoli allo sviluppo del potenziale individuale, attivando risorse interne, predisponendo percorsi di sviluppo e di crescita resilienti. Nel processo di crescita, le persone sono progressivamente impegnate in interazioni sempre più complesse e diversificate, allargando le possibilità di interazione al di fuori della famiglia. Quindi, è importante che ragazzi e ragazze siano coinvolti in esperienze educative e contesti di apprendimento per loro pertinenti e appropriati, al fine di stimolare lo sviluppo del loro potenziale (Bronfenbrenner e Ceci, 1994). La qualità delle relazioni instaurate tra i ragazzi e le ragazze nei diversi contesti sociali con gli adulti di riferimento (come genitori, insegnanti, educatori) e con i propri pari, è determinante nel creare condizioni di apprendimento che possano stimolarli nella progressione del proprio percorso. Per raggiungere questo scopo i processi di interazione dovrebbero essere appropriati al livello evolutivo dei ragazzi e delle ragazze, collocandosi nella zona di sviluppo prossimale, sensibili rispetto al background culturale e adeguati alla domanda dell'ambiente sociale di riferimento.

Secondo Bronfenbrenner (1995), l'apprendimento non è tuttavia determinato solo dai processi prossimali, ma anche dalle influenze che derivano dal sistema sociale e culturale di riferimento più ampio.

2.6.2 Le caratteristiche personali

Ogni individuo è portatore di un insieme di caratteristiche individuali costitutive della personalità che determinano particolari "stili di funzionamento" e un modo personale di affrontare le proprie esperienze di vita. Questi aspetti costitutivi possono sostenere in modo positivo la crescita e lo sviluppo individuale e rappresentare un bagaglio di risorse, ma anche determinare condizioni di vulnerabilità che possono ostacolare i percorsi di apprendimento. Secondo la teoria ecologico-culturale le caratteristiche personali, le competenze cognitive, sociali ed emotive sono dei precursori dello sviluppo dei bambini e delle bambine (Bronfenbrenner e Morris, 2006).

In particolare tre aspetti personali svolgono un ruolo determinante nell'interazione con il contesto:
-   **Le caratteristiche della domanda:** rappresentano aspetti personali, come genere, età, aspetto fisico, e influenzano l'interazione iniziale tra bambino/a e ambiente sociale.
-   **Le risorse:** sono caratteristiche correlate alle risorse cognitive, emotive e sociali considerate appropriate in una società.
-   **La forza:** sono caratteristiche comportamentali, come temperamento, persistenza, motivazione, che influenzano l'interazione prossimale. Le caratteristiche personali possono costituire un fattore di protezione quando sono funzionali al processo di crescita (come ad esempio: la curiosità, la capacità di essere recettivi, la persistenza nel perseguire obiettivi a lungo termine). Altri aspetti possono invece interferire negativamente: ad esempio la difficoltà nel mantenere il controllo, l'incapacità di differire la gratificazione.

2.6.3 Il contesto

I processi di sviluppo avvengono all'interno di un contesto ambientale e sociale che, attraverso le risorse messe a disposizione e la stabilità delle stesse, influenza il percorso e le esperienze di apprendimento (Bronfenbrenner e Ceci, 1994). Il contesto sociale è costituito da quattro sistemi correlati: micro sistema, meso sistema, sistema eso e macro sistema.

- Il microsistema rappresenta il contesto in cui bambini e bambine fanno esperienze dirette e sono coinvolti in processi di interazioni con altre persone; sono considerati microsistemi ad esempio la famiglia, il gruppo classe, il gruppo di pari. Il microsistema è il contesto dove i discenti trascorrono molto tempo e sono direttamente coinvolti nelle interazioni sociali con altre persone. Fattori presenti nel microsistema che possono costituire elementi significativi per il percorso scolastico potrebbero riguardare: il sostegno scolastico, il rapporto con i coetanei, le aspettative familiari, la cura e l'assistenza e il coinvolgimento nelle attività sociali.
- Il mesosistema deriva dall'interrelazione tra due o più microsistemi: ad esempio il coinvolgimento dei genitori nell'attività scolastica, l'interazione tra famiglia e scuola, tra famiglia e coetanei, tra famiglia e altri contesti sociali.
- L'esosistema influenza invece in maniera indiretta i processi di sviluppo; i bambini e le bambine non ne sono direttamente coinvolti ma ne subiscono l'influenza attraverso processi distali; sono un esempio di esosistema il sistema di welfare di un territorio, i servizi sanitari, la rete sociale della famiglia amicale, la famiglia allargata.
- Infine, il macrosistema è rappresentato dalla società in generale, dal valore culturale e dal sistema sociale in cui il bambino/a cresce (Bronfenbrenner, 1997). Esempi di variabili di influenza includono eventi sociali e storici; i sistemi di credenze (come la religione, la filosofia dell'educazione, le ideologie); ruoli e aspettative sociali.

2.6.4 Il tempo

Bronfenbrenner e Morris (2006) considerano un'altra variabile significativa che incide sui processi di crescita e di apprendimento: il tempo. La teoria ecologico-culturale descrive tre livelli della proprietà del tempo (Bronfenbrenner e Ceci, 1991):

- il "micro-tempo": rappresenta gli avvenimenti che accadono nel corso di una particolare attività o interazione; riguarda gli aspetti temporali contingenti, quando si considera ciò che avviene nel qui ed ora nell'interazione;
- il "meso-tempo": è definito dalla frequenza con cui si presentano attività e interazioni nell'ambiente di sviluppo. Attività che si svolgono regolarmente e per un periodo di tempo esteso diventano maggiormente salienti;
- il "macro-tempo": è definito dal momento storico in cui si verifica un'interazione e dal momento in cui accadono alcuni eventi significativi nel corso della crescita

dell'individuo (Sorzio, Bembich, *Linee-guida per una scuola inclusiva in contesti con presenza di alunne e alunni con background migratorio).*

Parte III

LE COMPETENZE PSICO-PEDAGOGICHE

Capitolo I

Psicologia dello sviluppo

1.1 Jean Piaget

Jean Piaget è uno psicologo e pedagogista del Novecento, noto per il suo lavoro nello sviluppo cognitivo dell'infanzia. Sebbene sia considerato un precursore del costruttivismo, viene spesso collocato nell'ambito del cognitivismo. Egli illustra il progresso del pensiero nei bambini applicando approcci differenti in base all'età dei piccoli. Un esempio era il metodo dell'osservazione sistematica, che comportava uno studio dettagliato dei vari comportamenti del bambino dal momento della nascita fino ai tre anni. In aggiunta, utilizzava il metodo critico per i bambini di età superiore ai tre anni, creando situazioni problematiche attraverso il gioco e incoraggiandoli a individuare soluzioni per tali situazioni. Inoltre, Piaget è il fondatore dell'**epistemologia genetica**, un approccio che indaga la conoscenza attraverso lo sviluppo delle fasi della vita, in cui lo sviluppo psicologico del bambino assume varie caratteristiche:
- l'intelligenza non appare con il linguaggio, ma lo precede, in continuità con l'attività psicomotoria;
- il bambino è protagonista attivo del suo sviluppo mentale;
- l'intelligenza evolve per stadi che il lavoro pedagogico deve rispettare.

Piaget pone l'attenzione sui concetti di intelligenza e adattamento. L'intelligenza è vista come una forma di adattamento dell'individuo all'ambiente circostante, e si sviluppa attraverso fasi e stadi evolutivi. Secondo Piaget, lo scambio con l'ambiente avviene attraverso due **processi di adattamento**:
- **assimilazione**: è il processo mediante il quale un nuovo dato o esperienza viene inserito nella mente dell'individuo e viene assimilato in base ai suoi schemi mentali preesistenti;
- **accomodamento**: è il processo mediante il quale l'individuo si adatta all'ambiente, rivede e modifica i suoi schemi mentali per adattarsi alle nuove esperienze.

Per Piaget, questi continui scambi tra l'individuo e l'ambiente attraverso i processi di assimilazione e accomodamento creano degli schemi mentali. La conoscenza è vista come il risultato di un'interazione continua tra l'ambiente e l'organismo. L'ambiente influisce sull'organismo che vive in esso, e allo stesso tempo, l'organismo modifica l'ambiente attraverso le sue azioni.

Piaget si interessa anche al concetto di percezione e memoria. La percezione è il modo in cui interpretiamo il mondo attraverso i nostri cinque sensi, mentre la memoria è la nostra capacità di ricordare gli eventi e le informazioni del passato.

Piaget suddivide lo sviluppo del bambino in quattro stadi:
- stadio senso-motorio;

- stadio preoperatorio;
- stadio delle operazioni concrete;
- stadio delle operazioni formali.

1.1.1 Lo stadio senso-motorio

Lo stadio senso-motorio è caratterizzato da sei sotto-stadi che si sviluppano progressivamente. Durante questo periodo, il bambino si impegna in azioni dirette e sviluppa schemi di azione pratica. Questa fase inizia intorno ai due anni di età e comprende i seguenti sotto-stadi:

- primo sotto-stadio: durante il primo mese di vita, il bambino manifesta principalmente riflessi in risposta agli stimoli esterni; in questa fase, la sua intelligenza gli consente di rispondere in modo percettivo e automatico agli stimoli che riceve; alcuni esempi di questi riflessi includono la suzione quando viene avvicinato al seno materno o a un biberon, e la chiusura della mano in risposta alla pressione di un oggetto messo nella stessa, questi riflessi sono istintivi e aiutano il bambino a interagire con l'ambiente circostante fin dalle prime fasi della sua vita;
- secondo sotto-stadio: tra l'età di un mese e mezzo e i quattro mesi, il bambino inizia a muoversi in modo ripetitivo e a collegare i riflessi iniziali, sviluppando le prime coordinazioni di schemi che vengono chiamate "**reazioni circolari primarie**"; durante questa fase, ogni scoperta che il bambino fa viene ripetuta per abitudine; a questo punto dello sviluppo, non si parla ancora di intelligenza, ma di "**egocentrismo radicale**", poiché il bambino non è in grado di distinguere tra sé stesso e l'ambiente circostante; alcuni esempi di queste reazioni circolari primarie possono includere il bambino che succhia il pollice o si gira quando sente un suono interessante;
- terzo sotto-stadio: tra i 4 e gli 8 mesi di età, il bambino manifesta una crescente curiosità verso gli stimoli esterni e inizia a compiere azioni intenzionali; durante questa fase, coordina le sue azioni utilizzando i processi di assimilazione e accomodamento; il bambino non si muove più solo per causalità, ma inizia ad esplorare attivamente il mondo circostante; durante questo periodo, il bambino sviluppa le cosiddette "**reazioni circolari secondarie**", che consistono nell'esecuzione di azioni ripetute in risposta a uno stimolo specifico (ad esempio, il bambino può prendere un oggetto dopo averlo visto e osservato attentamente);
- quarto sotto-stadio: tra gli 8 mesi e l'anno di età, il bambino sviluppa nuovi schemi di apprendimento sempre più complessi, ed inizia a esplorare e ad apprendere in contesti diversi; acquisisce una comprensione più avanzata della relazione spazio-temporale e riconosce che ha bisogno di spazio per muoversi; una delle maggiori conquiste in questa fase è il concetto di "permanenza dell'oggetto" (in precedenza, il bambino concepiva l'esistenza di un oggetto solo se era visibile, ma ora inizia a comprendere che gli oggetti continuano ad esistere anche se nascosti dalla vista); questo gli permette di cercare un oggetto nascosto o di cercarlo nel

luogo in cui lo ha visto nascondere; inoltre, durante questo periodo, il bambino inizia a pronunciare le prime sillabe e a sviluppare le prime abilità linguistiche;

- quinto sotto-stadio: tra i 12 e i 18 mesi di età, il bambino entra nella fase delle "**reazioni circolari terziarie**", mostrando un grande interesse nell'esplorare il mondo esterno (quando scopre un oggetto nuovo, è motivato ad esplorarne le proprietà e a sperimentare nuovi schemi di azione che derivano dagli schemi precedenti); un esempio di questo comportamento si ravvisa quando il bambino, dopo aver raggiunto, toccato ed esaminato un oggetto, si rende conto di dove era precedentemente posizionato e lo riporta al suo posto originale, dimostrando una comprensione più avanzata dello spazio e della localizzazione degli oggetti; in questo periodo, il bambino inizia anche a pronunciare le prime parole attraverso il linguaggio olofrastico, in cui utilizza una sola parola o una breve frase per esprimere un'intera idea (queste prime parole sono spesso legate a concetti familiari e significativi per il bambino, come nomi di oggetti o azioni quotidiane);

- sesto sotto-stadio: tra i 18 e i 24 mesi di età, il bambino entra nella fase in cui sviluppa la capacità di verbalizzare piccoli pensieri riguardanti eventi passati o immagini mentali di oggetti, azioni o contesti che non sono presenti nel momento attuale; questo segna l'emergere della **funzione simbolica**, in cui il bambino utilizza i simboli per evocare concetti che al momento non sono direttamente percepiti; attraverso questa capacità di simbolizzazione, il bambino può creare rappresentazioni mentali di oggetti o situazioni e manipolarle nella sua mente (ad esempio, può immaginare di giocare con un giocattolo anche se non lo ha fisicamente presente); durante questa fase, il bambino inizia anche a formare brevi frasi per riferirsi ad azioni passate o immaginarie; inoltre, la capacità di rappresentazione mentale delle azioni osservate in passato gli permette di impegnarsi in attività come la ripetizione in differita, in cui riproduce azioni che ha visto compiere da adulti o da altri bambini, e il gioco della finzione, in cui ripete le cose che ha visto fare ai genitori o inventa situazioni immaginarie come cantare una ninna nanna o simulare una conversazione;

1.1.2 Lo stadio preoperatorio

Lo stadio preoperatorio, che si estende dai 2 ai 7 anni di età, è caratterizzato dallo sviluppo del pensiero simbolico, in cui il bambino è in grado di rappresentare mentalmente gli oggetti e le situazioni attraverso simboli o immagini mentali.

Durante questa fase, il bambino inizia a utilizzare la sua immaginazione in modi più complessi. Ad esempio, può giocare con un oggetto rappresentandolo come qualcos'altro, utilizzando un bastone come spada o un cuscino come un'auto. Questa capacità di utilizzare oggetti in modo simbolico è evidente nel gioco di finzione, in cui il bambino assume ruoli immaginari e crea scenari immaginari.

Lo stadio preoperatorio si suddivide in due fasi: la fase preconcettuale e la fase del pensiero intuitivo:

- nella **fase preconcettuale**, che va dai 2 ai 4 anni, il bambino ha difficoltà a di-

stinguere eventi specifici da eventi individuali (ad esempio, potrebbe non comprendere la differenza tra avere un'unica caramella e averne due);
- nella **fase del pensiero intuitivo**, che va dai 4 ai 7 anni, il bambino inizia a compiere ragionamenti, anche se ancora basati su intuizioni o approssimazioni; inoltre, può fare collegamenti tra gli eventi e può iniziare a porre domande sul perché e sul come delle cose.

1.1.3 Lo stadio delle operazioni concrete

Lo stadio delle operazioni concrete, che va dai 7 ai 12 anni, rappresenta una fase di sviluppo cognitivo cruciale secondo la teoria di Piaget. Durante questa fase, il bambino supera le limitazioni del pensiero preoperatorio e acquisisce nuove capacità di ragionamento logico e operativo.

Durante lo stadio delle operazioni concrete, il bambino sviluppa la capacità di eseguire operazioni mentali che sono legate a concetti concreti. Ciò significa che il bambino è in grado di manipolare e operare su oggetti, numeri e concetti in modo più sistematico e coerente rispetto allo stadio preoperatorio.

Il bambino acquisisce nozioni di tempo, spazio e quantità in modo più accurato e comprensivo. Ad esempio, è in grado di eseguire operazioni matematiche di base come l'addizione, la sottrazione, la moltiplicazione e la divisione.

1.1.4 Lo stadio delle operazioni formali

Durante questa fase, il pensiero del bambino raggiunge un livello più avanzato e si sviluppa la capacità di pensiero ipotetico-deduttivo e di ragionamento logico. Egli acquisisce la capacità di formulare ipotesi mentali, di pensare in termini di possibili scenari futuri e di fare deduzioni logiche. Questo tipo di pensiero ipotetico-deduttivo permette al giovane di immaginare situazioni o eventi che non sono necessariamente presenti nella realtà e di analizzare le conseguenze logiche delle ipotesi formulate. Il pensiero diventa più flessibile, consentendo al giovane di considerare diverse prospettive, valutare le implicazioni delle informazioni e cogliere le relazioni tra concetti.

Durante questa fase, anche il linguaggio si evolve, diventando più sofisticato e consentendo una maggiore espressione di idee complesse.

I passaggi da uno stadio all'altro, secondo Piaget, avvengono grazie a una combinazione di fattori, tra cui la maturazione fisica del cervello, l'esperienza acquisita attraverso gli stimoli esterni, l'interazione sociale con gli altri e la necessità di equilibrio tra assimilazione e accomodamento.

1.2 Lev Semenovic Vygotskij

Lev Vygotskij è considerato un importante esponente della scuola storico-culturale, che pone in rilievo l'importanza dei fattori storici, sociali e culturali nello sviluppo delle facoltà psichiche. Nel suo lavoro principale, "Pensiero e linguaggio" del 1934, Vygotskij pone l'accento sull'importanza dell'interazione sociale e del contesto sociale nell'apprendimento e nello sviluppo del bambino. L'opera fu condannata dal Comitato centrale del Partito comunista sovietico perché ritenuta troppo a favore delle teorie occidentali sulla pedagogia scientifica. Vygotskij, in ogni caso, prende le distanze da Piaget, che vede il bambino alla stregua di uno scienziato che sperimenta il mondo circostante, e afferma l'importanza dell'aspetto della socialità del giovane, che deve crescere interagendo con gli altri.

Vygotskij suddivide lo sviluppo cognitivo del bambino in tre stadi: il linguaggio egocentrico come forma esterna del linguaggio interiore, il linguaggio come autovalutazione e autoregolazione, e il linguaggio sociale.

1.2.1 Il linguaggio egocentrico come forma esterna del linguaggio interiore

Vygotskij fa riferimento alle teorie di Kohler per illustrare come il linguaggio svolga un ruolo importante nello sviluppo cognitivo del bambino.

Di fronte a un problema da risolvere, il bambino può inizialmente fare tentativi confusi. Tuttavia, con l'emergere del linguaggio come strumento simbolico, tali comportamenti sembrano diminuire. Quando il bambino si trova di fronte a strumenti o compiti complessi, il linguaggio diventa una necessità e il bambino inizia a parlare spontaneamente. Maggiori sono le difficoltà del compito e la complessità degli ostacoli che presenta, maggiore sarà la tendenza del bambino a utilizzare il linguaggio come strumento di elaborazione. In questo modo, il linguaggio diventa una manifestazione esterna del linguaggio interiore del bambino

1.2.2 Il linguaggio come autovalutazione e autoregolazione

Verso i 7/8 anni, il linguaggio egocentrico del bambino si interiorizza, permettendogli di interagire con gli altri e di analizzare i comportamenti basati sulla comunicazione. Secondo Vygotskij, l'interazione sociale con l'ambiente è presente dalla nascita fino alla morte. Utilizzando il linguaggio, il bambino è in grado di creare una catena di stimoli: parlando mentre agisce, può manifestare l'intenzione di utilizzare strumenti o oggetti che potrebbero non essere visibili nell'immediato contesto. Il linguaggio ha anche una funzione regolativa, rendendo il bambino più riflessivo e meno impulsivo. Con l'avanzare dello sviluppo, il bambino sembra essere sempre più in grado di pianificare le proprie azioni e di utilizzare il linguaggio come strumento per organizzare e regolare il proprio comportamento.

1.2.3 Il linguaggio sociale

Il processo di sviluppo del linguaggio nel bambino avviene in diverse fasi. Inizialmente, il bambino inizia a parlare e a interagire con il mondo circostante. Intorno ai tre anni di età, il linguaggio sociale e interpersonale si divide in linguaggio egocentrico e comunicativo. Successivamente, intorno ai 7/8 anni, il linguaggio diventa interiore, cioè il bambino inizia a utilizzare il linguaggio come strumento per la costruzione dei propri pensieri.

In situazioni in cui il bambino affronta un problema troppo difficile da risolvere da solo, emerge il linguaggio sociale, che permette al bambino di chiedere aiuto ai genitori o ad altri adulti. Il genitore diventa quindi una piattaforma sociale sulla quale il bambino può appoggiarsi per raggiungere i propri obiettivi. In definitiva, il linguaggio svolge un ruolo guida nelle azioni del bambino, consentendogli di comunicare, comprendere e organizzare il proprio comportamento.

1.3 Jerome Bruner

Bruner, un pensatore americano del XX secolo, ha elaborato un concetto in cui la cultura assume un ruolo di importanza cruciale nell'evoluzione dell'individuo. Pertanto la sua teoria, denominata **culturalismo**, riconosce il peso dell'influenza esercitata dai contesti sociali e culturali condivisi sui processi di apprendimento. Secondo Bruner, attraverso le interazioni interpersonali, il soggetto costruisce competenze fondamentali che poi interiorizza mediante il pensiero e il ragionamento. Sfruttando gli "amplificatori culturali" come il linguaggio, il soggetto è in grado di sviluppare e potenziare le proprie abilità. Inoltre, per Bruner, l'individuo cerca informazioni dall'ambiente esterno attraverso i propri sensi e le elabora per renderle proprie. Il linguaggio svolge un ruolo centrale nello sviluppo del bambino e nell'apprendimento, poiché consente di rappresentare e organizzare le informazioni. Bruner sottolinea l'importanza dell'istruzione non solo come partecipazione alla cultura, ma anche per lo sviluppo delle capacità cognitive personali, poiché ogni individuo deve costruire la propria comprensione del mondo circostante.

Bruner introduce il concetto di rappresentazione come modalità di elaborazione delle informazioni che provengono dall'ambiente. Egli identifica tre modalità di rappresentazione: esecutive, iconiche e simboliche:

- nella **fase esecutiva**, che si verifica nel primo anno di vita, i bambini comprendono gli oggetti in termini di azioni che possono compiere su di essi; queste azioni possono persistere anche nelle fasi successive dello sviluppo e vengono descritte attraverso una sequenza di gesti;
- nella **fase iconica**, che si manifesta intorno al secondo anno di vita, le rappresentazioni si presentano sotto forma di immagini che non sono dettagliate, ma conservano informazioni generali sull'oggetto rappresentato;
- infine, nella **fase simbolica**, che si sviluppa a partire dal terzo anno di vita, le rappresentazioni si basano sul linguaggio e su elementi astratti come segni e simboli.

In questa fase non è necessaria una somiglianza con la realtà, ma si utilizzano simboli matematici, formule e altre forme di astrazione.

Tutti i processi cognitivi hanno un fondamento nelle dinamiche sociali: la struttura della conoscenza umana risente dell'influenza della cultura attraverso i suoi simboli e le sue credenze. All'interno di questo contesto generale, Bruner interpreta l'apprendimento come un processo attivo in cui il singolo individuo costruisce nuove idee e concetti, partendo dalla sua conoscenza sia passata che presente. L'educazione, d'altro canto, rappresenta la costruzione sociale di significati.

Per Bruner, sia i contesti socio-culturali che i sistemi simbolici costituiscono gli elementi cruciali nello sviluppo della mente umana. Questi ultimi comprendono l'intero insieme di significati, segni e immagini prodotte da una determinata cultura. La crescita mentale avviene attraverso la graduale acquisizione di linguaggi e strumenti propri di una specifica cultura, che vengono forniti dal sistema stesso al quale si appartiene. In questo quadro, la cultura agisce sia come una complessa rete di influenze che favoriscono lo sviluppo cognitivo del bambino, sia come una fornitura di strumenti e contenuti che guidano i processi di apprendimento e la costruzione dell'immagine del mondo.

Nella prospettiva di Bruner, sebbene il ruolo del singolo individuo sia rilevante, ancor più cruciale è il rapporto tra gli individui, specialmente tra gli studenti. Questo rapporto è cruciale per comprendere come il processo cognitivo degli esseri umani si evolva grazie all'interazione con le menti degli altri. L'apprendimento diventa quindi un fenomeno intrinsecamente sociale, nel quale convergono vari elementi come il linguaggio, le immagini, i ruoli sociali, le norme e gli stili di vita. Pertanto, l'educazione non si limita all'ambito scolastico, ma si manifesta ovunque ci sia interazione e confronto tra individui: nelle famiglie, per strada, nei luoghi di lavoro e in ogni contesto in cui si verifichi un'interazione tra soggetti diversi.

1.4 Le competenze psico-pedagogiche di Piaget, Vygotskij e Bruner

Secondo **Piaget**, l'educatore dovrebbe avere una profonda comprensione dello sviluppo biologico e intellettivo del bambino al fine di proporre attività che siano significative per lui. Sottolinea l'importanza di adattare l'insegnamento al livello di sviluppo del bambino, in modo che le attività siano appropriate e stimolanti.

Inoltre, Piaget ritiene che gli insegnanti debbano avere una formazione adeguata di carattere psicologico.

Vygotskij, in contrasto con l'approccio di Piaget che considera apprendimento e sviluppo come separati e indipendenti, e con l'approccio di Thorndike che sostiene che apprendimento e sviluppo procedono parallelamente, introduce un nuovo approccio chiamato **zona di sviluppo prossimale**. In sostanza, Vygotskij afferma che le valutazioni sulla maturità cognitiva dei bambini si sono limitate all'osservazione delle loro capacità individuali e indipendenti. Tuttavia, questo ci mostra soltanto ciò che il bambino è in grado di fare al momento e non tiene conto delle sue potenzialità di apprendimento a breve e lungo termine. Oltre al livello di sviluppo attuale, è importante considerare la zona di sviluppo prossimale, che comprende i concetti che il bambino può comprendere immediatamente e le azioni che può compiere. Dal punto di vista pedagogico, Vygotskij sottolinea che le attività svolte in classe dovrebbero favorire lo sviluppo del bambino e consentire al docente di guidarlo in modo discreto.

Secondo **Bruner**, dal punto di vista didattico-pedagogico, è importante apprendere ciò che sarà utile in futuro. Tuttavia, egli identifica un aspetto comune a tutte le discipline, rappresentato dalla struttura che costituisce un nucleo di idee chiave per la comprensione degli aspetti molteplici della disciplina stessa e delle relazioni che le legano. Secondo Bruner, l'insegnamento può favorire la comprensione delle idee chiave e lo sviluppo di atteggiamenti positivi attraverso due elementi fondamentali: l'individuazione delle idee fondamentali della disciplina e la definizione di un modo di presentare tali idee. Insegnare la struttura offre alcuni vantaggi, come la comprensione dei principi fondamentali di una disciplina, la capacità di ricordare, collegare e creare connessioni tra gli apprendimenti di livello più avanzato. Questo porta Bruner a sviluppare il concetto di **curricolo a spirale**, che prende il nome dal fatto che inizialmente le idee chiave vengono presentate in modo semplice e intuitivo, per poi essere riprese in una forma più complessa. Per identificare gli aspetti della vita scolastica in grado di motivare gli studenti, Bruner esplora diverse strade, come l'uso di nuove tecnologie, l'impiego di supporti audiovisivi o la creazione di un sistema di ricompense e punizioni.

Il curricolo non si basa più sul semplice trasferimento di conoscenze frammentate ed enciclopediche, ma mira a cogliere l'essenza delle idee fondamentali e a collegarle tra loro, affinché siano queste componenti a essere trasmesse di generazione in generazione. La continua ricerca aiuta gli studenti a imparare in modo indipendente e a sviluppare la capacità di imparare (*learning how to learn*). Bruner distingue tra una teoria dell'istruzione e una teoria dell'apprendimento, individuando gli elementi fondamentali di ciascuna:

- la **teoria dell'istruzione** si concentra sul modo più efficace per raggiungere l'apprendimento, e stabilisce i criteri e le condizioni necessarie (questa teoria ha un carattere prescrittivo, in quanto mira a conseguire specifici obiettivi in modo ottimale);
- la **teoria dell'apprendimento** si occupa di descrivere e interpretare ciò che accade durante il processo di apprendimento o ciò che è avvenuto una volta completato.

Le **caratteristiche della teoria dell'istruzione** sono le seguenti:

- **disposizione**: la teoria dell'istruzione si occupa dei fattori che predispongono il bambino a imparare in modo efficace; l'apprendimento è un processo sociale che dipende da due fattori di socialità: il rapporto con il docente e il rapporto con i compagni di classe; per favorire un apprendimento produttivo, è necessario che l'esplorazione presenti un certo livello di incertezza per stimolare la curiosità; il docente deve fare in modo che i benefici dell'apprendimento non siano controproducenti e che il processo di apprendimento non avvenga in modo disconnesso e casuale;
- **struttura**: la teoria dell'istruzione deve considerare la struttura ottimale della conoscenza; è importante creare una struttura adeguata al fine di raggiungere una comprensione completa di un determinato campo; la struttura di una disciplina

non è statica, in quanto viene aggiornata attraverso la ricerca e si adatta alle condizioni e alle caratteristiche dell'apprendente, come l'età e lo sviluppo cognitivo;

- **sequenza**: è necessario stabilire il modo, il ritmo e l'ordine con cui presentare i concetti; la sequenza degli argomenti e dei concetti influisce sull'efficacia dell'apprendimento, considerando sia le relazioni logiche tra i concetti stessi che le capacità e le esperienze degli apprendenti;
- **conseguenze**: la teoria dell'istruzione include la gestione delle ricompense e delle punizioni (questo si riferisce alla valutazione delle azioni e dei risultati degli studenti, al fine di fornire incentivi positivi o applicare conseguenze appropriate per promuovere un apprendimento efficace).

Bruner introduce anche il concetto di **apprendimento per scoperta**, che si riferisce a qualsiasi modalità attraverso cui si acquisisce conoscenza utilizzando la propria mente. La scoperta è considerata un approccio efficace per favorire negli studenti un pensiero autonomo. Bruner identifica due tipologie di approccio all'insegnamento:

- l'**insegnamento espositivo**, in cui l'insegnante espone i concetti mentre gli studenti ascoltano passivamente;
- l'**insegnamento ipotetico**: Bruner si avvicina maggiormente a questo secondo approccio, in cui docenti e studenti collaborano tra loro; attraverso ricerche, domande, lavori di gruppo e scambio di idee, il docente deve favorire la maturazione di strategie di ricerca efficaci negli studenti.

Bruner associa al concetto di *problem solving* anche quello di *scaffolding* (impalcatura), che indica le strategie di supporto e guida durante il processo di apprendimento. In pratica, il tutor svolge un ruolo fondamentale come impalcatura, aiutando lo studente a progredire dalle abilità inferiori a quelle superiori. Un altro punto chiave è la comprensione delle attività e la risoluzione dei problemi.

1.5 Le neuroscienze

Alla base delle neuroscienze si riconosce l'interazione tra discipline che, sebbene possano apparire distanti, come la biologia e la psicologia, in realtà convergono. Tra le scienze umane è proprio la biologia a contribuire maggiormente alla riflessione sul concetto di natura e sull'interazione tra l'essere umano e l'ambiente che lo circonda. La condizione dell'individuo richiede uno sforzo notevole di mediazione cognitiva e simbolica con il mondo circostante. Il rapporto dell'uomo con l'ambiente non è un processo istintivo e spontaneo, bensì un risultato di lungo apprendimento e sviluppo delle capacità cognitive.

L'adattamento dell'essere umano all'ambiente avviene grazie allo sviluppo dei processi psichici superiori, come il pensiero, la memoria e il linguaggio. Questa attitudine tecnica gli consente di intervenire sul mondo e modificarlo. Tra le specie viventi, l'essere umano è particolarmente caratterizzato dal fenomeno dell'apprendimento. Questa considerazione porta la psicologia a riflettere su tre aspetti dell'interazione tra natura e tecnica:

- la natura umana come definita dalla capacità tecnica;
- come la tecnica trasforma la natura umana;

- vi è il rischio che la tecnica prevarichi sulla natura naturale?

Questo scenario richiede una riflessione sull'equilibrio tra natura e tecnica, in cui la psicologia si intreccia con la biologia e la cibernetica. Per la psicologia, è essenziale l'apporto della teoria evoluzionista, che interpreta il mondo biologico attraverso concetti come l'evoluzione, il cambiamento e la differenziazione. Dal punto di vista evoluzionista, non esiste una natura prestabilita e immutabile, ma un processo evolutivo costante e una continuità tra le specie viventi. Inoltre, la mente umana stessa è il risultato dell'evoluzione e dell'organizzazione delle strutture cerebrali, che sono strettamente connesse agli stimoli provenienti dall'ambiente.

Poiché la natura umana è intrinsecamente legata alla tecnica e ne è influenzata, è fondamentale considerare la natura e la tecnica come elementi strettamente interconnessi. Questa prospettiva stimola l'interesse per la cibernetica e il dibattito sul rapporto tra il cervello umano e le macchine pensanti come i computer. Le influenze di queste discipline sulla pedagogia coinvolgono il rapporto tra natura e apprendimento e quello tra intelligenza umana e artificiale. La pedagogia deve quindi ideare percorsi formativi che promuovano lo scambio e l'interazione tra patrimonio genetico e stimoli ambientali, valorizzare le differenze del cervello umano identificando i processi formativi, facilitare l'intervento nei periodi di massima capacità di apprendimento e organizzare l'offerta formativa per ottimizzare la naturale propensione all'apprendimento.

Per quanto riguarda il binomio intelligenza naturale/artificiale, la pedagogia deve esplorare i codici attraverso i quali le informazioni vengono elaborate, l'espansione e l'integrazione linguistica offerta dai mezzi multimediali, i problemi derivanti dall'esposizione a stimoli ambientali eccessivamente frammentati e disarticolati e gli effetti dell'impoverimento causato dalla mancanza di stimoli, oltre al rapporto tra computer, scuola e studenti.

Nell'ultimo mezzo secolo si sono sviluppate ricerche che hanno indagato l'analogia tra mente e computer per chiarire i meccanismi e i processi dell'intelligenza umana, il suo sviluppo, le sue caratteristiche strategiche, il modo in cui apprende e la sua interazione con il linguaggio.

Il cervello rappresenta il risultato di milioni di anni di evoluzione ed è costituito da miliardi di cellule nervose che stabiliscono connessioni con migliaia di altre cellule, creando un intricato sistema di reti in continua trasformazione. Due discipline si occupano del cervello e del comportamento umano basato sui processi mentali: le neuroscienze e la psicologia. Le neuroscienze indagano il sistema nervoso centrale e periferico sotto il profilo della struttura, della funzione, dello sviluppo, della farmacologia e della patologia. Questo studio interdisciplinare si estende a vari livelli, dal molecolare al neuronale, fino all'analisi del sistema nervoso nella sua interezza. Tra gli argomenti di rilievo affrontati dalle neuroscienze vi sono il funzionamento dei neurotrasmettitori nelle sinapsi, il funzionamento delle strutture neurali più semplici in altri organismi, il contributo dei geni allo sviluppo neurale nell'embrione e nel corso della vita, nonché la struttura e il funzionamento dei complessi circuiti neurali nella percezione, nella memoria e nel linguaggio.

1.5.1 Giacomo Rizzolatti

Giacomo Rizzolatti è uno scienziato italiano noto per i suoi importanti contributi nel campo delle neuroscienze, in particolare per la scoperta dei neuroni specchio e il suo lavoro nell'area della neurofisiologia cognitiva e della comprensione delle azioni e delle intenzioni degli altri.

La scoperta più influente di Rizzolatti è stata quella dei **neuroni specchio**. Nel 1996, mentre studiava il cervello di alcune scimmie, Rizzolatti e il suo team hanno identificato un tipo di neurone nel cervello delle scimmie che si attivava sia quando l'animale eseguiva un'azione che quando osservava un'altra persona o animale eseguire la stessa azione. Questo fenomeno ha portato alla scoperta dei neuroni specchio. L'importanza dei neuroni specchio si è estesa oltre lo studio delle scimmie e ha avuto implicazioni profonde per la comprensione delle interazioni sociali e delle capacità cognitive umane. Si è ipotizzato che questi neuroni siano coinvolti nella comprensione delle azioni e delle intenzioni degli altri, nonché nell'apprendimento attraverso l'osservazione e nell'empatia.

Rizzolatti ha anche condotto ricerche sull'area premotoria del cervello, dimostrando come sia coinvolta in processi legati alla pianificazione e all'esecuzione di azioni complesse. I suoi studi hanno evidenziato il collegamento tra l'area premotoria e le strutture del cervello coinvolte nell'elaborazione sensoriale e motoria.

L'opera di Giacomo Rizzolatti ha avuto un impatto significativo nel campo delle neuroscienze cognitive e ha contribuito alla nostra comprensione delle basi neurali delle abilità sociali e dell'interazione sociale. Le sue scoperte hanno aperto nuove strade di ricerca e hanno avuto implicazioni in vari campi, tra cui la psicologia, la neurologia e la filosofia della mente.

1.6 Le teorie psicanalitiche

La psicoanalisi emerse grazie a Freud tra la fine del XIX secolo e l'inizio del XX. In quel periodo, i disturbi comportamentali dell'infanzia venivano affrontati unicamente dalla medicina convenzionale e trattati solo con cure superficiali. Freud fu pioniere nell'ipotizzare che tali disturbi fossero generati da un processo di rimozione, in cui i contenuti psichici e mentali legati a eventi tristi passati venivano allontanati dalla nostra coscienza, solo per riemergere successivamente come sintomi. Il concetto di psicoanalisi riveste diversi significati, principalmente due:

-   psicoterapia: un approccio terapeutico rivolto a individui che sperimentano disagio mentale;
-   teoria della personalità: esamina la concezione dell'essere umano nella sua completezza, inserito nella società.

La teoria psicoanalitica suggerisce che i contenuti consci della nostra psiche costituiscano solo una piccola porzione, mentre la maggior parte dei contenuti è rimossa, ovvero nascosta alla nostra consapevolezza. I nostri comportamenti vanno interpretati come risultato dei contenuti occulti che emergono attraverso tali comportamenti. Le teorie psicoanalitiche si focalizzano sulla comprensione dei fattori dinamici del comportamento umano che spingono e motivano un individuo verso il raggiungimento di determinati obiettivi.

1.6.1 Sigmund Freud

Freud, medico viennese considerato il fondatore della psicoanalisi, si interessò principalmente alle patologie isteriche e alle manifestazioni di disagio psichico. Identificò tre elementi fondamentali della personalità: l'inconscio, il conscio e il preconscio:
- l'**inconscio** rappresenta il livello più profondo della nostra mente, inaccessibile alla consapevolezza cosciente, dove risiedono ricordi e contenuti non consci;
- il **conscio** comprende tutto ciò di cui siamo consapevoli, come percezioni, sentimenti e processi intellettivi;
- il **preconscio** agisce come un meccanismo di difesa e di comunicazione, in cui gli elementi dolorosi o inaccettabili vengono spostati fuori dalla coscienza.

Per esplorare l'inconscio, Freud inizialmente utilizzò l'ipnosi, una tecnica terapeutica che permetteva al paziente di raggiungere uno stato di *trance* e di rispondere passivamente alle domande dell'ipnotizzatore, evocando così ricordi inconsci. Successivamente, sviluppò il metodo delle associazioni libere, in cui il paziente veniva incoraggiato a riferire liberamente tutto ciò che gli passava per la mente, senza censura o filtro. Questo metodo implicava l'abolizione delle difese e consentiva ai processi psichici inconsci di emergere. Inoltre, attraverso il fenomeno del ***transfert***, si osservava il passaggio delle emozioni e dei sentimenti, precedentemente rivolti a figure significative nella vita del paziente, verso l'analista.

Secondo Freud, la personalità è composta da tre elementi distinti che svolgono diverse funzioni:
- l'**Es**, definito come il calderone ribollente di emozioni, rappresenta la parte più primitiva e istintuale della personalità, è situato nell'inconscio, contiene le pulsioni e gli istinti primari e agisce secondo i principi del piacere, cercando la soddisfazione immediata dei bisogni e dei desideri; è presente sin dalla nascita e rappresenta il lato oscuro e inaccessibile della nostra psiche;
- l'**Io** ha il compito di mediare tra l'Es e il mondo esterno; rappresenta la parte razionale e consapevole della personalità, si occupa delle percezioni, della memoria e delle funzioni cognitive, preservando e organizzando le immagini del mondo esterno; funziona secondo il "principio di realtà", cercando di adattarsi alle esigenze esterne e di ottenere così successo nella vita;
- il **Super-io** agisce come un giudice o una coscienza morale; è il risultato dell'internalizzazione delle norme e dei valori della società, acquisiti durante il processo di socializzazione; monitora le azioni dell'Io e impone norme di comportamento, punendo l'Io con sensi di colpa o rimorso se non rispetta tali norme.

L'Io si trova in una costante dialettica tra le richieste dell'Es, le norme imposte dal Super-io e le esigenze del mondo esterno. Deve cercare di conciliare queste influenze contrastanti, indirizzando le pulsioni dell'Es verso rappresentazioni realistiche del mondo esterno. Quando l'Io non riesce a soddisfare tali dinamiche, può sperimentare stati di angoscia e ansia.

Freud ha elaborato una teoria dello sviluppo del bambino in vari stadi, chiamati "Stadi psicosessuali", che riguardano la sessualità infantile. Secondo Freud, la sessualità è una componente originaria della psiche e rappresenta una spinta verso la gratificazione del corpo. Gli stadi psicosessuali sono:

- lo **stadio orale** (dalla nascita ai 18 mesi): il piacere è concentrato nella ricerca di attività orali, come la suzione; in questa fase l'Es è predominante, e l'Io e il Super-io sono ancora in fase di sviluppo;
- lo **stadio anale** (dai 18 mesi ai 36 mesi): il piacere si sposta verso la zona anale, legato al controllo degli sfinteri; il bambino prova piacere nell'atto di evacuare e nel controllo delle feci, che rappresenta una forma di controllo sull'ambiente; in questa fase, l'Io inizia a svilupparsi;
- lo **stadio fallico** (dai 3 ai 6 anni): durante lo stadio fallico, l'interesse si concentra sui propri genitali; i bambini sono spinti dalla curiosità riguardo al loro corpo e provano desiderio per il genitore del sesso opposto e repulsione per il genitore dello stesso sesso (complesso di Edipo per i maschi e complesso di Elettra per le femmine); in questa fase, l'Io lotta contro questi impulsi per mantenere l'amore e la protezione del genitore dello stesso sesso; si forma anche il Super-io, che rappresenta il giudice delle dinamiche tra Es ed Io;
- lo **stadio latente** (dai 5 ai 12 anni): durante questo stadio, si entra nell'età scolare e le pulsioni sessuali si trasformano in affetto nei confronti dei genitori; la personalità si sviluppa ulteriormente e l'Io diventa in grado di governare le psiche del bambino;
- lo **stadio genitale** (dai 12 ai 18 anni): in questo stadio, l'Io governa la psiche e il soggetto agisce secondo processi secondari; l'energia sessuale si orienta verso un partner e viene finalizzata alla costruzione di relazioni.

1.6.2 Erik Erikson

Erikson, uno psicologo tedesco, crea un collegamento tra la scuola psicoanalitica europea e quella americana, concentrandosi sull'Io e formulando una teoria degli stadi di sviluppo. Secondo Erikson, l'Io è la componente dell'apparato psichico che contribuisce maggiormente alla formazione dell'identità psicologica e della personalità di un individuo. Secondo Erikson, in ogni fase evolutiva, il soggetto ha figure di riferimento che influenzano il suo sviluppo. L'interazione con il contesto sociale in cui si trova è considerata un elemento importante per lo sviluppo del bambino.

Erikson identifica diversi stadi di sviluppo, ognuno dei quali rappresenta una crisi d'identità specifica che deve essere affrontata e superata. Il superamento di ciascuno stadio corrisponde a uno sviluppo positivo dell'identità di una persona. Gli stadi in questione sono:

- **stadio orale-sensorio** (fiducia contro sfiducia, 0-18 mesi): in questo stadio, il bambino sviluppa fiducia o sfiducia nei confronti del mondo in base alle esperienze di cura e nutrimento; una buona cura porta a un senso di fiducia, mentre una cura inadeguata può generare sfiducia;

- **stadio muscolare-anale** (autonomia contro vergogna e dubbio, 2-3 anni): in questo stadio, il bambino sviluppa un senso di autonomia attraverso l'apprendimento di abilità come l'andare in bagno o svolgere compiti autonomi; se il bambino viene ostacolato o criticato in questi sforzi, può sviluppare vergogna e dubbio sulle proprie capacità;

- **stadio locomotorio-genitale** (iniziativa contro senso di colpa, 4-5 anni): in questo stadio, il bambino sviluppa una maggiore iniziativa e curiosità, esplorando il mondo e sperimentando nuove attività; se viene costantemente criticato o limitato nelle sue iniziative, può sviluppare un senso di colpa e una paura di agire autonomamente;

- **stadio dell'industriosità** (contro senso di inferiorità, 6-11 anni): in questo stadio, il bambino entra nel contesto scolastico e inizia a sviluppare abilità cognitive e sociali; il successo nelle attività e la valorizzazione da parte dei coetanei possono portare a un senso di industriosità, mentre l'insuccesso o la svalutazione possono generare un senso di inferiorità;

- **stadio dell'identità** (contro confusione di ruolo, adolescenza): in questo stadio, gli adolescenti esplorano l'identità personale, sperimentando diversi ruoli e valori; l'identificazione di un'identità coerente e stabile porta a un senso di consapevolezza di sé, mentre l'incapacità di farlo può portare a una confusione di ruolo e di identità;

- **stadio dell'intimità** (contro isolamento, età adulta giovane): in questo stadio, gli individui sviluppano relazioni intime ed emotive con gli altri; la capacità di instaurare relazioni profonde e significative porta a un senso di intimità, mentre l'isolamento sociale può generare solitudine e disconnessione;

- **stadio della generatività** (contro stagnazione, età adulta matura): in questo stadio, le persone si impegnano nella produttività e nella cura degli altri, sia attraverso la genitorialità che attraverso il contributo alla società; la capacità di contribuire al benessere delle generazioni future porta a un senso di generatività, mentre l'incapacità di farlo può portare a uno stato di stagnazione e di mancanza di significato nella propria vita;

- **stadio dell'integrità dell'io** (contro disperazione, età avanzata): in questo stadio, le persone riflettono sulla propria vita e accettano la propria esistenza come un'esperienza significativa; l'integrità dell'io si sviluppa quando si guarda indietro con soddisfazione e saggezza, mentre la disperazione può insorgere se si sperimenta un senso di rimpianto e insoddisfazione.

1.6.3 Anna Freud e Melanie Klein

Anna Freud, psicoanalista austriaca e figlia di Sigmund Freud, dedicò la sua vita allo studio dei meccanismi di difesa dell'Io e alla psicoanalisi infantile. Nel suo lavoro "Io e i meccanismi di difesa", Anna identificò che i principali meccanismi di difesa dei bambini erano la repressione, la proiezione e l'identificazione. Per Anna Freud, il ritardo nello sviluppo mentale e fisico dei bambini era spesso legato alla mancanza di una relazione stabile tra madre e bambino, una situazione che lei stessa aveva vissuto. Ella propose nuovi meccanismi di difesa, come l'identificazione con l'aggressione (un modo per allontanare la paura assumendo le caratteristiche dell'oggetto temuto), la rinuncia altruistica (consistente nell'interessarsi alla soddisfazione degli istinti altrui per gratificare indirettamente i propri), l'ascetismo (allontanamento dalla sessualità e altre forme di appagamento) e l'intellettualizzazione (rifugio in un'attività intellettuale febbrile per dominare gli istinti).

Anna Freud riconobbe l'importanza dell'Io (la parte conscia di noi stessi) e dei suoi disturbi. Nel 1941, insieme alla collega Dorothy Burlingham, aprì una scuola per neonati e bambini piccoli separati dalle loro famiglie a causa della Seconda Guerra Mondiale. Il personale della scuola annotava dettagliatamente il comportamento quotidiano dei bambini, e queste osservazioni venivano discusse ogni sera con la collega Burlingham. Questa comprensione fu fondamentale per affinare la percezione dello sviluppo normale e patologico dei bambini. La scuola non solo forniva cibo e abbigliamento ai bambini, ma li aiutava anche a imparare a interagire con gli altri e a sviluppare l'autonomia.

Durante la Seconda Guerra Mondiale, a causa del trasferimento a Londra, Anna Freud ebbe divergenze teoriche e cliniche con un'altra psicoanalista dell'infanzia, **Melanie Klein.** Mentre Anna riteneva che il trattamento potesse iniziare una volta che il bambino avesse acquisito il linguaggio, Melanie Klein sosteneva che la terapia potesse cominciare prima attraverso il gioco. Le loro visioni differivano anche nel tipo di pazienti che trattavano, con Klein che si occupava delle patologie più gravi. Melanie Klein sviluppò una teoria incentrata sulla relazione, soprattutto quella con la madre, ritenuta essenziale per lo sviluppo psichico. Secondo Klein, il mondo interno del bambino è popolato da pulsioni di vita e di morte e da oggetti, rappresentazioni interne su cui si focalizza l'energia pulsionale. Il gioco diventa uno strumento per comprendere le fantasie e le angosce del bambino.

Klein introduce anche il concetto di **posizione** per descrivere come il bambino si relaziona agli oggetti. La posizione schizoparanoide, che inizia fra i tre e i quattro mesi, è caratterizzata dalla frammentazione originaria, con oggetti visti come buoni o cattivi. Successivamente, la posizione depressiva, che si sviluppa dopo il quarto mese, permette al bambino di percepire la madre come oggetto d'amore unitario. Klein sottolinea l'importanza di superare la posizione schizoparanoide per evitare la strutturazione psicotica nel bambino.

In sintesi, Anna Freud e Melanie Klein hanno contribuito in modo significativo alla comprensione dell'infanzia e dello sviluppo psichico, offrendo approcci diversi ma complementari alla psicoanalisi infantile.

1.6.4 Heinz Kohut

Kohut, uno psicoanalista di origine austriaca attivo negli Stati Uniti, è stato un pioniere nel campo della **psicologia psicoanalitica del sé**. Egli ha sottolineato che i neonati possiedono una struttura psichica frammentaria. Kohut ha focalizzato la sua attenzione sui **disturbi narcisisti di personalità**, che evidenziano difficoltà nelle relazioni e deficit profondi nello sviluppo del narcisismo.

Kohut ha definito il Sé come l'elemento originario del sistema psichico, un centro che avvia, organizza e integra le motivazioni umane. L'obiettivo fondamentale del Sé, secondo Kohut, è raggiungere un equilibrio e un'autorealizzazione attraverso una coesione interna. Questa realizzazione personale è guidata da ideali, ambizioni, valori e talenti individuali. Per consentire al Sé di sperimentare la propria soggettività, è essenziale un processo di rispecchiamento empatico da parte delle figure di riferimento e un senso di appartenenza all'umanità attraverso il concetto di gemellarità.

Inoltre, dato che il Sé primitivo del bambino è disgregato, il raggiungimento della "coesione" richiede il coinvolgimento con gli altri. Questo avviene attraverso due funzioni distinte:

- La **funzione speculare** implica che il passaggio dalla frammentazione alla coesione dipende da un "investimento libidico" da parte della madre. In altre parole, la prima sensazione di unità proviene dall'affetto materno. Questo conduce a un livello iniziale del Sé, denominato da Kohut "grandioso-esibizionista", in cui dominano sentimenti di onnipotenza e narcisismo. Il bambino si compiace di esistere come oggetto di desiderio della madre, basando la sua relazione con lei su fusione, speculazione e approvazione.
- La **funzione idealizzante**, invece, deriva dal Sé paterno. Kohut credeva che questa funzione attualizzasse l'ideale di comportamento, costituendo un insieme di norme di condotta. Il bambino proietta, assorbe e sublima l'immagine del padre, rendendolo un modello per le proprie azioni.

Per Kohut, la sopravvivenza psicologica del bambino e dell'adulto dipende dalla presenza di **oggetti-Sé**, che rispondano empaticamente ai bisogni individuali. Questi oggetti-Sé si formano attraverso interazioni con figure significative nella realtà, non attraverso rappresentazioni mentali. Essi svolgono funzioni genitoriali di rispecchiamento, idealizzazione e gemellarità, sia nella vita quotidiana che nel contesto terapeutico.

1.6.5 Donald Winnicott

Donald Winnicott, un medico pediatra e psicoanalista britannico, ha lasciato un impatto significativo nel campo delle scienze psicologiche. Fra le sue opere degne di menzione si annoverano "Il neonato e il mondo esterno", "Dalla sorgente dell'essere" e "Gioco e realtà". Questi scritti riflettono la sua attenzione alle influenze ambientali nello sviluppo dell'individuo, specialmente nell'ambito delle relazioni materno-filiali, in particolare nei momenti di legame e separazione.

Winnicott ha introdotto il concetto di "*holding*", ossia l'assunto per cui la madre svolge il ruolo di un "ambiente materno" protettivo per il bambino. Il termine si riferisce alla capacità della madre di intervenire con amore, affetto e protezione quando il bambino ne ha bisogno, e di lasciare spazio quando il bambino può fare a meno di lei.

Questo *holding* sostiene il fragile e immaturo Io del bambino, garantendo due processi principali: proteggere il bambino da traumi e soddisfare i suoi bisogni.

All'interno di questa esperienza di *holding*, il bambino può sperimentare un senso di onnipotenza soggettiva, dove egli crede che i suoi desideri abbiano il potere di creare tutto ciò che lo circonda. Questa esperienza è fondamentale per uno sviluppo equilibrato, e trova sfogo all'interno di uno spazio fisico e psicologico in cui può esprimersi. Winnicott credeva che il bambino vivesse in una realtà soggettivamente costruita, in cui il controllo onnipotente è predominante. Qui, il bambino crede che sia lui stesso a "costruire" la madre secondo i suoi desideri. Col passare del tempo, il bambino abbandona gradualmente questa visione per comprendere che la madre esiste indipendentemente dalla sua volontà egoistica.

Affinché il passaggio delicato dall'onnipotenza soggettiva all'accettazione della realtà condivisa possa avvenire, Winnicott suggerisce la creazione di uno spazio simbolico e creativo tra madre e bambino. Questo spazio transizionale rappresenta un'ulteriore forma di realtà, che è sia soggettivamente costruita che oggettivamente percepita. L'esperienza di questo spazio transizionale consente al bambino di muoversi verso una realtà condivisa senza traumi. Questo spazio è dove il bambino può giocare creativamente, e si estende oltre l'ambito interno ed esterno, consentendo lo sviluppo di processi mentali creativi e l'autonomia riflessiva.

Inoltre, nell'ambito di questo spazio transizionale, l'oggetto transizionale gioca un ruolo fondamentale. Questo termine si riferisce a un oggetto tattile-pressorio, come un peluche o un pezzo di stoffa, che aiuta lo sviluppo psicologico del bambino. L'uso di questo oggetto rappresenta il primo utilizzo di un simbolo e la prima esperienza di gioco. Questa zona transizionale è un luogo di contrasto tra l'interiore e l'esterno, in cui i confini tra soggettivo e oggettivo si sfumano; nasce dalla fiducia del bambino nella madre e dà origine a un senso di magia.

Il gioco permette al soggetto di esprimere appieno la propria personalità e apre la porta all'autenticità. L'oggetto transizionale, rappresentando sia l'unione che il distacco dalla madre, aiuta il bambino ad attraversare il passaggio dall'onnipotenza soggettiva alla realtà condivisa. È uno strumento che facilita questo processo di transizione, rappresentando in modo pre-simbolico uno spazio in cui la madre è né soggettivamente costruita né oggettivamente esistente.

Secondo Winnicott, il bambino scopre l'esistenza del mondo esterno nel passaggio dalla prima fase di onnipotenza soggettiva. In questa fase, il bambino si disillude e riconosce l'esistenza dell'altro. La madre ha il compito di introdurre dapprima l'illusione e poi il disincanto. È in questa area transizionale che emergono le potenzialità simboliche del bambino, dando vita a una dimensione ludica che negli adulti si tradurrà in arte, lavoro e cultura.

La teoria della personalità di Winnicott si focalizza sull'evoluzione del Sé, che rappresenta l'identità individuale. All'inizio, il bambino possiede un Sé centrale primario, che rappresenta il potenziale innato di esperienza e continuità. Nel corso dello sviluppo, si acquisisce una realtà psichica personale e uno schema corporeo che evolverà nel "**vero Sé**". Questo vero Sé abbraccia tutto ciò che costituisce l'individuo: potenziale creativo di vita psichica e desideri. Tuttavia, affinché questo vero Sé possa emergere, è essenziale la presenza di una madre che faciliti questo processo. In assenza di una madre "sufficientemente buona", possono svilupparsi ansie persecutorie che portano a sentimenti di annientamento e frammentazione. Questa non-esistenza crea una sorta di compiacenza verso la madre e il mondo. Il vero Sé si forma attraverso il ripetuto rispecchiamento della madre, sia rispetto ai gesti spontanei del neonato che alle sue allucinazioni sensoriali. Questo processo permette al bambino di godere di una capacità di illusione, in cui la realtà esterna sembra manifestarsi magicamente senza sfidare la sua onnipotenza, che ora può abbandonare.

Winnicott sostiene che l'angoscia nasce dalla componente aggressiva delle pulsioni libidiche. Quando il bambino diventa consapevole di queste spinte ostili, prova un terrore profondo di essere distrutto dalla ritorsione e sviluppa difese per proteggere il proprio Io da queste ansie. Winnicott introduce il concetto di **falso Sé**, che emerge come risultato di un rapporto madre-bambino insoddisfacente. Questo falso Sé agisce come una maschera superficiale che si adatta alla realtà esterna, ma manca di energia soggettiva, creatività e impulso. Il processo terapeutico consiste nel decostruire questo falso Sé attraverso la regressione, consentendo al vero Sé di emergere completamente.

1.6.6 René Spitz

René Spitz, uno psicoanalista di origine austriaca, ha dedicato gran parte della sua carriera all'analisi dello sviluppo iniziale dei bambini, concentrandosi specialmente sugli impatti della mancanza di cure materne ed emotive nei primi anni di vita. La sua ricerca si è basata su bambini ospedalizzati che, pur ricevendo le cure fisiche necessarie, presentavano ritardi nello sviluppo. Spitz ha identificato diverse fasi nel processo di sviluppo infantile:

- **Fase I (stadio pre-oggettuale):** alla nascita, il bambino sorride indipendentemente dagli stimoli esterni e non discrimina tra stimoli visivi. Inizialmente, il bambino vive in una sorta di autismo, in cui è centrato su sé stesso senza separazione dal mondo esterno.
- **Fase II (stadio dell'oggetto precursore):** questa fase, che si verifica fra i tre e i cinque mesi, è critica poiché il bambino inizia a sorridere a qualsiasi volto si presenti. Questo periodo rappresenta l'inizio dei legami sociali secondo Spitz.
- **Fase III (stadio dell'oggetto libidico):** qui, il bambino inizia a sorridere solo a volti familiari e mostra una leggera paura per quelli sconosciuti.

Attorno ai due anni, i bambini iniziano a dire "no" alle madri, dimostrando una volontà separata dalla figura materna. Questo segna il distacco in cui il bambino riconosce l'importanza della madre ma ne riconosce anche la diversità.

Spitz ha focalizzato la sua ricerca sui bambini che hanno subito una separazione improvvisa dalla figura di cura primaria. Gli effetti di questa deprivazione sono stati profondi. Ha coniato il termine "**depressione analitica**" per descrivere i sintomi che i bambini manifestavano dopo la separazione. Questi sintomi includono dolore, rabbia e apatia, e Spitz li ha classificati in base alla loro manifestazione temporale. Ha osservato che nei primi due mesi si manifestavano attraverso lamentele e richiami, nel secondo mese si trasformavano in pianto e perdita di peso, mentre nel terzo mese portavano a insonnia, ritardo nello sviluppo motorio e perdita di mimica facciale. Dopo il terzo mese, il bambino diventava letargico. Spitz ha notato che quando il bambino si riuniva con la figura di attaccamento dopo i primi 4-5 mesi, il recupero poteva essere relativamente rapido. Dopo i 5 mesi, il recupero diventava più lento e i sintomi si aggravavano.

I suoi studi sono stati pionieristici nel dimostrare l'importanza delle relazioni sociali per lo sviluppo infantile. Ha condotto studi su due gruppi di bambini: uno proveniente da un orfanotrofio, in cui i bambini avevano cura fisica ma mancavano di amore individuale, e l'altro proveniente da madri detenute che potevano prendersi cura dei loro figli in prigione. Questo studio ha rivelato significative differenze tra i due gruppi. Nei primi quattro mesi, lo sviluppo era simile nei due gruppi. Tuttavia, a un anno di età, i bambini dell'orfanotrofio mostravano prestazioni intellettuali inferiori e minore curiosità rispetto ai loro coetanei. Nel terzo e quarto anno, i bambini cresciuti in prigione con le loro madri avevano uno sviluppo simile ai bambini cresciuti al di fuori della prigione, mentre solo due bambini dell'orfanotrofio riuscivano a parlare e camminare adeguatamente. Questa ricerca ha aperto la strada a ulteriori studi che evidenziano gli effetti devastanti della deprivazione e dell'assenza di figure di attaccamento nel processo di crescita.

1.6.7 Margaret Mahler

Margaret Mahler, una psicoterapeuta e psicanalista proveniente dall'Ungheria, ha dedicato gran parte della sua carriera all'analisi dello sviluppo iniziale dei bambini, riconoscendo una distinzione tra la nascita biologica e quella psicologica. Secondo Mahler, quest'ultima avviene attraverso diverse tappe nelle prime fasi di vita. Il modello mahleriano prevede varie fasi nel processo di "nascita psicologica".

Nelle prime quattro settimane di vita, il bambino attraversa una fase di "**autismo normale**", caratterizzata da una mancanza di reattività agli stimoli esterni. Durante questo periodo, il bambino passa lunghi momenti tra sonno, sonnolenza e stati semi-vegli. Il suo ritmo sonno/veglia è regolato dalla fame e dalle soddisfazioni dei bisogni. Questa fase è dominata da stati fisiologici, con una sorta di barriera verso gli stimoli esterni. Verso la fine di questa fase, inizia a sviluppare le prime forme di contatto con la madre e risponde alle sue cure.

La seconda fase, chiamata "**simbolica**", perdura fino al quarto mese. In questo periodo, il bambino sviluppa un senso di onnipotenza, sperimentando un confine comune con la madre in cui non esiste una distinzione tra il suo Io e il mondo esterno. Il bambino acquisisce una vaga consapevolezza della figura che si prende cura di lui e agisce come se fossero uniti in un confine onnipotente.

L'ultima fase del modello è il **processo di separazione-individuazione**, che si estende dal quarto mese al terzo anno di vita. L'individuazione riguarda lo sviluppo dell'identità, mentre la separazione coinvolge la percezione di essere separati dall'oggetto dell'affetto. Mahler suddivide il processo di separazione-individuazione in quattro sotto-stadi:

- **Differenziazione** (4-8 mesi): durante questa fase, il bambino prende coscienza del proprio corpo. Grazie alla coordinazione motoria, esplora il suo corpo con

mani e bocca. Intorno ai 6 mesi, esplora oggetti vicini e il volto della madre. A 7-8 mesi, inizia a distinguere la madre dalle altre persone. Sperimenta anche ansia quando la madre si allontana e reagisce in modo diverso a persone diverse.
- **Sperimentazione** (8-14 mesi): i progressi delle abilità motorie influenzano le relazioni con la madre. Il bambino si sposta e si arrampica di più. Può allontanarsi e avvicinarsi alla madre. Utilizza il gioco per controllare la paura della separazione, scegliendo un oggetto transizionale da tenere quando il papà e la mamma non sono presenti. Durante questa fase, i bambini si interessano anche alle loro parti genitali.
- **Riavvicinamento** (14-24 mesi): durante questa fase emergono due comportamenti tipici, l'attenzione ai gesti della madre e un'alternanza di avvicinamento e allontanamento da lei. Intorno ai 21 mesi, il bambino impara a mantenere una distanza ottimale dalla madre, si sente più sicuro e affronta pazientemente l'attesa e la frustrazione.
- **Costanza dell'oggetto libidico** (3 anni): in questa fase, il bambino sviluppa una rappresentazione stabile di sé stesso e della madre. Percepisce di essere separato dalla madre ma ne riconosce le caratteristiche sessuali, identificandosi come maschio o femmina. Questa fase afferma l'individualità del bambino. Interagisce con altri bambini e utilizza i pronomi personali. A tre anni, il bambino ha costruito la sua identità e consapevolezza di chi è.

1.6.8 Daniel Stern

Stern, uno psichiatra e psicanalista proveniente dagli Stati Uniti, ha il merito di aver individuato e descritto in modo dettagliato le varie **fasi dello sviluppo del sé** nella psicologia. Secondo Stern, queste fasi non sono nettamente separate, ma si sovrappongono e si sviluppano in maniera interconnessa. Le fasi del sé sono le seguenti:
- **Fase del Sé emergente** (da 0 a 2 mesi): dalla nascita, il neonato è attivamente coinvolto nel processo dell'emersione del Sé, attraverso la coordinazione e la stabilizzazione dei cicli sonno/veglia, giorno/notte, fame/sazietà. In questo periodo, la relazione con la madre principalmente regola aspetti fisiologici. Il termine "emergente" è usato perché il Sé inizia a distinguersi gradualmente dalle molteplici sensazioni, azioni e percezioni vissute, agite e sperimentate.
- **Fase del Sé centrale** (da 2 a 6 mesi): a partire dal terzo mese, i bambini attraversano una trasformazione significativa, concentrando le loro azioni sugli oggetti e interagendo di più socialmente. Questo li porta a formare un nucleo distintivo, separandosi dal mondo esterno e dagli altri. Durante questa fase, il bambino inizia a organizzare le esperienze future, riconoscendo schemi di eventi (per esempio, capisce che piangendo ottiene l'attenzione della madre). Questo periodo vede l'acquisizione della dipendenza dal *caregiver* primario (la madre) per il soddisfacimento dei bisogni e per l'anticipazione delle risposte emotive e comportamentali in situazioni specifiche, che servono come base per lo sviluppo del suo stile di attaccamento futuro. Questa fase rappresenta la transizione dall'altro

percepito come esterno, a un altro che interagisce e agisce come regolatore degli stati fisiologici ed emotivi, rispondendo al pianto o al sorriso del bambino, ad esempio.

- **Fase del Sé soggettivo** (da 7 a 15 mesi): durante questo periodo, il bambino sviluppa la consapevolezza di possedere una mente, comprendendo che gli altri individui hanno anch'essi menti con contenuti condivisibili. Questo è il fondamento dell'empatia e della capacità di comprendere emozioni e intenzioni altrui, anche senza sperimentare direttamente le stesse situazioni. Si verifica un passaggio dall'intimità fisica all'intimità psichica: i genitori diventano un punto di riferimento sociale, guidando il bambino nel discernere esperienze sicure da quelle meno tali. Questo avviene attraverso la "**sintonizzazione affettiva**", in cui il bambino comunica il suo mondo psichico al genitore attraverso lo sguardo, la voce e gesti. Il genitore risponde non imitando, ma accordando il proprio stato emotivo attraverso espressioni e gesti appropriati.
- **Fase del Sé verbale** (dai 15 mesi in poi): a partire dai 15 mesi, il bambino acquisisce una nuova conoscenza del mondo, sviluppa la capacità di simbolizzazione e linguaggio, diventando capace di creare rappresentazioni mentali complesse e astratte delle esperienze. Questo favorisce l'intersoggettività, ma sposta l'attenzione del bambino verso concetti che possono essere espressi e comunicati attraverso il linguaggio.

1.7 La psicologia dell'adattamento

1.7.1 John Bowlby

John Bowlby, psicologo inglese, è noto per la sua **teoria dell'attaccamento**, che si concentra sullo sviluppo del legame affettivo tra il bambino e la figura di attaccamento primaria, generalmente la madre. Bowlby sottolinea l'importanza di un attaccamento sicuro e di qualità per il benessere psicologico e l'adattamento sociale del bambino.

Contrariamente alla visione di Freud sull'adattamento passivo del bambino alla madre, Bowlby enfatizza l'interazione attiva tra il bambino e i genitori, nonché l'importanza delle emozioni nel legame di attaccamento. Egli sostiene che la personalità adulta e la felicità dipendano dalla qualità dell'attaccamento che si sviluppa fin dalla nascita.

Bowlby identifica cinque comportamenti chiave del bambino per attirare l'attenzione e stabilire un contatto con la madre: succhiare, aggrapparsi, seguire con lo sguardo, piangere e sorridere. Questi comportamenti sono considerati "**rilasci sociali**" (*social releaser*), poiché attivano una risposta nella figura di attaccamento e facilitano il legame emotivo reciproco.

Inoltre, Bowlby distingue due tipi di **comportamenti di attaccamento**:
- quelli che raggiungono il loro scopo anche in assenza di una risposta materna adeguata (seguire la madre, succhiare, aggrapparsi);

- quelli che richiedono una risposta reciproca dalla madre per raggiungere il loro obiettivo (piangere e sorridere).

Nella sua opera "Attaccamento e perdita", Bowlby sostiene che l'attaccamento è un legame emotivo fondamentale che si sviluppa tra il bambino e la figura di attaccamento primaria, che può essere sia la madre che una figura di cura significativa. Bowlby ritiene che l'attaccamento sia un comportamento universale che si manifesta sia nella specie umana che in altre specie animali.

L'interazione sociale tra il genitore e il bambino svolge un ruolo cruciale nell'attaccamento: la figura di riferimento diventa colui che nutre, protegge e si prende cura del bambino. L'attaccamento offre un senso di sicurezza al bambino e funge da protezione quando si sente insicuro o minacciato.

Bowlby identifica diverse fasi nell'attaccamento:

- **pre-attaccamento**: durante i primi mesi di vita, il bambino mostra segni di riconoscimento delle persone ma non è ancora specificamente attaccato a una figura di cura;
- **attaccamento-informazione**: fra i 3 e i 6 mesi, il bambino sviluppa un legame con la figura di cura, riconoscendola come colui che si prende cura di lui; può iniziare a mostrare ansia da separazione dagli estranei;
- **angoscia**: intorno ai 6-8 mesi, il bambino inizia a provare ansia quando la figura di attaccamento si allontana o sembra lontana;
- **attaccamento vero e proprio**: tra gli 8 e i 24 mesi, il bambino sviluppa una maggiore indipendenza motoria e inizia a utilizzare la figura di attaccamento come base sicura per esplorare l'ambiente circostante;
- **formazione di una relazione reciproca**: dai 2 anni in poi, il bambino sviluppa una comprensione più profonda della madre e delle sue aspettative, e cerca di adattarsi alle sue richieste; Bowlby riconosce che il bambino si trova ancora in una fase egocentrica, in linea con la teoria di Piaget sullo sviluppo cognitivo.

Nel libro "***Attachment and Loss***", pubblicato nel 1969, Bowlby espande e riformula la sua teoria sull'attaccamento. Egli sostiene che il bambino si trova in situazioni in cui deve valutare:

- la propria sicurezza;
- la disponibilità della figura di attaccamento;
- l'attenzione che questa figura è disposta a prestare.

Durante tali situazioni, il bambino non parte da zero nella sua valutazione, ma si basa su esperienze precedenti.

Attraverso l'interazione continua con il mondo esterno, il bambino sviluppa dei **modelli operativi interni**, che gli permettono di valutare le conseguenze dei propri comportamenti e di prendere decisioni. Se la figura di attaccamento risponde positivamente ai modelli scelti dal bambino per creare un legame, il bambino sviluppa un modello operativo interno che gli permette di sentirsi aiutato e supportato. Se invece la figura di attaccamento respinge i modelli del bambino, egli svilupperà un modello operativo interno che li percepisce come distanti e poco disponibili.

Il processo di staccarsi dalla madre per affrontare nuove esperienze e crescere è un passaggio cruciale nello sviluppo del bambino, che avviene tipicamente quando egli inizia a frequentare il nido. Durante questa fase, l'educatrice svolge un ruolo importante nel sostenere il bambino: deve essere un'osservatrice attenta, capace di comprenderlo e di gestire le sue emozioni. La fase critica è quella dell'iscrizione e dell'inserimento, in cui i bambini possono sperimentare un senso di distacco. È necessario coinvolgere i genitori e l'educatrice per facilitare il processo di transizione e adattamento del bambino al nuovo ambiente.

"*Maternal Care and Mental Health*" è un rapporto importante realizzato da Bowlby per l'Organizzazione Mondiale della Sanità (OMS). In questa opera, Bowlby evidenzia come la mancanza di cure materne possa avere effetti significativi sulla salute mentale del bambino. Quando il bambino non ha un contatto diretto con la madre, si parla di "**deprivazione materna**". Questa deprivazione può essere parziale, quando la madre non è in grado di fornire al bambino tutto l'amore di cui ha bisogno anche se presente nella sua vita quotidiana, oppure totale, quando il bambino non ha alcuna figura di cura e si trova in un ambiente istituzionale come un ospedale o un orfanotrofio.

Gli effetti della deprivazione materna possono essere devastanti e causare difficoltà nel bambino nel relazionarsi con gli altri, nell'esprimere sé stesso, nelle capacità cognitive, nell'esperienza di emozioni e nella capacità di prendersi cura degli altri. Bowlby fa riferimento alla dialettica freudiana dell'Es-Io-Super-io, sostenendo che lo sviluppo della personalità del bambino riduce l'impatto negativo dell'ambiente esterno su di lui. Con lo sviluppo della personalità, siamo in grado di creare un ambiente intorno a noi che è meno ostile e più favorevole. Secondo Bowlby, l'Io è in grado di valutare i bisogni e la necessità di soddisfarli a breve e lungo termine, mentre il Super-io si occupa di integrare l'individuo nel mondo esterno e promuovere armonia e cooperazione con gli altri.

1.7.2 Mary Ainsworth

Mary Ainsworth, collaboratrice e allieva di Bowlby, ha condotto studi sul legame di attaccamento tra madre e bambino. Secondo Ainsworth, lo stile di attaccamento può variare in intensità a seconda dei casi e delle situazioni. La madre svolge un ruolo fondamentale come base sicura per il bambino e deve garantire un adeguato sostegno sia fisico che emotivo. Ainsworth ha condotto esperimenti chiamati "*Strange Situation*" (situazione strana), in cui i bambini venivano inseriti in un ambiente sconosciuto senza la presenza della figura di attaccamento, successivamente veniva introdotta una persona estranea e infine la figura di attaccamento tornava nella stanza. Questi esperimenti sono stati registrati su video e Ainsworth ha individuato tre tipologie di attaccamento:
- **attaccamento sicuro**: quando la madre si separa, il bambino manifesta una certa angoscia, ma riesce ad esplorare l'ambiente in modo sicuro; quando la madre ritorna, il bambino si mostra felice e tranquillo;
- **attaccamento ambivalente/ansioso**: il bambino, sia in presenza che in assenza della madre, manifesta insicurezza, ansia e disinteresse nell'esplorare l'ambiente circostante; quando la madre ritorna, il bambino ha un comportamento ambivalente: cerca la madre ma contemporaneamente la allontana;
- **attaccamento evitante/insicuro**: il bambino si mostra indifferente sia quando la

madre è presente che quando è assente, manifestando un atteggiamento apatico e distante.

Alcuni studiosi hanno successivamente identificato un quarto tipo, chiamato **attaccamento disorganizzato**, che riguarda i bambini che hanno subito abusi da parte dei genitori, i quali sfogavano su di loro i propri problemi. I bambini con attaccamento disorganizzato mostrano vulnerabilità e sono influenzati negativamente dallo stress.

1.7.3 Harry Harlow

Harry Harlow è stato uno psicologo statunitense nato nel 1905 e morto nel 1981. È noto per le sue influenti ricerche sugli effetti dell'isolamento sociale, dell'attaccamento e dell'amore materno nelle scimmie. I suoi studi hanno avuto un impatto significativo sulla comprensione dell'attaccamento e dell'interazione sociale nei primati, nonché sulle implicazioni etiche nella ricerca con gli animali.

Uno dei suoi studi più famosi è stato "*Rhesus Monkey Experiments*" (Esperimenti sulle scimmie Rhesus), condotto negli anni '50 e '60. In questi esperimenti, Harlow separava i cuccioli di scimmia Rhesus dalle loro madri poco dopo la nascita e li metteva in isolamento sociale. Successivamente, introduceva due sostituti madre: uno fatto di filo di ferro rivestito con tessuto, ma privo di nutrimento, e l'altro fatto di tessuto morbido ma fornente nutrimento. L'aspetto più rilevante di questa ricerca è stato scoprire che, nonostante il cibo fosse disponibile solo dalla madre di filo di ferro, i cuccioli preferivano trascorrere la maggior parte del loro tempo con la madre morbida e nutriente. Questo ha dimostrato che il comfort e il contatto fisico avevano un ruolo cruciale nella formazione dell'attaccamento emotivo, superando la semplice gratificazione delle necessità fisiologiche.

Questi studi hanno sfidato le concezioni tradizionali sull'attaccamento, dimostrando che il bisogno di sicurezza e affetto aveva un impatto profondo sull'adattamento sociale e sullo sviluppo psicologico. Harlow ha inoltre evidenziato come l'assenza di figure di attaccamento o l'isolamento sociale potessero portare a gravi problemi comportamentali e psicologici nelle scimmie, come l'ansia, la depressione e l'incapacità di interagire socialmente in modo adeguato.

Sebbene il lavoro di Harlow abbia fornito importanti informazioni sulla natura dell'attaccamento e dell'interazione sociale nei primati, è stato anche oggetto di critiche etiche. L'uso di isolamento sociale e manipolazione delle madri sostitute ha sollevato questioni riguardo al benessere degli animali e all'approccio scientifico alla ricerca comportamentale. Nonostante le controversie, gli studi di Harry Harlow hanno avuto un impatto duraturo sulla psicologia e sulla comprensione dell'attaccamento umano e delle dinamiche sociali. Le sue scoperte hanno influenzato l'approccio alla cura dei neonati e alla promozione dell'attaccamento sicuro nelle prime fasi dello sviluppo umano.

1.7.4 Urie Bronfenbrenner

Bronfenbrenner, uno psicologo americano del XX secolo, ottenne il suo titolo in psicologia dello sviluppo mentale presso l'Università di Harvard. È considerato il principale esponente della corrente biologica, che non vede il soggetto in sviluppo come una "*tabula rasa*" modellata dall'ambiente circostante, ma come un'entità dinamica che cresce e agisce all'interno di una sua struttura, in un'interazione bidirezionale con l'ambiente. Utilizzando il suo "modello ecologico", Bronfenbrenner descrive lo sviluppo del bambino come una serie di cerchi concentrici, interconnessi attraverso relazioni.

Egli identifica diverse strutture concentriche all'interno dell'ambiente ecologico, tra cui:

- Il **Microsistema** (il livello centrale in cui le unità interpersonali, come la diade madre-bambino, interagiscono tra loro e con altre diadi, creando interazioni dirette significative). Un microsistema è una configurazione organizzata di relazioni interpersonali, attività condivise, ruoli e regole, che si manifestano all'interno di luoghi specifici.
- Il **Mesosistema** (composto da vari microsistemi, rappresenta la connessione tra due o più contesti in cui il soggetto partecipa attivamente e le interazioni tra di essi).
- L'**Esosistema**, che rappresenta le interconnessioni tra due o più contesti sociali, di cui almeno uno è esterno all'azione diretta del soggetto. Ad esempio, il rapporto tra la vita familiare e il lavoro dei genitori.
- Il **Macrosistema**, che abbraccia le istituzioni politiche ed economiche, i valori della società e la sua cultura. I comportamenti del Macrosistema si tramandano attraverso le generazioni grazie ai processi di socializzazione condotti da istituzioni culturali come famiglia, scuola, chiesa, luogo di lavoro e strutture politiche.
- Il **Cronosistema**: aggiunto nelle versioni successive della teoria, fa riferimento al momento della vita in cui una persona sperimenta determinati eventi. Ad esempio, la morte di una persona cara avrà interpretazioni diverse in base all'età del soggetto.

All'interno di ciascuna di queste sfere, il ruolo è definito dalle interazioni e dalle attività delle persone all'interno di un contesto sociale specifico, nonché dalle azioni degli altri nei confronti di queste persone. La crescita di un bambino è facilitata dalle interazioni con individui che assumono vari ruoli, consentendo al bambino stesso di interagire in diversi modi e costruirsi un'identità in evoluzione. L'ambiente, naturalmente, influenza ogni aspetto della nostra vita: il nostro pensiero, il nostro comportamento e le nostre emozioni sono modellati da una serie di fattori sociali.

1.8 Lo sviluppo morale: Lawrence Kohlberg

Lawrence Kohlberg è uno psicologo americano che si è basato sui lavori di Jean Piaget per sviluppare la sua **teoria dello sviluppo morale**. Secondo Kohlberg, lo sviluppo morale di una persona avviene attraverso le trasformazioni del pensiero: una persona progredisce moralmente quando la sua struttura di pensiero si modifica. Kohlberg ha identificato tre livelli di ragionamento morale, e ha chiarito che un individuo si trova in uno stadio evolutivo quando raggiunge un certo livello di giudizio e ragionamento morale.

Kohlberg ha condotto studi:
- sia di tipo trasversale, coinvolgendo soggetti di diverse età;
- che di tipo longitudinale, seguendo lo stesso individuo nel corso di un periodo di tempo più lungo.

Le **fasi del ragionamento morale** secondo Kohlberg sono le seguenti:
- fase pre-convenzionale:
  - stadio 1: obbedienza e punizione (il bambino si conforma alle regole per evitare punizioni);
  - stadio 2: individualismo strumentale (il bambino agisce in modo egoistico per soddisfare i propri bisogni e desideri);
- fase convenzionale:
  - stadio 3: concordanza sociale (l'individuo cerca l'approvazione e l'accettazione degli altri, rispettando le norme sociali e i ruoli assegnati);
  - stadio 4: orientamento verso l'ordine sociale (l'individuo rispetta le regole e le leggi per mantenere in vita il corretto funzionamento della società);
- fase post-convenzionale:
  - stadio 5: contratto sociale (l'individuo riconosce il valore dei principi etici universali, come la libertà e l'uguaglianza, e cerca di contribuire a una società giusta attraverso il rispetto di tali principi);
  - stadio 6: principi universali dell'etica (l'individuo sviluppa i propri principi morali autonomi basati sulla ragione e sull'universalità, valutando criticamente le leggi e le norme sociali esistenti).

1.9 La psicologia sociale

La psicologia sociale analizza le dinamiche delle relazioni sociali, l'espressione dell'aggressività, la manifestazione dell'altruismo, la costruzione dell'identità sociale, le tensioni tra gruppi, i meccanismi di guida del processo di *leadership*, nonché il ruolo dell'influenza e della persuasione. Questa branca della psicologia si concentra sul contesto in cui gli individui costruiscono le proprie percezioni, valutazioni e giudizi riguardo alla realtà sociale. Il presupposto cruciale è che i giudizi sociali siano il motore dei comportamenti umani.

1.9.1 Gordon Allport

Gordon Allport, noto psicologo statunitense e figura centrale nel campo della *psicologia sociale,* che descrive come lo studio scientifico delle modalità con cui i pensieri, le emozioni e i comportamenti delle persone vengono modellati dalla presenza tangibile e implicita degli altri. Questa disciplina esamina le interazioni di individui all'interno dei gruppi sociali con cui interagiscono, approfondendo vari aspetti come le dinamiche relazionali, gli atteggiamenti e l'influenza sociale.

Allport ha dedicato sforzi per definire la personalità di ogni individuo, identificando i tratti distintivi che la caratterizzano. Egli definisce la personalità come l'organizzazione dinamica di sistemi psicofisici e sociali che influenzano i comportamenti e gli atteggiamenti di ciascun individuo.

Allport parte dal presupposto che i tratti di personalità, le caratteristiche fondamentali di ciascuno, siano innati. Queste qualità nascono con noi, tuttavia sono dinamiche e flessibili, non rigide. Identità e personalità evolvono nel tempo, continuamente, tanto che è raro trovare individui con personalità identiche. Allport sottolinea che i tratti di personalità sono un intreccio complesso tra il nostro stato psicofisico e la trama sociale. L'influenza dell'ambiente esterno e degli stimoli che riceviamo da esso e dalle persone riveste un ruolo significativo. Pertanto, Allport definisce la personalità come un'entità dinamica, basata su fondamenta innate, ma suscettibile di cambiamenti attraverso le relazioni sociali e l'ambiente in cui viviamo. In particolare, Allport classifica i tratti di personalità in due categorie:

- **tratti comuni**: quelli condivisi con altri individui e che possono essere misurati tramite test di personalità;
- **tratti individuali**: quelli distintivi che rendono ciascuno unico e che emergono dall'osservazione diretta o dalle narrazioni personali.

Allport prosegue suddividendo ulteriormente i tratti individuali in tre categorie:

- **Tratti cardinali** (pervasi da caratteristiche così distintive che descrivono completamente l'individuo e guidano le sue azioni). Questi tratti sono rari e si sviluppano nel tempo.
- **Tratti centrali** (caratteristiche generali che costituiscono il nucleo della personalità). Seppur meno dominanti dei cardinali, sono gli elementi con cui descriviamo gli individui stessi. Secondo Allport, ciascuno di noi ne possiede da 5 a 10, e possono spaziare dalla riservatezza all'intelligenza, dalla timidezza e altro ancora. Questi tratti influenzano la maggior parte dei comportamenti di una persona.
- **Tratti secondari** (meno evidenti e meno frequentemente manifesti rispetto a quelli centrali). Coinvolgono atteggiamenti, gusti e preferenze ed emergono solo in contesti specifici.

Per Allport, i tratti di personalità si definiscono come una combinazione di predisposizioni individuali innate e delle esperienze che ci hanno influenzato durante l'infanzia e il corso della vita.

1.9.2 Kurt Lewin

Kurt Lewin, eminente psicologo di origine polacca e proveniente da una famiglia ebrea, si stabilì successivamente a Berlino. Tuttavia, a causa del giogo nazista, fu costretto a emigrare negli Stati Uniti, dove continuò la sua carriera di psicologo.

Da una prospettiva psicologica, egli sviluppò la **teoria dei campi**. Mediante questa teoria si propose di esaminare il comportamento individuale all'interno del contesto o della situazione specifica in cui si manifesta. Il suo punto di partenza è che le ragioni alla base dei comportamenti umani non vanno cercate nel passato dell'individuo, ma piuttosto nell'ambiente e nel momento in cui si verificano, analizzando così le interazioni tra l'individuo e l'ambiente.

Fondamentale per questa teoria è la nozione di "**valenza**", ossia la forza che spinge verso direzioni positive o negative. Le valenze influenzano le scelte umane, spingendoci verso ciò che è positivo. Inoltre, anche l'ambiente stesso può presentare valenze positive o negative che influenzano il comportamento delle persone, inserite in quello che Lewin definisce il "campo psicologico" o "spazio vitale". Il comportamento, afferma Lewin, è il risultato dell'interazione tra l'individuo e l'ambiente e tale comportamento a sua volta modella il rapporto tra essi. Questo processo genera un equilibrio che, se disturbato, causa tensioni.

Nel contesto della teoria dei campi, come anticipato, Lewin introduce il concetto di **campo psicologico**, una serie di fattori interconnessi (passati, presenti e futuri) che possono influenzare l'individuo. Tra questi fattori vi è lo spazio vitale, la rappresentazione soggettiva dell'ambiente circostante, riflettente la prospettiva personale, influenzato da aspirazioni, desideri e timori. Alcuni confini di questo spazio sono definiti dalle caratteristiche fisiche e sociali dell'ambiente. Un secondo aspetto coinvolge gli eventi sociali o ambientali che accadono indipendentemente da noi. Infine, c'è la "zona di frontiera", dove si fondono lo spazio vitale e il mondo esterno, creando un confine tra oggettività e soggettività. Lewin suggerisce che il campo può differenziarsi in base all'esperienza individuale, delimitando diverse regioni confinanti (frontiere) che comunicano tra loro.

La teoria dei campi si può sintetizzare con la **formula C=f (P, A),** che sostiene che il comportamento sia regolato da fattori interdipendenti, e in cui P rappresenta la personalità e A l'ambiente che circonda l'individuo. Individuo e ambiente sono interconnessi, costituendo lo spazio vitale dell'individuo. Lewin conclude che, per comprendere e prevedere il comportamento di ciascun individuo, è essenziale considerare ambiente e personalità come un'unica realtà.

Nel campo sociale, Lewin esplora il concetto di gruppo e ambiente, affermando che un gruppo è un'entità unica e coesa, non una semplice aggregazione di fenomeni. Il gruppo non è una struttura statica, ma dinamica e in costante mutamento. Lewin sottolinea come le relazioni interne al gruppo siano mutevoli e suscettibili di cambiamenti. All'interno del gruppo esiste una dinamica interna, una serie di forze che cercano di raggiungere e mantenere l'equilibrio. Questa dinamica comporta la conquista e il mantenimento di uno stato specifico. Ogni membro è interdipendente con gli altri, quindi qualsiasi cambiamento che coinvolge una parte del gruppo avrà riflessi su tutto il collettivo. Ad esempio, l'ingresso di un nuovo membro in un gruppo consolidato cambierà dinamiche e aspetti del gruppo. Lewin, coadiuvato da vari collaboratori, ha riconosciuto che le dinamiche di gruppo cambiano e ha analizzato vari aspetti come il ruolo della coesione (un gruppo coeso è più produttivo e armonioso), la funzione del leader (che può influenzare le dinamiche del gruppo) e le reti di comunicazione interne al gruppo. Lewin sostiene che il gruppo sociale sia un'interazione costante tra persone che, unendosi, sviluppano un'identità sociale.

1.10 Sviluppo del linguaggio

1.10.1 Noam Chomsky

Chomsky formulò la **teoria dello sviluppo linguistico**. Egli si oppose al comportamentismo di Skinner, il quale sosteneva che il linguaggio fosse esclusivamente un prodotto culturale appreso tramite la socializzazione, escludendo componenti biologiche innate. Al contrario, Chomsky sottolineò che il linguaggio possiede una marcata componente innata. Secondo lui, ogni individuo sin dalla nascita è dotato di un programma di acquisizione del linguaggio noto come **LAD** (*language acquisition device*), una sorta di software predisposto per elaborare i dati esterni. Chomsky criticò la teoria di Skinner, poiché non riusciva a spiegare come i bambini potessero assimilare regole grammaticali e padroneggiare una lingua in tempi così brevi.

Chomsky affermò che la produzione e la comprensione delle parole derivano dalle regole grammaticali generative, che sono proprietà innate della mente umana. Tali regole condividono strutture generali chiamate "parametri", inclusi nella grammatica universale. Per comprendere questo, bisogna distinguere tra "*competence*" e "*performance*", dove la prima indica la capacità di generare e comprendere infinite frasi, mentre la seconda rappresenta le capacità pratiche dimostrate dall'individuo. Questi termini sono interconnessi, l'uno è causa e l'altro è effetto.

Chomsky ammise che determinare il momento ottimale per l'apprendimento linguistico è praticamente impossibile, poiché dipende dalla genetica individuale, non dalle stimolazioni esterne. I suoi esperimenti sul linguaggio infantile dimostrarono una flessibilità nell'apprendimento, anche per una seconda lingua. Ciò suggerì l'esistenza di una rappresentazione biologica innata delle strutture linguistiche astratte, essendo la struttura profonda delle lingue universale. Di conseguenza, i bambini imparano altre lingue con facilità.

In sintesi, Chomsky sostenne che l'acquisizione del linguaggio non avviene tramite l'imitazione, ma attraverso un processo attivo basato su conoscenze innate, utilizzate per apprendere le regole grammaticali e perfezionarle attraverso la pratica. Ogni individuo possiede un bagaglio di regole grammaticali e logiche innate che consentono la comprensione e la produzione di frasi complesse. La capacità dei bambini di recuperare il linguaggio dopo lesioni evidenziò la loro predisposizione innata. Chomsky vedeva il linguaggio come un sistema autonomo, istintivo e innato, indipendente da influenze esterne.

1.10.2 Uta Frith

Uta Frith è una psicologa del XX secolo che ha dedicato le sue ricerche all'autismo, all'apprendimento della lettura e alla dislessia. Secondo le sue osservazioni, il processo di acquisizione delle regole linguistiche da parte dei bambini attraversa quattro stadi distinti. In ogni stadio, i bambini progrediscono dall'ignoranza totale dei collegamenti tra il linguaggio parlato e scritto fino all'automatizzazione dei processi di lettura, seguendo un percorso gerarchico dove ciascun stadio costituisce la base per il successivo. Questi quattro stadi sono:

- **Stadio logografico o ideografico**: corrisponde alla fase pre-scolare e si caratterizza per il riconoscimento da parte del bambino di alcune parole in base a elementi come la forma e la lunghezza. Nonostante ciò, il bambino non possiede ancora conoscenze sulla struttura fonologica e ortografica delle parole.
- **Stadio alfabetico**: questa fase critica si manifesta durante la prima esperienza scolastica. Il bambino apprende l'esistenza di una forma orale e scritta della parola e sviluppa la capacità di leggere parole sconosciute. Impara a suddividere le parole in sillabe, riconoscendo le convenzioni fonologiche. La lettura avviene tramite l'applicazione delle regole di conversione tra grafemi e fonemi, utilizzando la sequenza dei suoni per collegarla al significato lessicale.
- **Stadio ortografico**: in questa fase, il bambino affina il processo di conversione grafema/fonema e comprende che la combinazione delle lettere in una parola non è casuale, ma risponde a regole ortografiche e sintattiche della lingua.
- **Stadio lessicale**: si forma il "magazzino lessicale", consentendo la lettura e la scrittura automatica. In questa fase, il bambino abbandona il meccanismo di conversione grafema/fonema, poiché le parole già conosciute vengono lette collegando direttamente alla loro forma fonologica.

Tali stadi rappresentano il percorso attraverso cui i bambini sviluppano la loro abilità di lettura, acquisendo gradualmente la comprensione delle regole ortografiche, fonologiche e lessicali, passando dall'elaborazione consapevole all'automatizzazione.

1.11 Persuasione e influenza sociale: Robert Cialdini

La persuasione rappresenta l'atto volontario di influenzare le credenze, gli atteggiamenti, le intenzioni, le motivazioni o i comportamenti di un individuo. Robert Cialdini, un docente universitario, affronta il tema della psicologia della persuasione nel suo libro **"Le armi della persuasione"**, identificando sei fattori che agevolano tale processo:

- **Reciprocità:** si basa sulla tendenza umana a rispondere positivamente a chi ci ha fatto un favore. In pratica, quando qualcuno ci fa un gesto gentile o un favore, si sviluppa in noi un senso di obbligo a restituire il favore. Questo può addirittura portarci a restituire di più di quanto abbiamo ricevuto. Ad esempio, spesso rispondiamo con un complimento in risposta a uno ricevuto.
- Scarsità: rappresenta un principio psicologico in cui diamo maggior valore a ciò che è raro o limitato nel tempo o nelle risorse. Questa mentalità riflette la "regola dei pochi", per cui il nostro desiderio cresce proporzionalmente alla scarsità di qualcosa. Ad esempio, il collezionismo o l'attrazione per offerte speciali che potrebbero scadere presto.
- **Impegno e coerenza:** tendiamo a mantenere le posizioni che prendiamo, poiché la coerenza con le nostre scelte diventa una priorità. Questo fenomeno ci spinge

a mantenere i nostri impegni e a evitare la dissonanza cognitiva, ovvero la conflittualità tra pensieri divergenti.

- **Autorità:** nutriamo rispetto per le figure competenti ed autorevoli. Siamo più inclini a seguire le direttive di chi è considerato un esperto o un'autorità nel campo in questione.

- **Simpatia:** siamo maggiormente influenzati dalle persone che ci suscitano simpatia. Questo processo è stato convalidato da ricerche che dimostrano il potere persuasivo delle emozioni positive.

- Riprova sociale: abbiamo la tendenza a conformarci ai comportamenti e alle idee altrui. L'osservazione di altri che adottano determinati comportamenti o idee ci fornisce una sorta di rassicurazione, ma anche un'opportunità di evitare la responsabilità personale.

Questi fattori, come descritti da Cialdini, dimostrano come la persuasione operi attraverso meccanismi psicologici e sociali profondamente radicati nell'essere umano.

Capitolo II

Intelligenza emotiva, creatività e personalità

2.1 L'empatia

Ogni essere umano ha una diversa probabilità di stabilire relazioni sociali solide e consolidare il processo di socializzazione. La relazione sociale si basa su tre modalità di comunicazione: verbale, non verbale e paraverbale; ma solo la comunicazione verbale è un patrimonio specifico dell'essere umano, in quanto è codificata attraverso il linguaggio parlato. Affinché le relazioni tra gli individui possano svilupparsi in modo appropriato, queste tre modalità di comunicazione dovrebbero armonizzarsi in modo coerente.

Durante l'infanzia, l'empatia inizia a svilupparsi in modo più intenso. L'empatia rappresenta una dimensione dell'intelligenza emotiva e consiste nella capacità di mettersi nei panni degli altri, cioè di comprendere e immedesimarsi nei loro stati d'animo e pensieri sulla base della capacità di interpretare i loro segnali emotivi. L'empatia è il segno distintivo dell'uomo, le cui relazioni sociali caratterizzano la nostra vita quotidiana. Capire come egli viva, come e cosa pensi, serve per allacciare relazioni stabili e significative. La capacità empatica è di fondamentale importanza per stabilire una relazione positiva con gli altri. Favorisce comportamenti pro-sociali e attitudini cooperative per una possibile integrazione sociale. L'empatia implica la capacità di immedesimarsi negli altri pur mantenendo i confini tra la propria identità e quella dell'interlocutore.

La regola fondamentale per una comunicazione empatica attiva è quella di esprimersi in modo chiaro, combinando sempre un contenuto razionale del messaggio, e favorire sia la ricerca dell'identità individuale sia quella della socialità. La mancanza di empatia è alla base di comportamenti aggressivi verbali e fisici nella comunicazione.

Verso la fine del XIX secolo il concetto di empatia si diffonde grazie a **Robert Vicher**, che la definisce come la facoltà della fantasia umana di cogliere la vita esterna come fosse interna al proprio essere.

Successivamente, **Theodor Lipps** sostiene che l'essenza della vita risieda nell'espressione di una forza interiore, e per lui, la sensazione di questa attività coincide con la consapevolezza di sé. L'empatia si configura come il sentirsi in armonia con l'oggetto osservato, comprendendo che esso "percepisce" ciò che noi stessi percepiamo. Lipps afferma che l'osservazione dei movimenti altrui suscita in noi uno stato emotivo analogo a quello alla base dei movimenti stessi che stiamo osservando.

2.1.1 Martin Hoffman

Martin Hoffman, psicologo proveniente dagli Stati Uniti e docente di psicologia presso l'Università di New York, ha fornito un contributo determinante allo studio dell'empatia, considerandola come una qualità frammentata in diverse forme, che si evolvono in modi sempre più maturi e sofisticati. Per Hoffman, l'empatia agisce come un legante che rende possibile la costruzione di relazioni sociali, manifestandosi sin dai primi giorni di vita. Infatti, la prospettiva di Hoffman presenta tre **aspetti empatici** distinti:

- aspetto emotivo: si manifesta in principio, soprattutto nei neonati;
- aspetto cognitivo: coinvolge il pensiero e consiste nella capacità di riconoscere ed etichettare gli stati emotivi vissuti da altre persone, oltre a ipotizzare i pensieri e i desideri dell'altro;
- aspetto motivazionale: si riferisce al desiderio di offrire assistenza, generato in seguito all'esperienza empatica (questo impulso deriva dal fatto che condividere l'emozione dell'altro genera uno stato di benessere in chi offre aiuto).

In aggiunta a ciò, Hoffman classifica cinque forme o **manifestazioni dell'empatia**:

- **Distress empatico globale:** nei primi mesi di vita, i neonati non riescono ancora a discernere se stessi dagli altri individui. Quando essi percepiscono il disagio altrui, sperimentano tale emozione come propria, come se il sentimento non avesse origine esterna, ma fosse interno.
- **Distress empatico egocentrico:** intorno al primo anno di vita, acquisendo la nozione di permanenza dell'oggetto, i bambini iniziano a distinguere se stessi dagli altri, anche se non riescono ancora a discernere tra i loro stati emotivi e quelli degli altri. In questa fase, i bambini imitano le emozioni altrui e osservano attentamente, compiendo gesti che potrebbero essere interpretati come tentativi di assistenza.
- **Distress empatico quasi-egocentrico:** tra il primo e il secondo anno, la distinzione tra i propri stati emotivi e quelli altrui diventa più chiara nei bambini. Essi iniziano ad adottare comportamenti di conforto, abbracciando o accarezzando l'altro, ma la tendenza egocentrica persiste nella scelta degli oggetti con cui cercano di offrire conforto, preferendo quelli significativi per loro stessi.
- **Empatia autentica per lo stato emotivo altrui:** quando si sviluppa la consapevolezza che gli altri possiedono stati emotivi (pensieri, sentimenti) distinti dai propri, il bambino può comprensivamente confortare un amico triste che magari ha perso un oggetto, donandogli il proprio oggetto preferito e cercando di recuperare l'oggetto perduto. In tal modo, il bambino è in grado di empatizzare più profondamente con i sentimenti e i desideri altrui, il che rende il suo aiuto più efficace. Intorno ai 6 anni, con lo sviluppo di abilità linguistiche più avanzate, i bambini riescono a interagire utilizzando significati simbolici e consolidano la capacità di prendere in considerazione il punto di vista dell'altro.
- **Distress empatico oltre il contesto:** a partire dai 9 anni, i bambini, essendosi sviluppati un senso stabile e coerente di sé, capiscono sempre più profondamente che anche gli altri individui possiedono una propria identità, la quale influisce sui loro comportamenti in varie situazioni.

2.1.2 Norma Feshbach

Norma Feshbach emerge come un'autrice di grande rilevanza, che ha elaborato un modello che caratterizzato da una natura multidimensionale, radicata in tre sfaccettature: cognitiva, motoria ed emozionale. Questi tratti corrispondono a competenze altrettanto distintive che, agendo in simbiosi, generano risposte empatiche.

Queste abilità si possono definire come segue: la capacità di interpretare gli stati emotivi vissuti da altri individui (cioè l'abilità di utilizzare informazioni rilevanti per identificare e distinguere le emozioni); la capacità di assumere il ruolo e la prospettiva di un altro individuo (cioè la capacità di comprendere il punto di vista degli altri); e la capacità di rispondere emotivamente alle emozioni sperimentate da un'altra persona (cioè l'abilità di condividere lo stato emotivo degli altri). Le prime due competenze appartengono alla sfera cognitiva, mentre la terza riguarda l'aspetto emotivo. Solamente abbracciando internamente l'emozione che altri vivono, si può affermare con precisione di avere sperimentato empatia *in toto*.

Il concetto di empatia si estende ulteriormente, incorporando l'empatia culturale (ovvero la capacità di accogliere usanze e abitudini proprie di culture diverse dalla propria); l'empatia positiva (un coinvolgimento profondo nella felicità altrui) e l'empatia negativa (l'incapacità di comprendere la gioia altrui).

2.1.3 Karla McLaren

Karla McLaren è una studiosa delle scienze biologiche e sociali che ha condotto indagini sull'empatia. McLaren ha elaborato un quadro unificato noto come *Six Essential Aspects of Empathy*, che mette in luce sei processi intrinseci all'empatia. Questi sono:

- **Trasmissione emotiva:** questo processo potrebbe essere definito come istintivo. Le emozioni vengono sperimentate in modo istantaneo e reagiamo alle emozioni degli altri in maniera automatica. Individui iperempatici possono assorbire come spugne ogni tipo di emozione, inclusi stati negativi come stress e sofferenza, e necessitano di apprendere a non esserne sopraffatti.
- **Precisione empatica:** rappresenta la capacità di comprendere sia le proprie emozioni che quelle altrui attraverso un'osservazione attenta.
- **Regolazione emotiva:** questo processo riguarda la competenza di riconoscere, gestire e lavorare consapevolmente con le proprie emozioni. Tale abilità mira a sostituire uno stato emotivo inappropriato con uno più funzionale.
- **Cambio prospettico:** tale abilità consente di vedere il mondo con gli occhi degli altri, immergendosi nelle loro circostanze e comprendendo pensieri, desideri e timori.
- **Preoccupazione genuina per gli altri:** si tratta dell'abilità di immedesimarsi nelle emozioni altrui, di prendersi cura di loro e di esprimere compassione.
- **Coinvolgimento intuitivo:** questo rappresenta il livello più elevato di empatia. Indica la capacità di prendere decisioni intuitive e di rispondere in modo efficace

e funzionale alle esigenze altrui. Comprendere gli altri può elevare l'autostima e arricchire le relazioni personali.

2.1.4 Klassen time

In Danimarca, l'empatia rappresenta una vera e propria disciplina scolastica. Durante la settimana, un'ora viene dedicata all'interazione e alla conversazione al fine di migliorare le dinamiche sociali tra gli studenti. Tale pratica coinvolge giovani dai sei ai dodici anni e consente loro di investire del tempo in dialoghi e comunicazione reciproca con l'obiettivo di accrescere la qualità delle relazioni interpersonali. A tal fine, sono disponibili delle caselle in cui gli alunni possono inserire domande o tematiche da discutere. Inoltre, gli insegnanti incoraggiano gli studenti a condividere osservazioni positive all'interno di tali caselle, in modo che l'intera classe possa leggerle e affrontarle insieme. Varie strategie pedagogiche vengono implementate, quali dibattiti, risoluzione di problemi e giochi di ruolo.

2.1.5 Life skills

L'Organizzazione Mondiale della Sanità (OMS) ha inserito l'empatia tra le dieci "*life skills*", ossia abilità fondamentali, che vengono ritenute cruciali per un'efficace interazione sociale e lavorativa. Queste abilità, apprendibili e migliorabili mediante adeguato allenamento, possono diventare un solido sostegno per il nostro benessere psicofisico e l'autostima. L'OMS ha strutturato queste *life skills* in tre categorie principali: emotive, relazionali e cognitive.

Le ***life skills* emotive** abbracciano la consapevolezza di sé, la gestione delle emozioni e il controllo dello stress. La consapevolezza di sé implica un approfondito riconoscimento delle proprie caratteristiche, punti di forza e limitazioni, nonché la comprensione delle emozioni e dei bisogni interiori. Questo percorso richiede un'attenzione sensibile verso i propri sensi. Sin dalla giovane età, è importante ascoltare e comprendere i nostri gusti e preferenze. La gestione delle emozioni è cruciale, in quanto ci permette di non essere sopraffatti dalle emozioni degli altri o dalle nostre. Impariamo a utilizzare strumenti adeguati a gestire le emozioni, evitando di lasciarci travolgere da esse. Un passo in questa direzione consiste nel riconoscere e nominare le emozioni che sperimentiamo, cercando di individuarne le origini e diminuirne l'intensità. Infine, la gestione dello stress aiuta a identificare e comprendere le sue cause, aprendo la strada al benessere psicofisico e alla capacità di adattare l'ambiente circostante.

Le ***life skills* relazionali** includono la comunicazione efficace, le relazioni interpersonali e l'empatia. Comunicare in modo efficace richiede la comprensione del messaggio trasmesso e la capacità di far comprendere la propria intenzione. Questo coinvolge l'ascolto attivo dell'altro, garantendo una coerenza tra comunicazione verbale, non verbale e paraverbale. Le relazioni interpersonali di qualità si basano su abilità interpersonali solide, che consentono di stabilire legami duraturi e significativi. L'assertività è un elemento cruciale, poiché permette di esprimere i propri bisogni rispettando quelli degli altri. Questa abilità richiede un'autoanalisi per riconoscere il proprio stile relazionale e, se necessario, sviluppare uno stile assertivo che favorisca la comunicazione aperta e rispettosa. L'empatia rappresenta un altro pilastro delle competenze relazionali, offrendo la capacità di comprendere le prospettive e le reazioni altrui. Questa abilità permette di decifrare le motivazioni dietro comportamenti apparentemente distanti dalla nostra esperienza personale.

Le **life skills cognitive** includono il pensiero creativo, il pensiero critico, la capacità di prendere decisioni e la risoluzione dei problemi. Il pensiero creativo consiste nell'ideare soluzioni nuove e alternative a problemi esistenti. Questa abilità offre un approccio innovativo alle sfide quotidiane. Il pensiero critico, invece, aiuta a esaminare situazioni da un punto di vista oggettivo, evitando di essere influenzati da giudizi esterni o emozioni personali. Prendere decisioni implica la valutazione consapevole delle opzioni disponibili, al fine di giungere a una scelta congruente con la situazione. La risoluzione dei problemi richiede l'analisi metodica delle fasi decisionali per giungere a soluzioni ottimali.

2.2 Le emozioni

L'emozione rappresenta la risposta fisica e mentale con cui un individuo reagisce sia alle situazioni effettive in cui si trova, sia alle riflessioni interne che elabora. Un'emozione corrisponde a un processo psicologico articolato in una sequenza di cambiamenti che è promossa da un evento scatenante causato da modificazioni dell'ambiente esterno o interno. Le emozioni sono una conseguenza di squilibri che si verificano nell'*appraisal*, l'operazione che consente il monitoraggio dell'individuo e dell'ambiente. Attraverso l'emozione si comunica e si trasmette agli altri il proprio stato affettivo.

Le emozioni si suddividono in due categorie: emozioni primarie e emozioni secondarie. Le emozioni primarie emergono nei primi stadi della vita umana e sono innati e autonomi. Comprendono la rabbia, la paura, la tristezza, la gioia, la sorpresa, il disgusto e l'accettazione. Le emozioni secondarie, invece, si sviluppano con la maturità individuale e l'interazione con il mondo circostante. Queste possono variare dalla negatività dell'invidia, della gelosia, dell'angoscia, della rabbia e dell'ansia, alla positività della gioia, della speranza, del perdono e della sorpresa.

Silvan Tomkins, un teorico della personalità e psicologo, categorizzò le emozioni in otto classi: interesse, gioia, sorpresa, angoscia, rabbia, disgusto, vergogna e paura.

Johnson Laird raggruppò le emozioni in cinque categorie: gioia, tristezza, paura, rabbia e disgusto.

Nel suo lavoro, **Paul Ekman** ha identificato sei emozioni fondamentali: rabbia, paura, tristezza, gioia, disgusto e sorpresa. In aggiunta, ha sviluppato il Sistema di codifica delle azioni facciali (**FACS**), un metodo per analizzare le espressioni del volto suddividendole in piccole unità di movimento muscolare e assegnando un significato a ciascuna di esse. In questo sistema, le espressioni di base, come rabbia, sorpresa, paura, tristezza e gioia, sono identificate attraverso sottili movimenti dei muscoli della fronte, delle sopracciglia, delle palpebre, del naso e delle labbra.

2.3 Le teorie dello sviluppo emotivo

2.3.1 L. Alan Sroufe

L. Alan Sroufe, psicoanalista americano, emerge come il principale aderente alla teoria della "**differenziazione emotiva**". Questa prospettiva sostiene che, fin dalla nascita, ogni individuo possieda un insieme di emozioni indistinte, le quali si delineano man mano che si sviluppa. Secondo Alan, è cruciale esaminare il processo di valutazione cognitiva dell'eccitazione, che scaturisce le emozioni attraverso i seguenti percorsi:

- fusione di piacere e gioia: manifestazioni di sorriso e sensazioni di benessere;
- associazione di vigilanza e paura: lacrime in risposta a stimoli eccessivamente prolungati;
- sintesi di frustrazione e rabbia: pianti derivanti da impedimenti motori.

Per Alan, la risposta emotiva è plasmata non soltanto dall'eccitazione, ma anche dall'attività cognitiva che orienta l'elaborazione di tale eccitazione. Nel suo trattato "Il progresso delle emozioni", egli espone otto **fasi di sviluppo emotivo**:

- fase iniziale: in questo stadio, il neonato è quasi inavvertibile agli stimoli esterni, manifestando azioni che riflettono il benessere, come i sorrisi durante il sonno o i pianti rabbiosi a seguito di qualche fastidio;
- secondo stadio (fino al terzo mese): in questo periodo, il bambino inizia a reagire al mondo esterno e manifesta sensibilità verso le stimolazioni, accompagnate da vari vocalizzi e movimenti motori;
- terzo stadio (da tre a sei mesi): si intravedono le prime reazioni mirate all'ambiente esterno, insieme all'esplosione di una vera vita emotiva; si verificano sorrisi sociali, sensazioni di piacere e rabbia con elementi cognitivi distinti;
- quarto stadio (da sette a nove mesi): qui emerge una chiara differenziazione delle emozioni e il bambino acquisisce consapevolezza delle risposte emotive; vengono riconosciute emozioni quali gioia, paura, rabbia e sorpresa;
- quinto stadio (da nove a dodici mesi): inizia l'esplorazione dell'ambiente, accompagnata da esperienze di attaccamento e separazione, segnando il bisogno di una presenza costante (questo è il periodo in cui si stabiliscono legami profondi tra il bambino e i suoi *caregiver*);
- sesto Stadio (dodici-diciotto mesi): rappresenta la fase sperimentale in cui il bambino esplora l'ambiente e affronta la sfida della separazione;
- settimo stadio (diciotto-trentasei mesi): il conflitto tra attaccamento e separazione contribuisce allo sviluppo dell'autoconsapevolezza e delle emozioni correlate, come l'affetto per sé, la vergogna e altre emozioni che dipendono dalla coscienza di sé;
- ottavo stadio (da tre a cinque anni): si assiste all'insorgenza di espressioni emo-

tive più intricate e il bambino inizia a comprendere le conseguenze delle sue emozioni, imparando a modellarle e, talvolta, nasconderle.

2.3.2 Carroll E. Izard

Carroll E. Izard, uno psicologo e ricercatore americano, è noto per il suo apporto alla teoria delle emozioni differenziali. Egli afferma che, sin dalla nascita, un neonato possieda un complesso di emozioni di base, tra cui rabbia, tristezza, gioia e disprezzo.

Per ogni emozione distintiva, esistono programmi neurali innati e universali, e le manifestazioni emotive emergono in concomitanza con lo sviluppo neurologico. Inoltre, in una fase iniziale, lo sviluppo del sistema emotivo è intrinseco, poi le esperienze e l'apprendimento ne modulano le emozioni. Le espressioni facciali del bambino sono stereotipate e automatiche; in seguito, attraverso le interazioni sociali e l'assimilazione di nuove conoscenze, il bambino apprende a separare l'espressione dall'esperienza emotiva, conseguendo la capacità di gestire e simulare i propri sentimenti. Con il passare del tempo, acquisisce un suo stile emotivo, che pian piano si trasforma nel suo temperamento individuale, rimanendo relativamente costante lungo la sua esistenza. Le modifiche avverranno nei motivi e nelle conseguenze delle emozioni.

2.4 La teoria delle intelligenze multiple: Howard Gardner

Nel suo libro "*Formae mentis*", Gardner propone la teoria dell'intelligenza multipla. Partendo dal presupposto che l'intelligenza non può essere misurata solo attraverso il quoziente intellettivo (QI), Gardner sostiene che gli esseri umani possiedono diverse forme di intelligenza. Egli identifica sette intelligenze principali, ovvero:

- **logico-matematica**, coinvolta nella valutazione di oggetti astratti o concreti e nella capacità di individuare relazioni e principi tra di essi;
- **linguistica**, legata all'uso del linguaggio e alla capacità di variare il registro linguistico;
- **musicale**, ossia l'abilità nella composizione e nell'analisi di brani musicali;
- **spaziale**, ossia la capacità di percepire e rappresentare oggetti visivi anche mentalmente, anche in assenza degli stessi;
- **cinestetica**, coinvolta nel controllo e nel coordinamento dei movimenti del corpo, nonché nella manipolazione degli oggetti a fini espressivi;
- **interpersonale**, ossia l'abilità nel comprendere le emozioni degli altri e relazionarvisi in modo efficace;
- **intrapersonale**, la capacità di comprendere le proprie emozioni e di trasformarle in forme accettabili.

Successivamente, Gardner introduce due intelligenze aggiuntive:

- **naturalistica**, ossia la capacità di riconoscere e classificare gli oggetti presenti nella natura, cogliendo le relazioni tra di essi;

- **esistenziale**, che riguarda la riflessione sulle grandi questioni esistenziali, come la natura dell'uomo, la vita e la morte.

Secondo Gardner, queste diverse intelligenze possono essere presenti in misura diversa in ogni individuo e non possono essere ridotte a una singola misura di intelligenza generale.

Nel saggio "Cinque vie per il futuro", Gardner argomenta che i giovani possiedano cinque fondamentali strade per affrontare il loro cammino: *l'intelligenza disciplinata* (connessa alle conoscenze teoriche), *l'intelligenza sintetica,* che implica la capacità di unire informazioni provenienti da diverse fonti mediatiche; *l'intelligenza creativa,* che consente di individuare soluzioni originali per sfide inedite; *l'intelligenza rispettosa* dell'altro e, infine, *l'intelligenza etica,* che li guida verso un'esistenza consapevole nel mondo.

2.5 La teoria delle tre intelligenze di Sternberg

Sternberg suddivide l'intelligenza in tre distinte forme: analitica, creativa e pratica.

L'intelligenza analitica abbraccia la capacità di scomporre in parti, analizzare in dettaglio, valutare e formulare giudizi. Da un punto di vista didattico, gli studenti dotati di questa capacità saranno inclini alle discipline scientifiche e matematiche.

L'intelligenza creativa è la capacità di intuizione e di affrontare nuove situazioni o concepire soluzioni innovative. Coloro che manifestano questa capacità tenderanno verso le arti e la letteratura.

L'intelligenza pratica riguarda l'abilità di utilizzare strumenti, organizzare e pianificare. Individui dotati di questa capacità si inclineranno verso discipline pratiche e tecniche.

Il compito dell'insegnante non si limita a guidare gli studenti verso le materie in cui eccellono, ma riguarda la formazione completa degli allievi sotto tutti gli aspetti dell'intelligenza e delle sfaccettature.

2.6 Teorie sull' intelligenza emotiva

2.6.1 Daniel Goleman

Nel suo libro "Intelligenza emotiva", Goleman sostiene che la conoscenza di sé e l'empatia sono radicate nell'intelligenza umana e costituiscono gli elementi che influenzano la vita di ogni individuo, contribuendo a formare l'intelligenza emotiva. Quest'ultima rappresenta un aspetto dell'intelligenza legato alla capacità di identificare e regolare consapevolmente le proprie emozioni e quelle degli altri. Goleman si basa sulla teoria di Gardner, considerando in particolare l'intelligenza intrapersonale e interpersonale, e specifica due sotto-categorie:

- **competenze personali**: coinvolgono la consapevolezza dei propri aspetti personali e la capacità di gestire la propria vita;

- **competenze sociali**: riguardano la capacità di comprendere gli altri e interagire efficacemente con la realtà sociale.

Secondo Goleman, l'intelligenza emotiva consiste nella consapevolezza di sé, nell'autovalutazione oggettiva delle proprie abilità e limiti, nella fiducia in sé stessi, nell'autocontrollo, nell'empatia e nell'adoperare i propri sentimenti per uno scopo. Chi possiede un'autodisciplina emotiva è in grado di comportarsi in modo appropriato nelle diverse situazioni, rispettando le regole sociali e avendo consapevolezza delle proprie responsabilità e dei propri errori.

2.6.2 Bar-On

Bar-On è stato tra i pionieri nell'esplorazione dell'intelligenza emotiva, che egli definisce come la combinazione di abilità emotive e sociali (non di natura cognitiva) interconnesse tra loro. Questi fattori influenzano la capacità dell'individuo di agire e adattarsi alle varie situazioni sociali.

È celebre per aver introdotto il concetto di QE o EQ (quoziente emotivo), misurato attraverso il questionario **Emotional Quotient Inventory** (EQ-I). Questo strumento si basa su cinque principali ambiti di competenza: abilità intrapersonali (consapevolezza di sé), abilità interpersonali (relazioni con gli altri), adattamento alle situazioni, strategie di gestione dello stress, fattori motivazionali e il proprio stato emotivo generale (felicità).

2.6.3 Robert Selman

Robert Selman è uno psicologo americano noto per il suo lavoro sullo sviluppo sociale e sul concetto di *role-taking* (assunzione di ruoli) nei bambini e negli adolescenti. Ha evidenziato come il *role-taking* sia un'abilità fondamentale per comprendere il punto di vista degli altri e vedere sé stessi dalla prospettiva altrui.

Selman ha individuato cinque stadi evolutivi del role-taking nei bambini:
- **stadio egocentrico**: fino ai 6 anni, i bambini sono concentrati sulle loro esperienze e hanno difficoltà a comprendere le prospettive degli altri;
- **stadio soggettivo**: dai 6 agli 8 anni, i bambini riconoscono che ogni persona ha un proprio punto di vista e che le interpretazioni possono variare da individuo a individuo;
- **stadio autoriflessivo**: dagli 8 ai 10 anni, i bambini sono consapevoli che gli altri giudicano le azioni e le scelte e comprendono che anch'essi osservano e giudicano gli altri;
- **stadio reciproco**: dai 10 ai 12 anni, i bambini riconoscono che in una situazione sociale possono esistere diverse prospettive e si sviluppa la capacità di considerare più punti di vista;
- **stadio sociale**: dall'adolescenza in poi, i giovani comprendono che le persone sono influenzate dai loro valori, abitudini, esperienze personali e stati d'animo;

riconoscono che le relazioni sociali sono determinate da una complessa interazione di valori individuali.

Questi stadi rappresentano una progressione nel raggiungimento di una maggiore consapevolezza degli altri e della diversità di punti di vista. Il concetto di *role-taking* di Selman è importante per comprendere lo sviluppo della capacità di mettersi nei panni degli altri e di considerare le diverse prospettive nelle interazioni sociali.

2.7 Creatività e pensiero divergente

La creatività rappresenta la facoltà mentale di ideare e generare. In tempi antichi, veniva vista come il risultato di un'ispirazione divina, attribuendo certi individui con questo dono grazie alla volontà degli dèi, che si manifestava attraverso i loro talenti. Si considerava altresì l'espressione della genialità di persone singole, soprattutto artisti, che con le loro abilità e le loro creazioni costruivano opere così straordinariamente belle e affascinanti da lasciare tutti senza parole. Nel corso del tempo, la creatività ha iniziato a essere concepita come la capacità di superare schemi e certezze. I primi studi risalgono alla seconda metà dell'Ottocento, quando la creatività veniva considerata come una caratteristica genetica ed ereditaria.

Nel 1900, **Henri Poincaré** definì la creatività come la capacità di unire elementi esistenti in modi nuovi e utili. Un altro psicologo di rilievo, **Mayer,** la descrisse come la capacità dell'individuo di interagire con l'ambiente in modo flessibile.

Carl Jung identificò due modalità di sviluppo del processo creativo: una psicologica (dove il contenuto creativo è guidato da uno scopo conscio e diretto) e una visionaria (dove il processo creativo proviene da un profondo archetipo inconscio, attingendo a una dimensione senza tempo).

Nell'era attuale, la prospettiva psicologica tratta la creatività come un tipo di pensiero accessibile a tutti, purché stimolato adeguatamente, e che può evolvere in un autentico stile cognitivo.

2.7.1 J. Paul Guilford

Lo psicologo statunitense Paul Guilford è stato il primo a introdurre il concetto di **pensiero divergente**, un concetto strettamente legato all'atto creativo. Il pensiero divergente rappresenta un approccio aperto alla scoperta di soluzioni nuove e alternative per un problema, riconoscendo che non esiste una sola risposta corretta. Naturalmente, la creatività richiede un tocco di originalità, ma anche in questa prospettiva il pensiero divergente svolge un ruolo chiave: più ampio è il ventaglio di possibilità che possiamo generare, maggiore è la probabilità che una di esse rappresenti qualcosa di innovativo. Il pensiero divergente trova la sua utilità nell'affrontare problemi aperti, che ammettono più soluzioni, come quelli legati all'ambiente, alla società, all'etica e all'arte. È in questo contesto che il pensiero divergente si avvicina al concetto di creatività, poiché alimenta l'intuizione e stimola la generazione di nuove idee.

La definizione di Guilford del 1967 in merito al pensiero divergente evidenzia che questo può essere misurato attraverso vari indici:

- fluidità, ovvero la quantità di idee generate;
- flessibilità, cioè la capacità di passare da un'idea all'altra senza perdere il filo logico;
- originalità, la costante sfida con se stessi per trovare idee originali, evitando di fossilizzarsi sulle prime intuizioni;
- elaborazione, la capacità di sviluppare e argomentare le proprie idee;
- valutazione, la capacità di considerare le idee più valide al fine di individuare la soluzione migliore per il problema.

Questo tipo di ragionamento, intrinseco al pensiero divergente, ci aiuta a cambiare prospettiva, ossia a guardare le situazioni da angolazioni differenti. Questo approccio non solo ci consente di cambiare prospettiva, ma ci permette anche di generare soluzioni sempre nuove e più creative.

Guilford contrappone al pensiero divergente il concetto di **pensiero convergente**, che è più logico, lineare e rigido. Questo tipo di pensiero è utilizzato per risolvere problemi con una sola soluzione possibile, convergendo su una risposta unica. Il pensiero convergente si adatta ai problemi che richiedono una soluzione specifica, seguendo regole predefinite e già esistenti. È un processo logico e razionale, basato su una sequenza deduttiva, l'applicazione meccanica di regole imparate e l'analisi sistematica di informazioni. Nel contesto dell'apprendimento, il pensiero convergente trova maggiore applicazione nelle materie scientifiche, mentre il pensiero divergente si adatta meglio a situazioni più artistiche e creative.

Il pensiero divergente è stato successivamente definito come **"pensiero produttivo"**, contrastandosi con il **"pensiero riproduttivo"**. Mentre il pensiero produttivo implica la capacità di combinare dati per generare soluzioni nuove e creative, il pensiero riproduttivo si basa sulla memorizzazione di schemi validi anche per problemi futuri, riproponendo gli stessi passaggi per giungere alle soluzioni in modo prevedibile.

2.7.2 Edward de Bono

Edward de Bono, uno psicologo proveniente da Malta, è riconosciuto come uno dei principali esperti nella sfera della creatività e soprattutto come il pioniere del pensiero laterale.

Nei suoi numerosi scritti, De Bono affronta l'interessante dualità tra il pensiero verticale e il pensiero laterale. Il **pensiero verticale** è l'approccio che costantemente cerca soluzioni nuove, ma resta ancorato alle stesse premesse abituali e segue le medesime vie familiari e ben conosciute. Di conseguenza, il pensiero verticale ci impedisce di esplorare nuovi percorsi, confinandoci nei ragionamenti abituali che ormai fanno parte del nostro *modus operandi*.

D'altra parte, il **pensiero laterale** è ciò su cui dobbiamo fare affidamento quando ci troviamo nella necessità di scoprire vie inedite per giungere a soluzioni nuove, persino più creative e innovative. Per raggiungere questo obiettivo, dobbiamo rimodellare i dati esistenti e partire da presupposti differenti rispetto a quelli usuali. La preferenza per il pensiero laterale è sostenuta dalla volontà di evitare di restare intrappolati nei ragionamenti logici consueti. De Bono sottolinea l'importanza di sfuggire ai soliti schemi ripetitivi, che sono logici e rigidi, e invece di sondare il territorio interiore, il caos interno che può portarci a soluzioni più gratificanti e sorprendenti.

In aggiunta, è fondamentale possedere metodi e strumenti che facilitino tali processi di pensiero. Questo è il contesto in cui entrano in gioco le mappe creative, strumenti che consentono di catturare le idee e di registrarle, predisponendole per una rielaborazione successiva. Dato che la mente umana è capace di mutare a proprio piacimento il modo in cui considera un evento, De Bono suggerisce l'uso di "cappelli" diversi a seconda delle situazioni. Ecco dove entra in gioco il concetto dei Sei cappelli del pensiero.

Edward de Bono sostiene che attraverso l'uso dei **"Sei cappelli per pensare"** è possibile trovare soluzioni e generare prospettive creative differenti rispetto alle abitudini di pensiero. L'approccio dei sei cappelli per pensare è stato sviluppato per funzionare in contesti di gruppo, ma può essere altrettanto efficace nell'ambito individuale. Questi Sei cappelli per pensare hanno la capacità di stimolare diverse sfaccettature della mente, creando una mappa completa che guidi in modo efficace dalla concezione all'attuazione.

Ma come funziona questo approccio? In modo figurativo, ci mettiamo sei cappelli diversi, ognuno dei quali ci spinge a interpretare un ruolo distinto e a esaminare il problema da un angolo diverso. Questo contrasta con la tendenza del nostro cervello a rimanere ancorato a schemi di ragionamento consolidati. L'atto di indossare un "cappello" determina automaticamente un'autoriflessione sul nostro pensiero, rappresentando una tecnica metacognitiva utile per separare il flusso dei pensieri che si intrecciano nella mente, consentendoci di esaminare le questioni da diverse angolazioni. I Sei cappelli facilitano l'attivazione di diverse regioni cerebrali, aiutandoci a osservare le cose da una prospettiva diversa. Le applicazioni dei cappelli spaziano dall'uso individuale al contesto di gruppo, dalla conduzione di riunioni in maniera creativa ed efficace fino all'ambito della creatività stessa. Questo approccio può anche essere applicato con gli studenti, che possono indossare fisicamente i diversi cappelli per migliorare la concentrazione oppure posizionare in un punto visibile un cappello del colore corrispondente, che guidi l'elaborazione delle idee relative al tema scelto.

Il primo cappello da indossare è il **cappello bianco**, simbolo di neutralità. Quando lo indossiamo, analizziamo i dati come un computer, esaminandoli senza interpretarli né giudicarli, e limitandoci a presentarli così come sono. Pensare con il cappello bianco significa rimanere neutri e oggettivi, valutando solo ciò che è supportato da evidenze. Il **cappello rosso**, invece, è il cappello delle emozioni e della passione, permettendoci di esprimere sensazioni, intuizioni e presentimenti. Le sensazioni non sono filtrate dalla ragione o dalla razionalità, ma sono espressioni libere. Il **cappello giallo** rappresenta l'ottimismo e quindi, quando lo indossiamo, emergono il nostro spirito positivo e la propositività. Fondato su basi logiche, valuta guadagni e benefici e fornisce suggerimenti e proposte concrete. Il **cappello nero**, scuro e negativo, ci guida a comprendere gli aspetti negativi o le potenziali soluzioni dannose. Se il cappello bianco presenta i fatti, il cappello nero li sottopone a prova, cercando di identificare ciò che è debole, falso, errato o in conflitto con l'esperienza. Il **cappello verde** indica aperture creative, ed è un cappello che può essere indossato per periodi prolungati. Simboleggia la fertilità, aiutandoci a generare una moltitudine di soluzioni e idee creative per il problema. Questo cappello ci guida a liberarci dagli schemi rigidamente strutturati che spesso ci intrappolano quando affrontiamo una questione, promuovendo il pensiero creativo e aiutandoci a scoprire valide alternative alla soluzione del problema stesso. Infine, c'è il **cappello blu**, associato al cielo, che suggerisce una prospettiva distaccata, invitandoci a considerare il problema dall'alto e ad analizzare tutti gli elementi che lo compongono per stabilire un metodo pratico e seguire un percorso verso una soluzione più concreta. Il cappello blu stabilisce priorità e metodi, pone domande esplorative, pianifica il pensiero e definisce le regole per raggiungere una soluzione.

2.7.3 Graham Wallas

Wallas è stato un professore universitario nel campo delle scienze politiche e delle relazioni internazionali. Ha formulato un modello delle fasi del processo creativo, strutturato in quattro tappe:

- **Preparazione**: raccogliere dati e informazioni, identificare un problema all'interno di un determinato contesto e analizzare le informazioni disponibili. Questa fase si concentra sull'osservazione e sull'immersione, individuando situazioni complesse e interessanti che stimolano la curiosità.
- **Incubazione**: coinvolge l'elaborazione mentale del materiale e delle informazioni raccolte. Si creano annotazioni, si apportano modifiche e si fanno collegamenti insoliti che migliorano gradualmente il processo mentre le idee emergono. Durante questa fase, il problema viene scomposto in parti più piccole e analizzato un passo alla volta.
- **Illuminazione** o **intuizione**: si tratta del momento in cui l'idea o la soluzione al problema si manifestano spontaneamente e inaspettatamente. È il momento in cui le idee iniziano a prendere forma. Alcuni autori si riferiscono a questo istante come "esperienza *eureka*". Questa fase segna la materializzazione dell'idea ed è caratterizzata da una gratificazione personale significativa.
- **Verifica**: la fase conclusiva, in cui si verifica se l'idea è effettivamente valida o meno. Una volta confermata l'utilità dell'idea, ci si dedica al tempo e all'attenzione necessari per svilupparla e metterla in pratica.

2.7.4 Paul Torrance

Paul Torrance, uno psicologo statunitense celebre per le sue indagini sulla creatività, ha ideato un test denominato **TTTC** (*Torrance Test of Creative Thinking*) che valuta la capacità di generare risposte originali e diverse, combinando elementi di diversa natura. Questo strumento è utilizzato per prevedere il potenziale creativo dei bambini, a partire dai 5 anni. Tale sviluppo è valutato attraverso quattro criteri: la fluidità (misurata in base al numero di risposte che una persona può fornire), la flessibilità (che valuta l'elasticità mentale, cioè quante categorie diverse possono essere utilizzate per classificare le idee generate), l'originalità (un fattore più relativo, poiché dipende dal contesto in cui l'idea emerge) e l'elaborazione (che giudica la precisione e la profondità dei dettagli). I bambini che ottengono punteggi elevati hanno maggiori probabilità di svilupparsi come adulti dotati di creatività.

2.7.5 Frank Williams

Williams, d'altro canto, è colui che ha sviluppato il metodo **TCDT** (Test della creatività e del pensiero divergente).

Mediante l'esame di 4 componenti cognitive-divergenti del pensiero creativo e 4 aspetti emotivo-divergenti della personalità creativa, è possibile creare un profilo dettagliato della creatività nei giovani. Questo test consente di valutare alcuni dei fattori psicologici più rilevanti associati alla creatività umana.

2.7.6 Hubert Jaoui

L'autore di origini francesi Jaoui emerge come uno dei precursori dell'applicazione della creatività e come ideatore del modello **PAPSA**. Questo approccio parte dalla consapevolezza che la risposta istintiva a un problema sia spesso la ricerca immediata di una soluzione. Tuttavia, è frequente scoprire che queste prime soluzioni si rivelano alla fine inadeguate. Per questo motivo, la risoluzione creativa dei problemi richiede l'adozione di un metodo strutturato a più fasi. Il metodo PAPSA sintetizza le diverse fasi del processo creativo e si presta come strumento versatile, adattabile a molteplici contesti, sia essi scientifici, artistici o legati alla crescita personale. Queste fasi sono le seguenti:

- **Percezione:** questa fase si pone l'obiettivo di individuare le opportunità all'interno di situazioni che potrebbero sembrare tranquille e di identificare i problemi prima che abbiano effetti negativi.
- **Analisi:** qui si esplora la struttura del problema al fine di identificare i parametri d'azione più efficaci. Questo è il momento di esplorare l'intero spettro del problema attraverso diverse prospettive.
- **Produzione:** l'obiettivo di questa fase è generare soluzioni rilevanti, partendo dagli aspetti del problema emersi durante l'analisi. L'intento è generare rapidamente una serie di idee originali, anche stravaganti o irrealistiche.
- **Selezione:** si procede alla scelta delle idee che meglio si allineano alla visione prospettica e che rispondono al meglio agli obiettivi delineati nella fase di analisi.
- **Applicazione:** questa fase si focalizza sull'individuare gli strumenti necessari per mettere in pratica l'idea o la soluzione.

Ogni fase prevede la concentrazione su coppie di aggettivi che fungono da guida, creando un binomio di due fasi essenziali che favoriscono il flusso del pensiero creativo e che rompono gli schemi rigidamente logici. Per ciascuna di queste fasi, sono state sviluppate diverse tecniche creative, rispettando l'alternanza tra divergenza e convergenza.

Nella fase divergente, le idee fluiranno senza restrizioni, mentre nella fase convergente si cercherà di riportare ordine attraverso un'ottica di realismo, contestualizzazione e razionalizzazione basata su ciò che è stato elaborato precedentemente.

2.7.7 Il concassage

La tecnica del concassage costituisce un metodo finalizzato a stimolare la creatività e si può tradurre con il termine "frantumazione". Questa procedura implica l'affrontare un problema in maniera agitata attraverso una serie di domande focalizzate su vari elementi che lo costituiscono, al fine di analizzarlo da prospettive divergenti e insolite.

Tale metodologia è stata congegnata da Michel Fustier e coinvolge l'approfondimento del problema mediante un elenco di domande che riguardano i molteplici aspetti che lo caratterizzano, al fine di far emergere nuove prospettive di lettura e angolazioni differenti. Le idee che emergono durante questo processo vengono annotate in un elenco e alla conclusione vengono condivise con il gruppo, eliminando o unendo le idee simili. In seguito, queste idee saranno sottoposte a una valutazione approfondita.

2.8 La personalità

2.8.1 Henry Murray

Henry Murray è annoverato tra i precursori nello studio della personalità. Egli pone la motivazione al centro dell'analisi della personalità, concependola come risultato dell'integrazione di varie tendenze direzionali, emergenti dall'interazione di fattori biologici e sociali. Murray ha definito i bisogni come "potenzialità o predisposizioni a reagire in un determinato modo in circostanze specifiche". La sua teoria della personalità, basata sui bisogni e sulle motivazioni, suggerisce che le nostre personalità sono il riflesso di comportamenti guidati dai bisogni. Le diverse esigenze influenzano la stabilità e l'evoluzione della personalità. Murray ha classificato i bisogni in:
- primari: legati alle necessità biologiche di base, come il cibo e l'acqua,
- secondari: riguardanti bisogni psicologici, come il desiderio di autostima, indipendenza e successo.

Inoltre, Murray afferma che ogni individuo ha numerosi bisogni e tende a manifestare un certo grado di ciascuno di essi. I livelli di bisogni di una persona giocano un ruolo cruciale nell'indirizzare la formazione della personalità.

Tra i più significativi si includono:
- bisogni di ambizione: legati all'aspirazione di realizzazione e riconoscimento;
- bisogni materialistici: incentrati sull'ottenimento, costruzione e conservazione di beni;
- bisogni di potere: focalizzati sulla volontà di indipendenza e, per alcuni, sul desiderio di controllare gli altri;

- bisogni di affetto: centrati sul desiderio di essere amati e amare, spingendo all'interazione sociale;
- bisogni di informazione: caratterizzati dalla curiosità verso il mondo circostante e dalla condivisione di conoscenze;
- bisogni psicogeni: legati a fattori socio-culturali che corrispondono alle necessità dell'esperienza individuale;
- bisogni latenti: nascosti o soppressi;
- bisogni viscerogeni: connessi alle esigenze fisiche dell'individuo.

Inoltre, Murray ha introdotto il concetto di **TAT** (Test di appercezione tematica), uno strumento di valutazione psicologica utilizzato per misurare la personalità.

2.8.2 Abraham Maslow

Maslow, eminente psicologo statunitense, ha fornito un notevole contributo pedagogico attraverso le sue teorie. È riconosciuto come il padre fondatore della psicologia umanistica, una prospettiva che si colloca tra il comportamentismo e la psicoanalisi, e che ha influenzato significativamente lo sviluppo della psicologia. Nato nel 1908 a Brooklyn, New York, in una famiglia di immigrati ebrei, la sua infanzia è stata segnata da discriminazioni che ha apertamente ammesso di aver subito. Queste esperienze potrebbero aver contribuito a stimolarlo verso lo studio della mente umana in situazioni specifiche. Attraverso la sua carriera, Maslow ha agito come osservatore acuto e sperimentatore appassionato, cercando di comprendere il comportamento umano e le motivazioni che guidano le persone verso azioni specifiche. Egli non solo ha cercato di decifrare il comportamento umano, ma ha anche cercato di scoprire modi per aiutare gli altri a raggiungere la realizzazione personale e i propri scopi.

Nel corso delle sue ricerche, Maslow ha sviluppato la teoria della gerarchia dei bisogni umani, che ha guadagnato notorietà negli Stati Uniti dagli anni '70 in poi. Questa teoria pone la crescita e l'affermazione al centro delle spinte motivazionali che guidano i nostri comportamenti e identifica l'autostima come un fattore chiave nell'equilibrio individuale. La teoria della personalità di Maslow è basata su una piramide di cinque bisogni fondamentali, rappresentati graficamente, che gli individui devono soddisfare per raggiungere l'autorealizzazione.

I bisogni primari sono quelli essenziali alla sopravvivenza, come il cibo e l'acqua, e la loro mancanza può portare a problemi di salute. I bisogni di sicurezza, invece, riguardano la stabilità e l'ambiente sicuro, mentre i bisogni di appartenenza e amore riguardano la connessione e le relazioni con gli altri. Il bisogno di stima coinvolge l'autostima e il riconoscimento da parte degli altri. Infine, l'autorealizzazione, la vetta della piramide, è raggiungibile solo quando gli altri bisogni sono soddisfatti. Questo processo di crescita e auto-miglioramento è unico per ogni individuo.

Maslow critica sia il comportamentismo che la psicoanalisi. Al comportamentismo rimprovera di ridurre l'essere umano a un semplice comportamento, trascurando la complessità delle emozioni e dell'intelligenza. Alla psicoanalisi contesta la visione deterministica dell'uomo, sostenendo che la personalità può evolversi anche in età adulta.

Dal punto di vista pedagogico, la teoria di Maslow suggerisce che la soddisfazione dei bisogni primari sia fondamentale per la motivazione degli studenti, e che un ambiente sicuro e stimolante sia essenziale per la loro crescita. La scuola ha un ruolo cruciale nel mantenere alta la motivazione degli studenti, stimolandoli attraverso un ambiente che sia al tempo stesso sereno e sfidante, incoraggiando l'autorealizzazione e il perseguimento dei propri obiettivi.

Maslow ha lasciato un'impronta significativa sia nel campo della psicologia che in quello dell'istruzione, offrendo una visione dell'essere umano come individuo complesso e motivato da una serie di bisogni interconnessi.

2.9 Le teorie fattoriali

2.9.1 Hans Jürgen Eysenck

Hans Jürgen Eysenck è stato uno psicologo britannico di origine tedesca, nato il 4 marzo 1916 e deceduto il 4 settembre 1997. È stato uno dei più influenti psicologi del suo tempo e ha contribuito a diversi ambiti, tra cui la psicologia della personalità, la psicologia clinica e la psicologia differenziale.

Uno dei suoi contributi più significativi è stata la teoria dei tratti della personalità. Eysenck ha proposto un modello di personalità che si basava su tre dimensioni fondamentali: l'introversione/estroversone, il nevroticismo/stabilità emotiva e il psicoticismo. Queste dimensioni caratterizzavano la personalità delle persone e influenzavano il loro comportamento, le loro reazioni agli eventi e la loro salute mentale.

Eysenck ha sottolineato l'importanza dell'aspetto biologico nella formazione della personalità. Ha suggerito che le differenze individuali nei tratti di personalità potrebbero essere attribuite a differenze genetiche nel sistema nervoso e nei livelli di eccitabilità. Ad esempio, secondo la sua teoria, le persone introverse avevano un sistema nervoso più reattivo e tendevano ad evitare stimolazioni eccessive, mentre le persone estroverse cercavano stimolazioni più intense.

Un altro aspetto importante dei suoi studi è stata la ricerca sulla psicoterapia e sulla valutazione dell'efficacia dei diversi approcci terapeutici. Eysenck è noto per aver sollevato dubbi sull'efficacia della psicoterapia tradizionale rispetto a nessun trattamento o al placebo. Ha sostenuto che i miglioramenti osservati nei pazienti potrebbero essere attribuiti in parte a fattori non specifici, come l'attenzione e il supporto dell'operatore, anziché all'efficacia intrinseca della terapia.

La ricerca di Eysenck ha spaziato su vari argomenti, incluso lo studio delle differenze individuali nelle abilità cognitive e l'analisi della correlazione tra personalità e salute fisica. Tuttavia, è importante notare che alcuni dei suoi studi sono stati oggetto di controversie e critiche, specialmente per la sua adesione iniziale a teorie del razzismo scientifico nei primi anni della sua carriera.

2.9.2 Raymond Cattell

Raymond Cattell è stato uno psicologo britannico che ha attraversato tutto il XX secolo. È noto soprattutto per i suoi studi sulla personalità e l'intelligenza, oltre al suo contributo nello sviluppo di metodi statistici avanzati per l'analisi dei dati psicologici.

Uno dei suoi contributi più significativi è stata la teoria delle "16 personalità primarie". Cattell ha sviluppato un modello di personalità basato su 16 tratti fondamentali, che pensava potessero descrivere l'intera gamma delle differenze individuali. Questi tratti includevano dimensioni come introverso/estroverso, stabilità emotiva/instabilità, sottomissione/dominanza e molte altre. Ha utilizzato metodi statistici avanzati, come l'analisi dei fattori, per identificare e organizzare questi tratti.

Inoltre, Cattell ha introdotto il concetto di "**intelligenza fluida**" e "**intelligenza cristallizzata**". L'intelligenza fluida rappresenta la capacità di risolvere problemi nuovi e complessi, mentre l'intelligenza cristallizzata si riferisce alla conoscenza acquisita e alle abilità attraverso l'esperienza e l'apprendimento.

Un altro aspetto importante dei suoi studi è stata l'analisi dei fattori, una tecnica statistica che ha applicato in vari campi della psicologia. La sua analisi dei fattori ha aiutato a identificare le strutture sottostanti le misure psicologiche e ha contribuito allo sviluppo di questionari e test psicologici più validi e affidabili. Cattell è stato anche coinvolto nello studio delle abilità cognitive e dell'*assessment* psicologico. Ha sviluppato il "*cognitive abilities test*" (test di abilità cognitive), che misura diverse abilità mentali come ragionamento, memoria e velocità di elaborazione.

Tuttavia, è importante notare che Cattell è stato anche oggetto di critiche e controversie, soprattutto per il suo coinvolgimento in teorie di carattere razzista e per la sua interpretazione delle differenze individuali in termini biologici. Nonostante ciò, i suoi contributi nel campo della psicologia delle differenze individuali, della personalità e dell'intelligenza hanno influenzato notevolmente la disciplina e hanno aperto nuove strade di ricerca e dibattito.

2.10 La teoria dei *big five*

La teoria dei Big five, anche nota come modello dei Cinque grandi fattori, è un *framework* ampiamente accettato nel campo della psicologia della personalità per descrivere e misurare i tratti di personalità. Questa teoria identifica cinque dimensioni fondamentali che catturano le principali differenze individuali nel comportamento, nel pensiero e nelle emozioni. Queste cinque dimensioni sono:

- **Estroversione**: le persone estroverse tendono ad essere sociali, assertive, energiche e cercano attivamente l'interazione sociale. Le persone introverse, d'altra parte, sono più riservate, riflessive e preferiscono situazioni più tranquille.
- **Gradevolezza**: si riferisce alle differenze nel modo in cui le persone si rapportano agli altri. Le persone con un alto livello di gradevolezza sono gentili, cooperative, altruiste e hanno una natura amichevole. Coloro che hanno un basso livello di gradevolezza possono essere più distanti, scettici o competitivi.

- **Coscienziosità**: riflette quanto una persona sia organizzata, responsabile, diligente e orientata al raggiungimento di obiettivi. Le persone con un alto livello di coscienziosità tendono a pianificare con attenzione, essere disciplinate e perseguire il successo, mentre le persone con basso livello di coscienziosità possono essere più spontanee e meno strutturate.
- **Instabilità emotiva** (o neuroticismo): rappresenta la stabilità emotiva delle persone. Le persone con un alto livello di instabilità emotiva possono essere ansiose, preoccupate, irascibili e suscettibili allo stress. Coloro che hanno un basso livello di instabilità emotiva sono solitamente più calmi, tranquilli e resilienti alle sfide emotive.
- **Apertura all'esperienza**: riflette la tendenza di una persona ad essere aperta a nuove idee, esperienze, concetti e sfide intellettuali. Le persone con un alto livello di apertura sono curiose, creative, immaginative e interessate all'esplorazione di diverse prospettive. Coloro che hanno un basso livello di apertura possono preferire la familiarità e essere più tradizionali nel loro pensiero.

È importante notare che il modello dei Big five non considera alcuna dimensione migliore o peggiore rispetto a un'altra. Ognuna delle cinque dimensioni è rappresentativa di un *continuum*, e ogni individuo si colloca in un punto diverso su ciascuna dimensione. Inoltre, i tratti di personalità possono influenzarsi reciprocamente e interagire in modi complessi.

La teoria dei Big five ha dimostrato di avere una notevole validità e affidabilità attraverso studi di ricerca e applicazioni pratiche in diversi contesti, tra cui il lavoro, la psicologia clinica e l'ambito accademico. I tratti dei Big five sono spesso misurati attraverso questionari e test specifici, noti come inventari della personalità, che forniscono valutazioni quantitative delle diverse dimensioni. Questa teoria ha avuto un impatto significativo sulla comprensione della personalità umana e ha fornito un quadro utile per esplorare le differenze individuali nel comportamento e nelle emozioni.

Parte Quarta

METODOLOGIE DIDATTICHE E COMPETENZE SOCIO- RELAZIONALI DEL DOCENTE

Capitolo I

Le metodologie didattiche

1.1 Premessa

La pedagogia è la scienza che studia l'educazione e la formazione dell'individuo e fornisce idee e principi di carattere generale per quanto riguarda l'approccio teorico all'apprendimento. La didattica, invece, studia il modo attraverso il quale tali principi ricevono applicazione pratica: in altre parole, essa si occupa di favorire l'apprendimento attraverso la messa a punto di strategie da utilizzare in classe.

È importante notare che non esiste un approccio didattico universale che funzioni per tutti gli studenti e in ogni situazione. Gli insegnanti spesso combinano diverse metodologie e adattano le loro pratiche in base alle esigenze degli studenti, agli obiettivi di apprendimento e ai contesti specifici. In questo capitolo verrà fornito un quadro completo delle diverse metodologie didattiche.

1.2 La lezione frontale

La lezione frontale è sicuramente la più nota tra le metodologie didattiche. Il ruolo attivo è svolto dall'insegnante, mentre gli alunni adottano un atteggiamento passivo e di ascolto. Generalmente questo tipo di lezione si svolge con il docente posto dinanzi all'intera classe, che è tutta rivolta verso di lui. Indubbiamente questo tipo di lezione consente la trasmissione di una grande quantità di contenuti didattici in tempi relativamente brevi ma, allo stesso tempo, non incentiva la partecipazione degli alunni, che risultano poco coinvolti. Per questa ragione è fondamentale trovare un equilibrio: gli argomenti di studio e le nozioni di base possono facilmente essere introdotti mediante la lezione frontale, ma successivamente nulla vieta di utilizzare altre metodologie che consentano una maggiore interazione tra le parti coinvolte.

1.3 L'*active learning*

Nell'ottica di favorire un maggiore coinvolgimento degli allievi, alcuni studiosi dell'apprendimento, come Prince, Felder e Brent, hanno provato a elaborare nuovi modelli didattici che genericamente si fanno rientrare nell'insieme delle tecniche di c.d. apprendimento attivo, o *active learning*. L'apprendimento attivo consente, da un lato, di partecipare in prima persona allo svolgimento della lezione, attraverso la realizzazione di materiali didattici e l'elaborazione di progetti; dall'altro induce alla riflessione e alla valutazione di ciò che si sta facendo, dal momento che le attività da svolgersi presuppongono una presa di coscienza degli argomenti trattati, con evidenti benefici anche per il lavoro da svolgere a casa. In sostanza l'*active learning* può intendersi come qualsiasi attività, svolta nel corso di una lezione, che consenta a tutti gli alunni di svolgere delle attività che vadano oltre il mero osservare, ascoltare e prendere appunti. Come anticipato, l'apprendimento attivo non è una peculiare metodologia didattica, ma un raccoglitore di una serie di pratiche che, in modi diversi, favoriscono il coinvolgimento di tutti i partecipanti alla lezione. Ma, pur consistendo in un insieme di pratiche eterogenee, esso può comunque ricondursi a un modello chiave, così strutturato:

- agli allievi viene proposta un'attività da svolgere in tempi relativamente brevi, ad esempio rispondere a domande inerenti al tema trattato o risolvere alcuni problemi connessi all'argomento della lezione;
- gli viene quindi concesso del tempo per riflettere sugli esercizi da svolgere, singolarmente o in gruppo (in genere a coppie), in modo che, attraverso il ragionamento e il confronto, pervengano alle soluzioni corrette;
- al termine delle suddette attività, gli alunni formulano le soluzioni individuate e ne nasce un ulteriore confronto con il docente.

1.4 Il *peer learning*

Il *peer learning*, o apprendimento tra pari, è un metodo di apprendimento in cui gli individui con background o livelli di conoscenza simili lavorano insieme per condividere e costruire conoscenze attraverso l'interazione reciproca. In questo approccio gli studenti assumono un ruolo più attivo, collaborando per raggiungere obiettivi comuni di apprendimento. Il *peer learning* può avvenire in classe, online o in altri ambienti di apprendimento informali. Nel *peer learning*, gli studenti si impegnano attivamente nell'insegnamento e nell'apprendimento reciproco. Possono discutere argomenti, spiegare concetti, risolvere problemi insieme, fornire feedback e condividere risorse. Questa metodologia promuove il coinvolgimento attivo degli studenti, la partecipazione attiva e l'apprendimento collaborativo. Gli approcci di *peer learning* offrono diversi vantaggi, tra cui un migliore coinvolgimento degli studenti, un ambiente di apprendimento inclusivo, lo sviluppo delle competenze di comunicazione e collaborazione e la possibilità di acquisire una comprensione più approfondita dei concetti attraverso la spiegazione reciproca.

Topping sostiene che l'apprendimento tra pari possa essere definito come l'acquisizione di conoscenze e abilità attraverso l'aiuto attivo e il supporto instaurato tra i singoli individui di pari stato, o tra i compagni che vengono abbinati tra loro. Egli suddivide l'apprendimento tra pari in due ampie categorie: il tutoraggio tra pari, in cui uno studente più esperto supporta e guida uno studente meno esperto e l'apprendimento cooperativo, in cui gli studenti collaborano per raggiungere un obiettivo comune. Mentre il tutoraggio tra pari coinvolge un rapporto uno a uno tra un tutor e un tutee, l'apprendimento cooperativo implica una collaborazione di gruppo in cui tutti gli studenti partecipano attivamente e lavorano assieme per raggiungere un obiettivo comune. Entrambi gli approcci possono essere efficaci per promuovere l'apprendimento e lo sviluppo delle competenze degli studenti, ma hanno un focus e una struttura diversi.

1.4.1 Il peer tutoring

Il tutoraggio tra pari, noto anche come apprendimento tra pari o *mentoring* tra pari, è un processo in cui gli studenti si aiutano reciprocamente nel loro apprendimento e sviluppo. In questo tipo di approccio, uno studente esperto o più competente assume il ruolo di tutor o mentore e fornisce assistenza e supporto ad altri studenti (tutee) che hanno bisogno di aiuto nello stesso campo o settore di studio. Esistono diverse categorie di peer tutoring:

- l'apprendimento tra pari di età diverse (studenti di classi diverse);
- l'apprendimento tra pari della stessa età (studenti della stessa classe);
- l'apprendimento tra pari reciproco (alternanza del tutoraggio, che evita di far ricoprire il ruolo fisso di tutor sempre allo stesso alunno);
- l'apprendimento tra pari diffuso nell'intera classe (il docente divide tutta la classe in coppie, in cui uno studente è il tutor e l'altro il tutee);
- strategie di apprendimento con l'assistenza di pari (si creano coppie di studenti con abilità di livello simile, e i ruoli vengono scambiati spesso).

Il tutoraggio tra pari può avvenire in diversi contesti educativi, come scuole, università o programmi di formazione professionale. L'obiettivo principale è quello di facilitare l'apprendimento degli studenti, promuovendo la condivisione delle conoscenze, l'aiuto reciproco e lo sviluppo delle competenze sociali. Nel contesto accademico, il tutoraggio tra pari può riguardare il supporto nell'apprendimento di specifici argomenti, la revisione di compiti o esercizi, la preparazione per gli esami o la condivisione di strategie di studio efficaci. Può anche coinvolgere la condivisione di esperienze personali e consigli pratici per affrontare le sfide accademiche.

Questa metodologia didattica offre numerosi vantaggi sia per i tutor che per gli studenti che ricevono assistenza. I tutor possono consolidare le proprie conoscenze attraverso l'insegnamento e sviluppare competenze di *leadership* e comunicazione. Gli studenti che ricevono il tutoraggio beneficiano di un supporto personalizzato, di un ambiente di apprendimento collaborativo e di un'opportunità per acquisire conoscenze da parte di pari che possono comprendere meglio le loro difficoltà e necessità.

1.4.2 Il cooperative learning

Il *cooperative learning,* tradotto in italiano come "apprendimento cooperativo", è un approccio educativo in cui gli studenti lavorano insieme in gruppi per raggiungere obiettivi comuni di apprendimento. Invece di competere tra loro, gli studenti collaborano attivamente per svolgere compiti, risolvere problemi e apprendere concetti. Questo approccio pedagogico può essere utilizzato in diverse discipline e livelli scolastici ed è supportato da numerosi studi che dimostrano i suoi benefici sull'apprendimento degli studenti, sulla motivazione e sul clima di classe. L'approccio del *cooperative learning* si basa sul concetto che gli studenti imparano meglio quando sono attivamente coinvolti nell'apprendimento e hanno l'opportunità di spiegare i concetti agli altri.

Attraverso la discussione, la spiegazione reciproca e la condivisione delle idee, gli studenti possono sviluppare una comprensione più approfondita dei concetti e migliorare le proprie abilità di *problem solving.*

Nel *cooperative learning*, infatti, ogni membro del gruppo ha un ruolo e una responsabilità specifica all'interno del processo di apprendimento. Ad esempio, potrebbero essere assegnati ruoli come il coordinatore del gruppo, il relatore, il registratore, l'osservatore, e così via. Ogni membro contribuisce con le proprie competenze e conoscenze per il bene del gruppo nel suo complesso.

Il *cooperative learning* promuove anche la cooperazione, la comunicazione efficace, l'ascolto attivo e le competenze sociali degli studenti. Gli studenti imparano a lavorare in squadra, a rispettare le opinioni degli altri e a prendere decisioni condivise. Inoltre, il *cooperative learning* può favorire l'autonomia degli studenti, poiché ciascun membro del gruppo è responsabile del proprio apprendimento e contribuisce attivamente al successo del gruppo. Il compito di un insegnante non è paragonabile a quello di un attore, ma a quello di un regista, il quale organizza la scena, la predispone, e poi si allontana, lasciando che il lavoro sia portato avanti dagli allievi. L'insegnante si sforza di far comprendere all'alunno che il merito del gruppo non è singolo, ma collettivo. Il vantaggio per i ragazzi è che essi imparano a relazionarsi con gli altri in modo proficuo e a confrontarsi, lasciando da parte gli impulsi individualistici.

1.5 Il *collaborative learning*

Il *collaborative learning* (apprendimento collaborativo) è un approccio educativo in cui gli studenti lavorano insieme in gruppi per raggiungere un obiettivo comune. Essi possono essere coinvolti in attività come discussioni di gruppo, progetti di collaborazione, risoluzione di problemi, scambio di feedback e valutazione reciproca. Anche in questo contesto, l'apprendimento non è limitato alla semplice acquisizione di conoscenze provenienti dall'insegnante, ma si incentra sull'interazione tra gli studenti stessi.

Questo approccio offre diversi benefici. In primo luogo, promuove l'interazione sociale e lo sviluppo delle competenze comunicative, incoraggiando gli studenti a lavorare insieme e a imparare dagli altri. Inoltre, favorisce l'acquisizione di competenze di pensiero critico e *problem solving*, poiché gli studenti sono stimolati a discutere, analizzare e risolvere problemi in modo collaborativo. Il *collaborative learning* può anche favorire la motivazione degli studenti, poiché l'interazione con i pari può rendere l'apprendimento più coinvolgente e significativo. Le tecnologie digitali possono supportare il *collaborative learning* offrendo strumenti e piattaforme che facilitano la collaborazione a distanza e la condivisione di risorse. Ad esempio, forum online, piattaforme di *e-learning*, strumenti di collaborazione in tempo reale e documenti condivisi consentono agli studenti di interagire e lavorare insieme anche quando non sono nello stesso luogo fisico. La differenza principale tra *cooperative learning* e *collaborative learning* risiede nella struttura e nell'organizzazione del lavoro di gruppo.

Il *cooperative learning* si concentra sulla divisione del lavoro e sulla responsabilità individuale dei membri del gruppo, mentre il *collaborative learning* enfatizza l'interazione equilibrata e la collaborazione attiva tra gli studenti senza assegnare ruoli specifici.

1.5.1 Il *jigsaw*

Il *jigsaw* è una metodologia didattica collaborativa che coinvolge gli studenti in un processo di apprendimento reciproco e cooperativo. È stato sviluppato da Elliot Aronson negli anni '70, significa "gioco a incastro", "puzzle" ed è utilizzato con successo in diversi contesti educativi. Nella metodologia del *jigsaw*, gli studenti vengono divisi in piccoli gruppi di lavoro, solitamente composti da quattro o cinque membri. L'obiettivo principale è quello di creare un'interdipendenza positiva tra gli studenti, in cui ognuno di loro diventa un "esperto" su una parte specifica del materiale di studio e poi condivide le proprie conoscenze con il gruppo.

Di solito lo schema di svolgimento del **processo *jigsaw*** si articola nelle seguenti fasi:

- l'insegnante sceglie l'argomento, lo comunica alla classe e la divide in gruppi;
- gli studenti vengono suddivisi in gruppi di esperti, ogni gruppo si concentra su un argomento specifico o un'area del materiale di studio ed ogni membro del gruppo diventa l'esperto su quell'argomento;
- ogni membro del gruppo di esperti studia il proprio argomento o area di studio in modo indipendente e può leggere testi, guardare video, fare ricerche o utilizzare altre risorse per approfondire il livello di conoscenza dell'argomento (fase attiva);
- gli esperti che hanno studiato lo stesso argomento si riuniscono in gruppi di "esperti tematici" o "esperti dell'argomento" e condividono le proprie conoscenze, discutono dei punti chiave, chiariscono dubbi e sintetizzano le informazioni;
- gli studenti che sono diventati esperti su argomenti diversi si riuniscono in nuovi gruppi, chiamati gruppi di "apprendimento misto" o appunto *"jigsaw"* dove ogni membro di questo gruppo rappresenta un diverso argomento o area di studio;
- all'interno dei gruppi di apprendimento misto, ogni membro condivide le proprie conoscenze sull'argomento che ha studiato come esperto e ogni studente diventa un insegnante per gli altri membri del gruppo, spiegando il proprio argomento e rispondendo alle domande;
- dopo che ogni membro del gruppo ha condiviso le proprie conoscenze, i membri collaborano insieme per integrare le informazioni e sviluppare una comprensione più completa dell'argomento nel suo insieme.

La metodologia del *jigsaw* favorisce l'apprendimento attivo, la partecipazione degli studenti e lo sviluppo delle competenze sociali. Inoltre promuove l'interdipendenza, perché gli studenti si sostengono a vicenda nel processo di apprendimento.

1.6 Il *brainstorming*

Il *brainstorming* è una tecnica di generazione di idee utilizzata per stimolare la creatività e la produzione di soluzioni innovative a un problema. È un processo di gruppo in cui i partecipanti, entro un preciso limite di tempo, sono incoraggiati a condividere liberamente le proprie idee, senza giudizio o critica, al fine di generare una vasta gamma di possibili soluzioni. Durante una sessione di *brainstorming*, i partecipanti vengono invitati a esprimere le proprie idee in modo spontaneo e senza limitazioni. L'obiettivo è favorire la divergenza delle idee, permettendo a tutti di contribuire liberamente e senza restrizioni. Le idee vengono raccolte e registrate, spesso su un foglio di carta o un'area visibile a tutti, come una lavagna o un foglio di carta appeso a una parete. In questo modo, le idee possono essere visualizzate e organizzate per facilitare la successiva fase di selezione e valutazione. Durante una sessione di *brainstorming* vengono spesso adottate alcune regole per favorire un ambiente aperto e collaborativo, tra cui:

- la **sospensione del giudizio**: nessuna critica o valutazione delle idee viene fatta durante la fase di *brainstorming*; l'obiettivo è generare quante più idee possibili, anche quelle che potrebbero sembrare strane o irrealizzabili;
- la **libertà di pensiero**: i partecipanti sono incoraggiati a pensare liberamente e ad esprimere qualsiasi idea venga loro in mente, senza restrizioni o limitazioni;
- l'**encouragement reciproco**: i partecipanti devono essere aperti e rispettosi nei confronti delle idee degli altri, incoraggiandoli a condividerle e stimolando la creatività;
- la **prevalenza della quantità sulla qualità**: l'obiettivo è generare un gran numero di idee, senza preoccuparsi della loro qualità iniziale (la successiva fase di valutazione e selezione consentirà di identificare le idee più promettenti). In sintesi, si tratta di un processo di generazione di idee di gruppo che incoraggia la libera espressione e la collaborazione, al fine di stimolare la creatività e trovare soluzioni innovative a un problema.

Il suo utilizzo è particolarmente indicato dal punto di vista didattico, perché consente di svolgere attività quali:

- **generazione di idee per un progetto**: prima di iniziare un progetto o un'attività di gruppo, si può avviare una sessione di *brainstorming* per generare idee e piani d'azione; gli studenti possono condividere le proprie idee su come affrontare il progetto, quali materiali utilizzare, quali strategie adottare, ecc.;
- **risoluzione di problemi**: il *brainstorming* può essere utilizzato per affrontare problemi o sfide in classe; gli studenti possono lavorare insieme per identificare diverse soluzioni possibili e valutarle (in questa fase è importante enfatizzare la libera espressione delle idee e il confronto costruttivo);
- **generazione di argomenti**: se gli studenti devono scegliere un argomento per un progetto o un saggio, il *brainstorming* può essere utilizzato per generare una lista di idee; ciò consente agli studenti di esplorare diverse possibilità e trovare un argomento che susciti il loro interesse;
- **sviluppo di una lista di domande o punti di discussione**: prima di iniziare una

lezione o un'unità di studio, si può utilizzare il *brainstorming* per sviluppare una lista di punti da discutere;

- **creazione di storie o narrazioni**: il *brainstorming* può essere utilizzato per creare storie, narrare eventi o sviluppare personaggi; gli studenti possono contribuire con idee e dettagli per arricchire la trama o la struttura della storia, favorendo la creatività e l'immaginazione.

1.7 Il *circle time*

Il *circle time*, letteralmente "momento del cerchio", è un'attività educativa comune nelle scuole primarie e nei contesti educativi per l'infanzia. Si svolge in una stanza o in un'area designata, dove gli studenti e l'insegnante si riuniscono in cerchio per partecipare a una serie di attività strutturate. Si tratta di una pratica che mira a sviluppare abilità sociali, emozionali e comunicative negli studenti. Attraverso quest'attività, gli studenti imparano a rispettare gli altri, a condividere le proprie esperienze, a esprimere le proprie idee e a lavorare insieme come parte di una comunità di apprendimento. Inoltre, il *circle time* può essere un momento in cui gli insegnanti possono affrontare temi importanti come l'empatia, la gestione delle emozioni e la risoluzione dei conflitti, perché crea un clima sereno di reciproco rispetto, in cui ognuno soddisfa il proprio bisogno sia di appartenenza sia di individualità.

Promuove atteggiamenti di cittadinanza molto positivi, come il rispetto delle regole e la disposizione ad ascoltare. Il *circle time* è normalmente guidato dall'insegnante, che ha il compito di facilitare e stimolare l'interazione e la comunicazione tra gli studenti. Le attività svolte durante il *circle time* possono variare, ma di solito includono i seguenti elementi:

- **saluti e benvenuti**;
- **attività di presentazione**: gli studenti possono avere l'opportunità di presentarsi, condividendo informazioni su di loro come il proprio nome, la loro età, i loro interessi o alcune curiosità personali, cosa che incoraggia la conoscenza reciproca e promuove l'interazione sociale;
- **attività di condivisione**: gli studenti possono essere incoraggiati a condividere le proprie esperienze, pensieri o sentimenti su un determinato argomento, favorendo lo sviluppo delle capacità di comunicazione e di ascolto attivo;
- attività di discussione: l'insegnante può proporre domande o argomenti di discussione che coinvolgono gli studenti;
- **attività di gioco** o canzoni: il *circle time* può includere momenti di spensieratezza e divertimento che coinvolgono tutti gli studenti.

1.8 Il *reciprocal teaching*

Il *reciprocal teaching* ("insegnamento reciproco" o "insegnamento condiviso", è un approccio educativo che promuove la collaborazione attiva tra insegnanti e studenti, oltre a migliorare la comprensione della lettura e lo sviluppo delle competenze cognitive dei bambini. Il *reciprocal teaching* coinvolge quattro strategie principali che vengono insegnate agli studenti e praticate in modo collaborativo.

Queste strategie includono:

- **predizioni**: gli studenti fanno previsioni sul contenuto di un testo prima di leggerlo; questo stimola l'attenzione e prepara gli studenti ad attivare le loro conoscenze pregresse;
- **spiegazioni**: gli studenti identificano le parti del testo che possono risultare complesse o poco chiare e le spiegano al resto del gruppo; questo processo metacognitivo aiuta gli studenti a comprendere meglio il materiale e a rafforzare la loro capacità di rielaborazione;
- **domande**: gli studenti formulano domande sul contenuto del testo; questo incoraggia la riflessione critica, stimola la partecipazione attiva e promuove la comprensione approfondita del materiale;
- **riepiloghi:** gli studenti riassumono il contenuto del testo, evidenziando i punti chiave e le informazioni cruciali; questo processo consolida la comprensione e aiuta a sintetizzare le informazioni in modo coerente.

Durante la pratica del *reciprocal teaching*, l'insegnante guida gli studenti nelle diverse strategie, fornisce supporto, chiarimenti e stimola la discussione. Con il tempo, gli studenti sviluppano una maggiore autonomia nel loro apprendimento, acquisendo competenze di comprensione della lettura e di pensiero critico.

1.9 Il *role playing*

Il *role playing* ("gioco di ruolo") è un'attività ludica in cui i partecipanti interpretano dei personaggi immaginari all'interno di un contesto narrativo. Nei giochi di ruolo, ogni giocatore assume il ruolo di un personaggio specifico e collabora con gli altri partecipanti per creare una storia interattiva. Questo tipo di attività può svolgere un ruolo significativo nella didattica in diversi modi. Ecco alcuni dei principali benefici del *role playing* nell'ambito dell'istruzione:

- **Coinvolgimento attivo degli studenti**: si richiede agli allievi di assumere ruoli e agire come personaggi all'interno di uno scenario specifico. Questa forma di apprendimento attivo e partecipativo favorisce il coinvolgimento degli studenti, stimolandoli a pensare in modo creativo, a prendere decisioni e a risolvere problemi in tempo reale.
- **Apprendimento esperienziale**: attraverso il *role playing*, gli studenti possono sperimentare situazioni e contesti realistici o immaginari. Questo permette loro di acquisire una comprensione più profonda dei concetti e dei contenuti che stanno studiando, poiché si trovano ad affrontare le sfide e le dinamiche associate a tali situazioni direttamente sulla propria pelle, in modo simbolico.
- **Sviluppo delle competenze sociali ed emotive:** il *role playing* incoraggia la collaborazione, la comunicazione e la negoziazione tra gli studenti. Attraverso l'interpretazione dei ruoli, gli studenti possono sviluppare la consapevolezza delle

proprie emozioni, nonché la capacità di comprendere e rispettare i punti di vista degli altri. Questo aiuta a migliorare le competenze sociali ed emotive degli studenti, promuovendo la tolleranza e l'empatia.

- **Creatività e pensiero critico**: agli studenti viene richiesto di analizzare situazioni complesse, prendere decisioni basate su informazioni limitate e risolvere problemi in modo creativo. In questo modo si stimola il pensiero critico, la capacità di risolvere i problemi e la fantasia degli studenti.

- **Applicazione pratica dei concetti appresi**: il *role playing* consente agli studenti di applicare i concetti teorici appresi in contesti realistici. Possono mettere in pratica le conoscenze acquisite e sperimentare le conseguenze delle loro azioni, e ricevono un feedback immediato e concreto sull'efficacia delle loro decisioni.

- **Memoria e apprendimento duraturo**: l'apprendimento attraverso il coinvolgimento attivo e l'esperienza diretta nel *role playing* può favorire la memorizzazione e il consolidamento delle informazioni apprese. La dimensione emozionale e l'interazione diretta con i contenuti contribuiscono a creare collegamenti significativi nella mente degli studenti, facilitando il recupero delle informazioni in futuro. In sintesi, il *role playing* nella didattica può migliorare l'esperienza di apprendimento degli studenti, promuovendo l'interazione, l'attivazione delle competenze cognitive, sociali ed emotive, nonché l'applicazione pratica dei concetti appresi.

1.10 Il *problem solving*

Il *problem solving* è un approccio educativo volto a sviluppare la capacità degli studenti di risolvere problemi in modo autonomo e creativo. Piuttosto che fornire solo informazioni e nozioni, l'obiettivo principale del *problem solving* è insegnare agli studenti come affrontare e risolvere le sfide che incontrano nella vita reale e nel contesto accademico. Il processo di *problem solving* nella didattica di solito comprende le seguenti fasi:

- **identificazione del problema**: gli studenti imparano a riconoscere e definire chiaramente il problema che devono affrontare; questo può richiedere la capacità di analizzare un'ampia gamma di informazioni e identificare le principali questioni o difficoltà da risolvere;

- **analisi del problema**: gli studenti analizzano attentamente il problema per comprendere le sue componenti, relazioni e possibili soluzioni; questa fase coinvolge spesso la raccolta di informazioni, l'identificazione dei fattori chiave e l'organizzazione delle conoscenze rilevanti per affrontare il problema;

- **generazione di alternative**: gli studenti vengono incoraggiati a pensare in modo creativo e a generare diverse possibili soluzioni o strategie per risolvere il problema; questo processo implica la flessibilità cognitiva e la capacità di considerare molteplici prospettive e approcci;

- **valutazione delle alternative**: gli studenti valutano criticamente le diverse alternative generate, esaminando i loro vantaggi, svantaggi, possibili conseguenze e fattibilità; questo passo richiede l'abilità di analizzare in modo razionale e oggettivo le soluzioni proposte, confrontandole tra loro e con i criteri di valutazione stabiliti;

- **selezione e attuazione della soluzione**: una volta valutate le alternative, gli studenti scelgono la soluzione che considerano più efficace e attuabile; possono essere necessari piani d'azione, passi concreti o l'implementazione di strategie specifiche per risolvere il problema;
- **valutazione e riflessione**: dopo aver attuato la soluzione, gli studenti riflettono sull'efficacia delle loro azioni e sulle lezioni apprese nel processo di *problem solving*; questo aiuta a consolidare l'apprendimento e a identificare possibili miglioramenti o alternative per situazioni future.

Il *problem solving* nella didattica promuove il pensiero critico, la creatività, la capacità di analisi e la risoluzione dei problemi reali. Insegna agli studenti a essere autonomi, a cercare soluzioni innovative e ad affrontare le sfide con fiducia. Questa competenza è trasferibile in diversi contesti, permettendo di applicare le abilità sviluppate a situazioni di vita quotidiana, al lavoro e in altre discipline accademiche. Il *problem solving* produce alcuni benefici importanti come la determinazione, nel soggetto, di risolvere i problemi anche fuori dall'ambiente scolastico, oppure la nascita e lo sviluppo di un pensiero critico.

APPROFONDIMENTO

La fissità funzionale

Esistono numerose barriere al problem solving. In generale sono costrutti mentali che impediscono di risolvere il problema in maniera corretta. Alcune non impediscono di trovare una soluzione, ma di trovare quella più efficiente.

Il concetto di fissità funzionale è stato elaborato dallo psicologo Duncker, nel 1935, che utilizzò l'esperimento della candela per valutare **come le persone cercano di trovare la soluzione di un problema.**

Immaginate di avere a vostra disposizione una candela, una scatola di puntine da disegno e una bustina di fiammiferi. Il vostro compito è quello di attaccare la candela al muro al di sopra di un tavolo, in modo tale che la cera sciolta non sgoccioli sopra il tavolo. Per poter risolvere il problema, bisogna usare gli oggetti a disposizione in modi per cui non erano costruiti. Una soluzione al problema è svuotare una scatola e fissarla al muro con una puntina. Poi si mette la candela sulla scatola per poi accenderla.

Nell'esperimento originale, i partecipanti inizialmente non riuscivano a risolvere il problema perché erano *"fissati"* **sulla funzione normale della scatola**, quella di contenere le puntine, e questo impediva loro di riconcettualizzarla in modo diverso. Quando lo sperimentatore toglieva le puntine dalla scatola e le disponeva sparse sul tavolo accanto alla scatola vuota, i soggetti avevano un'intuizione improvvisa: i soggetti riconcettualizzano la funzione della scatola (non solo è un contenitore, ma può anche essere usata come sostegno per la candela).

Questo test ha portato Dunker a definire il concetto **di fissità funzionale**, ovvero **il rima-**

nere fissati sulle funzionalità abituali di un oggetto e non riuscire a riconcettualizzarlo in modo diverso.

Il concetto di fissità funzionale rivela che **è sufficiente ogni tanto cambiare la nostra prospettiva e provare a pensare il maniera creativa e non convenzionale** per trovare la giusta soluzione di un problema.

1.11 La *flipped classroom*

La *flipped classroom* (o "classe capovolta") è un modello di insegnamento che inverte la tradizionale sequenza di attività svolte in classe e a casa e in cui gli studenti acquisiscono conoscenze di base, solitamente tramite risorse online come video, letture o moduli interattivi, prima di incontrarsi in classe. Durante il tempo trascorso in classe, gli studenti si impegnano in attività interattive, collaborative e applicative, guidate dal docente. Di seguito sono riportati gli elementi chiave della *flipped classroom*:

- **preparazione a casa**: gli studenti ricevono materiali didattici prima della lezione in classe per acquisire le conoscenze di base sul tema che sarà affrontato (questi materiali possono essere video-lezioni, testi, slide o risorse interattive, accessibili online o distribuite dal docente);
- **attività in classe**: nel momento dedicato all'applicazione delle conoscenze acquisite gli studenti partecipano a discussioni, svolgono attività pratiche, risolvono problemi, collaborano con i compagni di classe e ricevono supporto diretto dal docente (l'attenzione si concentra sulle applicazioni pratiche e sullo sviluppo di competenze, piuttosto che sulla semplice trasmissione di informazioni);
- **ruolo del docente**: il docente assume il ruolo di facilitatore e guida durante le attività in classe; monitora e supporta gli studenti nel loro apprendimento, fornisce chiarimenti, risponde alle domande e promuove la riflessione critica; il docente può anche individuare le esigenze individuali degli studenti e fornire interventi personalizzati;
- **apprendimento attivo e collaborativo**: la *flipped classroom* promuove l'apprendimento attivo e coinvolge gli studenti in attività collaborative; gli studenti possono lavorare in gruppi, partecipare a discussioni di gruppo, svolgere attività di *problem solving e* creare progetti;
- **personalizzazione dell'apprendimento**: la *flipped classroom* offre agli studenti la possibilità di apprendere a un proprio ritmo. Poiché gli studenti acquisiscono le conoscenze di base autonomamente prima della lezione in classe, possono dedicare più tempo a concetti che trovano più difficili e progredire a un ritmo che meglio si adatta alle loro esigenze. I vantaggi della *flipped classroom* includono un maggiore coinvolgimento degli studenti, un apprendimento più attivo e significativo, un'attenzione personalizzata e la promozione delle competenze di collaborazione e *problem solving*. Tuttavia, è importante tenere presente che l'implementazione della *flipped classroom* richiede una pianificazione e una progettazione curricolare attenta da parte dei docenti.

1.12 Il *debriefing*

Il *debriefing* è una pratica che viene utilizzata in diversi contesti, tra cui la formazione, l'apprendimento esperienziale, l'addestramento e la gestione delle situazioni critiche. Si tratta di un processo strutturato e guidato che avviene dopo un'esperienza o un'attività per riflettere, analizzare e trarre insegnamenti dagli eventi che si sono verificati. Durante il *debriefing*, i partecipanti vengono incoraggiati a condividere le proprie esperienze, riflettere sulle loro azioni, esprimere le proprie emozioni e discutere degli aspetti rilevanti dell'esperienza.

Utilizzando il *debriefing* come strumento pedagogico, gli insegnanti possono incoraggiare gli studenti a riflettere, elaborare le loro esperienze di apprendimento e sviluppare la capacità di mettere in discussione le loro idee. Ciò favorisce un apprendimento più profondo, significativo e consapevole. Infatti, sebbene il termine *"debriefing"* sia spesso associato a situazioni in cui si svolgono attività o simulazioni particolarmente intense o complesse, i suoi principi possono essere applicati in diverse situazioni di insegnamento e apprendimento (ad esempio dopo aver completato un'attività pratica, come un esperimento scientifico, un progetto o un laboratorio; dopo una discussione di gruppo o un'attività di *problem solving;* dopo una presentazione, una simulazione, un gioco di ruolo o anche semplicemente una lezione).

1.13 Il *debate*

Il *debate* è un'attività che coinvolge gli studenti in una discussione strutturata su un determinato argomento. Nella pratica del *debate*, gli studenti si dividono in due o più gruppi e presentano argomenti, evidenze e contro argomenti per sostenere o confutare una determinata posizione o tesi. L'obiettivo principale è quello di sviluppare le competenze di pensiero critico, di comunicazione efficace e di analisi degli argomenti.

Ecco come di solito si svolge la **fase preliminare** al *debate*:
- viene scelto un argomento rilevante e stimolante che possa suscitare dibattiti e opinioni contrastanti;
- gli studenti vengono suddivisi in gruppi o squadre, con un numero uguale di studenti che sostengono una posizione e quelli che sostengono la posizione opposta;
- ogni gruppo svolge ricerche sull'argomento assegnato e raccoglie informazioni, dati ed evidenze per sostenere la propria posizione. In questo modo gli studenti imparano a valutare le fonti, a riconoscere gli argomenti logici e a costruire un caso solido per il loro punto di vista.

Il **dibattito** vero e proprio ha una struttura ben definita, che può variare ma che solitamente include le seguenti fasi:
- introduzione: ogni gruppo presenta in modo conciso la propria posizione e l'obbiettivo del dibattito;
- argomentazioni principali: i gruppi presentano le loro argomentazioni principali a sostegno della loro posizione, citando evidenze e ragionamenti logici;
- contro-risposte: i gruppi hanno la possibilità di rispondere alle argomentazioni

dell'altro gruppo, sfidando le evidenze presentate e presentando contro-argo-
menti;

- conclusione: ogni gruppo riassume le sue argomentazioni principali e rafforza la
propria posizione.

Dopo il dibattito, gli studenti e il docente possono valutare le prestazioni dei gruppi,
analizzare la qualità degli argomenti presentati e discutere dei punti di forza e delle aree
di miglioramento. Il *debate* promuove una serie di abilità importanti per gli studenti,
come il pensiero critico, la ricerca, la comunicazione efficace, l'analisi delle prove, l'empatia e la capacità di ascoltare e rispettare punti di vista diversi. Inoltre, stimola l'interesse degli studenti per argomenti di rilevanza sociale, sviluppando la loro consapevolezza
civica e il loro impegno nel dibattito democratico.

1.14 La ricerca-azione: le fasi

La ricerca-azione è un'indagine riflessiva e partecipativa condotta in prima persona nel
proprio contesto a partire da problemi pratici, il cui scopo è produrre un cambiamento.
Anziché porre questioni teoriche astratte, nella ricerca-azione ogni soggetto si interroga
e riflette sulla propria pratica a partire da dati concreti riferiti a una specifica situazione,
coniugando così teoria e pratica. La comprensione della situazione investigata avviene
per fasi, il cui ordine può cambiare da un contesto all'altro. Tra queste: identificazione
e ricognizione della situazione problematica; progettazione dell'azione e degli strumenti
di ricerca; realizzazione e monitoraggio dell'azione; riflessione finale e valutazione.

Alcune operazioni che hanno luogo nel percorso sono: analizzare e riflettere sui presupposti e sugli assunti sottesi al proprio agire; interrogarsi sulla validità ed efficacia dei
contenuti e delle procedure d'azione; ideare e pianificare procedure alternative e realiz-
zarle; monitorare e valutare i risultati dei nuovi contenuti e azioni.

La riflessione si basa sull'osservazione e sulla raccolta sistematica dei dati e avviene
in presenza di una figura esterna, il facilitatore. Facilitatore e componenti del gruppo,
fornendo un punto di vista 'altro', **favoriscono un distanziamento dall'azione,** mentre
le diverse prospettive, portando ad interpretazioni diverse di uno stesso evento, concorrono ad arricchirne la comprensione. Il miglioramento della pratica educativa viene
determinato sulla base di criteri di efficacia, come la congruenza tra obiettivi dell'educazione e modi impiegati per ottenerla, e criteri di soddisfazione delle persone implicate
nel processo. La ricerca-azione è contestuale: il tipo di conoscenza prodotto in questo
tipo di ricerca non è generalizzabile, in quanto volto a migliorare una determinata pratica educativa.

Il ciclo della ricerca-azione si applica sui suoi stessi risultati, quindi è potenzialmente
continua. Di seguito le fasi della ricerca-azione.

Fase 1: qual è il problema, identificare potenziali elementi di cambiamento. L'avvio della ricerca-azione richiede una discussione tra colleghe nel team di ricerca-azione,
dapprima con un focus ampio, per riconoscere le condizioni in cui si svolge la vita quotidiana della classe o della scuola. Ogni componente della vita quotidiana a scuola può

essere oggetto di indagine e cambiamento: ad esempio, problematiche generali possono essere, le relazioni tra la scuola e le famiglie (esplicitare in modo chiaro il metodo di lavoro, obiettivi); l'ambiente (impegno a costruire delle buone relazioni tra pari); necessità di *routine* ben pensate, riflettere sulla struttura dei compiti scolastici, tendenzialmente procedurali (che implicano il riconoscimento dell'informazione, la memorizzazione, alcune semplici inferenze di informazioni implicite nel testo); la valutazione; il metodo di studio.

Fase 2: la precisazione del focus di ricerca-azione, gli obiettivi del cambiamento e le strategie opportune. Il focus è precisato, attraverso la discussione, in modo da identificare le condizioni e la direzione del cambiamento e le azioni opportune. Il focus riguarda una componente dell'attività quotidiana, che si ritiene "affrontabile", dati i tempi, modi e impegni delle insegnanti. Si identificano alcune possibilità di intervento, si colgono le caratteristiche tramite l'osservazione, semplici interviste e diari (almeno tre fonti di informazione – triangolazione). Ad esempio, nella fase 2 si identifica il tema del potenziamento della metacognizione come possibile elemento su cui condurre una strategia consapevole. Quindi, il focus potrebbe diventare: "quanto i compiti scolastici favoriscano un processo più consapevole da parte degli allievi?"; di conseguenza un possibile approccio è "come sviluppare metacognizione nell'affrontare compiti che tendenzialmente sono standardizzati e quindi richiedono il semplice riconoscimento delle informazioni e la memorizzazione?" La situazione generale è che gli allievi affrontano i compiti come un dovere, cercando di svolgerli in fretta, cercando la risposta attesa; raramente utilizzano materiali fondamentali, come il dizionario. Inoltre, la struttura "chiusa" dei compiti determina una convinzione implicita ma rigida: "se non sai come svolgerli subito, allora non ci riesci". Questo atteggiamento dimostra scarsa metacognizione. In effetti, si richiede di comprendere il grado di difficoltà, il tempo per elaborare una strategia di soluzione, il confronto con l'incertezza. I compiti "autentici" non sono quelli che "servono" nella vita quotidiana, ma quelli che non hanno una strategia ben formata da "scoprire/indovinare". I compiti possono essere trasformati in compiti "aperti" o "autentici", oppure possono essere affrontati invitando gli allievi a discutere le diverse interpretazioni e strategie riflessive: cosa chiede il compito? Quali informazioni ho a disposizione? Quali invece devo trovare? Con quali strategie? Sono sulla strada giusta? Questa riflessività può essere sviluppata anche su un piano interpersonale con la mediazione delle insegnanti, in modo che gli allievi possano confrontarsi su questa "cornice" che dà struttura al loro impegno quotidiano. Questa strategia può avere delle tappe nel corso dell'anno: dapprima assieme con l'aiuto dell'insegnante, poi in piccolo gruppo e quindi a posteriori, dopo aver svolto il compito.

Fase 3: il metodo di intervento. L'idea di 'apprendistato cognitivo' si rifà a una metafora dell'apprendimento nel corso dell'apprendistato materiale: in queste situazioni i principianti apprendono tramite osservazione diretta delle azioni dell'esperto e tramite comunicazione fortemente situata, che connette direttamente percezione e cognizione. Inoltre, parte dell'apprendistato materiale implica 'narrazioni', ovvero discorsi sui problemi risolti nel passato e che fanno parte del patrimonio culturale della comunità, che sono formulati integrando la realtà e la percezione soggettiva (le emozioni, le intenzioni e le conseguenze personali) e l'analisi degli strumenti utilizzati (gli strumenti si usano e non sono problematici; gli strumenti diventano oggetto di una riflessione specifica). Tuttavia, si nota che l'apprendimento scolastico tende a non sfruttare adeguatamente questi processi di pensiero in interazione: le procedure esperte sono mentali, implicite e veloci; vi è scarso confronto su un piano interpersonale tra i modelli mentali del compito di un esperto e quelli dei principianti. Pertanto, l'apprendistato cognitivo propone di utilizzare strategie di:

- rallentamento ed esplicitazione del modello esperto di comprensione ed esecuzione del compito, seguendo uno schema di domande metacognitive (fase di modellizzazione);
- lavoro cooperativo in piccoli gruppi, con la supervisione dell'esperto in un compito, seguendo lo schema di domande metacognitive (fase di partecipazione guidata);
- esecuzione individuale del compito e verifica dei processi e dei risultati collettiva (fase di analisi differita).

1.15 L'apprendimento situato e la comunità di pratica: la metodologia EAS

1.15.1 Nozione di apprendimento situato

La metodologia EAS (acronimo di Episodi di Apprendimento Situato), introdotta in Italia dal prof. Pier Cesare Rivoltella, sfrutta la relazione tra l'apprendimento e le situazioni sociali in cui esso avviene.

L'apprendimento situato è, dunque, un **processo che avviene all'interno di una cornice partecipativa** e non in un ambiente individuale; ed è quindi mediato dalle diverse prospettive dei co-partecipanti. L'individuo non apprende attraverso lezioni che trasmettono una quantità definita di conoscenze astratte, che verranno poi assimilate e applicate in altri contesti, ma "impara facendo" (*learning by doing*). Si tratta di un modello di apprendimento che coinvolge la persona in situazioni reali, in cui dovrà assimilare nozioni in relazione all'azione che sta svolgendo.

L' attività di insegnamento e apprendimento si svolge attraverso un contenuto circoscritto, uno sviluppo temporale ridotto e un agire contestualizzato si propone come forma di insegnamento efficace e opportunità di apprendimento significativo.

Con l'apprendimento situato si configura una sintesi fra apprendimento formale, non formale e informale:

- formale perché avviene in un contesto organizzato e strutturato, la scuola, esplicitamente pensato e progettato, che porta ad una certificazione;
- non formale perché è connesso ad attività pianificate;
- informale perché si basa sull'esperienza risultante dalla pratica e dall'inserimento in un contesto sociale.

1.15.2 Le basi teorico- pedagogiche

Il costrutto dell'apprendimento situato (in inglese *situated learning*), è stato proposto da Jean Lave e Etienne Wenger come modello di apprendimento che ha luogo in una comunità di pratica (CdP). Wenger individua tre caratteristiche che distinguono una CdP da ogni altra aggregazione:

- la presenza di un argomento che accomuna tutti i suoi membri ("dominio"). L'adesione ad essa, infatti, implica un senso di appartenenza e un impegno di ciascuno riguardo al "dominio" attorno al quale si forma;
- le persone da cui è composta imparano e condividono, con continuità, quello che sanno;
- è formata da professionisti che sviluppano un repertorio comune e condiviso di norme, procedure, informazioni, simboli, oggetti, strumenti e metodi di soluzione di problemi.

Secondo Jean Lave ed Etienne Wenger la vera chiave dell'apprendimento situato è l'interazione sociale che si viene a stabilire all'interno della comunità di pratica, perché l'apprendimento richiede interazione sociale, appunto, e collaborazione ed è facilitato e incoraggiato quando sono disponibili opportunità di *scaffolding.* Infine, i compiti connessi al processo di apprendimento devono essere presentati in contesti autentici (Perpiglia). Con il termine *scaffolding*, si chiarisce e si indica l'aiuto dato da una persona ad un'altra per svolgere un compito. In campo educativo ci si riferisce ad un processo in cui gli insegnanti offrono il loro supporto agli studenti nel processo di *problem solving*.

In tale teoria molta importanza rivestono le innumerevoli relazioni che si vengono a stabilire nella comunità di pratica. La posizione della persona che apprende passa, via via che l'esperienza e la partecipazione gli consentono di sviluppare abilità, conoscenze e competenze, da una partecipazione periferica legittimata (quella che caratterizza i novizi) ad una posizione sempre più centrale nel contesto educativo. La partecipazione periferica legittimata, in inglese *legitimal peripheral partecipation*, è quel processo per cui il novizio, interagendo con gli altri membri, si muove dalla periferia verso il centro del cerchio man mano che diventa esperto (così Perpiglia).

1.15.3 Perché adottare la metodologia EAS?

Quella contemporanea è una società globalizzata e sempre più interculturale, in cui le conoscenze e le abilità diventano subito obsolete e vengono soppiantate da nuove acquisizioni. Allo stesso tempo è ormai acquisita la consapevolezza che l'utilizzo reiterato dei media da parte della generazione dei nativi digitali comporta che gi stessi, perennemente connessi, vedano nelle nuove tecnologie un ambiente cognitivo in grado di aumentare sia la loro dimensione sociale e relazionale, sia il loro bagaglio culturale.

Di qui la necessità educativa di pensare ai media digitali come opportunità nel cui ambito la relazionalità e la cooperazione si coordinano con la cognizione. In questa ottica il professore Rivoltella ha evidenziato un cambio di paradigma, dalle «tecnologie a distanza» alle «tecnologie di gruppo». L'espressione «tecnologie di gruppo» significa che l'uso delle tecnologie può offrire nuove possibilità di lavorare in gruppo; i giovani si scambiano opinioni, discutono su un argomento, cercano di orientarsi in una situazione e, eventualmente, risolvere un problema, così come possono anche decidere come organizzare il lavoro del gruppo stesso. Il filone pedagogico di riferimento è quello della "scuola del fare" di Freinet, con la sua **"lezione a posteriori"**, definita da Rivoltella stesso nel suo blog: "*la lezione è a posteriori quando essa non è più il momento dell'acquisizione di informazioni. L'informazione viene fatta acquisire dallo studente in fase preparatoria, cosicché a lezione si possa valorizzare il momento del problem solving.*"

1.15.4 Le fasi EAS

La metodologia EAS si struttura in 3 momenti, dove, attuando il capovolgimento della tradizionale lezione frontale, vengono individuate sia le azioni del docente che quelle degli studenti, riconducendole ad una determinata logica didattica:

- **Preparatoria.** Nella fase preparatoria il docente assegna un lavoro di ricerca da svolgere a casa: gli allievi sono tenuti a lavorare sui materiali forniti (documenti da leggere o video da guardare e questionari o griglie da compilare) e a caricare i frutti su una cartella condivisa online. In classe, poi, l'insegnante interviene con una breve lezione sull'argomento mettendo a fuoco i nodi concettuali principali, riprendendo quello che è stato fatto a casa e aggiungendo elementi di analisi. Questa sorta di cornice si chiude con un video-stimolo, un breve video che predispone emotivamente la classe al lavoro.
- **Operatoria.** Nel momento operatorio gli alunni devono svolgere una micro-attività di gruppo nella quale dovranno produrre un artefatto lavorando insieme. Anizché ascoltare e prendere appunti sono gli studenti in prima persona, individualmente o in gruppo, a fare ricerca, informarsi e poi sintetizzare quanto appreso in mappe concettuali o schemi oppure a produrre veri e propri **artefatti digitali**.
- **Ristrutturativa.** Nel momento ristrutturativo, il *debriefing*, l'attenzione è volta a quei processi che si sono attivati nei momenti precedenti e che servono a fissare gli elementi, fornendo uno sfondo concettuale al lavoro esperienziale degli studenti.

FASI EAS	AZIONI DOCENTE	AZIONI DISCENTE	LOGICA DIDATTICA
PREPARATORIA	- assegna compiti. - disegna ed espone un *framework* concettuale; - fornisce uno stimolo; - dà una consegna.	A casa: - studia; - ascolta; - comprende.	*Problem solving*

OPERATORIA	- definisce i tempi dell'attività; - organizza il lavoro individuale /di gruppo.	In classe: - produce; - condivide un artefatto.	*Learning by doing*
RICOSTRUTTIVA		In classe: - analizza criticamente l'artefatto; - sviluppa riflessioni sui processi attivati.	*Reflective learning*

(fonte: "Fare didattica con gli EAS" di Rivoltella - 2013)

1.16 Le metodologie innovative proposte dal movimento "Avanguardie educative"

"Avanguardie educative" è un movimento di innovazione che porta a sistema le esperienze più significative di trasformazione della scuola italiana.

È un progetto di ricerca-azione nato dall'iniziativa autonoma di INDIRE (l'Istituto che fin dall'anno della sua nascita – il 1925 – ha indagato e sostenuto le esperienze educative più avanzate nel territorio nazionale) con l'obiettivo di investigare le possibili strategie di propagazione e messa a sistema dell'innovazione nella scuola italiana, tenendo particolarmente conto dei fattori abilitanti e di quelli che ne ostacolano la diffusione.

Il progetto si è poi trasformato in un vero e proprio Movimento – ufficialmente costituito il 6 novembre 2014 a Genova – aperto a tutte le scuole italiane; la sua *mission* è quella di individuare, supportare, diffondere, portare a sistema pratiche e modelli educativi volti a ripensare l'organizzazione della Didattica, del Tempo e dello Spazio del 'fare scuola' in una società della conoscenza in continuo divenire.

La pratica educativa deve tener conto soprattutto delle opportunità offerte dalle nuove tecnologie e dei cambiamenti richiesti dalla società della conoscenza.

L'utilizzo ragionato delle risorse e degli strumenti digitali potenzia, arricchisce e integra l'attività didattica, "muove" la classe, motiva e coinvolge gli studenti, stimola la partecipazione e l'apprendimento attivo, contribuisce allo sviluppo delle competenze trasversali.

Le ICT, per le *Avanguardie educative*, non sono né ospiti sgraditi né protagonisti. Sono solo i nuovi mezzi con cui è possibile personalizzare i percorsi di apprendimento, rappresentare la conoscenza, ampliare gli orizzonti e le fonti del sapere, condividere e comunicare, sempre e ovunque (*mobile learning*).

Le ICT permettono il nascere di nuove metodologie cooperative di scrittura, lettura e osservazione dei fenomeni; consentono la rappresentazione dei concetti avvalendosi di ambienti di simulazione, di giochi educativi, di applicazioni e software disciplinari.

Le ICT riducono le distanze aprendo nuovi spazi virtuali di comunicazione – *cloud*, mondi virtuali, *Internet of Things* – riconnettendo luoghi, magari geograficamente isolati, e attori del sistema scuola: dalle imprese agli enti locali, dalle associazioni alle fondazioni.

1.16.1 Lo Spaced learning (apprendimento intervallato)

Lo «*Spaced learning*» **è una particolare articolazione del tempo-lezione** che prevede tre momenti di input e due intervalli. Nel 1° input l'insegnante dà le informazioni che aiuteranno gli studenti durante la lezione. La durata dell'input non è predeterminata. A questo primo momento segue un intervallo di 10', durante i quali non deve esser fatto nessun riferimento al contenuto della lezione. Nel 2° input l'insegnante rivisita il contenuto della prima sessione cambiando il modo di presentarlo (ad es. usando esempi differenti tra loro e/o connotati da elevata interattività). Nel secondo intervallo si applicano i principi del primo, con un tempo di riposo/relax di 10'. Nell'intervallo l'attività sarà una declinazione della precedente. Anche in questo momento l'attività non sarà correlata al contenuto della lezione. Nel 3° input l'insegnante rimane sul contenuto della prima sessione, ma propone attività centrate sullo studente: i ragazzi dovranno dimostrare di aver acquisito il contenuto condiviso nei primi input, applicando le conoscenze in contesti di esercitazione o situazioni-problema. Il docente verifica infine la comprensione del contenuto della lezione da parte degli studenti.

Perché adottare questa tecnica?

- per sviluppare una metodologia didattica attiva che superi il concetto di lezione frontale, ponendo gli studenti al centro dei processi di apprendimento;
- per acquisire un metodo che permetta di migliorare gli apprendimenti rilevabili tramite prove oggettive somministrate ai ragazzi;
- per sviluppare un metodo che consenta di utilizzare in modo più efficiente il tempo-scuola;
- per responsabilizzare ciascun ragazzo rispetto al proprio percorso di apprendimento e valorizzare le sue specifiche attitudini;
- per le interessanti possibilità che si prospettano agli studenti: interagire con contenuti personalizzati, elaborare prove, risolvere le situazioni-problema, ecc.

1.16.2 Didattica per scenari

Questa metodologia introduce pratiche didattiche innovative, potenziate dall'efficace uso delle nuove tecnologie. Punti di partenza sono gli «scenari», descrizioni di contesti di insegnamento/apprendimento che incorporano una visione di innovazione pedagogica centrata sull'acquisizione delle cosiddette «competenze per il XXI secolo». Ogni «scenario» incorpora una differente visione e fornisce un differente set di indicazioni – le «*Learning Activities*» – attraverso le quali il docente/la scuola scrive e implementa il proprio personale progetto didattico: la «*Learning story*».

Contenuti, metodologia e strumenti degli scenari derivano dal progetto europeo più iTEC (*Innovative Technologies for an Engaging Classroom*), nel cui ambito gli scenari sono stati testati e raffinati attraverso una sperimentazione che ha coinvolto oltre 1000 classi di 12 Paesi europei. Tutti gli «scenari» sono applicabili e declinabili nei vari ordini di scuola e contesti disciplinari, e sono incentrati su pratiche didattiche che basate sull'organizzazione degli studenti in team di lavoro – con precisi ruoli e responsabilità – e un ruolo decentrato del docente che accompagna i percorsi di apprendimento.

1.16.3 Il «TEAL» (Technology Enhanced Active Learning)

Si tratta di una metodologia didattica **che vede unite lezione frontale, simulazioni e attività laboratoriali su computer** per un'esperienza di apprendimento ricca e basata sulla collaborazione.

La classe TEAL prevede una serie di strumenti tecnologici da utilizzare in spazi con specifiche caratteristiche (ad es. ampiezza, luminosità, ecc.), con arredi modulari e quindi facilmente riconfigurabili a seconda delle necessità: spazi e tecnologie sono interconnessi. Il protocollo TEAL prevede un'aula con postazione centrale per il docente; attorno alla postazione sono disposti alcuni tavoli rotondi che ospitano gruppi di studenti in numero dispari. L'aula è dotata di alcuni punti di proiezione sulle pareti ad uso dei gruppi di studenti. Per favorire l'istruzione tra pari, i gruppi sono costituiti da componenti con diversi livelli di competenze e di conoscenze. Il docente introduce l'argomento con domande, esercizi e rappresentazioni grafiche. Poi ogni gruppo lavora in maniera collaborativa e attiva con l'ausilio di un *device* per raccogliere informazioni e dati ed effettuare esperimenti o verifiche.

Perché adottare questa tecnica?
- per superare la logica dello studio inteso come mero apprendimento mnemonico di testi scritti;
- per favorire l'approccio progettuale e la pratica la boratoriale nei percorsi di formazione;
- per promuovere lo sviluppo delle competenze digitali degli studenti, la loro autonomia e capacità di lavorare con gli altri *(soft skill)*;
- per consentire il miglioramento delle interazioni educative in aula – ottimizzando il tempo a scuola – e sviluppare e rafforzare l'apprendimento tra pari e quello autonomo;

1.16.4 Il setting d'aula (la classe scomposta)

La fluidità dei processi comunicativi innescati dalle ICT si scontra con ambienti fisici non più in grado di rispondere a contesti educativi in continua evoluzione, e impone un graduale ripensamento degli spazi e dei luoghi che preveda soluzioni flessibili, polifunzionali, modulari e facilmente configurabili in base all'attività svolta, e in grado di soddisfare contesti sempre diversi.

Spazi così concepiti favoriscono il coinvolgimento e l'esplorazione attiva dello studente, i legami cooperativi e lo "star bene a scuola": condizioni indispensabili, queste, per promuovere una partecipazione consapevole al progetto educativo e innalzare la *performance* degli studenti.

Il **setting d'aula** rappresenta la predisposizione dell'aula secondo gli obiettivi che s'intendono raggiungere in relazione alle metodologie che vengono proposte in classe. Esemplificando, il *cooperative learning* comporterà una determinata predisposizione dell'aula, tendenzialmente con i banchi e le sedie disposte a formare gruppi da 4 o da 5 alunni; il *circle time* comporterà in linea di massima la disposizione di tutto il gruppo classe in cerchio; il *debate* potrebbe anche praticarsi in un assetto classe tradizionale, con la cattedra frontale rispetto ai banchi degli alunni. Diventa, quindi, **scomposta** quella classe in grado di potere essere ristrutturata a piacimento e velocemente, sulla base del metodo di lavoro da adottare in classe. Una classe dinamica, dotata di tecnologie e di arredi smart in grado di essere riposizionati nello spazio con facilità.

1.17 *E-learning: micro learning e mobile learning*

Il termine *"microlearning"*, composto dalle parole *"micro"* e *"learning"*, sta ad indicare l'attività di granularizzazione dell'apprendimento (cd. apprendimento in pillole). Attraverso il *microlearning* si focalizza l'attenzione su piccole e brevi unità formative al fine di favorire il processo di apprendimento.

Il *microlearning* è una modalità di progettazione didattica che, avvalendosi delle tecnologie oggi a disposizione, è in grado di offrire risorse formative composte di piccole e brevi unità didattiche, ricombinabili in innumerevoli percorsi formativi fruibili in un qualsiasi momento nel tempo e nello spazio. La risorsa formativa così progettata, comporta il passaggio da un unico blocco di contenuto a tanti piccoli mattoncini autoconsistenti combinabili e ricombinabili in infinite aggregazioni.

Le parole chiave che guidano la progettazione in una logica di *microlearning* sono: brevità, leggerezza, sintesi, granularità, autoconsistenza, *content sequencing*. Quello su cui si pone l'attenzione è dunque l'uso di molteplici tipologie di contenuti, detti *"micro-content"*.

Si tratta di podcast, blogpost, wiki, messaggi, foto, grafici, testi, video, post di Facebook, Twitter, audio e qualsiasi altra tipologia di contenuti multimediali – purchè siano **brevi**, (sessioni temporali di apprendimento dai 5 ai 10 minuti circa) e **semplici** (concetti scarni).

Perché adottare questo format?
- per rendere più veloce ed efficace il processo formativo;
- facilitare la personalizzazione grazie alla scomposizione delle risorse didattiche;
- offrire una soluzione realistica agli attuali modelli di apprendimento e di lavoro, guidati sempre più da rapidi ritmi e continui cambiamenti;
- offrire una risposta personalizzata per i diversi stili di apprendimento a seconda della persona. In particolare tale metodologia è particolarmente d'aiuto a quegli allievi che necessitino di **tempi più lunghi** rispetto agli altri: può essere dunque un buon approccio anche da parte degli **insegnanti di sostegno**.

Si tratta infatti di una metodologia "smart" e veloce, tale da plasmarsi in base alle esigenze dello studente – che può essere di ogni età e ogni livello culturale, con competenze professionali o meno: il *micro-learning* è dunque adattabile a tutti gli ambiti dell'apprendimento.

Nella sua più recente evoluzione, il *micro-learning* viene ampiamente utilizzato nell'*e-learning* e nella **FAD** (Formazione a Distanza), in contesti d'uso differenti: dal training aziendale all'aggiornamento professionale, al testing di *skills* e *soft skills*.

Ovviamente la metodologia non manca di problematiche ad essa connesse: prima fra tutte, la **difficoltà di coprire l'intero programma ministeriale** con questo metodo.

Per far ciò, infatti, i docenti dovrebbero effettuare una scelta non semplice, e decidere di rinunciare a qualche modulo didattico (ad esempio dovrebbero accennare brevemente ai periodi che intercorrono tra le due guerre mondiali per concentrarsi su queste ultime). Questo va sicuramente a scapito della completezza della formazione nozionistica della classe, sebbene possa portare – quando la scelta delle unità di apprendimento sia mirata e ben pianificata – al raggiungimento delle competenze prefissate per ogni alunno in maniera **qualitativamente migliore** e **in tempi più rapidi** (Caratù).

Il *mobile learning* (o *M-learning*) è **l'apprendimento a distanza** (non necessariamente in fase di didattica a distanza) con l'ausilio di dispositivi elettronici mobili personali come *tablet*, telefono cellulare, riproduttori audio digitali, fotocamere digitali, registratori vocali, ecc.. Oggigiorno, vista la convergenza di linea fissa e mobile, dire *Mobile Learning* sembra quasi dire **E-learning** (ovvero *electronic learning*), da cui appunto la prima prende le mosse. Tuttavia, le differenze tra le due sono molteplici, perché la prima presuppone la disponibilità di un computer desktop o laptop, fruibile solo in alcuni contesti, mentre gli strumenti mediante cui si accede al m-learning non sono vincolati a un luogo e possono essere fruibili ovunque e in qualsiasi situazione.

APPROFONDIMENTO

I mediatori didattici

La definizione di "mediatori didattici" è fornita da Elio Damiano, autore del libro "*La mediazione didattica*" (Franco Angeli, 2016), in cui definisce il mediatore didattico come "*ciò che agisce da tramite tra soggetto e oggetto nella produzione di conoscenza, sostituisce la realtà perché possa avvenire la conoscenza, ma non si sostituisce alla realtà esautorandola, pur richiedendo di essere trattato come se fosse la realtà, ma sempre, in quanto mediatore, conservando lucidamente la consapevolezza che la realtà non è esauribile da parte dei segni, quali che essi siano*".

L'Autore in particolare evidenzia quattro tipi di mediatori:

- **attivi:** ovvero che ricorrono all'esperienza diretta (es. l'esperimento scientifico);
- **iconici:** ovvero che utilizzano il linguaggio delle icone (grafico e spaziale), fatto di immagini, schemi, mappe concettuali;
- **analogici:** che potrebbero essere anche chiamati "ludici", poiché si basano sulle dinamiche del gioco e della simulazione;
- **simbolici:** che utilizzano codici di rappresentazione convenzionali e universali (concetti astratti, locuzioni linguistiche, metafore, simboli, analogie, allegorie e figure retoriche in generale...).

1.18 Metodologia CLIL e didattica laboratoriale

Il termine CLIL è l'acronimo di *Content and Language Integrated Learning*. Si tratta di una metodologia che prevede l'insegnamento di contenuti in lingua straniera. Ciò favorisce sia l'acquisizione di contenuti disciplinari sia l'apprendimento della lingua straniera. Il CLIL è una metodologia di insegnamento che si è sviluppata in diversi Paesi europei a partire dalla metà degli anni 1990, quando in Italia, grazie allo sviluppo di progetti europei, organizzati da varie istituzioni e Università, alcune scuole hanno attivato sperimentazioni di insegnamenti di contenuti disciplinari in lingua straniera. Il nostro è il primo Paese dell'Unione Europea a introdurre il CLIL in modo ordinamentale nella scuola secondaria di secondo grado.

Con la Legge 53 del 2003 è stata infatti riorganizzata la scuola secondaria di secondo grado e i Regolamenti attuativi del 2010 (D.P.R. nn. 88 e 89/2010) hanno introdotto l'insegnamento di una disciplina non linguistica (DNL) in una lingua straniera nell'ultimo anno dei Licei e degli Istituti Tecnici e di due discipline non linguistiche in lingua straniera nei Licei Linguistici a partire dal terzo e quarto anno.

La Legge 107 del 2015, all'articolo 1, comma 7, definisce come obiettivi formativi prioritari "la valorizzazione e il potenziamento delle competenze linguistiche, con particolare riferimento all'italiano nonché alla lingua inglese e ad altre lingue dell'Unione europea, anche mediante l'utilizzo della metodologia *Content language integrated learning*".

Come si è osservato (Cinganotto , Cuccurullo) la metodologia CLIL ben si presta all'apprendimento di contenuti di carattere sia umanistico sia scientifico; con particolare riferimento all'ambito scientifico (Rasulo, De Meo, De Santo): la diffusione della cultura scientifica (STEM) corre in parallelo con i processi di internazionalizzazione della scuola italiana, pertanto i docenti si trovano di fronte alla necessità di ricorrere a nuove strategie che facilitino l'integrazione di lingua, contenuti e abilità di apprendimento, al fine di mantenere elevato il livello di motivazione e interesse degli studenti. Proprio per queste finalità, la metodologia CLIL non si avvale di lezioni frontali, trasmissive e *teacher-centered*, ma di una **didattica laboratoriale attiva**, in cui è centrale il ruolo abilitante delle ICT e che permette di acquisire competenze trasversali (*life skill*), disciplinari e linguistiche, mediante la decostruzione di alcuni paradigmi tradizionali e la ricostruzione dei processi attraverso forme di *cooperative learning e peer education*, di strategie interattive e collaborative che favoriscono la produzione autonoma in lingua traniera (giochi di ruolo, riempimento di spazi, abbinamento ecc.), anche grazie all'uso di materiali autentici (Serragiotto, 2014).

Ai percorsi CLIL inoltre bene si adattano approcci *theme-based* (di tipo tematico) o *task-based* (basato sul compito), che presuppongono una didattica per temi e per progetti in un'ottica multidisciplinare e trasversale, una didattica mirata allo sviluppo di competenze: competenze trasversali, competenze interdisciplinari, competenze disciplinari.

Importante è il momento della progettazione, dalla pianificazione del percorso alla strutturazione del modulo tematico, delle unità di lavoro e delle singole lezioni.

APPROFONDIMENTO

La didattica laboratoriale

Si tratta di una strategia di insegnamento e di apprendimento nella quale lo studente si appropria della conoscenza nel contesto del suo utilizzo. Diversamente dalla didattica convenzionale essa tende a superare due tra le cause principali di un apprendimento che genera un transfer limitato delle conoscenze all'interno e all'esterno della scuola: la separazione dei momenti di costruzione e di utilizzo della conoscenza e la natura decontestualizzata del sapere. L'organizzazione della didattica convenzionale si fonda infatti sul presupposto che l'acquisizione e l'utilizzo della conoscenza siano due processi che appartengono a due universi differenti: a scuola si impara la conoscenza, mentre il suo utilizzo avviene una volta terminata la scuola (Marconato).

Al docente nella didattica laboratoriale sarà richiesto un limitato impegno nella presentazione dei contenuti (l'attività didattica che più lo impegna abitualmente); egli si dovrà piuttosto dedicare all'identificazione delle opportunità per lo studente di «fare esperienza di apprendimento», cioè a ideare, progettare e implementare le attività di apprendimento, alla ricerca e alla messa a disposizione delle risorse necessarie e a fornire il supporto agli studenti mentre lavorano e apprendono (Marconato). L'attenzione del docente sarà in particolare posta a:

Sollecitare un ruolo attivo degli allievi, che non solo devono fare ciò che dice l'insegnante ma anche scegliere e decidere tra più opzioni;

Mettere, con opportuna gradualità, la responsabilità del risultato nelle loro mani affidando loro l'organizzazione e il monitoraggio delle attività;

Sollecitare una continua riflessione su ciò che si sta facendo e si è fatto;

Far lavorare gli allievi come "gruppo al lavoro" (discutere, valutare opzioni, assumersi responsabilità, decidere, gestire conflitti…);

Ancorare le attività di apprendimento (macro o micro) all'esperienza corrente degli allievi (partire dalla realtà e non dalle discipline).

Capitolo II

Interculturalità e inclusione

2.1 La figura del docente inclusivo

Nel dossier "Sviluppo professionale e qualità della formazione in servizio" (16-4-2018), redatto dalla Direzione Generale per il personale scolastico del Ministero dell'Istruzione sono state gettate le basi per la nascita, nel nostro Paese, del docente inclusivo. Il docente inclusivo è un docente che è in grado di creare un clima di classe inclusivo dove la diversità è riconosciuta ed accettata; riesce ad adattare gli stili di insegnamento e le proprie metodologie agli alunni che ha di fronte; fa dell'approccio cooperativo uno dei suoi cavalli di battaglia; costruisce lezioni metacognitive; si sforza di trovare punti di contatto tra la programmazione di classe e quella personalizzata/individualizzata e intesse reti relazionali con la famiglia, la Asl, i centri che hanno in cura gli alunni con Bisogni Educativi Speciali, ecc.

Il documento della *European Agency for Development in Special Needs Education* "Profilo dei docenti inclusivi" delinea i quattro valori/competenze che un docente inclusivo deve possedere:

- **(saper) valutare la diversità degli alunni,** la diversità è una ricchezza e non un impoverimento della classe;
- **sostenere gli alunni,** i docenti devono coltivare aspettative alte sul successo scolastico degli alunni);
- **lavorare con gli altri,** il docente non è una monade, ma deve collaborare con gli altri colleghi;
- **aggiornamento professionale continuo,** l'insegnamento è una attività di apprendimento e i docenti hanno la responsabilità del proprio apprendimento permanente per tutto l'arco della vita.

Più nel dettaglio la definizione del profilo di un docente inclusivo richiede la considerazione di svariate aree di competenza rispetto alle quali andrebbero declinati indicatori e possibili descrittori operativi:

- **personale** (capacità di empatia, sensibilità pedagogica, motivazione, stile attributivo, livello di autoefficacia, convinzioni personali, aspettative ...);
- **relazionale** (capacità di gestire la comunicazione e le relazioni all'interno della comunità professionale e con i genitori degli alunni, ...);
- **psicopedagogica** (conoscenze specifiche sul processo di sviluppo e sulle condizioni per l'apprendimento ...);
- **didattica** (capacità di pianificazione di interventi mirati, repertorio di metodologie didattiche inclusive e di strategie di individualizzazione e personalizzazione, repertorio di risorse e strumenti per la valutazione incrementale e formativa ...);

- **organizzativa** (capacità di gestire la classe e i gruppi di apprendimento, di allestire ambienti di apprendimento stimolanti, di utilizzare in modo efficace spazi e tempi, di ricorrere a mediatori didattici multicanale, comprese le TIC, per sostenere processi di apprendimento attivi e cooperativi);
- **epistemologica** (capacità di riflettere criticamente e di rivedere pratiche e scelte attraverso nuovi percorsi di ricerca e di innovazione ...).

2.2 Interculturalità: orientamenti ministeriali e strategie proposte

2.2.1 Il valore dell'interculturalità: le linee guida MIM 2022

Il fenomeno della migrazione è in continua evoluzione e quando si produce un processo di formazione sociale rapido e intenso, come quello della migrazione, è importante che i differenti attori politici e sociali rispondano a questi cambiamenti in maniera efficace. Il termine interculturalità significa **avere un'interazione positiva con una persona di differente origine culturale** traendo un arricchimento reciproco: l'interculturalità gestisce la diversità come opportunità e fonte d'innovazione.

Con riferimento alla comunità scolastica, la presenza di alunni e studenti portatori di ulteriori valori culturali, linguistici, religiosi, è certamente un elemento di complessità, ma può rivelarsi, come testimoniato da diverse positive progettualità scolastiche, anche una grande occasione per ripensare e rinnovare il curricolo, valorizzare il plurilinguismo e l'assunzione di responsabilità sociale da parte degli studenti, promuovendo le alleanze capaci di dare vita a quella 'città educativa' che è il contesto più adeguato per l'inclusione sociale e l'esercizio per tutti della cittadinanza attiva.

L'approccio interculturale è un modo per rispettare e valorizzare la diversità alla ricerca di valori comuni che permettano di vivere insieme. Tale visione nuova delle relazioni tra le persone che fanno riferimento a diverse culture dovrebbe modificare e trasformare la struttura stessa dell'organizzazione scolastica e didattica, i metodi di insegnamento e di formazione, i metodi di valutazione, le relazioni tra insegnanti, alunni e famiglie nella scuola e nell'extrascuola.

Le linee guida MIM 17 marzo 2022 "Orientamenti interculturali" contemplano idee e proposte per l'integrazione di alunni e alunne provenienti da contesti migratori. La platea dei destinatari delle azioni è dettagliata in neoarrivati, bambini e bambine da 0 a 6 anni, nuova generazione di italiani, minori stranieri non accompagnati, giovani adulti e famiglie.

Nel documento innanzitutto si sottolinea che è compito degli Uffici scolastici regionali (e degli Uffici per l'ambito territoriale) "promuovere, anche attraverso patti educativi tra scuole ed enti locali competenti, azioni mirate e coordinate per regolare le iscrizioni e le modalità di inserimento di alunni provenienti da contesti migratori". Sono quindi individuate le seguenti azioni specifiche:

- assicurare il coinvolgimento delle famiglie sull'importanza della partecipazione ai servizi educativi e alla scuola dell'infanzia;

- predisporre procedure omogenee nelle diverse realtà locali volte a garantire che le iscrizioni vengano sempre e rapidamente accolte;
- programmare, ove possibile, gli ingressi dei neoarrivati;
- informare preventivamente le famiglie in attesa dei ricongiungimenti;
- rafforzare e riqualificare i servizi di orientamento e riorientamento scolastico;
- sostenere la partecipazione dei giovani adulti immigrati alle opportunità di istruzione e di formazione per il lavoro.

2.2.2 La strategia dell'orientamento/riorientamento

L'orientamento scolastico alla fine della scuola secondaria di primo grado dà talvolta un peso centrale a vere o supposte difficoltà delle famiglie immigrate a supportare percorsi di istruzione impegnativi, più che al merito e alle effettive vocazioni degli studenti. Il **coinvolgimento delle famiglie nell'elaborazione dei consigli di orientamento è della massima importanza,** ma un contributo significativo proviene altresì dalla corretta informazione e valutazione delle caratteristiche e delle prospettive di studio e di lavoro dei diversi percorsi. Sono azioni molto utili gli **incontri *peer-to-peer*** tra gli studenti che devono scegliere e i giovani, italiani e non italiani, che hanno operato la scelta negli anni precedenti.

Con le famiglie e gli alunni provenienti da contesti migratori, può essere efficace che agli incontri con i docenti e gli esperti **partecipino anche mediatori linguistico-culturali** e che vengano utilizzati materiali e opuscoli informativi in più lingue.

Particolare attenzione va riservata al riorientamento degli studenti finalizzato al cambio di indirizzo e all'orientamento di fronte a scelte cruciali. È opportuno che nelle scuole vi siano docenti appositamente dedicati e formati alle attività orientative e, nel caso specifico, anche all'interazione con le famiglie straniere e con le loro aspettative in merito alla formazione scolastica dei figli.

2.2.3 La valorizzazione del plurilinguismo e della diversità linguistica

Come la maggior parte dei Paesi europei, anche l'Italia è caratterizzata dal multilinguismo. Oltre alla lingua nazionale, vi sono altri tre "poli linguistici": le 12 lingue delle minoranze "storiche", riconosciute nella Legge n. 482 del 1999 e, più di recente, la **LIS** (lingua italiana dei segni), riconosciuta nel maggio del 2021; le varietà dialettali, che connotano Regioni e territori; gli idiomi dell'immigrazione di diversa consistenza quantitativa e di status (lingue patrimoniali, lingue veicolari, lingue coloniali).

"Una molteplicità di lingue e culture è entrata nelle nostre scuole…": così si legge nelle Indicazioni nazionali, del 2012: a questa realtà di fatto, non sempre corrispondono tuttavia consapevolezze diffuse sul valore delle lingue e conseguenti attenzioni alla diversità linguistica delle classi.

Accanto ad una rappresentazione generale e generica del bilinguismo come opportunità e ricchezza - se riferito a lingue che godono di "prestigio sociale" - vi è spesso negazione o rimozione delle situazioni di plurilinguismo reale, riferito a parlanti le lingue madri delle famiglie immigrate. Un'educazione al plurilinguismo, come auspicato dai documenti europei e del Consiglio d'Europa, si deve porre obiettivi, quali:

- il riconoscimento delle lingue parlate dai bambini e dalle bambine nei contesti extrascolastici e la raccolta delle loro biografie linguistiche;
- la valorizzazione di ogni lingua e della diversità linguistica presente nelle comunità;
- l'attivazione di processi metalinguistici di comparazione e scambio tra le lingue.

"Avere attenzione alla lingua parlata nel contesto familiare costituisce la base per l'apprendimento della lingua italiana", è un'indicazione contenuta nelle **Linee Pedagogiche per il sistema integrato 0/6, Ministero dell'istruzione, 2021**. È opportuno disporre di libri bilingui e nelle lingue madri, di materiali multilingui, anche visivi. E promuovere attività di lettura e narrazioni nelle biblioteche scolastiche, o in collaborazione con le biblioteche pubbliche.

2.2.4 Il programma FAMI

Il programma FAMI (Fondo Asilo Migrazioni e Integrazione), con Autorità Responsabile presso il Ministero dell'Interno prevede azioni specifiche per la formazione del personale scolastico sui temi dell'integrazione degli alunni provenienti da contesti migratori. Esso è cofinanziato dall'Unione Europea ed è destinato alle politiche di integrazione dei migranti. La partecipazione alla programmazione **FAMI 2021-2027,** da parte del Ministero dell'Istruzione, è decisa in vista di una strategia complessiva, elaborata sulla base delle esperienze maturate durante la precedente programmazione 2014-2020, ed è volta a rafforzare le politiche di integrazione scolastica di alunni e studenti, anche adulti, provenienti da contesti migratori e, in particolare, provenienti da Paesi terzi. In tale prospettiva, si è inteso articolare gli interventi in due azioni: la prima, da realizzare attraverso la partecipazione delle scuole, in collaborazione con gli Uffici Scolastici Regionali del Ministero e con l'Amministrazione centrale; la seconda, con iniziative di livello nazionale ed europeo, condotte insieme ad altri attori istituzionali.

Sono previste azioni di *capacity-building* per la formazione di dirigenti, docenti e personale ATA; costituzione di reti di scuole, con apertura di "sportelli informativi" per famiglie e studenti; interventi per il potenziamento della formazione linguistica in Italbase e Italstudio.

Le principali azioni riguardano:
- interventi nelle scuole per la qualificazione del sistema scolastico in contesti multiculturali e periferici;
- programmi di formazione linguistica e percorsi di cittadinanza attiva, fondati sui nuclei tematici del nuovo curricolo di Educazione civica;
- progetti di accoglienza;
- formazione in servizio;
- progetti di sensibilizzazione sui titolari di protezione internazionale e di prevenzione e contrasto alle discriminazioni.

2.3 Adozioni internazionali: strategie educative e didattiche

2.3.1 Conoscere l'adozione

L'adozione è l'istituto giuridico che permette ad un bambino o una bambina, privi in modo permanente di un ambiente familiare idoneo, di trovare una nuova famiglia in una coppia che si è resa disponibile. Le adozioni sono disciplinate da norme internazionali, nazionali e regionali e il loro principio fondante è quello di mettere al centro i bisogni dei bambini e dei ragazzi e il loro diritto ad una famiglia in cui crescere. Dal punto di vista numerico, dal 2000 al 2018, i bambini e i ragazzi adottati internazionalmente (AI) sono stati circa 49.000, ai quali si aggiungono circa 19.000 bambini e ragazzi adottati nazionalmente (AN) nello stesso periodo. Questi dati, configurano il nostro Paese, che è secondo dal punto di vista dell'adozione internazionale solo agli USA, come molto sensibile all'adozione.

Le storie di adozione sono storie molte diverse fra loro, frammentate, interrotte, piene di eventi e al tempo stesso vuote di informazioni che si sono perse strada facendo. Le persone adottate non sono tutte uguali. Condividono alcune specificità: il passaggio da un prima a un dopo, dovuto alla perdita di una famiglia originaria e alla costruzione di nuovi affetti e legami con la famiglia adottiva. Differiscono per le storie di vita e per le storie delle loro famiglie, adottive e originarie. È necessario non pensare che esista una categoria di bambini e ragazzi: gli adottati. Esistono delle persone, persone con storie importanti.

L'adozione ha a che fare con la dimensione della perdita (della madre di nascita, della famiglia di origine, delle figure di riferimento e delle geografie iniziali). È una perdita meno compresa di tante altre ed è più pervasiva creando sensazioni che possono persistere e riemergere col tempo (per esempio in occasione di alcune festività come i compleanni o le feste della mamma e del papà). Nella storia dei bambini e dei ragazzi adottati possono esserci stati anche eventi molto traumatici (prenatali, perinatali e postnatali), che hanno interferito con le loro tappe di crescita. Non sempre accade ma può accadere, e bisogna anche sapere che quando succede le reazioni individuali sono le più disparate. Quello che capita quasi sempre in adozione è che al momento dell'inserimento in famiglia molto poco si conosca della storia pregressa dei bambini. Talvolta si conoscono alcuni eventi macroscopici, ma non realmente cosa sia avvenuto e perché, né cosa abbia provato il bambino che l'ha vissuto.

Si tenga poi presente, quale fattore di criticità, che un numero significativo di bambini e ragazzi viene adottato nazionalmente e internazionalmente dopo i 10 anni, in un'età complessa di per sé in cui la strutturazione dei legami affettivi e famigliari si scontra con la naturale necessità di crescita e di indipendenza. Per i ragazzi adottati internazionalmente tutto questo implica un vissuto più lungo e più complesso e richiede, pertanto, ulteriori forme di flessibilità nelle fasi di inserimento e di accompagnamento scolastico. Anche per coloro che sono stati adottati nell'infanzia, inoltre, il sopraggiungere della preadolescenza e dell'adolescenza può comportare l'insorgere di significative problematiche connesse alla definizione della propria identità, ai cambiamenti del corpo, alle relazioni con i coetanei e, più in generale, con il contesto sociale, che possono interferire con le capacità di apprendimento.

2.3.2 Gestire il trauma psicologico

Il trauma psicologico è un "danno" subìto dalla psiche a seguito di un'esperienza critica vissuta. Si può immaginare come un'esperienza singola, o una situazione protratta nel tempo, le cui implicazioni soggettive, idee, cognizioni ed emozioni ad essa collegate, sono nel complesso superiori alle capacità di chi vive l'esperienza, in quel momento, di gestirle o di adeguarsi ad esse integrandole nel proprio tessuto mentale, emotivo, affettivo. Impotenza, vulnerabilità, impossibilità di dare un senso e un significato, vergogna, mancata integrazione tra emozione e cognizione, sensazione di non potersi fidare: questo è quello che percepisce chi vive eventi traumatici. Ogni persona reagisce differentemente a simili situazioni e diverse sono le fragilità e le risorse che entrano in campo. Nei bambini si possono manifestare difficoltà ad apprendere, comportamenti caotici, iper-attivazione rispetto agli stimoli esterni, ritrazione. I bambini e i ragazzi che vivono eventi traumatici hanno bisogno di adulti che si prendano cura dei loro bisogni, che dedichino loro la propria mente rendendo sopportabili i ricordi. L'abbandono, l'istituzionalizzazione, la violenza (fisica, psicologica, sessuale ed assistita) sono alcune delle esperienze traumatiche che può vivere e subire il bambino adottivo e che possono modificare e indirizzare la sua traiettoia evolutiva. Il vissuto psicologico ed emotivo che accompagna tali esperienze sfavorevoli alla crescita può essere caratterizzato da paura, rabbia, tristezza, angoscia, diffidenza e ripercuotersi sullo sviluppo psico-fisico del bambino in maniera significativa, incidendo sui legami di attaccamento e sulla qualità delle relazioni intra e extra familiari, con gli adulti e con i pari, che costruiranno nel corso del tempo.

I bambini giunti per adozione internazionale, inoltre, vivono un'ulteriore complessità poiché hanno dovuto confrontarsi con numerosi cambiamenti (linguistici, climatici, alimentari, ecc.) e sono stati inseriti in contesti per loro completamente nuovi e sconosciuti. Si tratta di un cambiamento esistenziale drastico che viene affrontato, molto spesso, lasciandosi alle spalle pezzi di storia difficili di cui si sa poco (le informazioni sulla loro salute e vita pregressa sono frequentemente esigue e frammentate). Infine, le differenze culturali e somatiche che caratterizzano coloro che provengono da altri Paesi contribuiscono a rendere ancora più complesso e delicato il loro percorso di integrazione nel nuovo contesto di vita. Tali complessità, per altro, sono sempre più proprie anche dei bambini e delle bambine adottati nazionalmente. Infatti, possono venire adottati nazionalmente bambini nati all'estero e in Italia in seguito alla migrazione dei loro genitori di origine, o in quanto provenienti loro stessi da contesti migratori (non accompagnati), o perché adottati internazionalmente e poi oggetto di successivo abbandono. In tali casi, l'inserimento nei vari contesti sociali può venire ostacolato da messaggi quotidiani che bambine e bambini subiscono, fenomeno definito con il concetto di "micro-aggressione". Esso consiste in messaggi, intenzionali, esplicitamente denigratori (**micro-attacchi**), oppure in comunicazioni (**micro-insulti**) frutto di maleducazioni, o in stereotipi (**micro-invalidazioni**) che negano o tendono ad annullare i pensieri, i sentimenti e le esperienze delle persone a cui sono dirette. Tali modalità comunicative trasmettono, a quanti le subiscono, un effetto negativo invalidante, mentre in coloro che, consapevolmente e/o inconsapevolmente, agiscono, tale comunicazione lascia, apparentemente, un senso di potere e di prevaricazione sull'altro.

2.3.3 Suggerimenti

A scuola l'esperienza con bambini e ragazzi con passati traumatici suggerisce di:
- organizzare incontri regolari con la famiglia per stabilire obiettivi raggiungibili per gli alunni;
- osservare se esistono comportamenti che si ripetono e cosa li innesca;
- aiutare i bambini e i ragazzi a riconoscere e nominare i propri sentimenti ed emozioni (non dare per scontato che si conoscano e comprendano bene tutte le parole);
- condividere nel gruppo docente i successi e garantire una comunicazione scuola famiglia che includa gli aspetti positivi;
- le interruzioni e i cambiamenti nella routine scolastica (feste, vacanze, supplenze, ecc.) possono essere difficili da gestire per i bambini; si può provare ansia a lasciare un compito a metà, a lasciare un'attività. È bene rassicurare i bambini sulla continuità, sul rivedersi dopo le vacanze, dopo la ricreazione, dopo la festa;
- prevedere la possibilità di momenti critici quando si parla di storia personale e famigliare;
- disporre gli alunni in classe in modo da garantire attenzione, solo l'esperienza può fare comprendere la strategia migliore per ogni alunno;
- comunicare con chiarezza ai genitori le regole della scuola: tra insegnanti e genitori va stabilito un patto a favore dell'alunno;
- condividere con i colleghi le strategie positive, per questo è necessario prevedere momenti di incontro di gruppo, soprattutto in alcuni contesti sarà il gruppo ad essere risorsa più che il singolo insegnante.

2.3.4 L'apprendimento della nuova lingua madre adottiva

I bambini adottati internazionalmente apprendono velocemente il vocabolario di base dell'italiano e le espressioni quotidiane utilizzate nelle conversazioni comuni. Il linguaggio più astratto, necessario per l'apprendimento scolastico avanzato, viene invece appreso più lentamente. I bambini possono presentare quindi difficoltà non tanto nell'imparare a "leggere", quanto nel comprendere il testo letto o nell'esporre i contenuti appresi, e a volte possono incontrare difficoltà nel comprendere e usare i linguaggi specifici delle discipline e nell'intendere i concetti che si fanno via via più astratti. La modalità di apprendimento della nuova lingua madre adottiva infatti non è "**additiva**" (la nuova lingua si aggiunge alla precedente) bensì "**sottrattiva**" (**la nuova lingua so-**

stituisce la precedente), e implica pertanto maggiori difficoltà che in alcuni momenti possono portare a sentirsi "privi di vocaboli per esprimersi", provocando una gamma di emozioni negative che possono diventare di disturbo all'apprendimento. Per sostenere un alunno o un'alunna appena arrivati per adozione internazionale si può affiancare un compagno tutor e/o, se possibile, un **facilitatore linguistico**. Questi potrebbe essere un insegnante di italiano, anche di altra sezione, che diventi figura referente di un impianto didattico ed educativo più ampio. È importante **evitare di assimilare l'alunno adottato internazionalmente all'alunno migrante**. L'alunno adottato, infatti, non porta con sé la propria famiglia (o parti di essa) e non vive con la propria lingua originaria lo stesso rapporto di un alunno migrante.

2.4 Le linee di indirizzo per il diritto allo studio degli alunni internazionalmente adottati

Le Linee di indirizzo ministeriali per il diritto allo studio degli alunni adottati pubblicate nel 2014 e aggiornate da ultimo ad aprile 2023, sono un documento fondamentale per docenti e famiglie. Esse si configurano come un **dispositivo teorico metodologico** di sostegno alla scuola affinché si possa garantire, ai bambini e ai ragazzi che sono stati adottati e alle loro famiglie, uno strumento concreto e fruibile per agevolarli nel loro percorso di crescita. Infatti, sebbene numerosi studenti che sono stati adottati abbiano *performance* scolastiche nella media, se non addirittura superiori, è tuttavia innegabile che all'essere adottato siano connessi alcuni fattori di rischio e di vulnerabilità che devono essere conosciuti e considerati, affinché sia possibile strutturare una metodologia di accoglienza scolastica in grado di garantire il benessere di questi alunni sin dalle prime fasi di ingresso in classe, nella convinzione che un buon avvio sia la migliore premessa per una positiva esperienza scolastica negli anni a venire.

I **momenti dell'accoglienza e del primo ingresso sono fondamentali per il benessere scolastico** di ogni bambino e bambina ed in particolare di quelli adottati, sia nazionalmente che internazionalmente. La "buona accoglienza" può svolgere un'azione preventiva rispetto all'eventuale disagio nelle tappe successive del percorso scolastico. È per questi motivi che assume grande importanza **la relazione della scuola con le famiglie degli alunni, famiglie in questo caso portatrici di "storie differenti" ed in grado di dare voce alle "storie differenti"** dei propri figli. L'accoglienza, l'integrazione e il successo formativo del bambino che è stato adottato a scuola possono essere garantiti solo attraverso un processo di collaborazione tra famiglia, istituzione scolastica, Servizi Territoriali, Enti Autorizzati e gli altri soggetti coinvolti tra cui bisogna annoverare anche le Associazioni Familiari cui sovente le famiglie fanno riferimento). Al fine di agevolare tale lavoro di rete, è auspicabile che ogni Istituzione scolastica individui un insegnante referente sul tema opportunamente formato. Al primo contatto con la scuola, prima di iscrivere il figlio o la figlia, i genitori potranno ricevere informazioni riguardanti l'organizzazione scolastica, il PTOF – Piano triennale dell'offerta formativa – adottato nella scuola, i tempi di inserimento tramite un colloquio con il docente referente e/o il

Dirigente. L'insegnante referente potrà essere d'ausilio anche in fasi successive come di seguito descritto.

2.4.1 L'inserimento scolastico

La scelta di un tempo adeguato per l'inserimento scolastico è fondamentale per ogni bambino che sia stato adottato. Per chi arriva per adozione internazionale lo è, a volte, ancora di più poiché sovente coincidono l'arrivo nel nuovo paese, l'entrata in famiglia e l'ingresso a scuola. Si tratta dunque di un tempo necessario per permettere di recuperare e costruire la sicurezza necessaria ad affrontare in maniera serena le richieste prestazionali che i percorsi di apprendimento richiedono; tale periodo varia in funzione dell'età del bambino e della sua storia pregressa.

Un alunno adottato che si è trovato in un tempo molto breve privato dei riferimenti spaziali e comunicativi cui era abituato necessita, da parte di chi lo accoglie a scuola, cautela e rispetto dei tempi dell'adattamento personale alla nuova situazione.

Le prime fasi dell'accoglienza devono dunque sovente basarsi sull'appianare le difficoltà che possono comparire in relazione alla necessità dei bambini di esprimere i propri bisogni primari personali. È fondamentale, da parte dell'insegnante, la cura dell'aspetto affettivo-emotivo per arginare stati d'ansia e d'insicurezza che possono comparire proprio in tale fase, mediante **l'instaurazione di un rapporto cooperativo che configuri l'insegnante stesso come adulto di riferimento all'interno del nuovo ambiente.**

Pertanto, nella scelta della classe e della sezione si suggerisce di prediligere:
- un *team* di insegnanti stabili che possano garantire una continuità di relazione interpersonale;
- un clima rassicurante.

Per alcuni bambini nella fascia dei 3-10 anni di età, è talvolta osservabile una cosiddetta "**fase del silenzio**": un periodo in cui l'alunno osserva, valuta, cerca di comprendere l'ambiente. Questa fase può durare anche un tempo considerevole e va profondamente rispettata non confondendola precipitosamente con incapacità cognitive o non volontà di applicazione o di collaborazione, soprattutto quando la condotta è alterata da momenti di eventuale agitazione e di oppositività.

Gli **alunni adottati possono mettere in atto strategie difensive** come l'evasione, la seduzione e la ribellione:
- la prima modalità riguarda l'alunno insicuro e timido, che tende a sfuggire a qualunque tipo di relazione comunicativa e affettiva;
- la seconda è quella del seduttore che cerca di compiacere gli adulti cercando di adeguarsi alle loro aspettative;
- la terza modalità è la ribellione nei confronti dell'autorità che diventa una sfida permanente contro tutto e tutti.

Migliore è la costruzione di un clima accogliente, più attendibili e prevedibili le rassicurazioni degli adulti, più facilmente si attiveranno negli alunni strategie di resilienza.

L'invito agli insegnanti è dunque, specialmente nelle prime fasi, di costruire opportunità volte all'**alfabetizzazione emotiva** nella comunicazione per attivare solo dopo l'approccio alla lingua specifica dello studio.

Pur tenendo in considerazione l'età degli alunni e il grado di istruzione frequentato, il metodo didattico, in queste prime fasi, può giovarsi di un approccio iconico (*intelligenza visiva*) ed orale (*intelligenza uditiva*) per incentivare e mediare le caratteristiche affettive d'ingresso all'apprendimento.

L'esperienza evidenzia che i bambini e le bambine adottati internazionalmente (soprattutto nella fascia di età 3-10 anni) hanno necessità, una volta arrivati in Italia, di una **fase di regressione sul piano emotivo**. Tale regressione è funzionale al superamento dei grandi cambiamenti che sono avvenuti nei pochi mesi dal loro arrivo in Italia (dalla perdita dei riferimenti sociali, culturali e linguistici del Paese di provenienza, alla tensione della nuova realtà adottiva). Nello specifico, si riscontrano, talvolta, immature istanze emotive nella relazione con il gruppo, in quanto alunni maggiormente esposti alla naturale curiosità e soprattutto alle critiche, che vengono interpretate dai bambini adottati come un segnale del loro non sentirsi all'altezza, poiché la loro capacità di adattamento dipende ancora principalmente dal consenso degli altri. In tali circostanze potrebbe acuirsi l'ansia da prestazione (ad esempio nelle funzioni linguistiche), che talvolta contrasta con le loro reali potenzialità cognitive. Si avrà cura, altresì, di assicurare che gli educatori, gli insegnanti e tutto il personale ricevano una formazione specifica sulla comunicazione con i genitori, con particolare riferimento al colloquio di accoglienza, e sull'inserimento scolastico del bambino adottato.

S'intende per **resilienza** la capacità di mitigare le conseguenze delle esperienze sfavorevoli vissute nel periodo precedente l'adozione. Tra i fattori in grado di promuovere la resilienza nei bambini cresciuti in contesti difficili risultano fondamentali gli ambiti di socializzazione e in primo luogo la scuola, in particolare se essa valorizza le differenze, favorisce positive esperienze tra pari (studio, attività ludiche e sportive, amicizia) e promuove rapporti di stima e fiducia tra insegnanti e allievi. apprendimento, soprattutto per i bambini della scuola primaria, si può fare ricorso alla grafica, per fornire presentazioni accattivanti, o a filmati e animazioni, per fini dimostrativi o argomentativi. Tutto ciò viene rafforzato sempre da un approccio didattico che valorizza un'affettività direttamente collegata al successo che si consegue nell'apprendere, affettività che stimola e rende più efficace la memorizzazione delle informazioni da parte del cervello.

Dunque possiamo dire che i suoni, le illustrazioni e le animazioni e il contesto emotivo in cui vengono veicolate aiutano ad imparare. Come sempre, **l'ascolto attivo** di ogni bambino e bambina della classe è strumento fondamentale dei processi affettivi di apprendimento. Per tutti i bambini, ma soprattutto per quelli di 3-10 anni, il primo momento di adattamento all'ambiente scolastico deve essere mediato in modo concreto. L'importanza dell'ascolto attivo è anche sancito dalla Convenzione ONU sui diritti dell'infanzia e dell'adolescenza.

Si suggerisce di curare bene **l'esperienza di contatto** con gli spazi della scuola; soprattutto per alunni della scuola dell'infanzia e della primaria occorre porgere attenzione negli spostamenti tra gli spazi classe-corridoi, classe-mensa, classe-palestra. Queste situazioni possono attivare negli alunni adottati memorie senso-percettive riferibili alla storia pregressa all'adozione. Pertanto nelle prime settimane è bene essere fisicamente vicini all'alunno e cercare di mantenere ritualità rassicurative (stesso posto in classe, in fila, possibilmente vicino all'insegnante).

È poi importante assegnare **azioni cooperative** perché il coinvolgimento al fare aiuta l'alunno a mantenere l'attenzione su un compito che di fatto lo gratifica, lo contiene maggiormente e lo rende parte del gruppo. Strutture definite e il più possibile definitive di orario scolastico, impiego del tempo attraverso rituali (preferibilmente posti a sedere in classe sempre uguali nei primi tempi), possono aiutare a stabilire abitudini, grazie ad un sistema di etichettatura dei luoghi e presenze che migliorano il grado di rassicurazione. Viceversa, un quotidiano frammentato (cambi frequenti di aule) o imprevedibile (frequenti sostituzioni degli insegnanti ad esempio) possono riattivare frammentarietà già esperite ed alterare significativamente la condotta nell'alunno. Una buona accoglienza e un buon andamento scolastico del bambino che è stato adottato concorrono a definire il successo dell'incontro adottivo e la sua evoluzione futura. L'adozione di un bambino, quindi, non interessa solo la sua famiglia, ma coinvolge necessariamente gli insegnanti e i genitori in un confronto costante.

2.4.2 Tempi e modalità d'inserimento delle alunne e degli alunni neo-arrivati

Le indicazioni e i suggerimenti che seguono riguardano soprattutto alunni e alunne che sono stati adottati internazionalmente e che si trovano a dover affrontare l'ingresso scolastico a ridosso dell'arrivo in Italia. Possono talvolta anche essere usate con beneficio con bambine e bambini che sono stati adottati nazionalmente e sta a dirigenti e insegnanti valutare la possibilità di avvalersene.

Scuola dell'infanzia. E' auspicabile inserire nel gruppo classe un alunno che sia stato adottato internazionalmente non prima di dodici settimane dal suo arrivo in Italia. L'inizio della frequenza richiede altrettanta attenzione ai tempi. È necessario evidenziare che i bambini con vissuti di istituzionalizzazione possono percepire lo spazio scuola come una situazione "familiare": tuttavia, anche se il bambino può sembrare a proprio agio, non appare opportuno accelerare le fasi di inserimento, ma è consigliabile, in ogni caso, riservare il tempo necessario al consolidamento dei rapporti affettivi in ambito familiare. Pertanto, anche attraverso il confronto di rete (scuola, famiglia, enti, servizi) occorre definire un progetto che sia rispettoso dei tempi di adattamento dei bambini, di norma otto settimane.

Nelle prime quattro settimane si raccomanda di attivare una frequentazione di circa due ore, possibilmente in momenti di gioco e in piccolo gruppo e ponendo attenzione affinché ci sia continuità con gli stessi spazi e riti. Nella pratica si è visto che è facilitante attivare le prime frequentazioni non a ridosso dell'avvio del tempo scuola e con preferenza nella mattinata. Può essere facilitante prevedere la prima frequentazione con l'accoglienza durante una merenda a cui può seguire il gioco. Per bambini di questa età è consigliabile l'esplorazione degli spazi scuola con gradualità, soprattutto nel passaggio dentro-fuori. Nelle successive quattro settimane si può cominciare ad alternare la frequentazione: un giorno due ore al mattino e un giorno due ore al pomeriggio. Il tempo mensa può essere introdotto in modo alterno anch'esso. Il tempo pieno con fase riposo, se il minore è nel gruppo dei piccoli, può essere così introdotto a partire dalla dodicesima settimana di frequentazione.

Scuola Primaria. È auspicabile inserire nel gruppo classe un alunno che sia stato adottato non prima di dodici settimane dal suo arrivo in Italia. Nella prima accoglienza in classe di tale alunno, specialmente se arrivato in corso d'anno, al fine di creare rapporti di collaborazione da parte dei compagni, si consiglia di:

- realizzare una visita collettiva nella scuola per conoscerla con la presenza del neo-alunno, dei genitori, della insegnante prevalente e di un compagno/a;
- presentare all'alunno la sua futura classe, le principali figure professionali (il collaboratore scolastico, gli insegnanti delle classi vicine, ecc.);
- preparare nella classe un cartellone/libretto di benvenuto con saluti (anche nella sua lingua di origine, se adottato internazionalmente);
- predisporre un cartellone di classe dove incollare con lui la sua foto, precedentemente fornita dai genitori adottivi, facendo in modo che tale attività coinvolga tutta la classe, per non sottolineare le differenze;
- durante la visita attirare l'attenzione dell'alunno sui locali più significativi della scuola attaccando cartelli in italiano e cartelli simbolo (ad esempio, per il bagno, per la palestra, per le aule speciali ecc.).

Tutti gli alunni che sono stati adottati (sia internazionalmente che nazionalmente) al primo ingresso, in particolare se arrivati in corso d'anno, dovrebbero avere la possibilità di poter usufruire - solo per un limitato periodo iniziale - di un orario flessibile, secondo un percorso specifico di avvicinamento, sia alla classe che alle attività (es. frequenza nelle ore in cui ci sono laboratori/lezioni di musica/attività espressive e grafiche, di motoria, laboratori interculturali ecc.), in modo da favorire l'inserimento, valutando l'incremento di frequenza caso per caso; così come sembra possa essere favorente prevedere, rispetto alla classe di inserimento, la possibilità per l'alunno di partecipare ad attività includenti e di alfabetizzazione esperienziale in classi inferiori. Soprattutto dopo qualche mese dall'inserimento in classe, alcuni alunni potrebbero manifestare stati di sofferenza emotiva, che hanno necessità di essere accolti. Potrebbero risultare utili, se applicabili, le seguenti misure:

- una riduzione dell'orario di frequenza (per permettere la frequentazione di altre esperienze di cura;
- logopedia, psicomotricità ecc. che se esperite dopo la frequenza dell'intero orario scolastico potrebbero non portare ai risultati attesi);
- didattica a classi aperte;
- didattica in compresenza;
- l'utilizzo dei modelli di apprendimento cooperativo e di tutoring; questo non significa che allo studente non vadano rivolte proposte di attività o studio, ma che siano adeguate in termini di quantità e qualità, per lo meno nella fase iniziale, al fine di:
- promuovere condizioni di sviluppo resiliente;
- promuovere la relazione all'interno della classe di appartenenza;

- favorire lo scambio ed il confronto delle esperienze anche in ambito extrascolastico;
- sostenere e gratificare l'alunno al momento del raggiungimento dei successi scolastici;
- permettere all'alunno di dedicarsi con serenità a tutte le altre richieste relative al processo di integrazione anche famigliare e che sicuramente assorbono tanta della sua energia.

Le misure sopra elencate, attuate nella fase di accoglienza in classe/a scuola, è auspicabile che, laddove risulti necessario, siano formalizzate dal team docente all'interno di un **Piano Didattico Personalizzato**, che risponda agli effettivi bisogni specifici dell'alunno.

Scuola Secondaria È auspicabile inserire nel gruppo classe un alunno adottato non prima di quattro/sei settimane dal suo arrivo in Italia. Sono da evidenziare alcune possibili criticità. Gli anni passati prima dell'adozione e i ricordi legati alla vita precedente fanno sì che questi alunni possano dover confrontarsi con l'alterità ancor più di quanto non debbano fare gli alunni che sono stati adottati in età inferiore. Inoltre, ragazzi di questa fascia di età vogliono generalmente essere come gli altri, mimetizzarsi con loro, alla ricerca di quell'identità di gruppo condivisa che permette il passaggio e l'evoluzione verso il riconoscimento del sé personale. Pertanto è indispensabile che i docenti posseggano le opportune informazioni sulla storia pregressa all'adozione, al fine di disporre di notizie relative alle abitudini ed eventuali relazioni passate. **Questa conoscenza è un processo dinamico e continuativo, che richiede confronti assidui con la famiglia adottiva.** Inizialmente quindi, proprio per agevolare la conoscenza, i momenti di permanenza in aula possono, dover essere più finalizzati ad agevolare la socializzazione e la partecipazione degli alunni alla vita di classe, da alternare, se possibile, con momenti di lavoro individuale o in piccoli gruppi dedicati all'alfabetizzazione e all'apprendimento del nuovo codice linguistico senza tuttavia trascurare del tutto la riflessione metalinguistica.

A tal riguardo l'alunno potrebbe essere inserito provvisoriamente nella classe di competenza per età, o nella classe inferiore rispetto a quella che gli spetterebbe in base all'età anagrafica, in attesa di raccogliere gli elementi utili a valutare:

- le sue capacità relazionali;
- la sua velocità di apprendimento della lingua italiana;
- le competenze specifiche e disciplinari.

L'esperienza indica come, generalmente, solo dopo sei/otto settimane dall'inserimento, i docenti siano in grado di raccogliere le informazioni necessarie per l'assegnazione dell'alunno alla classe definitiva. Nel caso della presenza nella scuola di più sezioni di una stessa classe, è auspicabile che la scelta ricada su quella meno numerosa. È auspicabile anche che la programmazione didattica della classe definitiva di accoglienza dell'alunno/ dell'alunna venga rivisitata, nelle prime settimane, per favorire un inserimento adeguato, privilegiando momenti di maggiore aggregazione fra alunni attraverso i quali veicolare i concetti di accettazione e rispetto della diversità e quelli, eventualmente con modalità di gruppo e di laboratorio, della musica, dell'arte, e della tecnica. Nella prima fase di frequentazione a scuola, i docenti potranno avere bisogno di impegnarsi nell'individuare la migliore e più idonea modalità di approccio con l'alunno, prima ancora di verificarne le competenze e gli apprendimenti pregressi.

Sebbene le loro radici culturali sembrino, a volte, essersi confuse in quel terremoto emotivo che è stata la transizione adottiva, le relazioni distanti e perdute e quelle presenti (si fa riferimento agli eventi e agli attaccamenti del periodo prima dell'adozione e quelli affrontati ed incontrati con l'inserimento nella famiglia adottiva) devono trovare punti e luoghi di incontro che contengano il "qui ed ora" e il "là ed allora" in una logica di connessione. La scuola può essere uno snodo rilevante per un alunno, in questa fascia di età, che è alle prese con emozioni ambivalenti perché sta ri-costruendo legami affettivi con il nucleo famigliare tra affidamento e timori; vuole intrecciare relazioni con i pari, ma ne ha paura; ha un passato spesso segnato da sofferenze e solitudini affettive e un presente carico di nuove sfide. Lo smarrimento e la vulnerabilità iniziali, talvolta evidenti, devono essere riconosciuti e supportati. La scuola può così contribuire ad inaugurare quel cammino di apprendimento e di "rinascita" che Cyrulnik definisce efficacemente **neo-sviluppo resiliente e gli insegnanti e gli educatori possono diventare "tutori di resilienza", capaci di quell'ascolto empatico che si traduce in azioni e proposte di compiti** (con un'attenzione particolare agli ambiti disciplinari che danno gratificazione) adeguati allo sviluppo del minore.

2.4.3 *L'attenzione per i temi sensibili*

Alcuni degli argomenti e delle attività che si svolgono usualmente a scuola richiedono di essere affrontati con particolare cautela e sensibilità quando si hanno in classe alunni e alunne con una storia di adozione (nazionale o internazionale). Quelle che seguono sono alcune indicazioni di massima suggerite dal Ministero, da adattare alle realtà delle classi.

L'approccio alla storia personale. Accogliere un bambino adottato significa fondamentalmente accogliere la sua storia: dare spazio per narrarla, acquisire strumenti per ascoltarla, trovare e costruire dispositivi idonei a darle voce e significato. È quindi molto importante, nei diversi gradi di scuola, non sottovalutare tutti quei momenti che hanno a che fare direttamente con un pensiero storico su di sé (progetti sulla nascita, sulla storia personale e famigliare, sulla raccolta dei dati che permettono una storicizzazione). Spesso, tuttavia, le proposte didattiche veicolate dai libri di testo non considerano le tante diversità presenti nelle classi, proponendo attività pensate solo per gli alunni che sono cresciuti con la famiglia biologica. I progetti in questione vanno pertanto adattati per far sì che tutti se ne possano avvalere, mentre sono da evitare proposte che portino a una differenziazione degli alunni (per la classe uno strumento e per gli alunni che sono stati adottati un altro). Prima di attivare questi progetti è opportuno parlarne con la famiglia. Ogni bambino può essere portatore di storie o esigenze diverse, solo l'ascolto dei bambini, delle bambine e delle loro famiglie può chiarire come meglio comportarsi e quale può essere il momento migliore per proporre queste attività, ben sapendo che possono mancare ai bambini dati sulla propria storia pregressa, motivazioni per la scelta di un nome, fotografie di un passato che può anche essere doloroso.

Famiglie di oggi. Quando a scuola si parla di famiglia si tende a riferirsi ad una coppia con uno o più figli biologici, anche se la realtà attuale è mutata e nelle classi sono presenti molti alunni e alunne che vivono in famiglie con storie differenti. L'integrazione e il benessere di tutti questi alunni saranno facilitati se la scuola saprà promuovere un'educazione ai rapporti familiari fondata sulla dimensione affettiva e progettuale, creando occasioni per parlare in classe della famiglia di oggi e della sua funzione, intesa come capacità di saper vicendevolmente assolvere ai bisogni fondamentali delle persone (fisiologici, di sicurezza, di appartenenza e di amore, di stima e di autorealizzazione).

Progetti di intercultura. Un'educazione alla valorizzazione delle differenze culturali e alla pluralità di appartenenze che connota ciascuno è fondamentale per ogni alunno e certamente lo è per gli alunni che sono stati adottati. Va tuttavia ricordato che, quando si affronta in classe questo tema, bisogna fare attenzione a non innescare, proprio negli alunni con una storia di adozione, percezioni di estraneità riportando la loro appartenenza, se adottati internazionalmente o nati all'estero, ad una cultura che forse non gli appartiene realmente, o che non gli appartiene come ci si aspetterebbe. Chi ha storie di lunga istituzionalizzazione ha un'esperienza del proprio Paese di origine molto particolare, come anche chi è stato adottato in giovanissima età può non avere ricordi coscienti di dove è nato e vissuto solo pochi mesi. Certamente bisogna non assimilare le necessità degli alunni adottati internazionalmente a quelle degli alunni con vissuti migratori. È dunque opportuno, in progetti interculturali attuati in classe, non porre l'alunno/l'alunna al centro dell'attenzione con domande dirette, ma piuttosto creare condizioni facilitanti affinché egli/ella si senta libero/a di esporsi in prima persona se e quando lo desidera. Bisogna tener presente che chi è stato adottato ed è nato all'estero può avere un'accentuata ambivalenza nei confronti del paese d'origine e della propria storia preadottiva, con alternanza di fasi di identificazione e di rifiuto che vanno rispettate. Per le stesse ragioni è necessario procedere con cautela nel proporre interventi riferiti al paese d'origine dell'alunno adottato consultando, soprattutto nella primaria, preventivamente i genitori e chiedendo eventualmente la loro collaborazione. I bambini e le bambine con una storia di adozione e con origini etniche diverse da quelle dei genitori, infatti, sono inseriti non solo in una classe, ma anche in una famiglia multiculturale, che può trattare in modo diverso il loro precoce patrimonio esperienziale. Del paese di nascita dell'alunno sarà opportuno, naturalmente, sottolineare le caratteristiche che costituiscono un arricchimento per la cultura dell'umanità, facendo attenzione ad aspetti che potrebbero veicolarne un'immagine negativa e stereotipata.

Libri di testo. Ricerche sui libri di testo più usati nella primaria e sulle antologie di scuola secondaria di primo grado rivelano che l'adozione non vi è quasi mai citata, e anche altre differenze presenti nella nostra società non trovano ancora adeguate rappresentazioni nei testi o nelle immagini. La famiglia di cui si parla è quasi esclusivamente quella biologica, senza riferimento alla possibilità di adozioni. le illustrazioni raffigurano figli e genitori con gli stessi tratti somatici, i bambini somaticamente differenti sono assai meno presenti nei libri che nelle classi, e spesso con sottolineature che non corrispondono alla realtà. Nelle pagine dei testi della primaria che trattano la storia personale compaiono ancora domande a cui i bambini che sono stati adottati non possono rispondere ("quanto pesavi alla nascita?") o richieste che non possono soddisfare ("porta una foto o un oggetto di quand'eri neonato"). Si suggerisce pertanto, in occasione della scelta dei libri di testo, di prestare attenzione anche a questi contenuti. Il libro di testo è rivolto a tutti i bambini e le bambine e per entrare in comunicazione con loro deve trattare argomenti che appartengano alla loro esperienza. Sono pertanto da preferire testi in cui possano tutti e tutte rispecchiarsi, in cui anche la famiglia adottiva sia visibile come una delle tante realtà del mondo in cui i bambini vivono.

2.5 La leva strategica della formazione

La delicatezza e la multidimensionalità della fase post-adottiva, all'interno della quale il benessere scolastico rappresenta un fattore di primaria importanza, rende opportuna una formazione ad ampio raggio che non si limiti all'aspetto didattico-educativo, ma comprenda anche quello psico-sociale e sia condotta da esperti con una competenza specifica sulle tematiche adottive. Oltre che fornire strumenti teorico-pratici per agevolare l'inserimento scolastico degli alunni che sono stati adottati, finalità della formazione sarà quella di accrescere i livelli di consapevolezza dei docenti, affinché possano utilizzare le proprie competenze e sensibilità per individuare di volta in volta le soluzioni più adeguate al contesto. Soprattutto - ma non solo - agli insegnanti che accolgono alunni con una storia di adozione nelle loro classi sarà opportuno proporre occasioni formative che si configurino come spazi di riflessione e supporto, utilizzando una metodologia attiva che stimoli il confronto e la condivisione (progettazione in sottogruppi, discussione di casi, prassi di supervisione ecc.).

A titolo meramente esemplificativo, il Ministro dell'istruzione nelle citate Linee guida indica le possibili tematiche a cui far riferimento per costruire percorsi formativi flessibili e calibrati sui bisogni dei docenti e degli alunni con un vissuto di adozione:
-   **La cornice contestuale di riferimento.** L'adozione nazionale e internazionale in Italia oggi: dati quantitativi, l'iter adottivo, le caratteristiche dei bambini e dei ragazzi che sono adottati.
-   **La complessità del fenomeno adottivo.** Le storie pregresse dei bambini e dei ragazzi che sono adottati, la fase dell'adozione, la costruzione delle relazioni nella famiglia adottiva, le criticità dell'adolescenza adottiva.
-   **Il post-adozione.** I ruoli e i compiti dei diversi soggetti istituzionali, le collaborazioni attivabili per sostenere il benessere scolastico degli studenti adottati in un'ottica di rete.
-   **Bambini e ragazzi che sono stati adottati nati all'estero e la scuola.** I sistemi scolastici e gli stili educativi nei paesi di provenienza dei bambini adottati internazionalmente. Il significato del passaggio da Lingua 1 a Lingua 2.
-   **L'accoglienza nella scuola italiana.** L'avvio e il mantenimento della relazione scuola-famiglia, gli aspetti normativi e burocratici con particolare attenzione al tema della tutela della privacy, la questione critica della scelta della classe, i tempi e i modi del primo inserimento a scuola.
-   **Possibili difficoltà.** Gli effetti di traumi e perdite sullo sviluppo emotivo e sull'apprendimento. Come riconoscere i bisogni impliciti ed espliciti dei bambi-

ni e dei ragazzi che sono stati adottati e saper leggere eventuali segnali di disagio. Difficoltà che possono presentarsi nei passaggi attraverso i diversi gradi di scuola, da quella dell'infanzia alla secondaria di 2° grado. Problemi connessi al passaggio da Lingua 1 a Lingua 2.

- **L'alunno adottato nella classe.** Come creare ambienti di apprendimento per sviluppare capacità collaborative, autostima, percezione di autoefficacia.
- **Strategie educative e didattiche.** Percorsi e strumenti didattici e normativi per far fronte a eventuali difficoltà di apprendimento e/o problemi di comportamento e relazione nei diversi gradi di scuola.
- **Parlare a scuola di famiglia, di adozione, della propria storia personale.** Come farlo rispettando i bisogni e la sensibilità dei bambini e dei ragazzi che sono adottati.
- **La differenza etnica.** Come valorizzare le diversità etniche e culturali e intervenire per evitare micro e macro aggressioni nelle classi in cui sono inseriti bambini e dei ragazzi che sono stati adottati e che sono fenotipicamente differenti con particolare attenzione alle vulnerabilità intersezionali.

Capitolo III

Inclusione e disabilità

3.1 Il docente di sostegno

Il docente di sostegno è un insegnante specializzato che supporta gli studenti con disabilità o bisogni educativi speciali. Il suo ruolo principale è quello di fornire un'assistenza didattica e pedagogica personalizzata agli studenti con specifiche difficoltà o disabilità, al fine di favorire la loro inclusione e il loro successo scolastico. Il docente di sostegno collabora con gli insegnanti delle classi comuni per individuare le necessità degli studenti e sviluppare strategie di intervento personalizzate. Lavora in stretta sinergia con il consiglio di classe, il dirigente scolastico, il referente del sostegno e altri professionisti (come psicologi, logopedisti, terapisti) per creare un ambiente educativo inclusivo e supportare gli studenti nel raggiungimento degli obiettivi formativi.

Le responsabilità del docente di sostegno riguardano:
- l'adattamento e la differenziazione dei materiali didattici;
- la progettazione di attività personalizzate;
- la fornitura di supporto individuale durante le lezioni;
- la valutazione delle abilità degli studenti;
- la collaborazione con le famiglie per garantire un'adeguata continuità tra scuola e casa.

Il docente di sostegno deve avere una formazione specifica in ambito inclusivo e conoscere le strategie e le metodologie didattiche adeguate alle esigenze degli studenti con disabilità. Il principale strumento del quale si avvale il docente di sostegno nello svolgimento delle sue mansioni è un particolare approccio pedagogico definito "**didattica inclusiva**".

3.2 La didattica inclusiva

La didattica inclusiva è un approccio educativo che mira a garantire l'accesso, la partecipazione e il successo di tutti gli studenti, indipendentemente dalle loro caratteristiche personali, abilità o *background*. Si basa sui principi di equità, diversità e rispetto per l'individualità di ciascuno studente. Il suo obiettivo è quello di creare un ambiente di apprendimento che soddisfi le esigenze di tutti gli studenti, favorendo l'inclusione di quelli con disabilità, bisogni educativi speciali, difficoltà di apprendimento, apprendimento lento o altri ostacoli all'apprendimento.

La didattica inclusiva si basa su un'ampia gamma di strategie e approcci che includono:

- l'adattamento del contenuto, dei materiali e delle attività didattiche per incontrare le diverse esigenze degli studenti;
- la collaborazione tra gli insegnanti, gli studenti, i genitori e gli altri professionisti per fornire un supporto integrato e personalizzato;
- un ambiente inclusivo, accogliente e rispettoso, che promuova la partecipazione di tutti gli studenti;
- supporto individualizzato e risorse aggiuntive agli studenti che ne hanno bisogno, attraverso l'uso di strumenti compensativi, tecnologie assistive o supporto diretto da parte di insegnanti di sostegno;
- strumenti di valutazione flessibili che considerino le diverse modalità di apprendimento degli studenti e valutino il progresso in modo equo. Ad esempio, si può fare ricorso a testi in caratteri più grandi o in Braille per studenti con problemi di vista, a testi semplificati per studenti con difficoltà di lettura o comprensione, a tempi aggiuntivi per completare i test per studenti con disabilità cognitive, all'uso di supporti visivi o audio per la comprensione delle domande, e così via.

3.3 I principi costituzionali

Il diritto allo studio è un principio garantito costituzionalmente. L'**art. 34 Cost.** dispone infatti che la scuola sia aperta a tutti. In tal senso il Costituente ha voluto coniugare il diritto allo studio con il principio di eguaglianza di cui all'**art. 3 Cost.** L'articolo in questione, al primo comma, recita: «tutti i cittadini hanno pari dignità sociale e sono uguali dinanzi alla legge, senza distinzione di sesso, di razza, di lingua, di religione, di opinioni politiche, di condizioni personali e sociali». Tale principio di eguaglianza, detto formale, non è però sembrato sufficiente al Costituente che ha voluto invece chiamare in causa la "pari dignità sociale", integrando così l'esigenza dell'uguaglianza "formale", avente a contenuto la parità di trattamento davanti alla legge, con l'uguaglianza "sostanziale", che conferisce a ciascuno il diritto al rispetto inerente alla qualità e alla dignità di uomo o di donna, in altri termini di "persona" che può assumere la pretesa di essere messo nelle condizioni idonee ad esplicare le proprie attitudini personali, quali esse siano. Il secondo comma del citato art. 3 recita: «È compito della Repubblica rimuovere gli ostacoli di ordine economico e sociale, che, limitando di fatto la libertà e l'uguaglianza dei cittadini, impediscono il pieno sviluppo della persona umana e l'effettiva partecipazione di tutti i lavoratori all'organizzazione politica, economica e sociale del Paese».

Il Costituente, insomma, ha riconosciuto che non è sufficiente stabilire il principio dell'eguaglianza giuridica dei cittadini, quando esistono ostacoli di ordine economico e sociale che limitano di fatto la loro eguaglianza impedendo che essa sia effettiva, ed ha pertanto, coerentemente, assegnato alla Repubblica il compito di rimuovere siffatti ostacoli, affinché tutti i cittadini siano posti sullo stesso punto di partenza, abbiano le medesime opportunità, possano godere, tutti alla pari, dei medesimi diritti loro formalmente riconosciuti dalla Costituzione. I principi costituzionali indicati garantirono, in prima battuta, il diritto allo studio degli alunni con disabilità attraverso l'esperienza delle scuole speciali e delle classi differenziali. L'**art. 38 Cost.** specifica infatti che «gli inabili e i minorati hanno diritto all'educazione e all'avviamento professionale». Ben presto, comunque, emersero le implicazioni che scaturivano da tale interpretazione del diritto allo studio, soprattutto in termini di alienazione ed emarginazione sociale.

3.4 Evoluzione normativa del sistema di tutela della disabilità

3.4.1 La Legge 118/1971 1 e la Legge 517/1977

La L. 118/1971 (art. 28) disponeva che l'istruzione dell'obbligo dovesse avvenire nelle classi normali della scuola pubblica. In questo senso, la legge in questione supera il modello delle scuole speciali, che tuttavia non aboliva, prescrivendo l'inserimento degli alunni con disabilità, comunque su iniziativa della famiglia, nelle classi comuni. Per favorire tale inserimento disponeva inoltre che agli alunni con disabilità venissero assicurati il trasporto, l'accesso agli edifici scolastici mediante il superamento delle barriere architettoniche, l'assistenza durante gli orari scolastici degli alunni più gravi.

Ma fu presto evidente che l'inserimento costituiva solo una parziale applicazione del principio costituzionale di eguaglianza, che era esercitato dagli alunni in questione solo nel suo aspetto formale. L'inserimento non costituì la realizzazione dell'eguaglianza sostanziale che dovette invece essere costruita con ulteriori strumenti e iniziative della Repubblica, orientati a rimuovere gli ostacoli prodotti dal deficit e, in particolare, attraverso l'istituzione dell'insegnante specializzato per il sostegno e di piani educativi adeguati alla crescita e allo sviluppo dell'alunno con disabilità. È questo essenzialmente il contenuto della Legge 517/77, che a differenza della L. 118/1971, limitata all'affermazione del principio dell'inserimento, stabilisce con chiarezza presupposti e condizioni, strumenti e finalità per l'integrazione scolastica degli alunni con disabilità, da attuarsi mediante la presa in carico del progetto di integrazione da parte dell'intero Consiglio di Classe e attraverso l'introduzione dell'insegnante specializzato per le attività di sostegno. La **Corte Costituzionale, a partire dalla sentenza n. 215/1987**, ha costantemente dichiarato il diritto pieno e incondizionato di tutti gli alunni con disabilità, qualunque ne sia la minorazione o il grado di complessità della stessa, alla frequenza nelle scuole di ogni ordine e grado. Tale sentenza, oggetto della Circ Min. 262/1988, può considerarsi la *"Magna Carta"* dell'integrazione scolastica ed ha orientato tutta la successiva normativa primaria e secondaria.

3.4.2 La Legge 104/1992

Una notevole quantità di interventi legislativi di diverso grado è dunque seguita alla promulgazione della Legge 517/1977, al fine di completare la normazione della materia in questione, tanto per il versante socio-sanitario quanto per quello più specificamente rivolto all'integrazione scolastica. La Legge del 5 febbraio 1992, n. 104 "*Legge Quadro per l'assistenza, l'integrazione sociale e i diritti delle persone handicappate*" raccoglie ed integra tali interventi legislativi divenendo il punto di riferimento normativo dell'integrazione scolastica e sociale delle persone con disabilità.

La Legge in parola ribadisce ed amplia il principio dell'integrazione sociale e scolastica come momento fondamentale per la tutela della dignità umana della persona con disabilità, impegnando lo Stato a rimuovere le condizioni invalidanti che ne impediscono lo sviluppo, sia sul piano della partecipazione sociale sia su quello dei deficit sensoriali e psico-motori per i quali prevede interventi riabilitativi. Il diritto soggettivo al pieno sviluppo del potenziale umano della persona con disabilità non può dunque essere limitato da ostacoli o impedimenti che possono essere rimossi per iniziativa dello Stato (Legislatore, Pubblici poteri, Amministrazione). Questo principio, caratterizzante la legge in questione, si applica anche all'integrazione scolastica, per la quale la legge citata prevede una particolare attenzione, un atteggiamento di "cura educativa" nei confronti degli alunni con disabilità che si esplica in un percorso formativo individualizzato, al quale partecipano, nella condivisione e nell'individuazione di tale percorso, più soggetti istituzionali, scardinando l'impianto tradizionale della scuola ed inserendosi nel proficuo filone dell'individualizzazione e dell'attenzione all'apprendimento piuttosto che all'insegnamento.

Il **Profilo Dinamico Funzionale e il Piano Educativo Individualizzato** (PEI.) sono dunque per la legge in questione i momenti concreti in cui si esercita il diritto all'istruzione e all'educazione dell'alunno con disabilità. Da ciò il rilievo che ha la realizzazione di tali documenti, attraverso il coinvolgimento dell'amministrazione scolastica, degli organi pubblici che hanno le finalità della cura della persona e della gestione dei servizi sociali ed anche delle famiglie.

Da ciò, inoltre, l'importante previsione della loro verifica in itinere, affinché risultino sempre adeguati ai bisogni effettivi dell'alunno.

Sulla base del PEI, i professionisti delle singole agenzie, ASL, Enti Locali e le Istituzioni scolastiche formulano, ciascuna per proprio conto, i rispettivi progetti personalizzati:
- il progetto riabilitativo, a cura dell'ASL (L. 833/1978, art. 26);
- il progetto di socializzazione, a cura degli Enti Locali (L. 328/2900, art. 14);
- il Piano degli studi personalizzato, a cura della scuola (D. M.. 141/1999, come modificato dall'art. 5, co. 2, del D.P.R. 81/2009).

Le istituzioni scolastiche sono tenute a redigere il PEI entro il 30 giugno di ciascun anno; qualora il Profilo di Funzionamento dell'alunno non fosse disponibile, le informazioni necessarie alla redazione del PEI saranno desunte dalla Diagnosi Funzionale e dal Profilo Dinamico Funzionale, come chiarito dal MIM nella **nota del 1° giugno 2023.**

3.4.3 Il D.P.R. 24 febbraio 1994

Il regolamento di cui al D.P.R. 24 febbraio 1994 "*Atto di indirizzo e coordinamento relativo ai compiti delle unità sanitarie locali in materia di alcuni portatori di handicap*" individua i soggetti e le competenze degli Enti Locali, delle attuali Aziende Sanitarie Locali e delle istituzioni scolastiche nella definizione della **Diagnosi Funzionale (DF)**, del **Profilo Dinamico Funzionale (DPF)** e del **Piano Educativo Individualizzato (PEI)**, documento conclusivo e operativo in cui "vengono descritti gli interventi integrati ed equilibrati tra di loro, predisposti per l'alunno in condizione di handicap, in un determinato periodo di tempo, ai fini della realizzazione del diritto all'educazione e all'istruzione". Successivamente, sia il Regolamento sull'Autonomia scolastica, il D.P.R. 275/1999, sia la Legge di riforma 53/2003 fanno espresso riferimento all'integrazione scolastica. Inoltre, la L. 96/2006, all'art. 1 co. 605 lett. "b", garantisce il rispetto delle "effettive esigenze" degli alunni con disabilità, sulla base di accordi interistituzionali.

3.4.4 DF, DPF e PEI

DF, DPF e PEI sono documenti il cui scopo è garantire una risposta educativa adeguata alle esigenze degli studenti con disabilità, promuovendo la loro inclusione, partecipazione e successo nel contesto scolastico. La redazione e l'implementazione di questi documenti coinvolgono la collaborazione tra docenti, personale di supporto e genitori.

Il **DF (Diagnosi funzionale) viene redatto per valutare i bisogni educativi speciali** di uno studente con disabilità. È un documento fondamentale nel processo di inclusione scolastica, poiché fornisce una valutazione completa delle esigenze dell'individuo, identificando le sue abilità, le capacità affettivo-relazionale, le difficoltà incontrate e le strategie di supporto necessarie per favorire il suo apprendimento e la sua partecipazione alla vita scolastica. All'atto dell'iscrizione la famiglia deve fornire la certificazione medico-sanitaria e la diagnosi funzionale, più la segnalazione di eventuali bisogni come il trasporto, il sostegno, l'assistente all'autonomia. L'individuazione dell'alunno come persona affetta da disabilità deve avvenire attraverso il DF, cui segue il PDF.

Il **PDF (Profilo di funzionamento) riunisce in un solo documento il profilo dinamico funzionale e la Diagnosi funzionale**, e ha lo scopo di descrivere l'alunno secondo un'impostazione bio-medica e sociale. Specifica gli obiettivi, le strategie e le modalità di intervento educativo per uno studente con disabilità. È redatto in base alle indicazioni contenute nel DF e rappresenta un piano personalizzato che viene portato avanti dalla scuola per garantire l'inclusione e il successo scolastico del soggetto. Il PDF definisce gli adattamenti, le misure di supporto e gli interventi specifici necessari per rispondere alle esigenze dello studente all'interno dell'ambiente scolastico.

Il PEI (Piano educativo individualizzato) è invece un documento redatto secondo il modello ICF che e si basa sui contenuti del Documento di Valutazione (DV) e del Piano Didattico Personalizzato (PDP). La programmazione curricolare, realizzata dal team docente, insieme al PEI dell'alunno, permette di individuare le aree dello sviluppo da potenziare, come l'area linguistico-espressiva, cognitiva, motoria, ecc. L'insegnante di sostegno si occupa di redigere le attività didattiche e i percorsi formativi in cui gli obiettivi curriculari vengono adattati alle esigenze formative dell'alunno con bisogni educativi speciali.

Il **PEI è elaborato e approvato dal Gruppo di lavoro operativo per l'inclusione** -GLO (artt. 2 e 3 D.M. 182/2020). Il GLO è composto dal team dei docenti contitolari o dal consiglio di classe e presieduto dal dirigente scolastico o da un suo delegato. I docenti di sostegno, in quanto contitolari, fanno parte del Consiglio di classe o del team dei docenti. Partecipano al GLO i genitori dell'alunno con disabilità o chi ne esercita la responsabilità genitoriale, le figure professionali specifiche, interne ed esterne all'istituzione scolastica, che interagiscono con la classe e con l'alunno con disabilità nonché, ai fini del necessario supporto, l'unità di valutazione multidisciplinare. **All'interno del GLO è assicurata la partecipazione attiva degli studenti con disabilità ai fini dell'inclusione scolastica nel rispetto del principio di autodeterminazione.**

Il PEI si costruisce secondo l'approccio bio-psicosociale, per andare oltre l'idea di disabilità come malattia e individuare le abilità residue in una logica di funzionamento, come sintesi del rapporto tra l'individuo e l'ambiente, per utilizzare i facilitatori e superare le barriere: Il tema dell'autodeterminazione conduce inevitabilmente ad importanti riflessioni in merito alla scelta di idonee metodologie e strategie didattiche, in grado di superare la logica delle inefficaci e non inclusive lezioni frontali e tradizionali e sui facilitatori di contesto, il tutto nell'ottica di una sana visione del Progetto di vita della persona con disabilità pensata nella vita da adulta. Nel PEI sono individuati obiettivi educativi e didattici, strumenti, strategie e modalità per realizzare un ambiente di apprendimento nelle dimensioni della relazione, della socializzazione, della comunicazione, dell'interazione, dell'orientamento e delle autonomie anche sulla base degli interventi di corresponsabilità educativa intrapresi dall'intera comunità scolastica per il soddisfacimento dei bisogni educativi individuati.

Il D. lgs. 66/2017 individua esplicitamente una serie di "**dimensioni**" che divengono elementi fondamentali nella costruzione di un percorso di inclusione da parte della "intera comunità scolastica" e, contestualmente, elementi fondanti della progettazione educativo didattica, per la realizzazione di un "ambiente di apprendimento" che dia modo di soddisfare i "bisogni educativi individuati".

Il principio cardine e il fine verso cui tendere è «il progresso dell'allievo in rapporto alle sue potenzialità e ai livelli di apprendimento iniziali» (art. 16, L. 104/1992). Per ciascuna delle dimensioni sono da individuare: gli obiettivi ed esiti attesi e gli interventi didattici e metodologici.

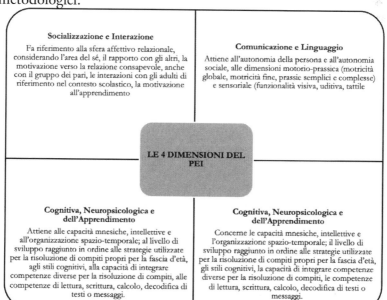

Socializzazione e Interazione

Fa riferimento alla sfera affettivo relazionale, considerando l'area del sé, il rapporto con gli altri, la motivazione verso la relazione consapevole, anche con il gruppo dei pari, le interazioni con gli adulti di riferimento nel contesto scolastico, la motivazione all'apprendimento

Comunicazione e Linguaggio

Attiene all'autonomia della persona e all'autonomia sociale, alle dimensioni motorio-prassica (motricità globale, motricità fine, prassic semplici e complesse) e sensoriale (funzionalità visiva, uditiva, tattile

LE 4 DIMENSIONI DEL PEI

Cognitiva, Neuropsicologica e dell'Apprendimento

Attiene alle capacità mnesiche, intellettive e all'organizzazione spazio-temporale; al livello di sviluppo raggiunto in ordine alle strategie utilizzate per la risoluzione di compiti propri per la fascia d'età, agli stili cognitivi, alla capacità di integrare competenze diverse per la risoluzione di compiti, alle competenze di lettura, scrittura, calcolo, decodifica di testi o messaggi.

Cognitiva, Neuropsicologica e dell'Apprendimento

Concerne le capacità mnesiche, intellettive e l'organizzazione spazio-temporale; il livello di sviluppo raggiunto in ordine alle strategie utilizzate per la risoluzione di compiti propri per la fascia d'età, gli stili cognitivi, la capacità di integrare competenze diverse per la risoluzione di compiti, le competenze di lettura, scrittura, calcolo, decodifica di testi o messaggi.

3.4.5 *L'attuale dimensione inclusiva della scuola*

Con l'autonomia funzionale di cui alla L. 59/1997, le istituzioni scolastiche hanno acquisito la personalità giuridica e dunque è stato loro attribuito, nei limiti stabiliti dalla norma, il potere discrezionale tipico delle Pubbliche Amministrazioni. Ne consegue che la discrezionalità in parola, relativa alle componenti scolastiche limitatamente alle competenze loro attribuite dalle norme vigenti, ed in particolare nell'ambito dell'autonomia organizzativa e didattica, dovrà essere esercitata tenendo debitamente conto dei principi inerenti le previsioni di legge concernenti gli alunni con disabilità. La citata discrezionalità dovrà altresì tenere conto del principio di logicità congruità, il cui giudizio andrà effettuato in considerazione dell'interesse primario da conseguire, ma naturalmente anche degli interessi secondari e delle situazioni di fatto. Si ribadisce, inoltre, che le pratiche scolastiche in attuazione dell'integrazione degli alunni con disabilità, pur nella considerazione dei citati interessi secondari e delle citate situazioni di fatto, nel caso in cui non si conformassero immotivatamente all'interesse primario del diritto allo studio degli alunni in questione, potrebbero essere considerati atti caratterizzati da disparità di trattamento.

Tale violazione è inquadrabile in primo luogo nella mancata partecipazione di tutte le componenti scolastiche al processo di integrazione, il cui obiettivo fondamentale è lo sviluppo delle competenze dell'alunno negli apprendimenti, nella comunicazione e nella relazione, nonché nella socializzazione, obiettivi raggiungibili attraverso la collaborazione e il coordinamento di tutte le componenti in questione nonché dalla presenza di una pianificazione puntuale e logica degli interventi educativi, formativi, riabilitativi

3.5 La convenzione ONU per i diritti delle persone con disabilità

Con la Legge n. 18 del 3 marzo 2009, il Parlamento italiano ha ratificato la Convenzione ONU per i diritti delle persone con disabilità. Tale ratifica vincola l'Italia, qualora l'ordinamento interno avesse livelli di tutela dei diritti delle persone con disabilità inferiori a quelli indicati dalla Convenzione medesima, a emanare norme ispirate ai principi ivi espressi. Non è comunque la prima volta che il tema della disabilità è oggetto di attenzione di documenti internazionali volti alla tutela dei diritti umani, sociali e civili degli individui.

La Dichiarazione dei Diritti del Bambino dell'ONU, varata nel 1959, recita: "Il bambino che si trova in una situazione di minorazione fisica, mentale o sociale, ha diritto di ricevere il trattamento, l'educazione e le cure speciali di cui abbisogna per il suo stato o la sua condizione". La Dichiarazione dei diritti della persona con ritardo mentale dell'O-NU, pubblicata nel 1971, reca scritto: *Il subnormale mentale deve, nella maggiore misura possibile, beneficiare dei diritti fondamentali dell'uomo alla stregua degli altri esseri umani. Il subnormale mentale ha diritto alle cure mediche e alle terapie più appropriate al suo stato, nonché all'educazione, all'istruzione, alla formazione, alla riabilitazione, alla consulenza che lo aiuteranno a sviluppare al massimo le sue capacità e attitudini".

La Conferenza Mondiale sui diritti umani dell'ONU, i cui esiti sono resi noti nel

1993, precisa che "tutti i diritti umani e le libertà fondamentali sono universali e includono senza riserve le persone disabili". Le Regole standard per il raggiungimento delle pari opportunità per i disabili, adottate dall'Assemblea Generale delle Nazioni Unite del 20 dicembre 1993, ricordano come "l'ignoranza, la negligenza, la superstizione e la paura sono fattori sociali che attraverso tutta la storia della disabilità hanno isolato le persone con disabilità e ritardato la loro evoluzione". Ciò che tuttavia caratterizza la Convenzione ONU in questione è di **aver decisamente superato un approccio focalizzato solamente sul deficit della persona con disabilità, accogliendo il "modello sociale della disabilità"** e introducendo i principi di non discriminazione, parità di opportunità, autonomia, indipendenza con l'obiettivo di conseguire la piena inclusione sociale, mediante il coinvolgimento delle stesse persone con disabilità e delle loro famiglie. Essa infatti recepisce una concezione della disabilità che, oltre a ribadire il principio della dignità delle persone con disabilità, individua nel contesto culturale e sociale un fattore determinante l'esperienza che il soggetto medesimo fa della propria condizione di salute. **Il contesto è una risorsa potenziale** che, qualora sia ricca di opportunità, consente di raggiungere livelli di realizzazione e autonomia delle persone con disabilità che, in condizioni contestuali meno favorite, sono invece difficilmente raggiungibili.

La **definizione di disabilità della Convenzione** è basata sul modello sociale centrato sui diritti umani delle persone con disabilità, ed è la seguente: "la *disabilità è il risultato dell'interazione tra persone con menomazioni e barriere comportamentali ed ambientali, che impediscono la loro piena ed effettiva partecipazione alla società su base di uguaglianza con gli altri*" (Preambolo, punto e). La centralità del contesto socio-culturale nella determinazione del livello di disabilità impone che le persone con disabilità non siano discriminate, intendendo "discriminazione fondata sulla disabilità (...) qualsivoglia distinzione, esclusione o restrizione sulla base della disabilità che abbia lo scopo o l'effetto di pregiudicare o annullare il riconoscimento, il godimento e l'esercizio, su base di uguaglianza con gli altri, di tutti i diritti umani e delle libertà fondamentali in campo politico, economico, sociale, culturale, civile o in qualsiasi altro campo. Essa include ogni forma di discriminazione, compreso il rifiuto di un accomodamento ragionevole (art. 2). A questo scopo è necessario che il contesto (ambienti, procedure, strumenti educativi ed ausili) si adatti ai bisogni specifici delle persone con disabilità, attraverso ciò che la Convenzione in parola definisce "**accomodamento ragionevole**": "*accomodamento ragionevole indica le modifiche e gli adattamenti necessari ed appropriati che non impongano un carico sproporzionato o eccessivo, ove ve ne sia necessità in casi particolari, per assicurare alle persone con disabilità il godimento e l'esercizio, su base di eguaglianza con gli altri, di tutti i diritti umani e libertà fondamentali*" (art. 2).

L'art. 24, infine, dedicato all'educazione riconosce "il diritto all'istruzione delle persone con disabilità (...) senza discriminazioni e su base di pari opportunità" garantendo "un sistema di istruzione inclusivo a tutti i livelli ed un apprendimento continuo lungo tutto l'arco della vita, finalizzati:

- al pieno sviluppo del potenziale umano, del senso di dignità e dell'autostima ed al rafforzamento del rispetto dei diritti umani, delle libertà fondamentali e della diversità umana;
- allo sviluppo, da parte delle persone con disabilità, della propria personalità, dei

talenti e della creatività, come pure delle proprie abilità fisiche e mentali, sino alle loro massime potenzialità;

- a porre le persone con disabilità in condizione di partecipare effettivamente a una società libera".

Si cita infine la **Dichiarazione di Salamanca** sui principi, le politiche e le pratiche in materia di educazione e di esigenze educative speciali (U.N.E.S.C.O. 1994) che rappresenta il primo documento internazionale rivolto in modo specifico al riconoscimento della **diversità culturale come diritto meritevole di tutela**.

3.6 Classificazione internazionale del funzionamento (ICF)

Nel 2001, l'Assemblea Mondiale della Sanità dell'OMS ha approvato la nuova Classificazione Internazionale del Funzionamento, della Disabilità e della Salute (International Classification of Functioning, Disability and Health – ICF), raccomandandone l'uso negli Stati parti.

L'ICF recepisce pienamente il modello sociale della disabilità, considerando la persona non soltanto dal punto di vista "sanitario", ma promuovendone un approccio globale, attento alle potenzialità complessive, alle varie risorse del soggetto, tenendo ben presente che il contesto, personale, naturale, sociale e culturale, incide decisamente nella possibilità che tali risorse hanno di esprimersi (prospettiva bio-psico-sociale). Fondamentale, dunque, la capacità di tale classificatore di descrivere tanto le capacità possedute quanto le performance possibili intervenendo sui fattori contestuali. Nella prospettiva dell'ICF, la partecipazione alle attività sociali di una persona con disabilità è determinata dall'interazione della sua condizione di salute (a livello di strutture e di funzioni corporee) con le condizioni ambientali, culturali, sociali e personali (definite fattori contestuali) in cui essa vive.

Il modello introdotto dall'ICF, bio-psico-sociale, prende dunque in considerazione i molteplici aspetti della persona, correlando la condizione di salute e il suo contesto, pervenendo così ad una definizione di "disabilità" come ad "una condizione di salute in un ambiente sfavorevole". Nel modello citato assume valore prioritario il contesto, i cui molteplici elementi possono essere qualificati come "barriera", qualora ostacolino l'attività e la partecipazione della persona, o "facilitatori", nel caso in cui, invece, favoriscano tali attività e partecipazione.

L'ICF sta penetrando nelle pratiche di diagnosi condotte dalle AA.SS.LL., che sulla base di esso elaborano la Diagnosi Funzionale. È dunque opportuno che il personale scolastico coinvolto nel processo di integrazione sia a conoscenza del modello in questione e che si diffonda sempre più un approccio culturale all'integrazione che tenga conto del nuovo orientamento volto a considerare la disabilità interconnessa ai fattori contestuali.

3.7 I Bisogni Educativi Speciali

I BES sono studenti con bisogni educativi speciali. Essi possono essere raggruppati in tre categorie:

- **Alunni con disabilità**: questa categoria comprende gli studenti che presentano disabilità derivanti da deficit e patologie, come l'autismo, la disabilità motoria, patologie genetiche, disturbi del linguaggio e del comportamento. Gli alunni diversamente abili hanno il diritto di essere supportati da un insegnante di sostegno e di avere un Piano Educativo Individualizzato (PEI), un Piano Educativo Personalizzato (PEP) o un Piano Educativo Differenziato (PED) che forniscano strategie e obiettivi personalizzati per consentire loro di raggiungere gli obiettivi comuni della classe; il processo per la valutazione e l'individuazione degli studenti con disabilità prevede la segnalazione delle difficoltà da parte dei docenti, le visite mediche ASL, la formulazione delle richieste organiche e l'elaborazione del PEI.

- **Alunni con disturbi specifici dell'apprendimento** (DSA): questa categoria comprende gli studenti che presentano disturbi come la dislessia, la disgrafia, la disortografia e la discalculia. Gli alunni con DSA sono certificati dall'ASL o da enti accreditati e non richiedono un insegnante di sostegno.

- Per loro viene elaborato un Piano Didattico Personalizzato (PDP) che fornisce adattamenti e strategie specifiche per facilitare il loro apprendimento (il PDP può prevedere tempi più lunghi per svolgere compiti, l'utilizzo di strumenti di supporto come mappe, dispense o calcolatrici, o l'esenzione dalle lingue straniere). Il processo per la valutazione e l'individuazione degli studenti con DSA prevede la segnalazione delle difficoltà da parte del consiglio di classe, le visite ASL e, appunto, l'elaborazione del PDP.

- **Alunni con altre difficoltà nell'apprendimento e nel comportamento o con svantaggi socio-economici**: questa categoria comprende gli studenti che presentano difficoltà nell'apprendimento, nel comportamento o che provengono da contesti socio-economici svantaggiati; alcuni esempi possono essere gli studenti con deficit del linguaggio, deficit delle abilità non verbali, ADHD (Disturbo da Deficit di Attenzione e Iperattività), disprassia, fobia scolare e alunni borderline con una scarsa dotazione intellettuale; questi studenti possono beneficiare di interventi e supporti specifici per le loro esigenze, possono seguire un percorso simile a quello degli alunni con DSA, con l'elaborazione di un PDP che fornisce obiettivi differenziati (tuttavia, il PDP per questi studenti può essere considerato momentaneo, poiché le loro esigenze possono evolversi nel tempo).

Secondo il D.M. del 27/12/2012, è, infatti, possibile includere anche gli studenti con svantaggio linguistico, culturale e socio-economico tra quelli che possono manifestare bisogni educativi speciali (BES). Questi studenti possono avere continui o periodici bisogni speciali a causa di fattori fisici, biologici, fisiologici o psicologici, o a causa di svantaggi linguistici, culturali o socio-economici. Le scuole devono fornire una risposta adeguata e personalizzata per soddisfare tali bisogni. Gli studenti con svantaggio linguistico, culturale e socio-economico possono essere individuati tramite elementi oggettivi, come le segnalazioni dei servizi sociali. Per loro, non è necessaria la presenza di un insegnante di sostegno, ma possono beneficiare di un Piano Didattico Personalizzato (PDP) transitorio.

APPROFONDIMENTO

L'importanza dell'osservazione

Nelle Linee guida nazionali per il diritto allo studio degli alunni e degli studenti con DSA, di cui al decreto MIUR 12/7/2011 n. 5669 si assegna alla capacità di osservazione degli insegnanti un ruolo fondamentale, non solo nei primi segmenti dell'istruzione - scuola dell'infanzia e scuola primaria - per il riconoscimento di un potenziale disturbo specifico dell'apprendimento, ma anche in tutto il percorso scolastico, per individuare quelle caratteristiche cognitive su cui puntare per il raggiungimento del successo formativo. Esse si focalizzano sulla fondamentale azione preventiva della scuola dell'infanzia, il primo contesto in cui esercitare azioni di prevenzione, di stimolo e di recupero. In maniera analoga, anche ai docenti della scuola primaria e della secondaria vengono attribuite competenze specifiche di osservazione per l'attuazione di metodologie di individualizzazione e personalizzazione dell'apprendimento. Per avanzare il sospetto di DSA, i docenti fanno riferimento all'osservazione delle prestazioni nei vari ambiti di apprendimento, avvalendosi delle specifiche competenze psicopedagogiche, piuttosto che di prove standardizzate. Ad esempio, per ciò che riguarda la scrittura, è possibile osservare la presenza di errori ricorrenti, che possono apparire comuni ed essere frequenti in una fase di apprendimento o in una classe precedente, ma che si presentano a lungo ed in modo non occasionale. Nei ragazzi più grandi è possibile notare l'estrema difficoltà a controllare le regole ortografiche o la punteggiatura. Per quanto concerne la lettura, possono essere indicativi il permanere di una lettura sillabica ben oltre la metà della prima classe primaria; la tendenza a leggere la stessa parola in modi diversi nel medesimo brano; il perdere frequentemente il segno o la riga. Quando un docente osserva tali caratteristiche nelle prestazioni scolastiche di un alunno, predispone specifiche attività di recupero e potenziamento. Se, anche a seguito di tali interventi, l'atipia permane, sarà necessario comunicare alla famiglia quanto riscontrato, consigliandola di ricorrere ad uno specialista per accertare la presenza o meno di un disturbo specifico di apprendimento.

3.7.1 I gruppi dell'inclusione

I gruppi dell'inclusione sono delle forme di aggregazione e collaborazione che coinvolgono diversi attori del contesto educativo, ossia insegnanti, personale scolastico, genitori e altri professionisti, al fine di promuovere l'inclusione scolastica degli studenti con bisogni educativi speciali (BES). Questi gruppi sono organizzati per favorire la condivisione di conoscenze, esperienze e buone pratiche, nonché per affrontare e risolvere le sfide legate all'inclusione all'interno dell'istituzione scolastica. Solitamente, i gruppi dell'inclusione si focalizzano su tematiche specifiche, come strategie didattiche inclusive, adattamenti curriculari, valutazione degli studenti con BES, creazione di ambienti inclusivi, collaborazione tra i diversi attori, sensibilizzazione e formazione. Tali gruppi offrono un'opportunità per gli insegnanti e gli operatori scolastici di confrontarsi, condividere idee e progetti, sviluppare competenze specifiche e accedere a risorse e materiali utili. Inoltre, possono favorire la creazione di reti di sostegno tra i partecipanti. I gruppi dell'inclusione possono essere organizzati a livello scolastico, distrettuale o territoriale, e possono essere promossi sia dalle istituzioni educative che da organismi esterni, come associazioni professionali, enti di formazione o organizzazioni non governative. Di seguito sono descritti i principali gruppi di inclusione:

- **GLO** (Gruppo di Lavoro Operativo): è composto da docenti contitolari, consiglio di classe, genitori dell'alunno e figure professionali specifiche sia interne che esterne all'istituzione scolastica; il suo ruolo è garantire l'inclusione degli alunni con disabilità attraverso la redazione del PEI (Piano Educativo Individualizzato). Il GLO si riunisce in diversi momenti durante l'anno scolastico per l'approvazione e la revisione del PEI, ovvero:
  - un incontro ad inizio anno per l'approvazione;
  - alcuni incontri intermedi per accertare il raggiungimento degli obiettivi e apportare eventuali modifiche;
  - un incontro finale da tenersi entro il mese di giugno, con la funzione di verifica conclusiva per l'anno in corso e di formulazione e formalizzazione delle proposte di sostegno didattico per quello successivo.
- **GIT** (Gruppo per l'Inclusione Territoriale): coordina e programma le attività di inclusione a livello territoriale; è composto da un dirigente tecnico o scolastico, tre dirigenti scolastici nell'ambito territoriale e docenti di diverse fasce d'età. Ogni dirigente scolastico propone al GIT la quantificazione dell'organico relativo ai posti di sostegno in base al PEI.
- **UVM** (Unità di Valutazione Multidisciplinare): un organo collegiale che redige il PDF (Piano Didattico Personalizzato) e fornisce supporto al GLO. Partecipa alle riunioni del GLO tramite un rappresentante designato dal direttore sanitario della scuola; alcuni membri dell'UVM possono essere indicati dall'ASL come componenti a tutti gli effetti del GLO.
- **GLIR** (Gruppo di Lavoro per l'Inclusione Regionale): opera a livello regionale e formula una proposta all'USR (Ufficio Scolastico Regionale) in merito alle risorse di sostegno da assegnare a ciascuna scuola. Verifica i documenti relativi alla programmazione (DF, PDF e PEI) trasmessi dai dirigenti scolastici delle singole scuole dell'ambito di competenza.
- **GLI** (Gruppo di Lavoro per l'Inclusione): collabora all'integrazione degli studenti con disabilità e DSA e supporta il collegio docenti nella realizzazione del Piano di inclusione. È formato da docenti curricolari, docenti di sostegno e specialisti delle aziende sanitarie locali. Può avvalersi della consulenza e del supporto dei genitori, studenti e associazioni territoriali delle persone con disabilità; il GLI redige il PAI (Piano Annuale per l'Inclusione).

3.7.2 Strumenti compensativi e dispensativi

Qualora si riscontri una diagnosi di DSA, vengono adottate specifiche misure compensative e dispensative per adattare la didattica alle esigenze di apprendimento dell'individuo.

Gli **strumenti compensativi** disponibili per gli studenti con diagnosi DSA includono diverse opzioni, come l'utilizzo di testi digitali, registrazioni delle lezioni, programmi di sintesi vocale e altre tecnologie di supporto durante la preparazione e le prove di verifica. Le **misure dispensative** per gli studenti con DSA includono la dispensa di lettura ad alta voce, la possibilità di scrivere in corsivo, la dispensa dal prendere appunti e dal copiare dalla lavagna, l'esenzione dallo studio mnemonico di formule, tabelle, definizioni e regole, e la limitazione delle prove valutative scritte nella stessa giornata.

Gli studenti con DSA possono anche utilizzare vocabolari cartacei o digitali, creare mappe geografiche e storiche mute e ricevere un carico ridotto di compiti a casa rispetto ai loro compagni di classe. È possibile concedere loro tempi più lunghi per le prove o, se necessario, ridurre il numero di domande o quesiti.

Misure e strumenti dispensativi e compensativi sono previsti anche per gli studenti con BES, al fine di favorire l'apprendimento e ridurre le conseguenze dei loro disturbi specifici. Tra le misure dispensative, si trovano tempi personalizzati per le attività, modalità specifiche di apprendimento (come la lettura ad alta voce) e la valutazione basata sul contenuto, tralasciando la forma. Gli insegnanti sono incoraggiati a creare un clima di apprendimento sereno che riconosca e rispetti le singole diversità, organizzando, se possibile, attività di coppia o di piccoli gruppi per promuovere una didattica inclusiva. Oltre agli strumenti compensativi, i docenti dovrebbero utilizzare diverse modalità comunicative e coinvolgere più canali sensoriali durante le spiegazioni, ad esempio mediante l'uso della videoscrittura, soprattutto per la produzione testuale o in momenti di particolare stanchezza.

Alcune altre **strategie che i docenti possono adottare durante le attività didattiche** sono: informare gli studenti sugli argomenti delle verifiche, evitare verifiche a sorpresa, utilizzare caratteri più grandi per le consegne scritte, utilizzare prove strutturate con risposte a scelta multipla quando possibile, ridurre la quantità di compiti assegnati o concedere più tempo per svolgere le prove, leggere ad alta voce le consegne per le prove scritte, limitare le verifiche su linguaggi specifici o mnemonici, consentire l'uso del computer con i programmi regolarmente utilizzati dagli studenti, permettere l'uso di calcolatrici, formulari, tabelle, mappe e schemi, programmazione delle interrogazioni, verifiche orali con domande che guidino il candidato nelle risposte e utilizzo di immagini o testi con immagini per facilitare la comprensione. Inoltre, è importante che i docenti si prendano cura di adattare le richieste operative in termini di quantità, rispettando i tempi e le specificità personali degli studenti, anche durante l'assegnazione dei compiti a casa. Promuovere l'utilizzo di mediatori didattici come immagini, schemi e mappe concettuali può contribuire a creare un ambiente di apprendimento sereno e compensare le difficoltà specifiche dei singoli studenti.

APPROFONDIMENTO

Il *concept mapping*

Il concept mapping attiene all'uso delle mappe concettuali. quale strumento per la rappresentazione grafica della struttura dei contenuti di insegnamento/apprendimento concettuali. Tale utilizzo ha rivelato un alto potenziale di efficacia sia nei termini di una di un apprendimento più profondo dei concetti principali, ma anche di un loro più facile richiamo alla memoria, in occasione del ripasso che avviene a distanza di tempo dallo studio. In sintesi, esse supportano gli studenti nell'acquisizione di un metodo di lavoro e di studio autonomo (Capuano, Storace e Ventriglia, 2014; Ventriglia, Storace e Capuano, 2017).

Il dato che esse siano state prese in considerazione, in riferimento ai DSA, nelle Linee guida 2011 (MIUR 2011, p. 18), ha indotto ad indentificarle quale soluzione indicata solo ed esclusivamente per gli studenti che presentano questa caratteristica.

In realtà le mappe sono da intendere come **organizzatori grafici della conoscenza** e strumenti di supporto per lo studio di tutti, così come sottolineato nelle Indicazioni nazionali per il curricolo della scuola dell'infanzia e del primo ciclo d'istruzione (MIUR 2012, pp. 32-33). Le mappe concettuali utilizzate nella didattica della comprensione del testo rappresentano uno strumento molto efficace per giungere a quell'acquisizione di significato che è il cuore di qualsiasi processo di apprendimento.

La validità del prodotto del proprio studio viene confermata nella verifica finale scritta o orale, dove lo studente ripropone il contenuto cognitivo di quanto studiato. La produzione di un discorso orale può essere pianificata, servendosi di materiale di supporto predisposto anticipatamente (mappe concettuali, mappe mentali, schemi, organizzatori grafici per l'apprendimento), per presentare in modo ordinato l'argomento e per tenere sotto controllo la verbalizzazione del discorso.

Le mappe concettuali sono strumenti utili all'insegnante proprio per:

- monitorare i progressi nell'apprendimento;
- verificare i livelli degli apprendimenti;
- valutare le competenze acquisite (Capuano, Storace e Ventriglia, 2014).

3.8 La corresponsabilità educativa e formativa dei docenti

È ormai convinzione consolidata che non si dà vita ad una scuola inclusiva se al suo interno non si avvera una corresponsabilità educativa diffusa e non si possiede una competenza didattica adeguata ad impostare una fruttuosa relazione educativa anche con alunni con disabilità. La progettazione degli interventi da adottare riguarda tutti gli insegnanti perché l'intera comunità scolastica è chiamata ad organizzare i curricoli in funzione dei diversi stili o delle diverse attitudini cognitive, a gestire in modo alternativo le attività d'aula, a favorire e potenziare gli apprendimenti e ad adottare i materiali e le strategie didattiche in relazione ai bisogni degli alunni. Non in altro modo sarebbe infatti possibile che gli alunni esercitino il proprio diritto allo studio inteso come successo formativo per tutti, tanto che la predisposizione di interventi didattici non differenziati evidenzia immediatamente una disparità di trattamento nel servizio di istruzione verso coloro che non sono compresi nelle prassi educative e didattiche concretamente realizzate.

Di conseguenza il Collegio dei docenti potrà provvedere ad attuare tutte le azioni volte a promuovere l'inclusione scolastica e sociale degli alunni con disabilità, inserendo nel Piano dell'Offerta Formativa la scelta inclusiva dell'Istituzione scolastica e indicando le prassi didattiche che promuovono effettivamente l'inclusione (gruppi di livello eterogenei, apprendimento cooperativo, ecc.). I Consigli di classe si adopereranno pertanto al coordinamento delle attività didattiche, alla preparazione dei materiali e a quanto può consentire all'alunno con disabilità, sulla base dei suoi bisogni e delle sue necessità, la piena partecipazione allo svolgimento della vita scolastica nella sua classe.

Tutto ciò implica lavorare facendo attenzione ai seguenti punti:

- **Il clima della classe** Gli insegnanti devono assumere comportamenti non discriminatori, essere attenti ai bisogni di ciascuno, accettare le diversità presentate dagli alunni disabili e valorizzarle come arricchimento per l'intera classe, favorire la strutturazione del senso di appartenenza, costruire relazioni socio-affettive positive.

- **Le strategie didattiche e gli strumenti** La progettualità didattica orientata all'inclusione comporta l'adozione di strategie e metodologie favorenti, quali l'apprendimento cooperativo, il lavoro di gruppo e/o a coppie, il *tutoring*, l'apprendimento per scoperta, la suddivisione del tempo in tempi, l'utilizzo di mediatori didattici, di attrezzature e ausili informatici, di software e sussidi specifici. Da menzionare la necessità che i docenti predispongano i documenti per lo studio o per i compiti a casa in **formato elettronico**, affinché essi possano risultare facilmente accessibili agli alunni che utilizzano ausili e computer per svolgere le proprie attività di apprendimento. A questo riguardo risulta utile una diffusa conoscenza delle nuove tecnologie per l'integrazione scolastica, anche in vista delle potenzialità aperte dal libro di testo in formato elettronico. È importante allora che i docenti curricolari attraverso i numerosi centri dedicati dal Ministero dell'istruzione e dagli Enti Locali a tali tematiche acquisiscano le conoscenze necessarie per supportare le attività dell'alunno con disabilità anche in assenza dell'insegnante di sostegno.

- **L'apprendimento-insegnamento** Un sistema inclusivo considera l'alunno protagonista dell'apprendimento qualunque siano le sue capacità, le sue potenzialità e i suoi limiti. Va favorita, pertanto, la costruzione attiva della conoscenza, attivando le personali strategie di approccio al "sapere", rispettando i ritmi e gli stili di apprendimento e "assecondando" i meccanismi di autoregolazione. Si suggerisce il ricorso alla metodologia dell'apprendimento cooperativo.

- **La valutazione** La valutazione in decimi va rapportata al P.I., che costituisce il punto di riferimento per le attività educative a favore dell'alunno con disabilità. Si rammenta inoltre che la valutazione in questione dovrà essere sempre considerata come valutazione dei processi e non solo come valutazione della performance. Gli insegnanti assegnati alle attività per il sostegno, assumendo la contitolarità delle sezioni e delle classi in cui operano e partecipando a pieno titolo alle operazioni di valutazione periodiche e finali degli alunni della classe con diritto di voto, disporranno di registri recanti i nomi di tutti gli alunni della classe di cui sono contitolari.

- **Concezione sistemica del ruolo del docente assegnato alle attività di sostegno**
L'assegnazione dell'insegnante per le attività di sostegno alla classe rappresenta la "vera" natura del ruolo che egli svolge nel processo di integrazione. Infatti è l'intera comunità scolastica che deve essere coinvolta nel processo in questione e non solo una figura professionale specifica a cui demandare in modo esclusivo il compito dell'integrazione. Il limite maggiore di tale impostazione risiede nel fatto che nelle ore in cui non è presente il docente per le attività di sostegno esiste il concreto rischio che per l'alunno con disabilità non vi sia la necessaria tutela in ordine al diritto allo studio. La logica deve essere invece sistemica, ovvero quella secondo cui il docente in questione è "assegnato alla classe per le attività di sostegno", nel senso che oltre a intervenire sulla base di una preparazione specifica nelle ore in classe collabora con l'insegnante curricolare e con il Consiglio di Classe affinché l'iter formativo dell'alunno possa continuare anche in sua assenza. Questa logica deve informare il lavoro dei gruppi previsti dalle norme e la programmazione integrata.

3.9 Il modello didattico dell'Universal Design for learning (UDL)

Gli studenti che sono "ai margini", come quelli che sono dotati e con alte capacità o studenti con disabilità, sono particolarmente vulnerabili. Peraltro, anche gli studenti che sono identificati come "nella media" potrebbero non aver soddisfatti i propri bisogni educativi a causa di una scarsa progettazione curriculare. Negli ambienti dell'apprendimento, come le scuole o le università, la variabilità individuale è la norma, non l'eccezione. Quando i curricula sono progettati per soddisfare i bisogni di una immaginaria "media", non tengono conto della reale variabilità degli studenti (Capuano, Storace e Ventriglia). Essi falliscono nel fornire a tutti gli studenti pari opportunità di apprendimento, perché escludono gli studenti con abilità, contesti e motivazioni differenti che non soddisfano il criterio illusorio della "media". Per rendere i curricoli esistenti più accessibili e soddisfare la variabilità individuale degli studenti attraverso obiettivi flessibili e metodi, materiali e processi di valutazione inclusivi è stata elaborato l'appoccio "Universal Design for Learning (UDL)" è un approccio che muove dai principi dell'accessibilità architettonici e informatici.

Il **termine «Universal Design» viene coniato nel 1985 dall'architetto Ronald L. Mace**, che lo definisce come la progettazione di prodotti e ambienti utili per tutti ma indispensabili per qualcuno senza necessità di adattamenti o ausili speciali. Questo movimento culturale si estende anche in campo pedagogico e didattico attraverso l'azione del gruppo di ricerca americano CAST (Center for Applied Special Technology).

Si tratta, quindi, di un **modello pedagogico di riferimento che intende guidare la pratica educativa, identificando e rimuovendo gli ostacoli presenti nei materiali didattici curriculari per affrontare la varietà delle esigenze degli studenti.**

Il *Center for Universal Design della North Carolina University* (USA) ha promosso questo approccio metodologico, stabilendo una serie di principi e linee guida. Nel 2006 la convenzione ONU sui diritti delle persone con disabilità ha ripreso il concetto, nell'articolo 2: «Per progettazione universale si intende **la progettazione di prodotti, strutture, programmi e servizi utilizzabili da tutte le persone, nella misura più estesa possibile, senza il bisogno di adattamenti o di progettazioni specializzati.** La progettazione universale non esclude dispositivi di sostegno per particolari gruppi di persone con disabilità, ove siano necessari». La progettazione universale contiene e sviluppa al suo interno proprio queste **tre grandi sfide dell'umanità (diversità, educazione inclusiva e tecnologia) in senso convergente**, verso una rivoluzione di pensiero positiva centrata sulla flessibilità, sull'accessibilità reale, sul riconoscimento e sulla valorizzazione delle differenze di ogni persona già nella costruzione iniziale di ogni percorso formativo, e quindi verso l'eliminazione di ogni possibile etichetta che di fatto mortifica il concetto stesso di inclusione.

La PUA aiuta a soddisfare la variabilità degli studenti suggerendo flessibilità negli obiettivi, metodi, materiali e valutazioni che permettano agli educatori di soddisfare i diversi bisogni. Il curriculo che si crea usando la PUA è progettato, sin dall'inizio, per soddisfare i bisogni di tutti gli studenti, rendendo i cambiamenti postumi, così come il costo ed il tempo impiegati non necessari. La struttura della PUA incoraggia a creare progetti flessibili sin dall'inizio, che abbiano opzioni personalizzabili, per permettere agli studenti di progredire dal punto in cui sono a quello a cui si vorrebbe arrivassero. Le opzioni per raggiungere ciò sono numerose e in grado di fornire istruzioni efficaci a tutti gli studenti.

Tre sono i principi fondamentali, basati sulla ricerca neuroscientifica, che guidano la PUA e forniscono la struttura sottostante per le linee guida:

PRINCIPIO I
Fornire molteplici mezzi di rappresentazione (il "cosa" dell'apprendimento).

Gli studenti differiscono nel modo in cui percepiscono e comprendono le informazioni che vengono loro presentate. Per esempio, quelli con disabilità sensoriali (cecità o sordità), disabilità nell'apprendimento (dislessia), differenze linguistiche o culturali e così via potrebbero richiedere tutti diversi modi di approcciarsi ai contenuti. Altri potrebbero semplicemente assimilare le informazioni più velocemente ed efficacemente attraverso mezzi visivi o uditivi piuttosto che attraverso il testo scritto. Inoltre, l'apprendimento e il trasferimento dell'apprendimento avvengono quando vengono usati rappresentazioni multiple, perché permettono agli studenti di fare dei collegamenti interni, così come tra i concetti. In breve, non esiste un solo modo di rappresentazione che sia ottimale per tutti gli studenti; fornire opzioni di rappresentazione è fondamentale.

Esempio: offrire alternative per le informazioni uditive. Il suono è un mezzo particolarmente efficace per veicolare le informazioni, questo è il motivo per cui l'audio è particolarmente importante nei film e la voce umana è particolarmente efficace per comunicare emozioni e significati. Tuttavia, l'informazione veicolata solo attraverso il suono non è ugualmente accessibile a tutti gli studenti ed è specialmente inaccessibile per gli studenti con disabilità uditive, per gli studenti che necessitano più tempo per elaborare o per studenti che hanno difficoltà di memorizzazione. Inoltre, l'ascolto è di per sè una complessa abilità strategica che deve essere appresa. Per assicurarsi che tutti gli studenti abbiano accesso all'apprendimento, le opzioni dovrebbero essere disponibili per ogni informazione uditiva, inclusa l'enfasi.

Esempi di realizzazione:
- usare rappresentazioni testuali equivalenti in forma didascalica o di scrittura automatica (riconoscimento vocale) per la lingua parlata;
- fornire diagrammi, grafici, simboli di musica o suono;
- fornire trascrizioni scritte di video o filmati audio;
- fornire la lingua dei Segni per la lingua parlata;
- usare simboli visivi per rappresentare l'enfasi e la prosodia (ad esempio faccine, simboli o immagini);
- fornire equivalenti visivi o tattili (ad esempio vibrazioni) per effetti sonori o allarmi;
- fornire descrizioni visive o emotive per l'interpretazione musicale.

Esempio: promuovere la comprensione tra differenti lingue La lingua dei materiali curriculari è di solito monolingue, ma spesso gli studenti di una classe non lo sono, per questo la promozione di una comprensione multilingue è molto importante. Per nuovi studenti della lingua dominante (ad esempio, l'inglese nelle scuole americane) o per studenti della lingua d'insegnamento (la lingua dominante a scuola), l'accessibilità all'informazione è notevolmente ridotta se non sono disponibili delle alternative. Fornire alternative, specialmente per le informazioni chiave o il lessico è un aspetto importante dell'accessibilità. *Esempi di realizzazione*:
- dare tutte le informazioni chiave nella lingua dominante (ad esempio l'italiano) e anche nella loro lingua madre (ad esempio lo spagnolo) per studenti con una limitata conoscenza dell'italiano e in LIS per gli studenti sordi;
- collegare il lessico alle definizioni e alla pronuncia sia nella lingua dominante che nelle lingua madre;
- definire il lessico specifico (ad esempio, "la legenda" negli studi sociali) usando entrambi i termini specifici e comuni;
- fornire strumenti di traduzione elettronica o collegamenti a vocabolari sulla rete.

PRINCIPIO II
Fornire molteplici mezzi di azione ed espressione (il "come" dell'apprendimento).

Gli studenti differiscono nel modo in cui possono farsi strada in un ambiente d'apprendimento ed esprimere ciò che sanno. Per esempio, individui con significative disabilità motorie (paralisi cerebrali), quelli che hanno difficoltà con le abilità strategiche e organizzative (disturbi della funzione esecutiva), quelli che hanno difficoltà linguistiche e così via, hanno un approccio all'apprendimento molto differente. Alcuni potrebbero sapersi esprimere bene nello scritto e non nell'orale, e viceversa. Dovrebbe essere riconosciuto, inoltre, che l'azione e l'espressione richiedono un gran numero di strategie, pratica e organizzazione, e questa è un'altra cosa in cui gli studenti possono differenziarsi. In realtà, non c'è un solo mezzo di azione o espressione che possa essere ottimale per tutti gli studenti; fornire opzioni di azione e di espressione è fondamentale.

Ottimizzare l'accesso agli strumenti, ai prodotti ed alle tecnologie di supporto Spesso fornire ad un bambino uno strumento non è sufficiente. Si deve fornire il supporto all'uso efficiente dello strumento. Molti studenti hanno bisogno di aiuto per muoversi nel loro ambiente (sia in termini di spazio fisico che di curriculum) e a tutti dovrebbe essere data l'opportunità di utilizzate gli strumenti che potrebbero aiutarli a raggiungere l'obiettivo di una piena partecipazione nella classe. Tuttavia, un numero significativo di alunni con disabilità devono usare regolarmente le tecnologie di supporto per la navigazione, l'interazione e la redazione. Pertanto, è fondamentale che le tecnologie didattiche e i curricula non impongano inavvertitamente barriere all'uso di queste tecnologie di supporto. Un'importante riflessione progettuale, per esempio, è di assicurarsi che ci siano tutti i comandi della tastiera nelle azioni del mouse, in modo che gli studenti possano utilizzare le comuni tecnologie di supporto che dipendono da questi comandi. È importante, inoltre, assicurarsi che nel rendere la lezione fisicamente accessibile non vengano, inavvertitamente, rimosse le necessarie sfide dell'apprendimento.

Esempi di realizzazione:
- fornire comandi alternativi della tastiera per le azioni del mouse;
- costruire pulsanti e opzioni di scansione per aumentare l'accesso indipendente e le alternative alla tastiera;
- fornire l'accesso alle tastiere alternative;
- personalizzare le maschere per il touch screen e le tastiere;
- selezionare programmi che funzionino con tastiere alternative e tasti chiave.

PRINCIPIO III
Fornire molteplici mezzi di coinvolgimento (il "perché" dell'apprendimento).

L'affettività rappresenta un elemento cruciale dell'apprendimento, e gli studenti si differenziano notevolmente nel modo in cui sono coinvolti e motivati all'apprendimento. Ci sono numerosi motivi che possono influenzare la variazione individuale dell'affettività, come possono essere fattori neurologici e culturali, l'interesse personale, la soggettività, la conoscenza pregressa, insieme ad altre variabili presentate in queste linee guida. Alcuni studenti sono altamente coinvolti attraverso la spontaneità e le novità, mentre altri non sono coinvolti, o anche spaventati da questi aspetti, preferendo la routine rigida. Alcuni studenti preferiscono lavorare da soli, mentre altri preferiscono lavorare con gli altri. In realtà, non c'è un modo di coinvolgimento che possa essere ottimale per tutti gli studenti in tutti i contesti. Pertanto, è essenziale fornire molteplici opzioni di coinvolgimento.

L'informazione alla quale non si presta attenzione, che non attiva l'attività cognitiva degli studenti, è di fatto inaccessibile. È inaccessibile sia sul momento che nel futuro, perché l'informazione rilevante non è notata o elaborata. Di conseguenza, gli insegnanti dedicano uno sforzo considerevole nell'attirare l'attenzione e il coinvolgimento dell'alunno. Gli studenti si differenziano notevolmente in ciò che attrae la loro attenzione e attiva il loro coinvolgimento. Lo stesso alunno varierà nel tempo e nelle circostanze; i suoi interessi cambiano con il progredire della conoscenza e delle abilità, così come con i cambiamenti biologici, dal passaggio da adolescenti ad adulti. È pertanto importante avere modi alternativi di far emergere l'interesse dello studente, modi che riflettano le differenze inter e intra-individuali tra gli alunni.

Esempio: ottimizzare la scelta individuale e l'autonomia. In un contesto d'apprendimento, è spesso inappropriato fornire scelte sugli obiettivi dell'apprendimento, ma è spesso appropriato offrire scelte su come gli obiettivi possano essere raggiunti, sugli strumenti di supporto utilizzabili e così via. Offrire delle scelte agli studenti può sviluppare l'autodeterminazione, l'orgoglio nel conseguimento, l'aumento del grado di coinvolgimento nel loro apprendimento. Tuttavia, è importante notare che gli individui si differenziano in quante e quali scelte preferiscono avere. Pertanto non è sufficiente fornire semplicemente scelte. Il giusto tipo di scelte e il livello di indipendenza devono essere ottimizzati per assicurare il coinvolgimento.

Esempi di realizzazione:

- fornire agli studenti la maggiore discrezione e autonomia possibile, fornendo scelte in cose come: il contenuto utilizzato per fare pratica e valutare le abilità o gli strumenti usati per la raccolta e la produzione dell'informazione o il colore, il progetto, la disposizione grafica, la sequenza e la scansione temporale per il completamento delle sotto componenti del compito;
- permettere agli alunni di partecipare alla progettazione delle attività della classe e dei compiti accademici;
- coinvolgere gli studenti, quando e dove possibile, nel fissare i loro personali obiettivi didattici e comportamentali.

Capitolo IV

Competenze socio-relazionali e gestione della classe

4.1 Le competenze sociali

Ogni individuo ha uno stile comunicativo che comprende la comunicazione verbale, paraverbale e non verbale.

La **comunicazione verbale** avviene attraverso l'uso delle parole e del linguaggio per trasmettere informazioni, descrivere emozioni e comunicare messaggi.

La competenza linguistica di una persona corrisponde alla sua abilità nell'utilizzare efficacemente la comunicazione verbale per esprimere pensieri, informazioni e ragionamenti.

La comunicazione **paraverbale** riguarda il modo in cui viene utilizzata la voce, compreso il volume, il tono e il ritmo. Attraverso la comunicazione paraverbale, si può percepire lo stato emotivo di una persona. Ad esempio, un tono di voce alto può indicare rabbia, mentre un tono triste può comunicare stanchezza. La competenza paralinguistica si riferisce alla capacità di comprendere e utilizzare in modo efficace la comunicazione paraverbale per stabilire un dialogo efficace.

La comunicazione **non verbale** è quella che avviene senza l'uso delle parole. La mimica facciale è una forma di comunicazione non verbale che esprime direttamente e sinceramente lo stato emotivo di una persona durante la comunicazione.

Per facilitare la comunicazione digitale, sono state create le emoticon o faccine, che rappresentano diverse emozioni come gioia, rabbia, tristezza, tra le altre. Altri esempi di comunicazione non verbale includono la postura e la gestualità, che possono trasmettere significati e emozioni.

Nel 1974, **Robert Norton** introdusse il concetto di stile comunicativo dell'individuo, che rappresenta il modo in cui una persona interagisce con gli altri utilizzando i tre tipi di comunicazione. Norton identificò **11 variabili principali:**
- **dominante:** una persona che esercita un'influenza significativa sugli altri, assumendo le responsabilità e rappresentando il gruppo;
- **amichevole:** una persona gentile, empatica e premurosa verso gli altri, in grado di creare un ambiente sicuro e confortevole all'interno del gruppo;
- **attento:** una persona che presta grande attenzione ai segnali provenienti dagli altri interlocutori, facendo dell'ascolto una delle sue principali qualità e considerando importanti i feedback ricevuti;
- **rilassato:** una persona che si sente a proprio agio con gli altri, comunicando in modo fluido e lineare, manifestando calma e gentilezza;
- **polemico:** una persona che trova difficoltà nel dialogo pacifico, tendendo ad affrontare le situazioni in modo conflittuale senza risolvere le questioni;

- **drammatico:** una persona che esagera ed enfatizza alcuni aspetti della situazione, utilizzando un linguaggio pittoresco, storie coinvolgenti ed espressioni drammatiche per sottolineare i contenuti della sua comunicazione;
- **animato:** una persona che utilizza la comunicazione non verbale, facendo ampio uso di gesti ed espressioni facciali, anche attraverso l'uso della comunicazione paraverbale per enfatizzare i messaggi con la giusta tonalità di voce;
- **aperto:** una persona che si apre con facilità agli altri, senza nascondersi, condivide le sue emozioni e fatti personali, comunicando in modo estroverso, aperto e diretto;
- **d'effetto o d'impatto:** una persona che utilizza tutti e tre i canali comunicativi per lasciare un'impressione duratura su chi lo ascolta;
- **preciso:** una persona che porta avanti le comunicazioni in modo accurato e ben definito, evitando ambiguità e cercando di essere chiaro e conciso;
- **comunicativo:** una persona che diventa un buon comunicatore, capace di condurre una conversazione efficace in qualsiasi situazione.

Le prime dieci variabili sono considerate indipendenti, mentre **la variabile 11 è considerata dipendente**, poiché gli studi sullo stile comunicativo pongono l'accento su come essa dipenda dalle altre dieci. Inoltre, lo stile comunicativo non è caratterizzato da una singola variabile, ma può includere diverse variabili in combinazione. Ad esempio, un buon comunicatore può mostrare caratteristiche di dominanza, amichevolezza e attenzione contemporaneamente. Pertanto, secondo Norton, lo stile comunicativo è un costrutto multidimensionale e rappresenta il risultato di molteplici variabili o sottocostrutti.

4.1.1 Lo stile comunicativo nell'ambito dell'istruzione

Secondo Norton, nell'ambito dell'istruzione, si possono compiere tre studi sperimentali, analizzando:
- come i docenti classificano il loro stile comunicativo;
- come gli studenti classificano lo stile comunicativo del docente;
- se lo stile comunicativo adottato dal docente sia giusto oppure no per l'apprendimento dell'allievo.

Il "*Model for Interpersonal Teacher Behavior*" (**MITB**, Modello per il Comportamento Interpersonale del Docente), è un modello teorico che si concentra sull'analisi degli aspetti relazionali e comunicativi del ruolo del docente, ed è stato ampiamente utilizzato nella ricerca sull'istruzione e nella formazione degli insegnanti per comprendere meglio i fattori che influenzano la gestione della classe, l'apprendimento degli studenti e le dinamiche relazionali in classe.

Secondo il MITB, ci sono tre categorie principali di comportamenti del docente che influenzano l'ambiente di apprendimento e la gestione della classe:
- **comportamenti di gestione** della classe: si riferiscono alla capacità del docente di organizzare e gestire la classe in modo efficiente (ciò include aspetti come l'organizzazione delle attività, la chiarezza delle istruzioni, l'uso efficace del tempo, la

gestione dei comportamenti problematici degli studenti e l'abilità di mantenere l'attenzione e l'impegno degli stessi);

- **comportamenti di coinvolgimento degli studenti**: si riferiscono alla capacità del docente di coinvolgere attivamente gli studenti nel processo di apprendimento, ad esempio attraverso domande stimolanti, feedback appropriati, l'*encouragement* degli studenti, la creazione di un clima di supporto e la promozione di discussioni e interazioni;

- **comportamenti di controllo**: si riferiscono alla capacità del docente di mantenere la disciplina e il controllo, di prevenire o gestire il comportamento indisciplinato, di far rispettare regole e norme chiare, di impiegare strategie di gestione dei conflitti e di stabilire un'autorità appropriata.

4.1.2 Il co-teaching

Il *co-teaching*, o co-insegnamento, è un aspetto fondamentale della professione docente che implica il lavoro collaborativo tra più professionisti all'interno della comunità scolastica. Si tratta di un'azione in cui due o più educatori lavorano insieme per istruire un gruppo eterogeneo di studenti nello stesso spazio. Ci sono **quattro componenti chiave** che definiscono il *co-teaching*:

- la presenza di due educatori: il co-teaching richiede la collaborazione attiva e la presenza di più insegnanti impegnati nell'insegnamento;
- l'insegnamento di concetti significativi per gli studenti;
- la presenza di gruppi di studenti con bisogni educativi distinti: il co-teaching è particolarmente efficace quando viene utilizzato per soddisfare le esigenze di gruppi di studenti con diversi livelli di apprendimento, stili di apprendimento o bisogni educativi speciali;
- impostazioni comuni nella pratica didattica: gli insegnanti collaborano per sviluppare strategie didattiche comuni, pianificare le lezioni e valutare il progresso degli studenti.

Il *co-teaching* mira all'inclusione e alla gestione degli studenti con difficoltà di apprendimento all'interno di un contesto scolastico inclusivo. L'inclusione educativa si propone di evitare la segregazione degli studenti con esigenze speciali, permettendo loro di partecipare appieno alle classi regolari con supporti e adattamenti adeguati. Le **ricercatrici Cook e Friend** hanno individuato quattro ambiti principali in cui il *co-teaching* può essere utilizzato:

- fornire istruzione a un gruppo eterogeneo di studenti: il *co-teaching* aiuta a soddisfare le esigenze di apprendimento di studenti con diversi livelli di abilità e stili di apprendimento all'interno di una classe inclusiva;
- fornire istruzione a studenti stranieri: il *co-teaching* può essere efficace nel supportare l'apprendimento degli studenti che parlano una lingua diversa e richiedono un sostegno aggiuntivo per acquisire la lingua di istruzione;
- fornire istruzione a studenti dotati di talento: il *co-teaching* può essere utilizzato

per stimolare e supportare gli studenti dotati di talento, offrendo opportunità di apprendimento arricchite e sfide appropriate;

-   promuovere la personalizzazione dell'apprendimento con un approccio alternativo e sperimentale: *il co-teaching* può favorire l'implementazione di strategie pedagogiche innovative e personalizzate per rispondere alle esigenze specifiche degli studenti.

Nel *co-teaching*, sono disponibili diverse modalità di interazione tra gli insegnanti e gli studenti. Ad esempio:

-   un *insegnante spiega mentre l'altro osserva e fornisce feedback*;
-   la *formazione di gruppi di studenti*, con gli insegnanti che si spostano tra i gruppi per fornire supporto e istruzione mirata;
-   l'insegnamento in parallelo, in cui la classe viene divisa in due gruppi e gli insegnanti spiegano simultaneamente utilizzando approcci pedagogici diversi;
-   l'*insegnamento alternativo*, in cui un gruppo più ristretto di studenti riceve un'attenzione più individuale mentre l'insegnante principale si occupa del resto della classe;
-   il *team-teaching*, in cui gli insegnanti lavorano in sinergia alternando ruoli e responsabilità durante le lezioni;
-   un insegnante guida la lezione mentre l'altro circola tra i banchi degli studenti offrendo assistenza individuale a chi ha bisogno di supporto.

Il *co-teaching* può anche coinvolgere più docenti e discipline, assumendo un carattere interdisciplinare, generando creatività, collaborazione e offrendo un'istruzione più adeguata alle esigenze degli studenti.

4.2 Gestione della classe e comportamento degli allievi

Insegnare non significa soltanto curricolo e istruzione. È anche gestire la classe, motivare gli studenti ad apprendere e cercare di soddisfare i loro bisogni individuali inclusi i bisogni degli studenti che manifestano problemi cronici di personalità e comportamento. La competenza del "tenere la classe", ovvero la "gestione della classe" fa riferimento alle azioni adottate dagli insegnanti per stabilire l'ordine in classe, per coinvolgere gli studenti e stimolare in loro atteggiamenti cooperativi (Emmer and Stough 2001).

L'abilità di apprendimento degli studenti è influenzata tanto dal loro comportamento interpersonale e intrapersonale, quanto dalle loro abilità scolastiche. Un comportamento non conforme alle regole vigenti in classe o alle aspettative dell'insegnante non può semplicemente essere considerato come una distrazione da eliminare prima di cominciare con l'insegnamento. Piuttosto, è meglio insegnare i comportamenti che contribuiscono all'apprendimento e all'appropriata interazione sociale all'inizio dell'anno scolastico e rinforzarli durante l'anno. Di seguito alcuni modelli proposti per una gestione efficace della classe.

4.2.1 L'insegnante testimone di Kounin

Jacob Kounin (1970) segue un modello psicologico detto "ecologico", focalizzato sulle condizioni ambientali e sulla loro influenza sui comportamenti dei ragazzi. Lo psicologo statunitense ha identificato una serie di comportamenti del docente e di caratteristiche delle lezioni che comprendono la capacità di essere presenti, gestire diversi compiti contemporaneamente, appianare i problemi e mostrare flessibilità.

Secondo Kounin, una buona gestione della classe dipende da un'efficace gestione delle lezioni. Le idee chiave di Kounin includono "l'effetto a catena", "la presenza", la "sovrapposizione", le transizioni efficaci, la gestione della classe e la sazietà.

Effetto a catena (*Ripple effect.*). L'"effetto a catena" si verifica quando l'insegnante corregge il comportamento scorretto di uno studente e questo influenza positivamente il comportamento degli altri studenti vicini. L'effetto a catena è influenzato dalla chiarezza e dalla fermezza della correzione. L'effetto è maggiore quando l'insegnante nomina chiaramente il comportamento inaccettabile e spiega le ragioni della desistere. La fermezza, cioè la trasmissione di un atteggiamento "dico sul serio", migliora l'effetto a catena. L'effetto a catena è maggiore all'inizio dell'anno e diminuisce con il passare dell'anno. A livello di scuola superiore, Kounin ha scoperto che il rispetto per l'insegnante insieme ad un'elevata motivazione all'apprendimento porta al massimo coinvolgimento degli studenti e al minimo comportamento scorretto da parte degli studenti.

Testimonianza. "Testimone" è un termine creato da Kounin per descrivere la consapevolezza dellʼinsegnante di ciò che accade in ogni parte della classe in ogni momento (withitness).Comunemente ci riferiamo a questo come "avere gli occhi dietro la testa". Per essere efficaci, gli studenti devono percepire che l'insegnante sa veramente cosa succede in palestra. Se gli studenti sono fuori dai compiti e stanno scherzando, l'insegnante deve inviare un messaggio chiaro che comunichi agli studenti che l'insegnante vede che non stanno lavorando e che devono iniziare. La presenza può essere migliorata con la pratica, ad esempio imparando come utilizzare in modo efficace tecniche sistematiche per analizzare la classe. L'efficacia della testimonianza aumenta quando l'insegnante può identificare correttamente lo studente che è l'istigatore dell'incidente. Gli insegnanti che prendono di mira lo studente sbagliato per una desistenza o un rimprovero vengono percepiti dagli studenti come se non sapessero cosa sta realmente accadendo (cioè, non "con esso"). Quando si verificano contemporaneamente diversi episodi di comportamento scorretto, è importante che gli insegnanti si occupino per primi di quello più grave. Il tempismo è un altro aspetto della presenza. Gli insegnanti dovrebbero intervenire tempestivamente e rapidamente nel gestire i comportamenti scorretti. In caso contrario, il comportamento scorretto si diffonderà.

Sovrapposizione. La sovrapposizione (*overlapping*) significa partecipare a due o più eventi contemporaneamente. Ad esempio, l'insegnante può fornire un feedback individuale a uno studente in una postazione e, allo stesso tempo, offrire una breve parola di incoraggiamento agli studenti che lavorano in un'altra postazione. Oppure, un insegnante può gestire efficacemente un'interruzione tenendo d'occhio ciò che accade in "palestra". Kounin ha scoperto che gli insegnanti abili nella sovrapposizione erano anche più consapevoli di ciò che accade in classe o ne dimostravano la testimonianza. È più probabile che gli studenti rimangano concentrati sul compito se sanno che l'insegnante è consapevole di ciò che stanno facendo e può aiutarli quando necessario.

Transizioni. Il comportamento degli studenti è influenzato dalla fluidità e dall'efficacia delle transizioni tra i compiti di una lezione. L'incapacità di attirare l'attenzione degli studenti, indicazioni poco chiare e confuse, l'uso di spiegazioni lunghe, soffermarsi troppo sui dettagli piuttosto che concentrarsi sui punti chiave e consentire agli studenti di impiegare troppo tempo per passare da un compito a quello successivo contribuiscono al comportamento scorretto degli studenti. Routine ben consolidate, un segnale coerente per attirare l'attenzione della classe, indicazioni chiare, preparazione degli studenti a spostare la loro attenzione da un compito all'altro e spiegazioni concise che mettono in risalto i punti principali del compito aiutano a ridurre il comportamento scorretto degli studenti. Kounin ha scoperto che transizioni fluide ed efficaci sono una delle tecniche più importanti per mantenere il coinvolgimento degli studenti e il controllo della classe.

Focus di gruppo. La capacità di mantenere i membri della classe o del gruppo prestanti attenzione al compito è essenziale per mantenere una classe efficiente e ridurre il comportamento scorretto degli studenti. Il raggruppamento efficace massimizza la partecipazione attiva e mantiene gli studenti coinvolti nell'apprendimento. La responsabilità è una forza potente nel mantenere gli studenti impegnati. Le misure di responsabilità possono includere la tenuta dei registri – sia degli insegnanti che degli studenti (liste di controllo, schede di attività, ecc.), riconoscimento pubblico, test di abilità e lavoro scritto. Quando gli studenti sanno che saranno ritenuti responsabili del loro apprendimento e del loro comportamento e gli insegnanti sanno come sta progredendo ogni studente, il comportamento scorretto degli studenti diminuisce. Un'altra tecnica importante è l'allarme: focalizzare l'attenzione del gruppo. Dirigere l'attenzione degli studenti sugli spunti critici nella dimostrazione, utilizzare domande per verificare la comprensione degli studenti e variare lo studente chiamato a dare una risposta sono alcuni modi per focalizzare l'attenzione della classe. Il coinvolgimento degli studenti aumenta e i comportamenti scorretti si riducono quando gli insegnanti attirano l'attenzione della classe.

Mantenere interesse e coinvolgimento. La sazietà, che significa essere soddisfatti o avere abbastanza, è usata da Kounin per descrivere la progressiva perdita di interesse degli studenti per il compito. Quando gli studenti sperimentano sazietà o noia, emergono altri comportamenti. Gli studenti possono introdurre variazioni nel compito, lavorare meccanicamente sul compito senza pensarci troppo, o provare a creare un po' di eccitazione scherzando con un compagno di classe o impegnandosi in altre forme di comportamento scorretto. Kounin suggerisce di ridurre la sazietà fornendo agli studenti una sensazione di progresso, offrendo agli studenti sfide durante la lezione e mostrando entusiasmo. La varietà riduce la sazietà e allevia la noia. Cambiare il livello delle sfide, ristrutturare i gruppi, estendere il compito e utilizzare stili di insegnamento diversi aggiungono varietà alla lezione.

Kounin inoltre ha cercato di appurare se i comportamenti risultati efficaci con gli studenti "regolari" avessero effetto anche su quelli di particolare disturbo alla classe. La risposta è "sì", almeno sulla classe nel suo insieme (Kounin 1970). Queste indagini sono servite a passare da un atteggiamento reattivo ad uno preventivo, e dallo studio sulla personalità del docente alla gestione di una serie complessa di elementi strategici legati all'ambiente. Si è inoltre sottolineata l'importanza della capacità del docente di comunicare le proprie strategie e reazioni agli alunni. In altre parole, è stata introdotta una prospettiva maggiormente attiva.

4.2.2 Gli approcci di Nordahl e Roland

La classe è un luogo pieno di tensioni sia per gli insegnanti che per gli studenti. Secondo **l'approccio di Nordahl**, gli insegnanti devono far fronte a quattro diversi comportamenti che influenzano il clima di gruppo (Nordahl, 1998).

- il **comportamento del gruppo,** che influenza il processo di insegnamento e quello di apprendimento. Comprende la distrazione, il parlottare, le azioni di disturbo verso compagni e insegnanti (il 30-60% degli allievi si comportano in questo modo qualche volta o regolarmente);
- l'**isolamento sociale**, che comprende la solitudine, la sottovalutazione, la depressione e l'assenza di relazioni (riguarda il 10-30% degli allievi);
- **comportamenti distruttivi** che suscitano conflitti e si manifestano attraverso aggressioni, opposizioni, violazione delle regole della classe e delle norme di comportamento (12-30%);
- **trasgressioni e comportamenti al confine con la devianza** quali possono esserlo i casi più gravi di bullismo, furto, violenza, assenteismo ecc. (1-2%).

Molti insegnanti vivono in uno stato di tensione costante proprio a causa dei problemi appena citati e questo costituisce per loro un grande carico emotivo. Ci sono diverse ragioni per cui gli insegnanti si sentono turbati dal comportamento degli allievi. La prima è che la capacità dell'insegnante e la sua leadership sulla classe vengono messe alla prova. Un'altra è che mina la sensazione del docente di fronteggiare e padroneggiare l'insieme del suo lavoro. La terza è che i problemi di comportamento vengono spesso percepiti dall'insegnante come un attacco personale alla propria integrità e ai propri valori.

Roland (1991) individua **5 difficoltà** condivise da molti docenti:

- fronteggiare le turbolenze della classe, gestire i conflitti e le situazioni problematiche;
- confrontare i comportamenti dei ragazzi con quello di una classe "normale" e standard;
- assumere la prospettiva dei ragazzi nelle situazioni che si presentano in classe;
- organizzare le attività di classe, pianificare e preparare una lezione ben strutturata;
- essere spontanei nel proprio comportamento e usare l'umorismo.

Gli insegnanti che sanno gestire la classe hanno spesso un'influenza positiva sulle dinamiche di classe. In particolare le abilità importanti nella gestione del gruppo si individuano nelle seguenti: la **capacità di essere chiari** e facili da seguire; **saper gestire i conflitti** e le situazioni di crisi; riflettere sulle proprie strategie e reazioni ed **essere in grado di cambiare.** La gestione della classe non è dunque legata soltanto alle strategie sperimentate in aula, riguarda anche gli atteggiamenti, i valori e il modo di interpretare le situazioni del docente, e tutto questo rientra nelle capacità decisive per la gestione della classe (Maria Jose Lera, Knud Jensen e Frode Jøsang, 2007, Golden Project).

4.2.3 La conduzione assertiva di Canter

Canter ritiene che vi siano sostanzialmente tre tipologie di insegnamento: quello ostile, il non-assertivo e l'assertivo.

L'**insegnamento ostile** rivela un approccio nei confronti degli allievi privo di affettuosità, piuttosto rigido e diretto nelle modalità relazionali opera in classe nei confronti dei singoli e del gruppo come se fossero degli avversari da sottomettere. Gli allievi sono costretti a sopportare le direttività dell'insegnante senza avere le minime opportunità di metterle in discussione, il loro parere non viene richiesto né per l'insegnante sembra essere importante, ciò che conta è solamente il fatto che essi siano completamente sottomessi alla volontà dell'educatore autoritario. Le regole sono rigide e non viene ammesso in modo più assoluto che esse possano essere minimamente violate. La vita di classe, priva di calore umano diventa per molti allievi una sofferenza, impossibilitati ad esprimere minimamente sé stessi, costretti a subire ritmi cognitivi ed operativi non condivisi, vivono con malessere l'esperienza scolastica.

L'**insegnamento non assertivo** rivela l'incapacità dell'insegnate di comunicare agli allievi i propri obiettivi ed i propri voleri. L'insegnate si dimostra incapace di gestire le situazioni problematiche in quanto non riesce ad imporsi con personalità, con autorità. Spesso minaccia conseguenze pesanti nei confronti dei comportamenti più eclatanti e disturbanti, ma non ne mette in atto le conseguenze, spesso non si accorge degli atteggiamenti irresponsabili degli allievi e preferisce non intervenire per calmarli. I ragazzi di fronte ad uno stile di insegnamento simile se ne approfittano, mettendo in atto azioni e comportamenti che sfidano palesemente l'autorità del docente sapendo che l'intervento disciplinare sarà inefficace.

Nella tipologia dell'**insegnamento assertivo** le comunicazioni dell'insegnante sono molto chiare e precise. Ogni allievo si rende immediatamente conto che ha di fronte a sé un insegnante che ha autorità. La sua presenza si impone a tutta la classe con messaggi semplici ed efficaci, le regole sono precise ed anche le conseguenze. I comportamenti positivi vengono rinforzati mentre gli atteggiamenti inopportuni e problematici vanno incontro a delle conseguenze inevitabili. L'insegnamento assertivo permette ad ogni allievo di mettere in luce le proprie potenzialità in quanto aiuta e dirige il cammino personale del soggetto lungo tutta l'esperienza scolastica. L'allievo impara a fidarsi del suo insegnante, e viene sollecitato a vivere una vita di classe serena anche con i suoi compagni, la collaborazione fra i pari è infatti, ampiamente incoraggiata. I bisogni vengono soddisfatti, sia gli allievi che l'insegnante vivono in un'atmosfera positiva capace di dare benessere e le giuste motivazioni personali.

Nello schema che segue sono indicate **le linee per una conduzione assertiva**.

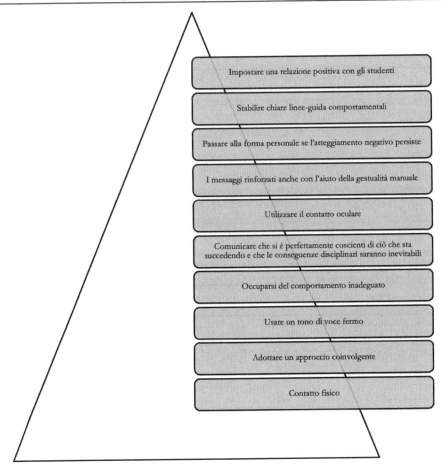

Impostare una relazione positiva con gli studenti

Stabilire chiare linee-guida comportamentali

Passare alla forma personale se l'atteggiamento negativo persiste

I messaggi rinforzati anche con l'aiuto della gestualità manuale

Utilizzare il contatto oculare

Comunicare che si è perfettamente coscienti di ciò che sta succedendo e che le conseguenze disciplinari saranno inevitabili

Occuparsi del comportamento inadeguato

Usare un tono di voce fermo

Adottare un approccio coinvolgente

Contatto fisico

4.3 Competenze in materia di cittadinanza attiva

Il docente ha un ruolo fondamentale nella promozione della cittadinanza attiva e responsabile tra gli studenti. Le competenze di base per la cittadinanza attiva includono:

- Imparare ad imparare: sviluppare la capacità di organizzare il proprio apprendimento in modo autonomo, utilizzando fonti diverse e adattandosi ai tempi disponibili.
- Progettare: essere in grado di elaborare e realizzare progetti, stabilendo obiettivi significativi e realistici per le proprie attività di studio e di lavoro.
- Comunicare: comprendere e interpretare messaggi provenienti da diverse fonti e in diversi linguaggi (verbale, matematico, visivo, ecc.), nonché trasmettere efficacemente le proprie idee e pensieri.
- Collaborare e partecipare: interagire con gli altri in modo costruttivo, valorizzando le diverse prospettive e contribuendo attivamente al lavoro di gruppo.
- Agire in modo autonomo e responsabile: essere in grado di prendere decisioni autonome, assumere la responsabilità delle proprie azioni e partecipare attivamente alla vita sociale, promuovendo i propri diritti e bisogni;

- Risolvere problemi: affrontare situazioni problematiche in modo critico e creativo, formulando ipotesi, raccogliendo e valutando informazioni pertinenti, e utilizzando risorse adeguate a trovare soluzioni efficaci;
- Individuare collegamenti e relazioni: identificare e comprendere le connessioni e le relazioni tra fenomeni, eventi e concetti diversi, creando argomentazioni coerenti e significative.
- Acquisire ed interpretare l'informazione proveniente da diverse fonti, valutandone l'affidabilità e l'utilità e distinguendo tra fatti e opinioni. Le competenze del docente in materia di cittadinanza comprendono anche:
  - la conoscenza dei principi fondamentali della cittadinanza: il docente deve avere una solida conoscenza dei principi democratici, dei diritti umani, della Costituzione e delle leggi che regolano la vita democratica del paese; deve essere in grado di trasmettere tali conoscenze agli studenti e incoraggiarli a comprendere e rispettare i valori democratici;
  - la promozione del dialogo e del rispetto reciproco: il docente deve incoraggiare il dialogo aperto e il rispetto reciproco tra gli studenti, promuovendo l'ascolto attivo, la discussione civile e il confronto di idee; deve favorire l'inclusione di tutti gli studenti, indipendentemente dal loro background culturale, religioso o sociale.
- L'educazione alla partecipazione democratica: il docente deve incoraggiare gli studenti a partecipare attivamente alla vita democratica della scuola e della comunità, deve promuovere l'interesse per i processi democratici, come le elezioni scolastiche o i progetti di cittadinanza attiva, deve aiutare gli studenti a sviluppare competenze di partecipazione e ad assumere responsabilità nella gestione della vita scolastica.
- L'educazione alla giustizia sociale: il docente deve promuovere la consapevolezza e la sensibilità degli studenti verso le disuguaglianze sociali e le ingiustizie, nonché favorire la riflessione critica sulle questioni sociali, come la discriminazione, il razzismo, la povertà, e incoraggiare gli studenti a impegnarsi per una società più giusta ed equa;
- L'educazione alla cittadinanza digitale: nel contesto dell'era digitale, il docente deve sviluppare competenze digitali tra gli studenti e promuovere un uso responsabile e consapevole delle tecnologie; deve educare gli studenti sui rischi e le opportunità offerte dalla tecnologia, sulla privacy online, sull'importanza del rispetto e della correttezza nell'uso dei mezzi di comunicazione digitale.
- L'educazione alla sostenibilità: il docente deve promuovere la consapevolezza ambientale tra gli studenti, educandoli sui temi della sostenibilità, dell'ecologia e della tutela dell'ambiente; deve incoraggiare pratiche sostenibili all'interno della scuola e stimolare la riflessione sugli stili di vita sostenibili.

Capitolo V

L'unità di apprendimento (UdA) quale strumento di lavoro per competenze

5.1 Cosa rappresenta l'Unità di Apprendimento

L'UdA costituisce il cardine del nuovo approccio metodologico all'insegnamento. Si tratta di un percorso formativo interdisciplinare in cui protagonisti sono gli alunni. L'obiettivo è l'ampliamento delle conoscenze e delle abilità degli alunni, stimolando in loro la cooperazione e il *problem solving*. Si punta sull'autonomia di lavoro nell'elaborare e presentare un progetto su una prestabilita macrotematica. Le tematiche di un'UdA possono essere molteplici e riguardare l'attualità, situazioni legate alla vita scolastica o argomenti di materie di indirizzo. Questo approccio cooperativo, guidato in sinergia dai docenti, fa comprendere ai ragazzi che i saperi non sono separati, ma strettamente correlati fra loro.

Inoltre le UdA puntano alla "pedagogia del fare" e consentono di lavorare per competenze, ovvero di mettere in campo tutte le conoscenze assimilate (scolastiche, personali, tecniche e tecnologiche) e di integrarle in modo da poter evidenziare e migliorare le competenze acquisite in molteplici modi . In genere la valutazione avviene attraverso un **compito di realtà** con l'utilizzo di dettagliate griglie di osservazione, utili per il monitoraggio del percorso ma anche per la valutazione del lavoro degli alunni. Un compito di realtà permette allo studente ciò che sa (conoscenze) e ciò che sa fare (abilità) per risolvere un problema concreto in contesti nuovi, leggermente diversi rispetto a quelli che ha imparato a conoscere. L'UdA è il **superamento della lezione frontale** per permettere all'alunno di mettere in pratica quanto appreso anche nell'ambito delle attività afferenti all'educazione civica.

Il Regolamento di cui al D.M. 24 maggio 2018, n. 92 riporta, all'art. 2 la seguente **definizione di Unità di apprendimento** (UdA): "insieme autonomamente significativo di competenze, abilità e conoscenze in cui è organizzato il percorso formativo della studentessa e dello studente; costituisce il necessario riferimento per la valutazione, la certificazione e il riconoscimento dei crediti, soprattutto nel caso di passaggi ad altri percorsi di istruzione e formazione. Le UdA partono da obiettivi formativi adatti e significativi, sviluppano appositi percorsi di metodo e di contenuto, tramite i quali si valuta il livello delle conoscenze e delle abilità acquisite e la misura in cui la studentessa e lo studente hanno maturato le competenze attese".

Dal punto di vista del docente, si tratta di una definizione di tipo "funzionale", che richiama più o meno implicitamente diverse accezioni di UdA presenti in letteratura, tra cui merita segnalare almeno le seguenti:

- una prima impostazione intende l'UdA come un "pacchetto didattico" frutto di una segmentazione ragionata di determinati contenuti di insegnamento (*learning object*) in cui è articolabile il curricolo dello studente; questa impostazione è forse la più vicina alla didattica "modulare";

- una seconda intende l'UdA come un micro-percorso pluridisciplinare finalizzato a perseguire determinati risultati di apprendimento (*learning outcome*), organizzabile per "assi culturali" oppure per "competenze" (più o meno collegate a "compiti di realtà" o all'"agire in situazione"); questa impostazione richiede generalmente una progettazione strutturata e trasversale ai vari insegnamenti (per consiglio di classe, dipartimenti...) ;

- una terza intende l'UdA come un insieme integrato di processi di apprendimento attivati dagli/con gli studenti e orientati alla soluzione di problemi a livello crescente di autonomia e responsabilità; questa impostazione è molto orientata a farsi carico e gestire le progressioni degli studenti (che avvengono sia sul piano cognitivo che su quello non cognitivo) e richiede una progettazione su base personalizzata.

Dal punto di vista dello studente, la finalità principale dell'UdA, proposta dal richiamato Regolamento (D.M. 92/2018) , è centrata sull'acquisizione di competenze: esse diventano, infatti, il principio d'organizzazione del curricolo, incardinandolo su un paradigma di apprendimento "autentico e significativo", in grado di diventare via via patrimonio personale dello studente, attraverso un progressivo innalzamento del livello di padronanza delle competenze-obiettivo previste dal **PECuP**, anche in vista di una loro spendibilità in una pluralità di ambienti di vita e di lavoro. Il PECuP, si chiarisce, è il Profilo Educativo, Culturale E Professionale in uscita degli studenti della secondaria superiore ed è "volto a garantire a ogni giovane la crescita educativa, culturale e professionale, lo sviluppo dell'autonoma capacità di giudizio e l'esercizio della responsabilità personale e sociale"(cfr. Linee Guida in D.D. 1400/2019).

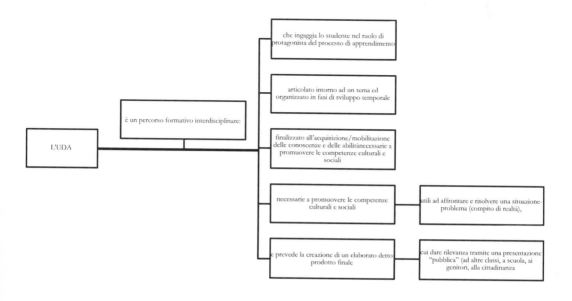

5.2 Sviluppo delle competenze nell'UdA

Il prerequisito per lo sviluppo delle competenze in un'UdA è l'acquisizione delle conoscenze e delle abilità, che possono essere:

- sviluppate all'interno dell'UdA, lungo le fasi di svolgimento, come risorse indispensabili ad affrontare il compito di realtà;
- già state sviluppate in precedenza e riprese nell'UdA mediante il compito di realtà;
- promosse contestualmente allo svolgimento stesso del compito di realtà. Quest'ultimo permette di mobilitare le conoscenze e le abilità nella risoluzione di una situazione-problema complessa, inedita, aperta a più soluzioni (o con una soluzione a cui si può arrivare in diversi modi) e attinente alla vita reale.

Lo strumento dell'UDA presenta lati positivi e negativi come evidenziato nella tabella che segue.

VANTAGGI	SVANTAGGI
Utilizza metodologie e strategie didattiche più coinvolgenti e motivanti per gli studenti, richiedendo da parte loro una maggiore partecipazione attiva	Può apparire di difficile gestione nelle attività maggiormente destrutturate. Modifica il ruolo del docente da unico depositario del sapere a facilitatore
Promuove lo sviluppo, da parte degli allievi, di un pensiero complesso, abituato ai collegamenti interdisciplinari e alla risoluzione di situazioni problematiche	Se mal organizzata, può risultare dispersiva e non sempre lineare da comprendere per gli studenti, perciò necessita di una consegna chiara e di richiami continui ad essa
Favorisce la collaborazione e la progettazione condivisa tra docenti e quindi una visione olistica del progetto formativo degli allievi	Può risultare più complessa e faticosa nella fase di progettazione, ma anche più stimolante. C'è di buono che una volta progettata può essere riutilizzata o riadattata per altri contesti didattici

5.3 Differenza con l'unità didattica

L'unità didattica ha come focus principale quella che è l'attività del docente, i suoi metodi di insegnamento e le varie fasi del percorso che si sviluppa a partire dalla condivisione delle informazioni con la classe, fino alla verifica delle competenze assimilate dagli allievi. La struttura dell'unità si basa quindi totalmente sui contenuti che l'insegnante prevede di trattare e sulle attività, siano esse individuali o collettive, da lui stabilite ed eseguite man mano dai ragazzi.

Lo sviluppo delle conoscenze avviene in maniera totalmente guidata, spesso e volentieri incentrando la didattica su un'unica disciplina e attraverso un sistema di verifica piuttosto classico, fatto di domande e risposte riguardanti gli argomenti trattati a lezione. Il percorso risulta dunque lineare, senza però dare particolare spazio all'autonomia organizzativa degli studenti.

Diversamente l'UdA è un approccio che ruota intorno al fulcro delle competenze e del loro sviluppo attraverso un percorso svolto dagli studenti in maniera autonoma ed interdisciplinare.

L'insegnante ha il compito di organizzare il lavoro secondo un macro-tema, entro cui la classe dovrà orientare un progetto incentrato nello sviluppo di una serie di competenze ben definite in base alla trasversalità dell'attività intrapresa.

La verifica di queste competenze sarà legata più all'analisi del percorso che all'esito finale del progetto, valutando l'effettiva partecipazione di ogni singolo allievo e soprattutto considerando la concreta applicazione delle capacità in ambito situazionale.

L'unità di apprendimento è chiaramente molto più complessa da strutturare e inoltre deve poter essere flessibile e modificabile strada facendo in base alla reazione degli studenti e all'evolversi del loro percorso nello sviluppo del progetto. Il classico sistema dell'unità didattica viene così superato da un approccio che abbina metodologie non solo induttive, ma anche cooperative e di *learning by doing*, che stimolano la creatività del singolo allievo invitandolo a mettersi in gioco e a prendere l'iniziativa nello sviluppare le competenze maturate in un contesto situazionale concreto.

Riassumendo quanto appena specificato, le principali differenze tra unità didattica e unità di apprendimento possono essere schematizzate nella tabella che segue.

UNITA DIDATTICA	UNITA DI APPRENDIMENTO
Focus centrato su obiettivi del docente	Focus centrato sulle competenze degli allievi
È centrata prevalentemente sull'azione del docente. Parte da obiettivi disciplinari e si propone di conseguire conoscenze ed abilità	È centrata sull'azione autonoma degli allievi. Parte dalle competenze e, attraverso la realizzazione di un prodotto, si propone di conseguire nuove conoscenze, abilità e competenze
L'unità didattica è strutturata da un unico docente e orientata su una sola disciplina	L'unità di apprendimento è i per definizione trasversale e interdisciplinare, coinvolgendo insegnanti della stessa area, dello stesso indirizzo di studi ma anche di ambienti differenti, i quali convergono però sempre e comunque verso lo stesso macro-tema concordato alla base del progetto
Contiene un apparato di verifica delle conoscenze e delle abilità	Contiene un apparato di verifica e valutazione delle competenze, abilità e conoscenze, attraverso l'analisi del processo, del prodotto e la riflessione-ricostruzione da parte dell'allievo

È costituita prevalentemente di attività individuali o collettive dirette dall'insegnante	È costituita essenzialmente da un'attività di gruppo autonomamente condotta dagli studenti con il supporto e la mediazione dell'insegnante

5.4 Metodologie didattiche e articolazione dell'UdA

L'UdA è un percorso che ha il fine di rendere gli studenti protagonisti del loro apprendimento, per cui necessita dell'adozione di metodologie didattiche (*v. amplius cap.4*):

- **induttive**, in cui l'allievo arrivi a concettualizzare ed astrarre a partire dall'osservazione e dall'esperienza empirica;
- **laboratoriali**, in cui il sapere venga praticato e tradotto in un saper fare (*learning by doing*);
- **cooperative**, in cui il collaborare in gruppo o il peer tutoring diventino occasioni per creare una zona di sviluppo prossimale in cui tutti gli alunni possano accrescere le loro le loro competenze (*cooperative learning*).

L'UdA può essere molto complessa e articolata, coinvolgere gran parte degli insegnanti del Consiglio di classe e mettere a fuoco diverse competenze, distribuendosi in un tempo relativamente lungo, oppure può essere più contenuta, coinvolgere alcuni insegnanti, mettere a fuoco soltanto alcune competenze e distribuirsi in un tempo ridotto. Le grandi UdA che coinvolgono molti, o addirittura tutti i docenti, generalmente hanno come focus principale le competenze sociali e civiche che possono accomunare tutta l'équipe docente, attraverso, ad esempio, la realizzazione di 2 percorsi di educazione ambientale o storico-sociale. Essi possono fornire spunti per le competenze scientifico-tecnologiche, di comunicazione, di indagine sociale, di iniziativa e imprenditorialità e, appunto, per costruire competenze sociali. Richiedono uno sforzo di progettazione e di condivisione abbastanza elevato e quindi, per forza di cose, nel corso dell'anno se ne potranno realizzare non più di una o due.

Le UdA più semplici, invece, possono durare anche soltanto qualche settimana e indagare aspetti specifici del curricolo, permettendo così agli insegnanti di progettarne diverse in autonomia, partendo dalle competenze a cui la propria disciplina contribuisce particolarmente, oppure concordando percorsi comuni con alcuni colleghi. In questo modo, i docenti singoli, o coordinati a piccoli gruppi, possono mettere a punto una serie di UdA che mettano a fuoco diverse competenze nel corso dell'anno e che siano costituite da conoscenze e abilità provenienti dalle proprie discipline, fino a coprire tutta o gran parte della progettazione curricolare prevista.

Un'UdA, solitamente, è composta da:

- una **parte introduttiva**, che presenta informazioni generali quali gli assi/insegnamenti coinvolti; i risultati di apprendimento attesi in termini di competenze, abilità e conoscenze; i pre-requisiti indispensabili ad affrontarla; il valore formativo del percorso; la durata complessiva;
- una parte più dettagliata, detta **piano di lavoro dell'UdA**, in cui il percorso

viene articolato in fasi progressive o parallele, per ognuna delle quali vengono esplicitati i contenuti da affrontare, le attività e strategie didattiche da utilizzare, i tipi di prova (verifica, prova di competenza o compito di realtà) ed i criteri di di valutazione; la durata;

- una **pianificazione temporale** dello svolgimento delle fasi, tramite un diagramma di Gantt;
- **griglie per l'osservazione sistematica e rubriche di valutazione delle competenze.**

Chi deve progettare l'unità di apprendimento?

Il livello più alto è quello della commissione o di un gruppo di lavoro sulla riforma. In questo caso, il rischio è che la progettazione sia qualitativa ma non si adatti al contesto della singola classe. Se l'UdA viene progettata da dipartimenti di asse o interasse, rischia di essere dispersiva. Invece, se sono i consigli di classe a curare la progettazione, l'unità di apprendimento è più vicina ai bisogni specifici degli studenti e al contesto della classe. In più, diventa maggiormente flessibile.

Infine, la **durata delle unità di apprendimento** può variare:

- *small*, di 12-15 ore con massimo 3 fasi;
- *medium*, 20-25 ore e massimo 5 fasi;
- *large*, 30-40 ore o più, minimo 6 fasi e varie competenze da promuovere.

LIVELLO DI PROGETTAZIONE	TIPO DI UDA	VANTAGGI/ SVANTAGGI
Commissione / gruppo di lavoro sulla riforma	UdA progettata da un gruppo ristretto di docenti che rappresentano più insegnamenti.	Progettazione qualitativa, più efficace, ma calata dall'alto e da adattare ai contesti delle singole classi.
Dipartimenti di asse o interasse	UdA progettata dai docenti di insegnamenti che afferiscono allo stesso asse culturale o a più assi.	Progettazione estesa, che permette una formazione diffusa dei docenti, ma che rischia di essere dispersiva. Struttura più rigida.
Consigli di classe	UdA progettata dai docenti del Consiglio di classe, cercando collegamenti interdisciplinari tra gli insegnamenti.	Progettazione più ristretta e vicina ai bisogni degli allievi e alle specificità del contesto classe, ma più difficile da controllare e monitorare. Struttura più flessibile.

TIPOLOGIE DA PROGETTARE

UDA D'ASSE: È UN PERCORSO CHE COINVOLGE GLI INSEGNAMENTI DI UN ASSE CULTURALE E VERRÀ PROGETTATA DAI DIPARTIMENTI D'ASSE DELL'AREA GENERALE

UDA PLURIASSE: COINVOLGE INSEGNAMENTI DI PIÙ ASSI CULTURALI, ANCHE IN MODO TRASVERSALE ALLE AREE GENERALE E DI INDIRIZZO

UDA DI INDIRIZZO: È UN PERCORSO CARATTERIZZANTE L'INDIRIZZO DI STUDI E SARÀ PROGETTATO DAL DIPARTIMENTO D'ASSE SCIENTIFICO, TECNOLOGICO E PROFESSIONALE, CHE AVRÀ IL COMPITO DI PROMUOVERE LE COMPETENZE PROFESSIONALIZZANTI, CERCANDO DI COINVOLGERE ANCHE LE DISCIPLINE DELL'ASSE DI AREA GENERALE. LA PARTECIPAZIONE DEGLI INSEGNAMENTI DI AREA GENERALE SI LIMITERÀ AD UN INTERVENTO MIRATO E FUNZIONALE ALLO SVILUPPO DELLE COMPETENZE DI INDIRIZZO

5.5 Progettare l'UdA in tappe

Cuore dell'UDA è la definizione delle varie fasi, all'interno delle quali vengono indicate con precisione le relative attività, con particolare riguardo all'azione dell'insegnante e ai compiti degli alunni. L'operatività degli alunni è il nucleo fondante: è necessario descrivere i passaggi operativi che i ragazzi devono affrontare (dare una copia della UDA anche agli alunni, è un modo efficace per renderli partecipi del lavoro da svolgere) e le azioni dell'insegnante che monitora costantemente il lavoro, per intervenire tempestivamente anche per suggerire strategie efficaci.

Nella progettazione di un'UdA si può cominciare da più versanti:

- dalla scelta di un tema comune agli insegnamenti dell'asse, dato che un'UdA si configura solitamente come un percorso tematico interdisciplinare. In questo caso basterà cercare una convergenza tra le conoscenze del curricolo d'asse;
- dall'ideazione del compito di realtà da sottoporre agli alunni, che preveda la realizzazione di un elaborato (prodotto finale) da presentare a qualche soggetto, visto che l'UdA è finalizzata alla promozione di competenze utili ad affrontare delle situazioni-problema simili alla vita reale;
- dall'immaginazione del prodotto finale, per poi riflettere sull'agire competente che gli studenti devono mettere in atto per realizzarlo;
- dall'individuazione delle competenze che si intendono promuovere, per poi procedere alla descrizione del compito di realtà che potrebbe sollecitarle.

Di seguito si descrivono le diverse tappe che scandiscono la progettazione di un'UdA.

PRIMO STEP
Partire dalla progettazione di un paio di UdA interdisciplinari

Gli approcci per **avviare una progettazione di un'unità di apprendimento** possono essere molteplici. Si può cominciare da un tema comune interdisciplinare da sviluppare o da un compito di realtà che preveda un elaborato o un prodotto finale da realizzare.

In alternativa, si possono individuare prima le competenze da raggiungere o consolidare per poi definire il compito di realtà funzionale a questi obiettivi.

È importante che i docenti tengano a mente le conoscenze e le abilità in possesso degli studenti in ogni fase della progettazione.

Ai fini di una progettazione efficace il suggerimento è quello di partire dalla progettazione di un paio di UdA interdisciplinari, progettate da un gruppo di lavoro o dai dipartimenti, in modo da avere UdA uguali per le classi di uno stesso indirizzo, facili da controllare e utili per macro-obiettivi da conseguire in termini di competenze.

Una volta creato il curricolo per moduli e UdA, decentrare la progettazione ai Consigli di classe, in modo da elaborare UdA:
-   più vicine alle specificità delle classi;
-   più facili da gestire nel loro sviluppo temporale;
-   che partano da problematiche, interessi, bisogni formativi degli alunni stessi.

SECONDO STEP
Selezionare contenuti e obiettivi

A seguire, occorre selezionare le **competenze obiettivo** da promuovere, le conoscenze e le abilità da sviluppare e gli insegnamenti coinvolti a livello interdisciplinare.

Si possono sia approfondire dei saperi già trattati trasversalmente, sia seguire dei contenuti ancora non trattati in ottica monodisciplinare, adattandoli poi al collegamento tra due o più ambiti.

Nella parte introduttiva del format vanno inserite le competenze obiettivo da promuovere, i saperi da sviluppare (conoscenze ed abilità), gli insegnamenti coinvolti e i destinatari. Sulla base del tema scelto e consultando il curricolo, i docenti del dipartimento d'asse dovranno scegliere i contenuti da trattare nell'UdA e riportare le relative conoscenze ed abilità nelle rispettive colonne. Nella selezione dei contenuti si potrà:
-   riprendere contenuti già trattati nei moduli ed approfondirli in chiave interdisciplinare;
-   sviluppare contenuti non trattati nei moduli monodisciplinari, in quanto maggiormente adeguati ad una trattazione interdisciplinare. Si dovrà anche riflettere sui prerequisiti, in termini di conoscenze ed abilità, che gli alunni dovrebbero avere per affrontare l'unità di apprendimento.

TERZO STEP
Individuare i compiti di realtà

I compiti di realtà sono utili per promuovere e valutare le competenze acquisite attraverso le UdA. Per questo motivo la progettazione può prevedere uno o più compiti di questo tipo.

Nel caso di un compito unico, se ampio è preferibile prevedere fasi intermedie che permettano una graduale valutazione. Nel caso di più prodotti, l'approccio può essere monodisciplinare per ciascun prodotto con un macro-tema comune.

Ogni UdA è finalizzata a promuovere e valutare competenze, motivo per cui deve prevedere uno o più compiti di realtà. Si può perciò scegliere di prevedere:

- più compiti di realtà distribuiti nelle varie fasi e quindi più prodotti indipendenti, valutabili da ciascuna disciplina che si occupa della fase;
- un unico compito di realtà, che preveda la realizzazione, lungo le fasi, di prodotti intermedi, cioè di articolazioni del prodotto finale.

L'importante è che nel processo di valutazione siano coinvolti tutti gli insegnamenti che hanno partecipato all'UdA e le relative competenze attese.

I compiti di realtà partono da situazioni-problema e utilizzano delle consegne che:

- rappresentano una sfida inedita, significativa ma affrontabile per gli alunni;
- risultano essere aperte a soluzioni multiple o ad un'unica soluzione a cui si può arrivare da percorsi differenti;
- comportano la mobilitazione e il transfert di conoscenze ed abilità interdisciplinari e l'utilizzo di processi cognitivi di alto livello;
- sono contestualizzate ed offrono la possibilità di collaborare per la loro risoluzione;
- possono generare un prodotto finale che documenta le competenze dell'allievo.

Alcuni grandi temi di un'unità di apprendimento potrebbero essere, ad esempio:

- natura, ambiente e mutamenti climatici (Agenda 2030);
- il lavoro, tra diritti, sicurezza e leggi economiche;
- la rappresentazione della vita / della morte / dell'amore nelle diverse culture e nel tempo;
- il ruolo della donna nel tempo fino alla società contemporanea;
- il corpo: tra salute, estetica, espressione artistica e conflitto psicologico;
- il fenomeno migratorio, tra integrazione e intolleranza;
- il dominio della tecnologia, dei social network e dei mass media;
- conoscenza del territorio e promozione delle sue attrattive - cittadinanza attiva, legalità e contrasto alle mafie;
- le guerre nel mondo e gli scenari geopolitici - mondo globale e mondo locale - interculturalità e conoscenza dell'altro.

REPERTORIO DI COMPITI DI REALTÀ E PRODOTTI

Realizzare una ricerca su un fenomeno sociale, storico, economico, scientifico e presentarne i risultati tramite una presentazione digitale.

Realizzare una ricerca su un autore, un'opera o un personaggio, su cui costruire una sitografia di riferimento.

Ricostruire e presentare storie di vita (di migranti, rifugiati, persone impegnate sul territorio...) anche tramite un'intervista .

Realizzare un'intervista per indagare un fenomeno e analizzarne le risposte.

Preparare un report per analizzare un fenomeno della realtà tramite dati, tabelle, grafici

Scrivere post, pagine di diario o altre scritture soggettive per narrare di sé ad altri.

Argomentare e confrontarsi su un tema di discussione (*debate*, tornei di argomentazione individuali).

Tenere una conferenza, un discorso rivolto ad un pubblico, con supporti digitali e multi-mediali.

Effettuare riscritture di testi (cambiare il finale, continuare un testo interrotto o un incipit, cambiare genere, stile o tipologia…) o scritture creative.

Scrivere una sceneggiatura o un copione per un video o per una messinscena, anche a partire da un testo narrativo.

Realizzare video per documentare un fenomeno, un'attività o per educare e sensibilizzare (documentario, spot di pubblicità progresso, sketch).

Scrivere un'intervista immaginaria ad un autore, artista, scienziato, sportivo del passato o del presente, anche in lingua straniera.

Svolgere role-play e simulazioni di prestazioni, esperienze e situazioni reali, anche in lingua straniera.

Scrivere e mettere in scena sketch anche in lingua straniera.

Ideare progetti o avanzare proposte utili al miglioramento dei servizi pubblici.

Realizzare un giornalino, un blog o un sito di classe, con articoli e post che documentino le attività svolte a scuola (anche con Google classroom).

Realizzare brochure, opuscoli informativi, pieghevoli, volantini per promuovere qualcosa o un evento.

Elaborare testi regolativi (regolamenti, istruzioni, avvisi) per la classe, la scuola o rivolti all'esterno per adottare comportamenti corretti, sani, civili.

Rielaborare capitoli dei libri di testo in versione digitale (ipertesti, e-book).

Sviluppare canali Youtube o singoli video didattici, con lezioni svolte dagli alunni.

Organizzare un reading letterario su un tema o realizzare video di letture espressive.

Stilare diari di bordo per documentare e riflettere su un'attività didattica.

Analizzare, confrontare, interpretare e attualizzare testi narrativi.

Fare un reportage fotografico di un'attività ed accompagnarlo con didascalie.

Organizzare una piccola mostra a scuola.

Organizzare un'uscita didattica o un viaggio d'istruzione.

Realizzare un prodotto in laboratorio.

Adottare il metodo scientifico per indagare fenomeni naturali tramite esperimenti.

Costruire una rassegna stampa su una stessa notizia e confrontare criticamente gli articoli.

Progettare e registrare una breve trasmissione radiofonica, elaborando un canovaccio di dialoghi, notizie e musica, da far ascoltare ai compagni di classe.

Preparare uno spot o un reportage fotografico per promuovere il proprio territorio all'estero, con una parte in lingua straniera.

Pianificare un itinerario di visita nella propria città rivolto ai turisti o a studenti di altri paesi, per far conoscere loro il patrimonio artistico e i luoghi da visitare.

Scrivere una mail alla rubrica di posta di un giornale/quotidiano per esprimere la propria opinione su un tema di attualità.

Indagare uno degli effetti dei cambiamenti climatici tramite una ricerca e presentarne i risultati e le ipotesi di sviluppo nel futuro.

Realizzare un'indagine quantitativa sui consumi, sui gusti o sulle abitudini alimentari delle famiglie degli alunni tramite un questionario ed un report con dati e grafici.

Svolgere una ricerca sui consumi energetici e idrici delle famiglie degli alunni e realizzare un opuscolo con dei consigli per risparmiare acqua, energia e gas Indagare un fatto di storia locale, tramite la ricerca di fonti, articoli e testimonianze.

Progettare un'attività di volontariato rivolta ad anziani soli o a senzatetto da proporre a strutture o enti territoriali.

Svolgere un confronto interculturale tra le diverse forme che assumono le istituzioni culturali in diversi Paesi del mondo (la famiglia, il lavoro, la scuola, la giustizia, il ruolo della donna...).

Progettare e tenere una lezione su un tema, servendosi delle scene di un film.

Svolgere una ricerca e scrivere un articolo su come vestivano gli adolescenti dagli anni '50 agli anni '90 del Novecento.

Svolgere una ricerca sulle offerte di lavoro del territorio (o confrontare quelle di due territori differenti) e compilare tabelle e grafici riassuntivi per descrivere l'offerta lavorativa, suddivisa per settore produttivo.

Effettuare un'intervista agli addetti del centro per l'impiego o di un'agenzia interinale per identificare i profili lavorativi maggiormente richiesti e quelli dei soggetti in cerca di occupazione.

Realizzare una presentazione power point o un e-book che descriva le eccellenze enogastronomiche o il patrimonio paesaggistico del territorio, formulando idee innovative per valorizzarli nell'ottica di un turismo sostenibile.

Realizzare un e-book o un libricino di classe con i testi scritti dagli alunni (personali, narrativi, espositivi, argomentativi).

Ricostruire uno spaccato di storia locale tramite l'analisi ed il confronto di fonti storiche e di documenti.

Realizzare manuali illustrati o prontuari per la manutenzione e l'assistenza tecnica.

Documentare una realtà economica locale (industriale, turistica, nei servizi) o una realtà del terzo settore, tramite interviste, ricerche di documenti e realizzazione di un materiale informativo o promozionale (opuscolo, brochure, presentazione, app, video) da condividere o presentare.

Scrivere recensioni di libri, di film, di spettacoli teatrali, di mostre d'arte da pubblicare su un giornalino, su un fascicolo, su un cartellone sul blog della classe, su un e-book.

Analizzare e confrontare più fonti storiche su uno stesso evento, al fine di confrontare le informazioni e i diversi punti di vista dell'emittente.

5.6 Le fasi del piano di sviluppo dell'UdA

La seconda parte dell'UdA prevede il suo piano di sviluppo, articolato in fasi. Ogni fase:

- viene solitamente svolta da un **singolo insegnamento** (ci possono essere compresenze);
- **concorre alla realizzazione del prodotto finale dell'UdA** attraverso l'elaborazione di prodotti intermedi o lo sviluppo di saperi;
- **deve essere valutata se sviluppa un prodotto intermedio.**

Per ogni fase bisognerà:

- ideare un titolo
- progettare l'aspetto didattico (i contenuti da trattare, i tipi di attività e le strategie didattiche da applicare, i prodotti intermedi);
- prevedere l'aspetto della valutazione (i criteri di valutazione e le evidenze della competenza promossa, le modalità di verifica e gli strumenti di valutazione della fase).

In ogni fase si possono svolgere anche prove di verifica tradizionali per valutare gli apprendimenti o prove di competenza.

Si individuano due tipi di strutturazione delle fasi:

- UdA con **fasi concatenate.** Presenta una concatenazione sequenziale delle fasi, tale per cui ogni fase è propedeutica alla successiva. La sequenza fa sì che l'intervento di ogni docente sia legato alla conclusione del collega coinvolto nella fase precedente Presenta quale lato negativo quello di essere più soggetta a ritardi.
- UdA con **fasi parallele e autonome** Le fasi possono essere svolte in modo parallelo e sono autonome nello svolgimento. Tutte le fasi presentano compiti di realtà oppure tutte condividono un unico compito di realtà. I docenti non sono condizionati dal termine della fase precedente. Diversameete dalla fattispecie precedente questa è meno soggetta a ritardi.

Ogni fase dell'UdA è affidata ad un insegnamento che deve proporre un'attività didattica:

- che **promuova una delle competenze obiettivo previste**, tramite l'acquisizione e l'utilizzo dei saperi necessari;
- in cui gli alunni siano **protagonisti attivi del loro apprendimento**;
- che adotti **strategie didattiche più coinvolgenti** e partecipative (apprendimento cooperativo in piccoli gruppi; brainstorming, discussione; *problem solving; role play…*)
- finalizzata alla realizzazione di un prodotto intermedio (da valutare in livelli e in decimi), che sia parte del compito di realtà - che possa valutare le conoscenze, abilità e competenze promosse tramite prove di verifica tradizionali o prove di competenza.

Per svolgere le fasi in ordine cronologico, è utile calendarizzare gli interventi didattici attraverso un **diagramma di Gantt**, in cui si stabiliscono le settimane in cui vengono svolte le varie fasi, da quale insegnamento e in quante ore:

L'UdA deve essere presentata agli alunni con un linguaggio semplice e comprensibile.

A tal fine l'UdA deve essere corredata, tra gli allegati, di una **consegna**, che espliciti:

- che cosa si chiede di fare agli alunni;
- con quali scopi e motivazioni;

- con quali modalità (a livello individuale, di gruppo, collettivo, in aula, laboratorio, extra scuola…);
- per realizzare quali prodotti;
- in quanto tempo;
- con quali strumenti a disposizione;
- in che modo saranno valutati.

PIANO DI LAVORO UDA

UNITÀ DI APPRENDIMENTO:
Coordinatore:
Collaboratori :

PIANO DI LAVORO UDA
DIAGRAMMA DI GANTT

Fasi	Tempi						
	Ottobre/ Novembre	Dicembre	Gennaio	Febbraio	Marzo	Aprile	Maggio/Giugno
1	lancio						
2	attivazione	attivazione		attivazione	attivazione		
3			elaborazione (semplici compiti di realtà)			elaborazione del prodotto finale	elaborazione del prodotto finale
4			riflessione e sintesi (auto-valutazione)				riflessione e sintesi (autovalutazione)
5			valutazione				valutazione

PIANO DI LAVORO UDA
SPECIFICAZIONE DELLE FASI

Fasi/Titolo	Che cosa fanno gli studenti	Che cosa fa il docente/ docenti	Esiti/Prodotti intermedi	Tempi	Evidenze per la valutazione	Strumenti per la verifica/valutazione
1 Lancio						
2 Attivazione						
3 Elaborazione						
4 Riflessione e chiusura dell'attività						
5 Valutazione						

5.7 Modalità e strumenti di valutazione

Una fase della progettazione può contemplare la realizzazione di una parte del compito di realtà, il cui risultato è un prodotto intermedio, per il quale occorre prevedere:

- la **definizione delle evidenze**, cioè degli aspetti osservabili dell'agire competente;
- la **costruzione di una rubrica di valutazione che presenti descrittori delle evidenze graduati in livelli di padronanza;**
- la **rilevazione delle evidenze tramite griglie di osservazione sistematica** correlate alla rubrica e la valutazione dei livelli di competenza. Sarà a discrezione del docente, poi, la scelta se somministrare anche una prova di competenza o una prove di verifica tradizionale (strutturata, semistrutturata, non strutturata) per rilevare le conoscenze e le abilità.

La traccia della relazione/esposizione deve prevedere:

- la descrizione del percorso dell'attività;
- la ricostruzione delle modalità in cui è stato svolto il compito e dei vari ruoli;
- l'analisi delle difficoltà affrontate;
- la valutazione dell'UdA in termini di nuove conoscenze acquisite;
- l'autovalutazione del lavoro svolto.

APPROFONDIMENTO

Le rubriche valutative

A partire dagli indicatori, si costruiscono specifiche rubriche valutative, ovvero delle tabelle sinottiche che descrivono le varie dimensioni della competenza traducendole in comportamenti osservabili, declinati secondo una scala di qualità. Per stimolare la metacognizione e motivare gli studenti al successo, le rubriche dovrebbero essere condivise con la classe contestualmente alla presentazione di ogni proposta didattica, in modo da esplicitare le aspettative del docente e i parametri in base ai quali verrà condotta la valutazione.

Le rubriche valutative possono riferirsi:

- al curricolo (competenze chiave), se interessano competenze chiave e comportamenti osservabili dopo un arco di tempo abbastanza ampio (annuale o pluriennale);
- alle specifiche competenze individuate dalle UdA, quando risultano più circostanziate (specificano meglio i processi e i contesti dell'apprendere, come strumenti, spazi, tempi, prestazioni, prodotti, ecc.);
- a compiti singoli (es. lavoro di gruppo, compito significativo, verifica, prodotto), se sono ancora più dettagliate. La struttura della rubrica valutativa dovrebbe esplicitare per ogni livello:
  - contesto di apprendimento (situazioni note vs nuove);
  - prestazione attesa;
  - grado di autonomia ed eventuali facilitazioni necessarie.
- livello di responsabilità. È importante costruire rubriche valutative rivolte alla classe in generale avendo cura di formalizzare e strutturare i livelli in modo che chi è partico-

larmente in difficoltà si possa ritrovare al livello iniziale, che corrisponde al profilo di un alunno che va guidato per raggiungere gli obiettivi minimi. Nei casi di alunni con disabilità — per i quali la valutazione delle competenze è comunque prescrittiva — è possibile utilizzare il modello di certificazione standard allegando delle rubriche di valutazione personalizzate che rapportino il significato degli enunciati di competenza al Profilo di Funzionamento e agli obiettivi stabiliti dal PEI.

I livelli della rubrica valutativa, in questo caso, corrisponderanno al potenziale miglioramento di performance dell'alunno stimolato dall'introduzione di facilitatori ambientali (es. strumenti, sussidi, arredi per rendere lo spazio accessibile, risorse umane, strategie didattiche) o personali (es. aumento della fiducia e dell'autostima che l'alunno nutre verso di sé). Per quanto riguarda il PEI differenziato, è possibile accompagnare alle rubriche un altro documento, poiché la normativa vigente non pone limite né alla quantità di allegati né alla tipologia. Il documento a cui si fa riferimento certifica, cioè attesta, le sole competenze effettivamente sviluppate dall'allievo. Questo è particolarmente importante nel caso di alunni con disabilità grave, in cui spesso si fa riferimento alla partecipazione alla cultura del compito, dove l'attenzione va posta a tutti gli elementi di socializzazione e di partecipazione sociale attivabili nel gruppo classe.

Capitolo VI

Le competenze digitali del docente: uso delle TIC

6.1 Declinazione delle competenze digitali

Le competenze digitali del docente si riferiscono alla capacità di utilizzare in modo efficace e consapevole le tecnologie digitali nell'ambito dell'insegnamento e dell'apprendimento.

La capacità di valutare e selezionare le informazioni è divenuta così importante che molti autori la identificano con una nuova forma di alfabetizzazione: l'*information literacy*. L'alfabetismo informativo, infatti, consiste nel navigare il complesso spazio informativo adottando un adeguato comportamento nella ricerca e prevede un uso intelligente ed etico dell'informazione raccolta (Webber & Johnston, 2003). In breve significa possedere le capacità di individuare, valutare e fare un uso efficace dell'informazione richiesta (American Library Association).

In un'era in cui la tecnologia è sempre più presente nella vita quotidiana, è essenziale che i docenti sviluppino competenze digitali per affrontare le sfide e sfruttare le opportunità offerte dalla digitalizzazione.

Un cittadino digitale sa bene come usare le tecnologie, ed è in grado di relazionarsi ad esse in modo competente e positivo. È in possesso delle abilità di base relative alle tecnologie dell'informazione e comunicazione. Le competenze digitali sono definite "digital skills" o *"digital hard skills"*, e vanno dalla capacità di usare un computer al saper navigare in internet, ecc.

Le competenze digitali del docente sono:

-   la **conoscenza delle tecnologie**: comprendere le diverse tecnologie digitali disponibili e conoscere le loro funzionalità, applicazioni e limitazioni, inclusa la conoscenza degli strumenti hardware (come computer, tablet, proiettori) e software (come applicazioni, piattaforme e programmi);
-   l'**utilizzo delle tecnologie per l'insegnamento**: saper integrare le tecnologie digitali all'interno delle attività didattiche, utilizzando strumenti e risorse digitali per arricchire l'esperienza di apprendimento degli studenti (ciò può includere ad esempio presentazioni multimediali, materiali interattivi, video didattici, piattaforme di apprendimento online, strumenti di valutazione digitale, ecc.);
-   la **competenza nella ricerca e valutazione delle risorse digitali**: saper cercare, selezionare e valutare risorse digitali rilevanti e affidabili per supportare l'insegnamento;
-   l'**alfabetizzazione digitale**: possedere competenze di base nell'utilizzo di strumenti digitali, come la navigazione sul web, l'uso delle e-mail, la gestione dei file digitali, la sicurezza informatica e la privacy;

- la **competenza nel tutoraggio e nell'orientamento digitale**: essere in grado di guidare gli studenti nello sviluppo delle competenze digitali, supportandoli nell'uso delle tecnologie, nell'accesso alle risorse online e nella comprensione delle questioni etiche e legali connesse all'ambiente digitale;
- la **consapevolezza dell'educazione digitale e della cittadinanza digitale**: comprendere l'importanza dell'educazione digitale e promuovere una cittadinanza digitale responsabile, incoraggiando gli studenti a utilizzare le tecnologie in modo etico, critico e consapevole, rispettando la privacy, la sicurezza e i diritti degli altri.

Dal punto di vista legislativo, ricordiamo inoltre che:

- il **D.L. 112/2018** stabilisce che i libri di testo possano essere cartacei, online o misti;
- il **D.M. 41/2009** fissa i prezzi per i libri scolastici delle scuole primarie, medie e superiori, integrando il formato digitale;
- con il **Decreto ministeriale 781/2013** viene presentato il sistema che permette di utilizzare i libri digitali in un contesto educativo; gli elementi di questo tipo sono:
  - libri di testo e digitali che garantiscono un livello di informalità dei percorsi e degli obiettivi;
  - contenuti di apprendimento integrativi (CAI) e contenuti digitali integrativi (CDI);
  - piattaforme che permettono, tramite i software, di fruire il libro digitale e il CDI.

6.2 Il modello DigComp

Il modello DigComp, acronimo di *"Digital Competence Framework for Citizens"*, è un quadro di riferimento sviluppato dalla Commissione Europea per descrivere e valutare le competenze digitali. Esso fornisce una serie di conoscenze, abilità e atteggiamenti necessari per partecipare in modo efficace e critico alla società digitale.

Il modello DigComp è organizzato in cinque aree principali di competenza:

- **Informazione e *data literacy***: capacità di cercare, valutare, gestire e utilizzare informazioni digitali in modo critico ed efficace (include la capacità di identificare fonti affidabili, valutare la qualità delle informazioni e utilizzare strumenti digitali per raccogliere, organizzare e analizzare dati).
- **Comunicazione e collaborazione**: capacità di comunicare, collaborare e partecipare attivamente utilizzando strumenti e risorse digitali (comprende le capacità di comunicare in modo appropriato e chiaro utilizzando diverse modalità, quali testo, immagini, video, collaborare in contesti digitali, gestire identità e reputazione online e partecipare a reti e comunità digitali).
- **Creazione di contenuti digitali**: capacità di creare, modificare e integrare contenuti digitali in modo creativo e appropriato, utilizzare strumenti e applicazioni

per creare documenti, presentazioni, immagini, audio, video e altri tipi di media digitali.

- **Sicurezza**: consapevolezza dei rischi digitali, protezione dei dati personali e adozione di comportamenti sicuri nell'ambiente digitale (include la conoscenza delle norme di sicurezza, la gestione delle informazioni personali, la protezione dal cyberbullismo, l'utilizzo di password sicure e la comprensione delle implicazioni etiche e legali connesse all'uso delle tecnologie digitali).
- **Risoluzione dei problemi**: capacità di identificare, formulare e risolvere problemi utilizzando strumenti digitali in modo creativo e efficace. Il modello DigComp prevede una struttura a livelli per descrivere il grado di padronanza delle competenze digitali. Ogni area di competenza è suddivisa in 8 livelli progressivi, che rappresentano il livello di competenza raggiunto dall'individuo. Questa struttura consente di valutare in modo più dettagliato le competenze digitali e di distinguere tra livelli di padronanza crescenti.

Il modello DigComp 2.1 prevede i seguenti livelli di competenza:

- **livelli di base (A)**: l'individuo ha una comprensione elementare delle competenze digitali e può svolgere attività semplici con il supporto di istruzioni (livello 1) o di altre persone (livello 2);
- **livelli intermedi (B)**: l'individuo ha una competenza media e può svolgere attività più complesse in modo autonomo, attraverso la comprensione (livello 3) o seguendo i propri bisogni (livello 4);
- **livelli avanzati (C)**: l'individuo ha una competenza avanzata e può svolgere attività complesse in modo autonomo; ha una conoscenza approfondita delle tecnologie digitali e può utilizzare strumenti avanzati e complessi per creare, analizzare e comunicare contenuti digitali, guidando gli altri (livello 5) o adattandoli ad essi (livello 6);
- **livelli altamente specializzati (D)**: l'individuo ha una competenza molto avanzata, può creare autonomamente problemi complessi con soluzioni limitate (livello 7) o con diversi fattori di interazione (livello 8).

6.3 Le classi 2.0

Le classi 2.0 promuovono un approccio innovativo all'insegnamento e all'apprendimento, consentendo agli insegnanti di sfruttare le potenzialità delle tecnologie digitali. In ogni classe 2.0 l'alunno lavora innanzitutto sul proprio dispositivo, ma in realtà può condividere la sua creazione con i compagni e con l'insegnante tramite la rete. Queste classi sono caratterizzate dalla possibilità di fare uso di strumenti quali:

- lavagne interattive multimediali;
- piattaforme di apprendimento online;
- strumenti di creazione di contenuti digitali;
- risorse didattiche digitali;
- piattaforme di comunicazione e collaborazione.

Nei successivi paragrafi approfondiremo alcuni di questi *strumenti*.

6.3.1 La lavagna interattiva multimediale

La lavagna interattiva multimediale (LIM) è uno strumento didattico che combina una tradizionale lavagna con le funzionalità interattive e multimediali di un computer. È un dispositivo con tecnologia touch sensitive con funzioni di input e output. Si tratta, infatti, di una periferica input, ossia un dispositivo capace di immettere informazioni sul computer, ed è una grande superficie di proiezione che può essere utilizzata per visualizzare immagini, video, presentazioni, documenti e altre risorse digitali. La LIM viene collegata a un computer o a un dispositivo multimediale, e tramite un'apposita penna o un touch screen, gli insegnanti possono interagire direttamente con i contenuti visualizzati sulla lavagna. Questo consente loro di scrivere, disegnare, evidenziare e manipolare oggetti digitali, offrendo una serie di possibilità interattive e coinvolgenti per la didattica. Le lavagne interattive multimediali offrono molteplici vantaggi. Consentono agli insegnanti di presentare in modo dinamico i contenuti, incorporare elementi multimediali per arricchire le lezioni, facilitare la collaborazione tra gli studenti e favorire l'interattività in classe. Gli insegnanti possono utilizzare la LIM per creare attività interattive, esercizi pratici, quiz, giochi didattici e altro ancora. Inoltre, la LIM favorisce l'accessibilità per gli studenti con bisogni educativi speciali, consentendo ad esempio di adattare il formato e la dimensione dei caratteri, utilizzare supporti visivi o incorporare strumenti di traduzione e sintesi vocale.

6.3.2 Kahoot

Kahoot è una piattaforma di apprendimento online che permette di creare e giocare quiz interattivi in classe. È ampiamente utilizzata nel contesto educativo per coinvolgere gli studenti in modo divertente e interattivo. Con Kahoot, gli insegnanti possono creare quiz, sondaggi o sfide a domande multiple, inserendo domande e risposte personalizzate. Successivamente, i quiz possono essere condivisi con gli studenti tramite un codice PIN univoco. Gli studenti possono partecipare al quiz utilizzando i loro dispositivi, come computer, tablet o smartphone, collegandosi al sito web o utilizzando l'applicazione Kahoot. Durante il quiz, le domande vengono visualizzate sullo schermo e gli studenti devono rispondere entro un determinato limite di tempo. Una delle caratteristiche distintive di Kahoot è la modalità di gioco competitiva. Gli studenti ricevono punti per le risposte corrette e vengono classificati in base al loro punteggio. Kahoot può essere utilizzato per vari scopi in classe, come la verifica di conoscenze, il ripasso di argomenti, la valutazione formativa o anche semplicemente come attività di intrattenimento educativo.

6.3.3 Il word wall

Il *word wall* (letteralmente: "muro di parole") è uno strumento didattico utilizzato per espandere il vocabolario degli studenti. Consiste in un'area della parete della classe dedicata alla visualizzazione di parole chiave, vocaboli e concetti importanti legati all'argomento di studio. Un *word wall* può essere costituito da schede o cartelloni su cui sono scritte le parole. Le parole vengono organizzate in ordine alfabetico o in categorie tematiche per facilitarne la consultazione e il riferimento. Possono essere aggiunte e rimosse nel corso dell'anno scolastico, a seconda degli argomenti trattati. Il *word wall* offre diversi vantaggi didattici. Innanzitutto, fornisce un'opportunità visiva per gli studenti di entrare in contatto con nuove parole e di rivedere quelle precedentemente apprese. Inoltre, aiuta gli studenti a fare connessioni tra le parole, a riconoscere schemi e relazioni semantiche, e a sviluppare una comprensione più profonda del vocabolario.

6.3.4 KWL creator ReadWriteThink

Fin dalla loro introduzione di Ogle nel 1986, i grafici di K-W-L sono stati ampiamente utilizzati per aiutare gli studenti a prepararsi alla lettura organizzando ciò che gli studenti conoscono (K) e vogliono imparare (W) prima di leggere e poi riflettere su ciò che hanno appreso (L). Questo strumento interattivo è dotato della funzionalità salva-schermo in modo che gli studenti possano salvare il proprio lavoro nelle diverse fasi del processo K-W-L. Gli utenti hanno la possibilità di incorporare collegamenti testuali, offrendo un livello extra di interazione e spiegazione in modo che gli studenti possano mostrare i loro esempi delle loro conoscenze.

6.3.5 Cube Creator

Con *Cube Creator* è possibile realizzare 4 diversi tipi di "Cubi", stampabili e manipolabili, in cui inserire 6 diverse tipologie di informazioni. I cubi servono per analizzare strutture narrative o crearne di nuove. Cube Creator prevede 4 differenti cubi:
- *Bio Cube* - biografia: analisi o creazione di una bio o autobiografia
- *Mystery Cube*: analisi o creazione di una storia del mistero o di un giallo
- *Story Cube*: analisi o creazione di una narrazione
- *Create Your Own Cube*: creazione di un cubo ad hoc su un tema o problema disciplinare o interdisciplinare

6.3.6 Il digital asset

Il termine *"digital asset"* (attività digitale) si riferisce a qualsiasi tipo di contenuto che ha valore e può essere utilizzato, gestito e distribuito in ambito digitale. I *digital asset* possono assumere diverse forme, come ad esempio immagini, video, audio, documenti, presentazioni, file di dati, software, e altro ancora. Nel contesto dell'istruzione, i *digital asset* rappresentano unità basilari di informazioni, servono per dare forma a unità di apprendimento e possono consistere in risorse didattiche, materiali educativi, presentazioni, esercizi interattivi, simulazioni e altro ancora. Gli insegnanti possono utilizzarli per arricchire le lezioni, fornire materiali di supporto agli studenti, creare contenuti personalizzati e promuovere l'apprendimento attivo e coinvolgente.

6.3.7 Il learning object

Il termine *"learning object"* (oggetto di apprendimento) si riferisce a un'unità di contenuto didattico autonomo e autoconsistente, progettato per facilitare l'apprendimento e l'insegnamento. Un *learning object* è un'entità digitale che può essere utilizzata come risorsa indipendente o integrata in un ambiente di apprendimento più ampio, come una piattaforma online o un sistema di gestione dell'apprendimento. Un *learning object* può assumere diverse forme, come ad esempio un video, un tutorial interattivo, un modulo di apprendimento, una presentazione multimediale o un esercizio interattivo. È progettato per essere facilmente riutilizzabile e adattabile a diversi contesti di apprendimento.

6.3.8 Le risorse didattiche aperte

Le risorse didattiche aperte (*Open Educational Resources*, OER) sono risorse educative liberamente accessibili, utilizzabili, condivisibili e modificate da docenti, studenti e apprendenti in generale. Le OER sono solitamente pubblicate sotto licenze aperte che ne consentono l'uso gratuito, la distribuzione e la modifica. Possono comprendere una vasta gamma di materiali, come testi, video, presentazioni, immagini, esercizi, moduli di apprendimento. Le OER offrono numerosi vantaggi. Innanzitutto, consentono l'accesso gratuito alle risorse educative, abbattendo le barriere economiche e promuovendo l'uguaglianza di opportunità di apprendimento. Inoltre, favoriscono la condivisione delle migliori pratiche e l'innovazione pedagogica, consentendo ai docenti di adattare e personalizzare le risorse per soddisfare le esigenze specifiche dei propri studenti. Le OER promuovono anche la collaborazione tra docenti e istituzioni, favorendo la creazione di comunità di apprendimento e la condivisione delle competenze. Le risorse didattiche aperte possono essere trovate su piattaforme online specializzate, *repository* digitali o siti web dedicati. Organizzazioni ed enti governativi spesso ne promuovono l'uso e la creazione per supportare l'accesso all'istruzione di qualità e promuovere l'innovazione nell'ambito dell'educazione.

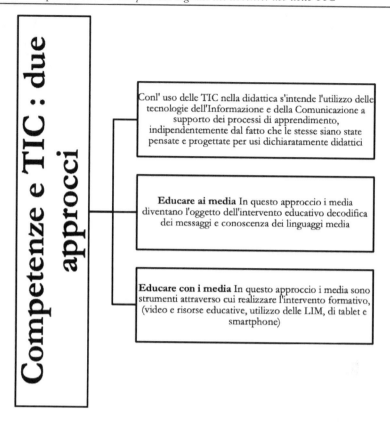

Competenze e TIC : due approcci

Conl' uso delle TIC nella didattica s'intende l'utilizzo delle tecnologie dell'Informazione e della Comunicazione a supporto dei processi di apprendimento, indipendentemente dal fatto che le stesse siano state pensate e progettate per usi dichiaratamente didattici

Educare ai media In questo approccio i media diventano l'oggetto dell'intervento educativo decodifica dei messaggi e conoscenza dei linguaggi media

Educare con i media In questo approccio i media sono strumenti attraverso cui realizzare l'intervento formativo, (video e risorse educative, utilizzo delle LIM, di tablet e smartphone)

Parte Quinta

LEGISLAZIONE SCOLASTICA

Capitolo I

Le tappe normative

1.1 Il sistema educativo preunitario

Il sistema educativo dell'Italia preunitaria era estremamente eterogeneo. Prima dell'unificazione nel 1861, la penisola era divisa in numerosi Stati e territori con sistemi educativi indipendenti. Ogni regione e città aveva le proprie politiche e istituzioni educative, il che portava a una notevole diversità nel modo in cui l'istruzione veniva organizzata e gestita.

Le differenze si manifestavano in diversi aspetti dell'istruzione, come il tipo di scuole disponibili, i programmi di studio, i metodi di insegnamento e le lingue utilizzate. Alcune regioni avevano istituzioni scolastiche relativamente avanzate, mentre altre offrivano solo un'istruzione di base limitata. Alcune scuole erano gestite dalla Chiesa cattolica, mentre altre erano sotto il controllo di entità civili o locali. Inoltre, c'erano differenze significative tra i vari Stati in termini di accessibilità all'istruzione. Le opportunità educative erano spesso legate al ceto sociale, al genere e alla posizione geografica. Le famiglie nobili e benestanti avevano maggiori possibilità di offrire un'istruzione di qualità ai loro figli, mentre le classi più basse avevano accesso limitato all'istruzione o addirittura erano escluse da essa.

L'eterogeneità del sistema educativo preunitario rifletteva le divisioni politiche, sociali e culturali esistenti nella penisola italiana in quel periodo. L'unificazione portò alla creazione di un sistema educativo nazionale più uniforme, cercando di garantire un accesso più ampio all'istruzione e di standardizzare i programmi di studio.

1.2 Il sistema educativo dell'Italia unita

Dopo il 1861, il sistema scolastico piemontese non fu esteso direttamente a tutto il resto del Paese, anche se svolse un ruolo significativo nella formazione del nuovo sistema scolastico nazionale italiano.

Il Regno di Sardegna era considerato uno dei territori più progrediti dal punto di vista dell'istruzione. Già prima dell'Unità, il re Carlo Alberto aveva promosso importanti riforme nel sistema educativo, con l'introduzione di nuovi programmi di studio e l'apertura di istituti di istruzione superiore.

I governi italiani si ispirarono pertanto al modello educativo piemontese nel tentativo standardizzare e migliorare il sistema scolastico nel Paese. Furono intraprese diverse riforme nel corso degli anni per rendere l'istruzione più accessibile, ampliare l'offerta formativa e migliorare la qualità dell'istruzione.

1.2.1 La legge Boncompagni

La legge Boncompagni, emanata nel 1848 da Carlo Alberto, prevedeva il controllo da parte del governo delle scuole di ogni ordine e grado, sia statali che private. Con questa legge, la scuola divenne un'istituzione civile anziché religiosa, e fu istituito il Ministero dell'istruzione. L'obiettivo principale della legge era garantire un maggiore controllo statale sull'istruzione e promuovere un sistema educativo più uniforme e laico.

1.2.2 La legge Casati

La legge Casati, approvata nel 1859 ancora sotto il Regno di Sardegna, prese il nome dal suo principale promotore, il Ministro della pubblica istruzione Gabrio Casati. Il suo obiettivo fu stabilire un sistema di istruzione nazionale unificato per l'Italia, promuovendo l'istruzione primaria e l'alfabetizzazione.

La legge articolò il sistema di istruzione pubblica in tre livelli:
- **scuola elementare**: era composta da quattro anni, di cui i primi due erano gratuiti e obbligatori mentre i due anni successivi costituivano il biennio superiore;
- **istruzione classica**: si basava su due gradi; dopo il completamento della scuola elementare, gli studenti potevano accedere al ginnasio, che aveva una durata di cinque anni e successivamente, c'era il liceo, che durava tre anni;
- **istruzione tecnica**: era impartita dopo la scuola elementare; gli studenti potevano frequentare scuole tecniche per tre anni, e poi, nel grado superiore, passare agli istituti tecnici, per altri tre anni.

I principali punti della legge Casati includevano l'**obbligo dell'istruzione primaria**, accessibile a tutti i bambini italiani, sia maschi che femmine, tra i 6 e i 9 anni. La legge prevedeva anche l'apertura di nuove scuole primarie, l'addestramento di insegnanti qualificati e la creazione di un sistema di ispezione scolastica per garantire l'efficacia dell'istruzione.

La legge Casati era basata su principi liberali ed emancipatori. Riconosceva l'importanza dell'istruzione come mezzo per promuovere la cittadinanza e la partecipazione civica. Inoltre, sottolineava l'uguaglianza di opportunità educative per tutti i bambini italiani, indipendentemente dal loro status sociale o regione di provenienza.

È importante sottolineare che la legge Casati riguardava principalmente l'istruzione primaria, e non affrontava direttamente quella superiore. Tuttavia, creò una base solida per lo sviluppo successivo del sistema educativo italiano, fornendo un modello di riferimento per ulteriori riforme nel corso degli anni.

1.2.3 La legge Coppino e le riforme successive

La legge Coppino del 15 luglio 1877 fu la seconda importante riforma del sistema educativo italiano, anch'essa prevalentemente diretta all'istruzione primaria e fu la prima delle riforme varate dai governi della Sinistra Storica. Prese il nome dal Ministro della pubblica istruzione dell'epoca, Francesco De Sanctis Coppino, che ne fu il principale promotore.

Questa legge aumentava a tre anni la durata del ciclo elementare, portandolo a cinque anni.

Venne creata inoltre una rete di scuole elementari in tutto il territorio italiano: furono costruite nuove scuole e furono fatti sforzi per raggiungere anche le zone rurali e periferiche del Paese, dove l'accesso all'istruzione era ancora fortemente limitato.

La legge contribuì a consolidare l'idea di istruzione come diritto fondamentale e come strumento per lo sviluppo e l'ascensione sociale. Nel corso dei primi anni del '900 fecero seguito altre riforme, come la **legge Orlando** del 1904, con la quale il suo promotore, Vittorio Emanuele Orlando, provò a rendere obbligatoria l'istruzione fino a 12 anni suggerendo un nuovo corso formato dalle classi quinte e steste per tutti coloro che non volevano proseguire gli studi; o la **legge Daneo-Credaro** del 1911, grazie alla quale le scuole, attraverso le province, passarono sotto il controllo diretto dello Stato (venne anche fissata una retribuzione minima per gli insegnanti), ma sostanzialmente il sistema mutò poco fino alla presa del potere del fascismo.

1.3 Il sistema educativo dell'Italia fascista

1.3.1 La riforma Gentile

La riforma Gentile del 1923 fu la più importante innovazione del sistema educativo italiano di tutto il XX secolo. Il complesso normativo fu successivamente riordinato all'interno del Testo unico delle leggi sulla Pubblica Istruzione (R.D. n. 877/1928). Questa riforma ebbe l'obiettivo di centralizzare il controllo sull'istruzione e di uniformare i contenuti e i metodi di insegnamento in tutto il Paese, seguendo un approccio fortemente nazionalista e autoritario. Di seguito sono riportate alcune delle principali novità introdotte dalla riforma Gentile:

-   **concentrazione del potere decisionale** sull'istruzione nelle mani del governo centrale, con l'eliminazione di molte delle autonomie locali precedentemente esistenti;
-   creazione di un **sistema di scuola unica**, che prevedeva un ciclo di istruzione obbligatoria di cinque anni per tutti i bambini (questa scuola primaria unificata era incentrata sull'educazione di base e l'istruzione generale);
-   promozione dell'**autorità del docente** e dell'adesione ai valori e all'ideologia fascista, con lo scopo di formare cittadini devoti al regime e inculcare loro un forte senso di nazionalismo;
-   importanza particolare all'**educazione fisica** e all'**addestramento militare** per preparare i giovani alla futura vita militare e promuovere la salute e la forza fisica;
-   imposizione di un'enfasi sull'insegnamento delle **materie umanistiche**, come la storia, la letteratura e la filosofia, con l'intento di formare cittadini con una solida base culturale, ma fortemente orientata verso gli ideali fascisti;

-   istituzione di **scuole di formazione** (magistrali) per gli insegnanti, al fine di garantire la preparazione adeguata del corpo docente e diffondere gli ideali fascisti nell'ambito dell'istruzione;
-   istituzione del **liceo femminile**, nonché di scuole speciali per ciechi e sordomuti;
-   **riarticolazione dell'istituto tecnico e del liceo scientifico**;
-   istituzione dell'**esame di maturità** per l'accesso all'università (art. 71 R.D. n 1054/1923).

Inoltre, l'istruzione obbligatoria fu fatta avanzare sino all'età di 14 anni, e fu imposto un limite massimo di 35 studenti per classe.

1.3.2 Il Concordato fra Stato e Chiesa cattolica

Il Concordato del 1929 stabilì una serie di accordi tra lo Stato italiano e la Chiesa cattolica, che regolamentavano vari aspetti della vita ecclesiastica e dei rapporti tra le due istituzioni.

Per quanto riguarda l'istruzione, il Concordato confermò il principio della libertà di insegnamento e riconobbe alla Chiesa cattolica il diritto di istituire e dirigere liberamente scuole e istituti di educazione. Questo significava che la Chiesa avrebbe potuto gestire le proprie scuole senza interferenze da parte dello Stato italiano.

Inoltre, il Concordato riconobbe l'efficacia legale dei titoli di studio rilasciati dagli istituti di istruzione cattolici, consentendo loro di avere lo stesso valore legale dei titoli rilasciati dalle istituzioni statali.

1.3.3 Le leggi razziali

Le leggi razziali promulgate in Italia nel 1938 ebbero conseguenze significative nel campo dell'istruzione. Esse comportarono una serie di restrizioni e discriminazioni nei confronti degli studenti ebrei e degli insegnanti di origine ebraica. Gli studenti ebrei furono progressivamente espulsi dalle scuole italiane e fu vietato loro l'accesso all'istruzione superiore. Gli insegnanti di origine ebraica furono licenziati dalle scuole e dalle università, privandoli del loro lavoro e delle loro carriere.

Le conseguenze furono particolarmente gravi per gli studenti ebrei che erano in procinto di terminare la loro formazione scolastica o universitaria, poiché furono negati loro i diplomi e le qualifiche necessarie per intraprendere professioni specifiche. L'istruzione degli ebrei fu drasticamente limitata e compromessa, contribuendo alla marginalizzazione e all'emarginazione di intere comunità.

Una successiva riforma dell'istruzione, promossa dal Ministro **Bottai** (che giudicava la riforma Gentile come molto selettiva e non nazionalpopolare) e contenuta nella "Carta della Scuola" del 1939, rimase inattuata per il sopraggiungere della Seconda guerra mondiale. La Carta della scuola prevedeva l'obbligo scolastico a 8 anni: al termine della scuola elementare, l'alunno avrebbe proseguito gli studi nella scuola media di tre anni, quindi nella scuola triennale di avviamento professionale.

1.4 Il sistema educativo repubblicano

1.4.1 Le disposizioni costituzionali in materia di istruzione

Nella Costituzione italiana, gli articoli che riguardano direttamente l'istruzione sono:
- l'**articolo 33** (*"l'arte e la scienza sono libere e libero ne è l'insegnamento. La Repubblica detta le norme generali sull'istruzione ed istituisce scuole statali per tutti gli ordini e gradi. Enti e privati hanno il diritto di istituire scuole ed istituti di educazione, senza oneri per lo Stato. I genitori hanno il diritto di scegliere per i loro figli scuole diverse da quelle statali"*);
- l'**articolo 34** (*"la scuola è aperta a tutti. L'istruzione inferiore, impartita per almeno otto anni, è obbligatoria e gratuita. I capaci e meritevoli, anche se privi di mezzi, hanno diritto di raggiungere i gradi più alti degli studi. La Repubblica rende effettivo questo diritto con borse di studio, assegni alle famiglie ed altre provvidenze, che devono essere attribuite per concorso"*).

Questi due articoli sottolineano il **diritto all'istruzione**, l'**obbligatorietà** e la **gratuità dell'istruzione inferiore**, la **libertà di insegnamento**, il ruolo dello Stato nell'istituire scuole statali, nonché il diritto dei genitori di scegliere scuole diverse da quelle statali per i loro figli.

Oltre ai suddetti articoli, ve ne sono anche altri che, sebbene non riguardino specificamente l'istruzione, toccano argomenti correlati:
- l'articolo 3 sull'uguaglianza dei cittadini;
- l'articolo 7 sui rapporti tra Stato e Chiesa cattolica;
- l'articolo 29 sui diritti della famiglia;
- l'articolo 30 sui diritti e i doveri dei genitori;
- l'articolo 31 sul sostegno alle famiglie e la protezione della gioventù;
- l'articolo 35 sulla formazione professionale;
- l'articolo 117 sul riparto di competenze fra Stato e Regioni.

1.4.2 Le riforme degli anni '70

La **legge delega 477/1973**, nota anche come "Legge sulla delega per la riforma del sistema educativo", ha rappresentato un punto di partenza per la riforma del sistema educativo italiano, aprendo la strada a ulteriori provvedimenti normativi e iniziative.

La legge istituì una commissione di esperti, nota come "Commissione di Riforma", incaricata di sviluppare proposte concrete per la riforma dell'istruzione. La commissione era composta da docenti universitari, esperti di pedagogia, rappresentanti sindacali e altri professionisti del settore. Alla Commissione di Riforma furono conferiti ampi poteri decisionali, delineando i settori principali da affrontare nella riforma del sistema educativo. Tra gli aspetti affrontati dalla legge si possono citare:
- la definizione dei principi generali dell'istruzione e dei suoi scopi;

- la revisione dei programmi di studio e dei metodi didattici, con l'obbiettivo di renderli più pertinenti e adeguati alle esigenze del contesto sociale ed economico;
- l'organizzazione dell'istruzione in cicli o gradi coerenti, al fine di garantire una transizione fluida tra le diverse fasi del percorso scolastico;
- la promozione dell'accesso all'istruzione per tutti, indipendentemente dallo status socio-economico o da eventuali disabilità;
- l'istituzione di nuovi organi nel sistema educativo, con una maggiore partecipazione degli studenti, dei genitori e delle comunità locali;
- la promozione dell'autonomia delle scuole e l'accentramento delle decisioni a livello locale.

Tali deleghe portarono all'emanazione di una serie di D.P.R.: 416 (istituzione degli organi collegiali della scuola), 417 (ridefinizione dello stato giuridico del docente), 419 e 420 (avvio di sperimentazioni innovative nella scuola superiore e ridefinizione dello stato giuridico del personale non docente) del 1974.

Per regolamentare l'istruzione degli alunni con disabilità fu poi promulgata la **L. 517/1977**, che sancì il diritto di tutti gli studenti disabili a ricevere un'istruzione adeguata, fornendo linee guida per l'organizzazione delle scuole e la definizione delle misure di sostegno necessarie. La norma promosse l'inclusione degli alunni con disabilità all'interno delle scuole ordinarie, stabilendo l'obbligo di istituzione di classi speciali, introducendo nelle classi la figura dell'insegnante di sostegno, predisponendo l'adeguamento degli ambienti scolastici, sostituendo la pagella con la scheda di valutazione e introducendo i giudizi al posto dei voti.

1.5 Le riforme intermedie

La **L. 97/1994** introdusse gli istituti comprensivi, che comprendevano la scuola materna, elementare e media, al fine di favorire un percorso educativo e formativo continuo per gli studenti.

La **L. 253/1995** abolì gli esami di riparazione nelle scuole superiori e li sostituì con gli IDEI (Interventi Didattici ed Educativi Integrativi), che miravano a fornire interventi specifici per favorire il recupero degli studenti in difficoltà.

La **L. 425/1997**, nota come "Riforma Berlinguer", ridefinì il riordino dei cicli di istruzione. L'obbligo scolastico fu esteso a 15 anni, il ciclo primario fu diviso in tre bienni, mentre il ciclo secondario fu esteso a cinque anni.

Il **D. lgs. 112/1998** ha ridisegnato le competenze dello Stato, delle Regioni, delle Province e dei Comuni. All'art. 139 afferma che spetta alle Province il compito di provvedere al trasporto scolastico relativo alle scuole superiori, e ai Comuni il compito di garantire il trasporto per tutti i gradi di istruzione.

La **L. 328/2000** disegna invece il sistema locale dei **servizi integrati in rete**:
- lo Stato assegna, per il tramite dell'amministrazione, i docenti di sostegno, i collaboratori scolastici, il personale ATA e un Contributo economico parametrato al numero di studenti e di alunni;
- le Regioni devono assicurare l'uniformità nella definizione dei profili professio-

nali del personale destinato all'assistenza educativa e all'assistenza per l'autonomia e la comunicazione, anche attraverso la previsione di percorsi formativi propedeutici allo svolgimento dei compiti assegnati;

- gli enti locali assegnano il personale dedicato all'assistenza educativa e all'assistenza per l'autonomia e i servizi di trasporto per l'inclusione; inoltre garantiscono l'accessibilità e la fruibilità degli spazi fisici delle istituzioni scolastiche statali.

1.6 Le riforme più recenti

1.6.1 La riforma Moratti

La riforma Moratti (**L. 53/2003**) ha introdotto diversi cambiamenti nel sistema educativo italiano, mirando a migliorare la qualità dell'istruzione e ad affrontare alcune problematiche esistenti nel sistema scolastico. Gli aspetti chiave della riforma sono:
- l'innalzamento a 12 anni dell'istruzione obbligatoria;
- l'**autonomia scolastica**: la riforma ha cercato di promuovere l'autonomia delle scuole, consentendo loro di prendere decisioni più indipendenti riguardo a organizzazione, curriculum e assunzione di personale;
- la **valutazione degli studenti**: è stata introdotta una valutazione più sistematica degli studenti per monitorare il loro apprendimento e la loro performance, con l'introduzione di esami di Stato alla fine di ogni ciclo di studi;
- il potenziamento della **formazione degli insegnanti**: si è cercato di migliorare la formazione dei docenti, aumentando i requisiti per l'accesso alla professione e fornendo programmi di formazione continua;
- il potenziamento dell'**istruzione tecnica e professionale**: sono stati introdotti percorsi di istruzione speciali per preparare gli studenti al mondo del lavoro;
- una maggiore inclusione degli studenti disabili;
- il potenziamento delle **competenze linguistiche**;
- la partecipazione della famiglia all'arricchimento del Portfolio individuale dello studente.

Il **ciclo degli studi** fu poi strutturato in diverse fasi e livelli, ognuno dei quali con durata e obiettivi specifici. Di seguito si propone una panoramica generale:
- Scuola dell'infanzia (Scuola Materna):
  - Età: 3-6 anni;
  - Durata: 3 anni (obbligatoria per l'ultimo anno);
  - Obiettivi: sviluppo delle capacità motorie, cognitive, linguistiche e sociali attraverso l'attività ludica e il gioco;
- Scuola Primaria:
  - Età: 6-11 anni;
  - Durata: 5 anni;
  - Obiettivi: acquisizione delle competenze di base in lettura, scrittura, matematica, scienze, storia, geografia e educazione civica;

- Scuola Secondaria di primo grado (Scuola Media):
  - Età: 11-14 anni;
  - Durata: 3 anni;
  - Obiettivi: consolidamento delle conoscenze e competenze di base, introduzione di discipline più specifiche come lingue straniere, arte, musica, tecnologia, ecc.;
- Scuola Secondaria di secondo grado:
  - Opzioni:
    a. Liceo (5 anni): offre un curriculum teorico generale con diverse specializzazioni (es. liceo classico, scientifico, linguistico, artistico, ecc.);
    b. Istituto Tecnico (5 anni): fornisce una formazione teorica e pratica in vari settori tecnici e professionali;
    c. Istituto Professionale (3-5 anni): prepara gli studenti per il mondo del lavoro, offrendo competenze pratiche in diversi settori professionali;
    d. Istituto Professionale per l'Industria e l'Artigianato (IPIA, 4 anni): fornisce una formazione specifica nell'industria e nell'artigianato;
  - Obiettivi: preparazione per l'ingresso all'università, per il lavoro o per percorsi di formazione professionale avanzata.

Dopo il completamento del ciclo di studi nella scuola secondaria di secondo grado, gli studenti possono scegliere di proseguire gli studi all'università o intraprendere percorsi di formazione professionale, a seconda delle loro aspirazioni e obiettivi futuri.

La riforma Moratti ha suscitato dibattiti e opinioni contrastanti. Mentre alcuni l'hanno accolta favorevolmente come un passo avanti per migliorare il sistema educativo italiano, altri hanno sollevato critiche riguardo all'effettiva attuazione e all'impatto dei cambiamenti introdotti.

1.6.2 La riforma Fioroni

La riforma Fioroni fu promulgata nel 2006 dopo la vittoria del Centrosinistra alle elezioni. Nonostante il governo non condividesse la riforma Moratti, non aveva una maggioranza parlamentare al Senato per sostituirla. Di conseguenza, il Ministro Fioroni apportò solo modifiche parziali.

Con il Decreto Ministeriale del 31/07/2007, vennero inviate alle scuole del primo ciclo (scuola dell'infanzia, scuola primaria e scuola secondaria di primo grado) le nuove indicazioni curriculari da affiancare a quelle vigenti sulla base del Decreto Legislativo 59/2004. Le nuove indicazioni davano particolare importanza alla continuità del percorso educativo dai 3 ai 14 anni. Inoltre, la riforma riorganizzò il sistema delle valutazioni nazionali (INVALSI) e istituì l'ANSAS (Agenzia Nazionale dello Sviluppo dell'Autonomia Scolastica), che aveva il compito di supportare le scuole nell'implementazione delle politiche di autonomia scolastica.

1.6.3 Il D.M. 139/2007

Il Decreto Ministeriale 139 del 2007 introduce il *"Regolamento recante norme in materia di adempimento dell'obbligo e dell'istruzione"*. Secondo questo regolamento, l'istruzione obbligatoria è impartita per almeno dieci anni e si basa sulle disposizioni indicate dalla L. 296/2006, art. 1, co. 622, che prevede l'obbligo scolastico fino ai 16 anni di età. Per gli studenti disabili che non hanno ottenuto il titolo conclusivo del primo ciclo (scuola secondaria di primo grado) e che hanno compiuto 16 anni, è possibile conseguire tale titolo presso i centri provinciali per l'istruzione degli alunni.

L'Unione Europea ha infatti invitato gli Stati membri a sviluppare strategie per garantire:

-   un'istruzione e una formazione iniziale che consentano a tutti i giovani di acquisire gli strumenti adeguati a sviluppare le competenze chiave necessarie e prepararsi all'età adulta;
-   l'aiuto ai giovani che sono stati colpiti da svantaggi educativi derivanti da circostanze personali, sociali, culturali ed economiche.

1.6.4 La riforma Gelmini

La riforma Gelmini (**L. 133/2008** e **L. 169/2008**), implementata tra il 2008 e il 2011, ha posto un'enfasi maggiore sulla valutazione degli studenti, sull'autonomia scolastica e sulla formazione degli insegnanti.

L'obiettivo principale della riforma Gelmini era quello di migliorare la qualità dell'istruzione attraverso una maggiore *accountability* e una valutazione più rigorosa degli studenti e delle scuole. In quest'ottica vanno letti interventi come:

-   la reintroduzione del maestro unico nella scuola primaria;
-   il ripristino del sistema dei voti da 1 a 10 nelle scuole del primo ciclo;
-   la certificazione delle competenze con valutazione del comportamento e dell'apprendimento;
-   l'introduzione di due nuovi licei (scienze umane e musicale).

Purtroppo, la riforma fu principalmente concepita nell'ottica di tagliare le risorse finanziarie destinate all'istruzione, con l'obiettivo di razionalizzare la spesa pubblica in un periodo di profonda crisi economica. Questo approccio ha suscitato critiche riguardo alla riduzione delle risorse e al possibile impatto negativo sulla qualità dell'istruzione e sulle condizioni di lavoro degli insegnanti.

1.6.5 Il *Testo Unico sulla salute e sulla sicurezza sul lavoro (D. lgs. 81/2008)*

La sicurezza nelle scuole è fondamentale per tutelare la salute dei lavoratori e degli studenti. Sentirsi al sicuro è un bisogno collettivo che deve essere garantito attraverso l'attuazione di misure di prevenzione e protezione all'interno dell'ambiente di lavoro.

Il D. lgs. 81/2008, noto come "Testo Unico sulla salute e sicurezza sul lavoro", riguarda tutti i settori di attività, compresi quelli pubblici come le scuole. Pertanto, anche le scuole sono soggette alle norme di salute e sicurezza previste dal decreto. La scuola rappresenta l'ambiente in cui gli studenti trascorrono la maggior parte delle loro giornate, pertanto è essenziale garantire un ambiente sicuro e protetto.

Il Testo Unico sulla sicurezza equipara la scuola a qualsiasi altro settore lavorativo. In una prospettiva aziendale, gli studenti sono equiparati ai lavoratori, mentre il personale docente, che svolge attività di controllo e sorveglianza, ricopre il ruolo di preposto. Il dirigente scolastico, invece, è visto come datore di lavoro e ha l'onere di assumere tutte le responsabilità e gli obblighi ad esso correlati in materia di sicurezza.

All'art. 37, co. 7, il decreto prevede la **formazione specifica** per i dirigenti e i preposti in materia di salute e sicurezza sul lavoro. Questo significa che i dirigenti scolastici e coloro che ricoprono ruoli di preposto all'interno della scuola devono ricevere una formazione adeguata in materia di salute e sicurezza. La formazione deve avvenire durante l'orario di lavoro e deve essere svolta con il supporto di una persona esperta nel campo della salute e sicurezza. La modalità e la durata della formazione dipendono dal ruolo ricoperto e dalle specifiche mansioni svolte. È importante che la formazione venga ripetuta periodicamente per garantire un costante aggiornamento e mantenere una consapevolezza continua riguardo alle norme e alle procedure di salute e sicurezza sul lavoro.

Se il dirigente scolastico non è in grado di svolgere personalmente il ruolo di **Responsabile del servizio di prevenzione e protezione** (RSPP), deve designare un RSPP appositamente qualificato. Il RSPP ha il compito di coordinare e gestire le attività di prevenzione e protezione della salute e sicurezza sul lavoro all'interno della scuola.

D'altra parte, spetta ai lavoratori nominare un **Rappresentante dei lavoratori per la sicurezza** (RLS). Il RLS è una figura che rappresenta gli interessi dei lavoratori in materia di salute e sicurezza sul lavoro. Ha il compito di verificare l'applicazione delle misure di sicurezza e protezione della salute, segnalare eventuali situazioni di rischio e collaborare con il datore di lavoro e gli organismi competenti per migliorare le condizioni di salute e sicurezza nella scuola.

Il dirigente scolastico ha la responsabilità di redigere il **Documento di valutazione dei rischi** (DVR) all'interno della scuola. Il DVR è un documento fondamentale che identifica e valuta i rischi presenti nell'ambiente di lavoro e definisce le misure di prevenzione e protezione da adottare.

Il dirigente scolastico può collaborare con il Responsabile del servizio di prevenzione e protezione (RSPP), il Medico competente, e consultarsi con il Rappresentante dei lavoratori per la sicurezza (RLS) durante il processo di valutazione dei rischi. Queste figure possono fornire competenze specifiche e supporto nella valutazione dei rischi e nell'individuazione delle misure di prevenzione e protezione adeguate.

Inoltre, il dirigente scolastico ha la facoltà di avvalersi di esperti esterni, come gli Enti locali o gli Enti preposti alla sicurezza dei lavoratori, per ottenere consulenze specialistiche e supporto tecnico nella redazione del DVR.

L'art. 41 prevede la sorveglianza sanitaria da parte di un Medico competente all'interno dell'ambiente di lavoro. La nomina del Medico competente è necessaria quando il Documento di Valutazione dei Rischi (DVR) evidenzia la necessità di una sorveglianza sanitaria per i lavoratori. Questa figura ha il compito di svolgere visite mediche periodiche ai lavoratori per verificare la loro idoneità in relazione alle mansioni svolte e ai rischi presenti nell'ambiente di lavoro.

In seguito alla valutazione dei rischi, è necessario nominare e formare gli **addetti al primo soccorso** all'interno della scuola. Questi addetti devono essere adeguatamente formati sia teoricamente che praticamente per poter intervenire in caso di emergenze o incidenti. Oltre alla formazione obbligatoria, è consigliabile fornire una formazione specifica per affrontare situazioni particolari, come uno shock anafilattico, o un attacco epilettico. Questo permette, agli addetti al primo soccorso, di intervenire in modo tempestivo ed efficace in situazioni specifiche che richiedono competenze aggiuntive. Il dirigente scolastico ha inoltre la responsabilità di mettere a disposizione dei lavoratori e degli addetti al primo soccorso una **cassetta di pronto soccorso**. Questa cassetta deve essere custodita in un luogo facilmente accessibile e riconoscibile, utilizzando una segnaletica appropriata, deve essere sottoposta a controllo costante e facilmente individuabile in caso di emergenza.

Oltre agli addetti al primo soccorso, è necessario provvedere alla nomina e alla formazione degli **addetti alla prevenzione incendi** all'interno della scuola. Questi addetti devono essere adeguatamente formati per gestire situazioni di emergenza legate agli incendi, compresa l'evacuazione sicura degli occupanti dell'edificio. Se previsto dalla normativa locale, il dirigente scolastico deve anche ottenere il Certificato di Prevenzione Incendi, che attesta che l'edificio scolastico rispetta i requisiti di sicurezza antincendio, e che sono state adottate le misure necessarie per prevenire e gestire eventuali incendi. Dall'esito della valutazione del rischio incendio, il dirigente scolastico deve adottare le misure organizzative e gestionali necessarie per l'evacuazione in caso di emergenza. Il piano di evacuazione deve essere redatto considerando le specifiche esigenze di tutte le persone presenti nella scuola, inclusi gli affetti da disabilità, donne in gravidanza, ecc.

È fondamentale effettuare **prove periodiche di evacuazione**, anche in autonomia, al fine di garantire che tutti gli occupanti della scuola siano in grado di reagire in modo sicuro e adeguato in caso di emergenza. L'esito di tali prove d'emergenza deve essere riportato in un apposito registro, da conservarsi presso la scuola per scopi di documentazione e verifica.

La **segnaletica di emergenza** riveste un ruolo fondamentale per garantire la sicurezza delle persone durante un'evacuazione. La sua presenza e corretta disposizione possono fornire indicazioni chiare e immediate sulle vie di fuga e sulle azioni da intraprendere in caso di emergenza, come un incendio. Le uscite di emergenza, le vie di fuga e le direzioni da seguire devono essere chiaramente individuate con segnali ben visibili e poste in luoghi strategici all'interno della scuola. Inoltre, è consigliabile predisporre avvisi scritti che riportino le azioni essenziali da attuare in caso di incendio o altre emergenze. Questi avvisi possono essere aggiunti alle **planimetrie** della scuola, che indicano le vie di uscita e le aree di raccolta, e posizionati in punti chiave ben visibili come corridoi, aule e zone comuni.

Gli impianti, le attrezzature e i dispo**sitivi di sicurezza antincendio** all'interno della scuola, come le luci di emergenza, le porte tagliafuoco, gli **estintori**, le manichette e altri dispositivi, devono essere sottoposti a controlli periodici per garantire il loro corretto funzionamento e la conformità alle normative di sicurezza antincendio. L'esito dei controlli e delle eventuali manutenzioni effettuate su questi dispositivi deve essere accuratamente annotato in un apposito Registro antincendio, che è curato dal dirigente scolastico.

Il "*sistema di allarme*", un sistema automatico di rilevazione e allarme incendio, è considerato una misura di sicurezza alternativa fondamentale secondo quanto stabilito dal D. lgs. 81/08. Questo sistema permette di rilevare tempestivamente la presenza di fumo, fiamme o aumento di temperatura e di attivare un allarme che avverte gli occupanti dell'edificio dell'emergenza in corso.

1.6.6 Il D.P.R. 89/2009

Il D.P.R. 89/2009 rappresenta una revisione dell'assetto ordinamentale, organizzativo e didattico della scuola dell'infanzia e del primo ciclo di istruzione. Esso stabilisce diverse disposizioni riguardanti l'orario delle lezioni e le attività didattiche.

In base a questo decreto, l'orario annuale obbligatorio delle lezioni è di 990 ore, corrispondenti a 29 ore settimanali. Inoltre, sono previste 33 ore annuali da destinare ad attività di approfondimento per gli insegnanti di materie letterarie. Per quanto riguarda il tempo prolungato, il decreto stabilisce che si debbano svolgere 36 ore settimanali.

Inoltre, il decreto introduce l'insegnamento di educazione civica con il nome di "**cittadinanza e Costituzione**". Questo insegnamento è inserito nell'area disciplinare storico-geografica e prevede 33 ore annue.

1.6.7 Il D.P.R. 122/2009

Il D.P.R. 89 enuncia una serie di linee guida in materia di valutazione:
- la valutazione è un aspetto fondamentale dell'attività didattica e deve essere finalizzata al miglioramento dei livelli di conoscenza e al successo formativo degli studenti;
- le verifiche e le valutazioni effettuate dai docenti devono essere coerenti con gli obiettivi di apprendimento previsti dal Piano Triennale dell'Offerta Formativa (PTOF) della scuola;
- il collegio dei docenti, che è il corpo di insegnanti della scuola, ha il compito di definire le modalità e i criteri per assicurare l'omogeneità, l'equità e la trasparenza della valutazione;
- durante la valutazione, è importante considerare anche il comportamento degli studenti, in modo da favorire lo sviluppo di una corretta educazione civica e sociale;
- infine, per quanto riguarda la materia religione, è prevista una nota invece del voto.

1.6.8 Il Ministero Profumo

Il Ministro Francesco Profumo servì sotto il Governo Monti, in un periodo caratterizzato da una forte ondata di speculazione contro l'Italia, nonché dall'esplosione della crisi economica globale. In tale contesto, Profumo riattivò la macchina dei concorsi ordinari per i docenti, reclutandone più di 10.000.

Oltre a ciò, introdusse diverse altre innovazioni, come la **pagella elettronica**, parte di un processo ben più vasto di dematerializzazione degli atti scolastici che comprese anche il **registro elettronico** per i docenti.

Infine emanò, con D. lgs. 59/2004, le Indicazioni nazionali per il curricolo della scuola dell'infanzia e dl primo ciclo d'istruzione.

1.6.9 La "Buona scuola"

La **L. 107/2015**, nota come la riforma della "Buona scuola", è un disegno di legge proposto dal governo Renzi nel 2015 in un unico articolo di 212 commi. Ha introdotto diverse novità significative: la legge è incentrata su dei **12 punti cardine**, vale a dire:

- l'**autonomia delle scuole**, permettendo loro di prendere decisioni più indipendenti riguardo all'organizzazione, al curriculo, alla selezione del personale e alla gestione delle risorse;
- l'**Organico dell'autonomia**, grazie al quale ogni scuola può autonomamente richiedere l'organico aggiuntivo per realizzare il PTOF reclutando i docenti da GAE (graduatorie ad esaurimento) o dai vincitori di concorso;
- il **PTOF**, definito come Piano triennale dell'offerta formativa;
- il potenziamento della figura del dirigente scolastico, responsabile della gestione amministrativa e pedagogica della scuola: il **superpreside** viene valutato ogni tre anni sulla base di criteri precisi, quali le competenze gestionali ed organizzative finalizzate al raggiungimento del risultato; si registra anche l'introduzione di un **sistema di valutazione dei docenti** basato su criteri oggettivi e standard nazionali (è stato anche previsto un meccanismo di premialità, con incentivi economici e riconoscimenti per i docenti che raggiungono risultati eccellenti);
- l'introduzione del **PNSD** (Piano nazionale scuola digitale);
- l'introduzione del **curriculum dello studente**, un documento rappresentativo dell'intero profilo dell'allievo che riporta al suo interno tutte le informazioni relative al suo percorso scolastico, le certificazioni conseguite e le attività extra-scolastiche;
- l'introduzione dei **PCTO** (Percorsi per le competenze trasversali e per l'orientamento), nonché dell'**alternanza scuola-lavoro** come parte integrante del percorso formativo degli studenti (questi hanno l'opportunità di svolgere periodi di tirocinio presso aziende o enti, acquisendo competenze pratiche e conoscenze sul mondo del lavoro); per gli istituti tecnici e professionali vengono svolte 400 ore, mentre per i licei 200 ore; ecco come funziona generalmente l'alternanza scuola-lavoro:

- gli studenti, in accordo con la scuola, scelgono il percorso di alternanza scuola-lavoro che meglio si adatta ai propri interessi e obiettivi formativi;
- la scuola stipula una convenzione con l'azienda o l'ente ospitante per regolare gli aspetti legali e organizzativi dell'alternanza;
- gli studenti trascorrono un determinato periodo di tempo (solitamente da alcune settimane a alcuni mesi) presso l'azienda o l'ente ospitante, affiancati da un tutor aziendale che ha il compito di guidarli e supportarli durante il tirocinio;
- durante tale periodo, gli studenti tengono un diario di bordo o un report in cui registrano le attività svolte, le competenze acquisite e le riflessioni personali;
- al termine del periodo di tirocinio, gli studenti sono valutati dalla scuola e dall'azienda ospitante in base alle competenze e agli obiettivi stabiliti; l'esperienza di alternanza scuola-lavoro è integrata con l'istruzione teorica fornita a scuola; gli studenti riflettono sulle loro esperienze lavorative, collegandole agli argomenti affrontati in classe, e possono anche svolgere progetti o presentazioni basati sul tirocinio.

- viene introdotta la **carta del docente**, con un bonus da €500 annui per le spese relative all'aggiornamento professionale (acquisto di libri, manuali, biglietti del teatro, ingressi nei musei, supporti tecnologici);
- un sistema di agevolazioni fiscali;
- un piano di edilizia scolastica;
- un piano da 100.000 assunzioni;
- 8 decreti attuativi, vale a dire:
  - D. lgs. n 59/2017: sistema di formazione primaria e di accesso nei ruoli del personale docente nella scuola secondaria;
  - D. lgs. n 60/2017 "Promozione della cultura umanistica, valorizzazione del patrimonio culturale e sostegno della creatività", tra cui musica, danza, teatro, arte, scrittura creativa, poesia;
  - D. lgs. 61/2017, riguardante la revisione dei percorsi di istruzione professionale (si passa da 6 indirizzi a 11);
  - D. lgs. 62/2017, riguardante la valutazione e certificazione delle competenze nel primo ciclo (valutazione in decimi affiancata dalla certificazione dei livelli di apprendimento; ammissione degli alunni alle classi successive anche in caso di voti inferiori a 6/10; valutazione del comportamento con richiamo alle competenze di cittadinanza) e nell'esame di Stato, cui si accede previa prova INVALSI, e che è strutturato in tre prove scritte (italiano, matematica, inglese e seconda lingua comunitaria) e un esame orale; il Presidente è il dirigente scolastico interno, non più esterno;
  - D. lgs. 63/2017, recante "Effettività del diritto allo studio attraverso la definizione delle prestazioni", che prevedeva un fondo di 40 milioni di € per borse di studio, un fondo di 10 milioni di € per sussidi didattici per alunni con disabilità, un fondo di 10 milioni di €, per comodato d'uso e un fondo di 2,5 milioni di €, per gli strumenti digitali;

- D. lgs. 64/2017, recante "Disciplina della scuola italiana all'estero"; questo decreto trasferisce all'estero il modello formativo italiano, per la prima volta selezionando e destinando i docenti all'estero (6 anni fuori - 6 anni nel proprio territorio - 6 anni di nuovo fuori);
- D. lgs. 65/2017, "Istituzione del sistema integrato di educazione e di istruzione dalla nascita sino a sei anni", che sancisce la nascita dell'asilo nido statale;
- D. lgs. 66/2017 riguardante l'inclusione degli studenti con disabilità (nasce il PDF, Profilo di funzionamento) e "Norme per la promozione dell'inclusione scolastica degli studenti con disabilità", che prevede una maggiore partecipazione delle famiglie e delle associazioni all'inclusione, definisce i compiti di Stato, Regioni e Enti Locali rispetto al tema, istituisce le commissioni mediche che rilascino le certificazioni più qualificate, riordinano i Gruppi di inclusione; nascono infatti il GLIR, consulenza e proposta all'USR per la definizione, attuazione e verifica degli accordi di programma; il GIT, per ogni ambito territoriale, per la definizione delle risorse per il sostegno didattico; il GLI presso ogni istituzione scolastica con compiti di programmazione, proposta e supporto; vi è inoltre l'introduzione del TFA sostegno.

1.6.10 I Ministeri Fedeli e Bussetti

La Ministra Valeria Fedeli emanò gli otto decreti legislativi di cui al paragrafo precedente, e che erano stati previsti nella L. 107/2015. Inoltre, sottoscrisse l'ipotesi di CCNL del comparto istruzione e ricerca per il periodo 2016-2018.

Il Ministro Bussetti prevedeva di superare la Buona scuola, ad esempio riducendo il monte ore per l'alternanza scuola-lavoro, e di revisionare del tutto il sistema di reclutamento dei docenti, tramite il meccanismo della cosiddetta "chiamata diretta". Non se ne fece nulla.

1.6.11 I D.M. 741 e 742/2017

Il D.M. 741/2017 stabilisce le norme e le istruzioni per lo svolgimento degli esami di Stato conclusivi della scuola secondaria di primo grado. Di seguito sono riportati i punti salienti:

- gli alunni possono essere ammessi all'esame di Stato se hanno frequentato almeno tre quarti del monte ore annuale personalizzato, non hanno subito sanzioni disciplinari che impediscano l'ammissione all'esame e hanno partecipato alle prove INVALSI di italiano, matematica e lingue straniere;
- il voto di ammissione all'esame è espresso in decimi; la commissione d'esame è composta da tutti i docenti del consiglio di classe e il periodo dell'esame va dal termine delle lezioni fino al 30 giugno; il Presidente della commissione è il Dirigente scolastico;

- il Dirigente scolastico comunica al Collegio dei docenti il calendario delle operazioni d'esame e le date di svolgimento delle prove (tre scritte e un colloquio orale);
- per la prova di italiano, la commissione d'esame prepara almeno tre tracce che riguardano il testo argomentativo, descrittivo e poetico;
- nel colloquio orale, vengono valutate le competenze legate all'insegnamento di cittadinanza e Costituzione;
- per gli alunni disabili, il docente di sostegno partecipa all'esame e vengono predisposte prove differenziate per valutare i progressi del candidato con disabilità; per gli alunni con disabilità tutelati dalla Legge 104, vengono previste delle prove differenziate mediante l'uso di attrezzature tecniche e sussidi didattici, che hanno lo stesso valore delle prove normali; per gli alunni con disabilità tutelati dalla legge 170, vengono predisposte prove con tempi più lunghi ed è consentito l'uso della calcolatrice; l'uso del computer è consentito solo se previsto dal Piano Didattico Personalizzato (PDP).

Il D.M. 742/2017 riguarda le norme relative alla certificazione delle competenze. Questo decreto stabilisce le modalità di valutazione e certificazione delle competenze chiave e di cittadinanza, che sono gli obiettivi principali del processo di insegnamento. La certificazione delle competenze viene rilasciata al termine della classe quinta della scuola primaria e della terza media della scuola secondaria di primo grado.

1.7 Il bullismo e il cyberbullismo

Il **bullismo** è un fenomeno di comportamento aggressivo e ripetuto, caratterizzato da atti intenzionali di violenza fisica, verbale o psicologica, perpetrati da una o più persone nei confronti di un individuo considerato più debole o vulnerabile. Questo comportamento avviene solitamente in un contesto di squilibrio di potere, in cui il bullo assume un ruolo dominante e l'individuo bersaglio subisce un trattamento negativo e dannoso. Il **cyberbullismo** è la sua manifestazione in rete.

Secondo Dan Olweus, uno dei maggiori conoscitori del fenomeno, esistono due forme principali di bullismo: diretto e indiretto. Il **bullismo diretto** si verifica quando il bullo agisce in modo diretto contro la vittima. Questo può avvenire sia attraverso l'uso di violenza fisica, sia tramite l'utilizzo di violenza verbale. In entrambi i casi, il bullo cerca di danneggiare la vittima in modo evidente e immediato. D'altra parte, il **bullismo indiretto** si manifesta in modo più subdolo e manipolativo. In questo caso, il bullo non si confronta direttamente con la vittima, ma adotta strategie di isolamento o mette in atto azioni per danneggiarne la reputazione.

La legislazione italiana si occupa del bullismo e del cyberbullismo, riconoscendo la loro gravità e la necessità di contrastarli. Nel corso del tempo sono state adottate diverse leggi e normative per affrontare questi fenomeni e tutelare le vittime.

Innanzitutto, già il Codice penale prevede disposizioni che possono essere applicate a questi comportamenti (ad esempio, i reati di ingiuria, diffamazione, molestie, violenze o minacce). Sono infatti previste aggravanti se i reati vengono commessi in modo organizzato o se colpiscono persone particolarmente vulnerabili, come i minori.

Il bullismo e il cyberbullismo sono comportamenti inaccettabili e dannosi che vanno contrastati con determinazione all'interno dell'ambiente scolastico. La direttiva 16/2017 dell'allora MIUR sottolinea l'importanza di riconoscere il bullismo come un comportamento continuativo e persistente mirato a causare danni a qualcuno.

All'interno del Piano Triennale dell'Offerta Formativa (PTOF), le scuole possono adottare iniziative specifiche per contrastare il bullismo e il cyberbullismo. È importante che i docenti siano attenti e pronti a intervenire quando notano comportamenti violenti tra gli studenti o quando un alunno si rivolge a loro per chiedere aiuto.

Nel contesto scolastico vengono nominati **referenti per il bullismo e il cyberbullismo**, che fanno parte di un **gruppo di lavoro** dedicato a questo tema. Questo gruppo è coordinato da un referente che si occupa di adottare strategie adeguate a contrastare il fenomeno del bullismo all'interno della scuola.

1.7.1 I soggetti coinvolti

Il fenomeno del bullismo coinvolge diverse figure. Di seguito sono elencate alcuni dei principali soggetti coinvolti:
- **bullo**: è colui che compie l'atto di bullismo, esercitando violenza, intimidazione o comportamenti aggressivi nei confronti di un'altra persona; può agire individualmente o in gruppo;
- **vittima**: è la persona che subisce gli atti di bullismo; la vittima può essere presa di mira per vari motivi, come l'aspetto fisico, l'origine etnica, la religione, le abilità o disabilità, l'orientamento sessuale, ecc.;
- *bystander* (spettatore): è una persona che è presente durante gli episodi di bullismo ma non è né il bullo né la vittima; i *bystander* possono avere un ruolo importante nella dinamica del bullismo, poiché possono influenzare l'andamento della situazione; possono essere divisi in spettatori passivi (che non intervengono) o spettatori attivi (che intervengono in supporto al bullo, e in tal caso si definiscono **sostenitori** del bullo, o a favore della vittima, e dunque sono i **difensori**);
- **testimone**: è una persona che ha assistito a un episodio di bullismo; può fornire informazioni sugli eventi e può essere coinvolto nell'aiutare a risolvere la situazione.

1.7.2 Le cause scatenanti del bullismo

Le cause del bullismo possono essere suddivise in quattro categorie principali (fermo restando che il fenomeno è complesso e può essere influenzato da molteplici fattori interconnessi):
- **fattori individuali**: questi includono le caratteristiche personali del bullo, come

l'aggressività, la mancanza di empatia, la ricerca di potere e dominio sugli altri, la bassa autostima e la scarsa competenza sociale;

- **fattori familiari**: l'ambiente familiare può influenzare lo sviluppo del bullismo (ad esempio, una famiglia in cui vi sia violenza, abuso o una mancanza di calore e comunicazione può aumentare il rischio che un individuo diventi un bullo; la mancanza di supervisione e di regole chiare, così come l'assenza di modelli positivi di comportamento, possono contribuire al problema);

- **fattori scolastici**: le caratteristiche dell'ambiente scolastico possono influenzare la diffusione del bullismo; una scuola che non ha politiche anti-bullismo chiare, che tollera o minimizza il comportamento aggressivo o che non interviene in modo efficace può favorire la diffusione del fenomeno; la mancanza di sorveglianza adeguata nelle aree comuni e la mancanza di coinvolgimento degli insegnanti e del personale scolastico possono contribuire alla situazione;

- **fattori sociali e culturali**: La cultura e la società in cui una persona vive possono avere un impatto sul bullismo; ad esempio, l'omogeneità culturale, la discriminazione basata su caratteristiche come l'etnia, la religione o l'orientamento sessuale, nonché la presenza di disuguaglianze sociali possono contribuire alla formazione di atteggiamenti di bullismo.

1.7.3 La legge 71/2017

La L. 71/2017 è stata promulgata specificamente per affrontare il fenomeno del **cyberbullismo**. Essa definisce il reato di "atti di persecuzione telematica" e prevede sanzioni penali per coloro che commettono tali atti. La legge stabilisce anche misure preventive e interventi a livello educativo per prevenire e contrastare il cyberbullismo.

Ai sensi di tale provvedimento il cyberbullismo si definisce come l'atto o la serie di atti compiuti mediante l'utilizzo di strumenti telematici o di comunicazione informatica, che causano un grave stato di ansia o di paura, o che ledono la dignità o l'integrità della persona.

La pena prevista può variare a seconda della gravità del reato, la cui valutazione è rimessa al prudente apprezzamento del giudice, e consiste in multe e, nei casi più gravi, nella reclusione (fino a 6 mesi per i minorenni, da un minimo di 6 mesi a un massimo di 5 anni per i maggiorenni). Inoltre, la legge riconosce l'aggravante se il reato viene commesso verso un minore di età o se viene commesso da più persone in modo organizzato.

La legge impone anche l'adozione di misure preventive per contrastare il cyberbullismo e di una serie di interventi educativi per le persone che commettono atti di persecuzione telematica. Questi interventi possono includere corsi di formazione, programmi di sensibilizzazione e attività di riabilitazione, al fine di favorire una maggiore consapevolezza dei comportamenti negativi e una modifica degli atteggiamenti.

1.8 La riforma del sistema di valutazione: le prospettive *de iure condendo*

Al fine di ripristinare la cultura del rispetto, di contribuire e affermare l'autorevolezza dei docenti e di riportare serenità il Ministro dell'Istruzione Valditara si è fatto promotore di una serie di interventi canalizzati su tre direttrici: interventi sui criteri di valutazione del voto di condotta nelle Scuole secondarie, sulla misura della sospensione e sull'istituzione di attività di cittadinanza solidale. Questi interventi, una volta a regime, configureranno la revisione del D.P.R. 249/1998 recante lo Statuto delle studentesse e degli studenti. Di seguito se ne illustrano i contenuti:

PRIMA DIRETTRICE

- Si precisa che il voto assegnato per la condotta è riferito a tutto l'anno scolastico e che nella valutazione dovrà essere dato particolare rilievo a eventuali atti violenti o di aggressione nei confronti degli insegnanti, di tutto il personale scolastico e degli studenti.
- Nelle scuole secondarie di I grado si ripristina la valutazione del comportamento, che sarà espressa in decimi e farà media, modificando così la riforma del 2017.
- La valutazione del comportamento inciderà sui crediti per l'ammissione all'Esame di Stato conclusivi della scuola secondaria di secondo grado.
- La normativa attuale, che presenta varie criticità e ambiguità, prevede che la bocciatura, a seguito di attribuzione di 5 per la condotta, sia attuata esclusivamente in presenza di gravi atti di violenza o di commissione di reati. Con la riforma si stabilisce invece che l'assegnazione del 5, e quindi della conseguente bocciatura, potrà avvenire anche a fronte di comportamenti che costituiscano gravi e reiterate violazioni del Regolamento di Istituto.
- L'assegnazione del 6 per la condotta genererà un debito scolastico (nella scuola secondaria di secondo grado) in materia di Educazione civica, che dovrà essere recuperato a settembre con una verifica avente ad oggetto i valori costituzionali e i valori di cittadinanza.

SECONDA DIRETTRICE

- Si ritiene che la misura della sospensione, intesa come semplice allontanamento dalla scuola, sia del tutto inefficace e, anzi, possa generare conseguenze negative sullo studente. Si prevede pertanto che la sospensione fino a 2 giorni dalle lezioni in classe comporti più scuola, più impegno e più studio. Lo studente sospeso sarà coinvolto in attività scolastiche -assegnate dal consiglio di classe- di riflessione e di approfondimento sui temi legati ai comportamenti che hanno causato il provvedimento. Questo percorso si concluderà con la produzione di un elaborato critico su quanto è stato appreso, che sarà oggetto di opportuna valutazione da parte del consiglio di classe.
- Qualora la sospensione superi i 2 giorni, lo studente dovrà svolgere attività di cittadinanza solidale presso strutture convenzionate. La convenzione conterrà le opportune coperture assicurative.

TERZA DIRETTRICE

- Nel caso di sospensione superiore ai 2 giorni, se verrà ritenuto opportuno dal consiglio di classe, l'attività di cittadinanza solidale potrà proseguire oltre la durata della sospensione, e dunque anche dopo il rientro in classe dello studente, secondo principi di temporaneità, gradualità e proporzionalità. Ciò al fine di stimolare ulteriormente e verificare l'effettiva maturazione e responsabilizzazione del giovane rispetto all'accaduto.

- Le decisioni che riguardano queste misure saranno adottate dalle singole scuole, nello specifico dai consigli di classe, nel rispetto dell'autonomia scolastica.

Capitolo II

La struttura dell'istituzione scolastica

2.1 L'autonomia scolastica

Con la locuzione "autonomia scolastica" ci si riferisce alla capacità delle istituzioni scolastiche, come le scuole primarie e secondarie, di gestire autonomamente diversi aspetti della propria organizzazione e funzionamento.

L'autonomia mira a promuovere la qualità dell'istruzione, consentendo alle scuole di prendere decisioni più mirate per adattare i propri programmi educativi alle esigenze degli studenti e alle caratteristiche del contesto locale. Ciò implica che le scuole abbiano un **maggior grado di libertà decisionale** in ambiti come l'organizzazione dell'orario scolastico, la scelta dei libri di testo, l'offerta di attività extracurricolari, la formazione dei docenti e la gestione delle risorse finanziarie.

L'autonomia scolastica prevede anche la partecipazione attiva di diversi attori all'interno della scuola, come il personale docente, gli studenti e i genitori, nella definizione degli obiettivi e delle strategie educative. In questo contesto le scuole sono soggette a un sistema di valutazione e monitoraggio per garantire l'adeguata qualità dei risultati.

È importante sottolineare che l'autonomia scolastica non è un diritto assoluto, ma un **principio organizzativo** che viene disciplinato e regolamentato da provvedimenti normativi specifici. Esistono linee guida e programmi stabiliti dal Ministero dell'istruzione che devono essere rispettati in ogni caso. È corretto affermare che l'autonomia scolastica cerchi di bilanciare la flessibilità e l'adattabilità delle scuole con l'obiettivo di garantire una base comune di conoscenze e competenze per gli studenti in tutta Italia.

2.1.1 Fonti normative

La Costituzione italiana non menziona esplicitamente l'autonomia scolastica, con l'eccezione dell'art. 117, co. 3, che, nell'assegnare l'istruzione alla competenza concorrente di Stato e Regioni, aggiunge che viene fatta *salva l'autonomia delle istituzioni scolastiche*.

La norma generalmente ritenuta fondativa del concetto stesso di autonomia scolastica in Italia è invece la **L. 59/1997** (*"Delega al Governo per il conferimento di funzioni e compiti alle Regioni ed Enti locali, per la riforma della pubblica amministrazione e per la semplificazione amministrativa"*). La legge attribuisce alle istituzioni scolastiche un grado maggiore di autonomia decisionale in ambiti come la definizione dei programmi educativi, la gestione delle risorse umane e finanziarie, l'organizzazione dell'orario scolastico e l'offerta di attività extracurricolari. Le scuole devono elaborare progetti educativi, che rappresentano il quadro in cui vengono definiti gli obiettivi, le modalità di insegnamento, le attività curriculari ed extracurriculari, e gli strumenti di valutazione.

Le nuove regole nel rapporto tra centro e periferie nella scuola riflettono un cambiamento di paradigma che promuove una maggiore autonomia e responsabilità delle singole scuole. Questo significa che le scuole non sono più soggette a un mero decentramento delle competenze e dei poteri dal Ministero, ma assumono un ruolo attivo come soggetti protagonisti nel processo educativo.

Le scuole diventano centri di erogazione dei servizi, prendendo decisioni autonome su diverse questioni. Alcuni esempi di ambiti in cui le scuole assumono maggiore autonomia riguardano:

- la **continuità del percorso educativo**;
- l'introduzione dell'**organico funzionale** e delle attività in team: le scuole hanno la possibilità di organizzare le risorse umane in modo flessibile, introducendo figure professionali specializzate (come insegnanti di sostegno, psicologi, ecc.) e promuovendo il lavoro di squadra per favorire un'azione educativa integrata;
- l'**aggregazione di vari ambiti disciplinari**: le scuole possono favorire l'interdisciplinarietà per sostenere una visione olistica dell'apprendimento;
- la **gestione del tempo** scolastico: le scuole hanno il potere di organizzare il tempo scolastico in modo flessibile, adattandolo alle esigenze specifiche degli studenti e delle attività didattiche;
- la **didattica differenziata** e per gruppi diversi dalla classe per rispondere alle esigenze individuali degli studenti.

È con questa legge che viene prevista la costituzione dei Collegi dei docenti all'interno delle scuole, che partecipano attivamente alla definizione degli obiettivi e delle strategie educative.

La **Legge Bassanini** (L. 59/1997), all'art. 21, dà attuazione al D.P.R. 275/1999 "Regolamento recante norme in materia di autonomia delle istituzioni scolastiche".

Anche la "**Buona scuola**" (L. 107/2015) ha introdotto importanti novità per quanto riguarda l'autonomia scolastica:

- prevedendo la possibilità per le scuole di gestire in modo più autonomo le risorse finanziarie, e consentendo loro di utilizzare i fondi in base alle loro esigenze specifiche e alle priorità stabilite;
- consentendo una maggiore flessibilità nell'assunzione del personale docente;
- maggiore autonomia per posti comuni, di sostegno e di potenziamento;
- consentendo alle scuole di adottare sistemi di valutazione più adatti alle loro specifiche esigenze e contesti;
- prevedendo meccanismi di premialità basati sul merito, con l'obiettivo di valorizzare gli insegnanti e gli studenti più meritevoli.

2.2 Il dirigente scolastico

In base all'art. 25 del D. lgs 165/2001, il dirigente scolastico è il responsabile amministrativo e pedagogico di una scuola. È nominato dal Ministero dell'istruzione ed è responsabile della gestione complessiva dell'istituzione scolastica. Svolge un ruolo chiave nella definizione degli obiettivi educativi, nell'organizzazione delle risorse umane e materiali, nella promozione del clima scolastico positivo e nella collaborazione con il corpo docente, gli studenti e i genitori. Si occupa dell'elaborazione e dell'attuazione del **Piano dell'offerta formativa** (POF, che, ad oggi, è PTOF, ossia **Piano triennale dell'offerta formativa**), che definisce le linee guida e le strategie educative della scuola. Il dirigente scolastico rappresenta anche l'istituzione in ambito istituzionale e collabora con altre scuole e organizzazioni educative per favorire il miglioramento del livello qualitativo dell'istruzione.

2.2.1 I compiti del dirigente scolastico

Ai sensi della normativa vigente, il dirigente scolastico ha una vasta gamma di compiti e responsabilità che riguardano la gestione e la direzione dell'istituzione scolastica. Egli:

- **è responsabile della gestione amministrativa, finanziaria e organizzativa della scuola**, compresa la pianificazione del budget, la gestione delle risorse umane, la supervisione dell'organizzazione dell'orario scolastico e la gestione delle strutture e delle attrezzature;
- collabora con il corpo docente e gli altri membri dello staff per definire gli **obiettivi educativi della scuola** e sviluppare strategie per raggiungerli; ciò include la pianificazione e l'implementazione del Piano dell'offerta formativa (oggi PTOF) e l'adozione di approcci pedagogici efficaci;
- supervisiona il reclutamento, l'assegnazione e lo sviluppo del personale docente e non docente;
- si occupa della **valutazione delle prestazioni**, dell'organizzazione della formazione e della gestione delle relazioni sindacali;
- promuove un ambiente scolastico inclusivo e favorevole, lavorando per creare un clima positivo e per promuovere il benessere degli studenti;
- collabora con i genitori per favorire una comunicazione efficace e la partecipazione attiva alla vita scolastica;
- **rappresenta la scuola in ambito istituzionale**, partecipando a incontri, conferenze e collaborazioni con altre scuole, organizzazioni educative, enti locali e istituzioni governative.

Il dirigente scolastico ha anche specifici compiti attinenti alla **tutela della privacy** nell'ambito dell'istituzione scolastica. Egli deve essere a conoscenza delle leggi nazionali e europee sulla privacy e sul trattamento dei dati personali, e implementare le adeguate misure di sicurezza per proteggere i dati personali all'interno della scuola. Ciò comporta l'adozione di politiche e procedure per il trattamento dei dati, la sensibilizzazione del personale sulla privacy, l'uso di sistemi sicuri per la gestione dei dati e la protezione fisica degli archivi contenenti dati sensibili. Il dirigente scolastico è inoltre responsabile della gestione delle richieste di accesso e rettifica dei dati personali da parte degli interessati, come studenti o genitori

2.2.2 *I collaboratori del dirigente scolastico*

Il dirigente scolastico si avvale di collaboratori per supportarlo nella gestione e nell'amministrazione dell'istituzione scolastica. Questi collaboratori possono variare a seconda delle dimensioni e delle specificità della scuola, ma generalmente includono:

- uno o più **vicepresidi**, che lo coadiuvano nella gestione quotidiana della scuola e possono essere responsabili di specifiche aree o dipartimenti all'interno dell'istituzione scolastica;
- **collaboratori amministrativi**, che si occupano delle pratiche burocratiche, della gestione delle risorse finanziarie, dell'archiviazione dei documenti e di altre attività amministrative necessarie per il funzionamento della scuola;
- **coordinatori di dipartimento** o di area disciplinare, che si occupano di coordinare le attività e le programmazioni didattiche delle diverse discipline o aree di studio;
- il **Consiglio di istituto**, un organo collegiale composto da rappresentanti del corpo docente, degli studenti, dei genitori e del personale non docente; il Consiglio di istituto contribuisce alla definizione delle politiche e delle decisioni chiave dell'istituzione scolastica.

2.2.3 *Il direttore dei servizi generali e amministrativi (DSGA)*

Tra i collaboratori amministrativi del dirigente scolastico spicca la figura del direttore dei servizi generali e amministrativi (DSGA), un pubblico ufficiale e un dirigente non docente che ricopre un ruolo di rilievo nella gestione degli aspetti organizzativi e amministrativi dell'istituzione scolastica. In particolare egli:

- si occupa della **gestione finanziaria** della scuola, inclusa la gestione del budget, la redazione dei bilanci e la gestione delle risorse finanziarie;
- supervisiona la **gestione del personale non docente** della scuola, inclusa l'organizzazione delle assunzioni, gli adempimenti contrattuali, la gestione delle presenze e la valutazione delle prestazioni;
- si occupa della **gestione dei servizi amministrativi** della scuola, come la segreteria, la registrazione degli alunni, l'archiviazione dei documenti, la gestione delle pratiche burocratiche e la gestione delle comunicazioni interne ed esterne;
- collabora strettamente con il dirigente scolastico, fornendo **supporto nell'organizzazione e nella gestione generale della scuola**, inclusa la preparazione delle riunioni, la gestione delle comunicazioni e la supervisione delle attività amministrative.

2.3 Il piano dell'offerta formativa e il piano triennale dell'offerta formativa

Il Piano dell'offerta formativa (POF) del D.P.R. 275/99, poi sostituito con il PTOF, ossia Piano triennale dell'offerta formativa, è un documento elaborato dalle scuole italiane, sia pubbliche che private, che definisce l'organizzazione didattica e le attività educative offerte agli studenti, fornendo una descrizione dettagliata dei programmi scolastici, degli obiettivi educativi, delle metodologie didattiche, delle risorse disponibili e delle valutazioni degli studenti.

Il POF è elaborato da ogni istituzione scolastica in conformità con le linee guida stabilite dal Ministero dell'Istruzione e dalle normative nazionali e regionali. Il documento viene aggiornato periodicamente per tenere conto delle esigenze degli studenti e degli sviluppi nell'ambito dell'istruzione, e riguarda:

- l'identità e le **finalità dell'istituto**: viene descritta la missione, la visione educativa e i valori fondamentali della scuola;
- l'**organizzazione didattica**: vengono indicati i livelli scolastici presenti nell'istituto (scuola dell'infanzia, scuola primaria, scuola secondaria di primo grado, scuola secondaria di secondo grado) e viene definita l'organizzazione delle classi e delle discipline di insegnamento;
- l'**offerta formativa**: vengono presentati i programmi di studio, le discipline insegnate, gli obiettivi educativi specifici per ogni disciplina, le modalità di insegnamento e valutazione, nonché le attività extrascolastiche proposte dalla scuola;
- il **piano di inclusione**: vengono indicati i servizi e le misure adottate per favorire l'inclusione degli studenti con disabilità o con bisogni educativi speciali (BES);
- i **progetti** e le **attività extrascolastiche**: vengono descritti i progetti educativi, culturali, sportivi e di cittadinanza attiva svolti dalla scuola, comprese le attività di orientamento e tutoraggio;
- le **risorse disponibili**: vengono indicati i mezzi e le risorse materiali, finanziarie e umane a disposizione della scuola per garantire la realizzazione del POF.

2.3.1 Il piano triennale

La L. 107/2015 (la "buona scuola") ha inciso profondamente sull'attuale strutturazione del POF, rafforzando il ruolo delle scuole come soggetti autonomi nella progettazione dell'offerta formativa e ponendo maggiore attenzione all'inclusione, alla flessibilità curricolare e alla partecipazione della comunità educativa. La stessa norma ha anche ampliato il periodo di validità del Piano, portandolo a tre anni, e di conseguenza ribattezzandolo PTOF (Piano Triennale dell'Offerta Formativa).

Ai sensi dell'art. 3, co. 1, ogni istituzione scolastica deve predisporre, **con la partecipazione di tutte le sue componenti**, il Piano Triennale dell'Offerta Formativa. Viene così promossa la partecipazione e la collaborazione degli attori della comunità educativa, inclusi studenti, genitori, docenti, personale scolastico e rappresentanti delle istituzioni locali. Vengono organizzati incontri, riunioni e consultazioni per raccogliere contributi, suggerimenti e opinioni. Si tratta di un documento che rappresenta l'identità culturale della scuola, definisce la programmazione curriculare ed extracurriculare, e viene redatto ogni tre anni. Può essere modificato solo entro il 31 ottobre.

Il successivo co. 4 prevede che il piano sia **elaborato dal Collegio dei docenti** sulla base degli indirizzi per le attività della scuola e delle scelte di gestione e di amministrazione **definiti dal dirigente scolastico**. Il piano è infine approvato dal Consiglio d'Istituto. Con il PTOF si può revisionare e adattare il monte ore annuale, nonché programmare percorsi formativi specifici; inoltre, è possibile ampliare l'offerta formativa e intraprendere percorsi didattici personalizzati per gli alunni che soffrono svantaggi sociali.

2.3.2 La definizione dell'organico dell'autonomia

L'organico dell'autonomia si riferisce al personale docente e non docente che viene assegnato alle scuole per supportare l'autonomia scolastica e l'implementazione del documento stesso, ossia per la realizzazione delle attività e dei progetti previsti. È costituito da insegnanti e personale amministrativo e tecnico, che vengono assegnati alle scuole in base alle loro specifiche esigenze e progetti educativi. Questo personale può essere utilizzato per sviluppare e attuare attività e progetti supplementari, come ad esempio laboratori didattici, attività extracurriculari, progetti di ricerca, progetti di potenziamento delle competenze degli studenti, e così via.

A partire dall'anno scolastico 2016-17, l'organico dell'autonomia **viene determinato su base regionale con cadenza triennale**. Il dirigente scolastico, in base alle esigenze della scuola e alle disposizioni regionali, ha il compito di individuare il personale da assegnare ai posti dell'organico dell'autonomia. Questi posti possono essere destinati a diverse figure, tra cui:

- organi di diritto: si tratta dei docenti che ricoprono ruoli di responsabilità all'interno della scuola, come i coordinatori di dipartimento, i coordinatori di classe, i coordinatori di progetto, i referenti per l'inclusione, ecc.;
- organi di fatto: sono i docenti che, pur non avendo un ruolo formale di coordinamento, svolgono attività di coordinamento e supporto in determinate aree o progetti educativi (ad esempio, potrebbero essere incaricati di coordinare un laboratorio o un'attività extracurricolare);
- posti di potenziamento: sono i posti assegnati per potenziare determinate discipline o aree di insegnamento (ad esempio, potrebbero essere destinati a docenti specializzati in discipline artistiche, tecnologiche o scientifiche);
- posti di coordinamento: assegnati per svolgere funzioni di coordinamento di specifici servizi o strutture della scuola, come la biblioteca, il laboratorio informatico, l'orientamento, ecc.

L'assegnazione del personale all'organico dell'autonomia è determinata in base alle esigenze specifiche della scuola e alle linee guida regionali.

2.4 Le reti di scuole

Le "reti di scuole" sono un concetto introdotto dall'art. 7 D.P.R. 275/1999, che fa riferimento alla **collaborazione e alla cooperazione tra diversi istituti al fine di condividere risorse e conoscenze**. Le scuole all'interno di una rete lavorano insieme per affrontare sfide comuni e sviluppare progetti condivisi. Nelle realtà più svantaggiate rappresentano anche un meccanismo che mira a superare l'isolamento delle singole scuole, promuovendo la collaborazione e la condivisione delle migliori pratiche per migliorare l'offerta educativa complessiva.

Le scuole possono promuovere nuovi accordi di rete o aderire a eventuali accordi già costituiti.

La rete va costituita attraverso uno specifico accordo, che può intervenire tra due o più scuole; a tali reti possono partecipare anche soggetti privati, e possono financo farsi promotori, di fronte alle istituzioni scolastiche, di tali iniziative.

Le reti di scuole possono essere costituite da istituti che operano nello stesso territorio geografico, come ad esempio una città o una Regione, o possono coinvolgere scuole che condividono caratteristiche specifiche, come ad esempio un particolare orientamento pedagogico o una focalizzazione su determinati settori di studio. Possono coinvolgere anche università (co. 8).

2.5 Gli organi collegiali

Il D. lgs. 297/1994, noto come Testo Unico sull'istruzione, definisce le competenze degli organi collegiali a livello territoriale e di singole istituzioni scolastiche. Questi organi hanno il compito di governare e gestire le attività scolastiche, promuovendo la partecipazione e la collaborazione di tutte le figure coinvolte nel processo educativo.

Gli organi collegiali previsti dal Testo unico dell'istruzione sono:
- Consiglio di intersezione nelle scuole dell'infanzia;
- Consiglio di interclasse nelle scuole primarie;
- Consiglio di classe negli istituti di istruzione secondaria;
- Collegio dei docenti;
- Consiglio di circolo e d'Istituto e la Giunta esecutiva;
- Il comitato per la valutazione del servizio dei docenti;
- Le assemblee studentesche e dei genitori

2.5.1 Il consiglio di classe

Il consiglio di classe è un organo collegiale. Per definizione è il "luogo" in cui confluiscono i rappresentanti delle diverse categorie che compongono una classe, per valutare, pianificare ed organizzare gli aspetti fondamentali dell'attività didattica che si svolge al suo interno.

Nelle scuole secondarie di primo grado (scuole medie), il consiglio di classe è composto da tutti i docenti che insegnano nella classe, insieme a quattro rappresentanti dei genitori degli alunni della classe; nelle scuole secondarie di secondo grado (scuole superiori), è invece composto da tutti i docenti che insegnano nella classe, ma questa volta sono presenti due rappresentanti dei genitori e due rappresentanti degli alunni.

Il consiglio di classe è presieduto dal dirigente scolastico o da un docente delegato (spesso il coordinatore di classe).

Le **principali funzioni** del consiglio di classe sono:
- valutazione degli studenti: gli insegnanti esaminano il rendimento e il comportamento degli studenti, prendono in considerazione le valutazioni e le prove, e decidono i voti e le osservazioni da riportare nei registri di classe;
- definizione degli obiettivi educativi, in linea con i curricoli e le direttive dell'istituto scolastico (questo può includere la pianificazione delle attività didattiche, la scelta delle metodologie, la promozione dell'inclusione e l'individuazione dei bisogni educativi degli studenti);
- fornire supporto e orientamento agli studenti nella scelta degli indirizzi di studio, dei percorsi formativi e delle future scelte professionali;
- monitoraggio e supporto agli studenti: Il consiglio monitora il progresso degli studenti e identifica eventuali difficoltà o bisogni specifici; in collaborazione con gli insegnanti di sostegno e gli specialisti, può proporre interventi didattici mirati o piani individualizzati per gli studenti che necessitano di supporto aggiuntivo;
- comunicazione con i genitori in merito agli obiettivi da raggiungere e all'implementazione di un coordinamento più stretto che favorisca la didattica;
- segnalazione di criticità di alunni sia dal punto di vista comportamentale sia dal punto di vista didattico sia dal punto di vista di dispersione scolastica.

2.5.2 Il consiglio d'istituto

Il Consiglio d'istituto è l'**organo di governo principale della scuola italiana** e ha un ruolo amministrativo e decisionale. È composto dai seguenti membri:
- il dirigente scolastico, che presiede il consiglio;
- i rappresentanti dei docenti, eletti dagli insegnanti dell'istituto scolastico (il numero di rappresentanti dipende dalle dimensioni dell'istituto);
- i rappresentanti del personale ATA, eletti dal personale amministrativo, tecnico e ausiliario dell'istituto scolastico;
- i rappresentanti dei genitori, anch'essi eletti dai genitori degli studenti iscritti all'istituto (il numero di rappresentanti dipende dal numero di classi presenti nello stesso);
- i rappresentanti degli studenti (nelle scuole secondarie di secondo grado), eletti dagli studenti delle classi rappresentate (anche qui il numero di rappresentanti dipende dal numero di studenti iscritti).

Il Consiglio d'Istituto ha una serie di funzioni e responsabilità, tra cui ricordiamo l'approvazione del Piano Triennale dell'Offerta Formativa (PTOF), l'adozione del regolamento interno che disciplina l'organizzazione e il funzionamento dell'istituto scolastico, l'elaborazione e l'approvazione del bilancio, l'approvazione delle assunzioni di personale docente e non docente nell'ambito delle risorse disponibili, nonché l'assunzione di decisioni riguardanti le attività e gli eventi dell'istituto scolastico, come gite, progetti speciali, manifestazioni culturali e sportive.

Il numero dei rappresentanti eletti è indicato dall'art. 8, co. 1, del D. lgs. 297/1994, che distingue tra:

- scuole con popolazione scolastica fino a 500 alunni, in cui il consiglio è composto da 14 membri: sei genitori, sei docenti, un non docente, il dirigente scolastico;
- scuole con popolazione scolastica superiore a 500 alunni, in cui il consiglio è composto da 19 membri: otto genitori, otto docenti, due non docenti, il dirigente scolastico.

Le votazioni si svolgono a scrutinio segreto e il regolamento d'istituto può prevedere che sia eletto anche un vicepresidente. Se mancano sia il capo d'istituto sia il vicepresidente, le loro attribuzioni sono esercitate dal consigliere genitore più anziano.

I membri sono eletti per tre anni e hanno il compito di elaborare e adottare indirizzi generali; individuano le modalità d'uso delle risorse per il corretto funzionamento amministrativo e didattico.

Il Consiglio delibera il bilancio preventivo e decide la partecipazione dell'istituto ad attività culturali. La prima convocazione del Consiglio dopo l'elezione dei membri è disposta dal dirigente scolastico, che pone al primo punto dell'ordine del giorno l'elezione del Presidente. La votazione si tiene a scrutinio segreto e il regolamento può prevedere che sia eletto anche un vicepreside. Se mancano entrambi, le attribuzioni del presidente sono svolte dal consigliere genitore più anziano.

2.5.3 Il collegio dei docenti

Il collegio dei docenti è composto da **tutti gli insegnanti che lavorano all'interno di un istituto scolastico più il dirigente scolastico che presiede le riunioni del collegio dei docenti** e ha il compito di moderare le discussioni, assicurare il rispetto delle norme e delle procedure e prendere decisioni in merito alle questioni in discussione. Il dirigente scolastico ha anche il potere di convocare il collegio stesso (in genere una volta ogni trimestre, pentamestre o quadrimestre, e ad inizio e a fine anno), e il suo ruolo si configura come quello di un *primus inter pares*, nel senso che il suo voto prevale in caso di parità

Le funzioni del collegio docenti possono variare leggermente a seconda del tipo di scuola e del livello di istruzione: ad esempio, in una scuola primaria le decisioni pedagogiche potrebbero riguardare la programmazione delle attività in un'unica classe, mentre in una scuola secondaria di secondo grado il collegio avrà un ruolo più ampio nell'organizzazione e nella valutazione delle discipline specifiche. Le sue principali funzioni sono:

- discutere e approvare il programma scolastico dell'istituto, che comprende gli obiettivi educativi, le metodologie didattiche, la pianificazione delle attività e gli strumenti di valutazione;
- definizione delle linee guida pedagogiche, ossia l'approccio didattico generale, le strategie per l'inclusione degli studenti con bisogni speciali, l'orientamento scolastico e professionale;
- discutere e adottare criteri di valutazione coerenti ed equi per gli studenti;
- elaborare proposte e pareri su diverse questioni riguardanti la scuola, come l'adozione di nuovi materiali didattici, l'organizzazione di eventi o l'introduzione di nuove discipline;

- partecipazione ad altre decisioni organizzative dell'istituto scolastico, come l'elaborazione del calendario.

Inoltre, il dirigente scolastico può affidare le funzioni strumentali, ossia gli incarichi specifici per i docenti che possiedono particolari capacità per realizzare ciò che è espresso nel PTOF.

2.5.4 La giunta esecutiva

L'art. 8 del T.U., ai co. 7 e 8, istituisce la giunta esecutiva del consiglio d'istituto. Essa resta in carica tre anni ed è eletta tra i componenti del consiglio stesso e include:

- un docente;
- un impiegato amministrativo o tecnico;
- due genitori alle scuole medie, un genitore e uno studente alle superiori;
- il dirigente scolastico;
- il D.S.G.A. (capo dei servizi di segreteria e segretario della Giunta stessa)

Quest'organo, ai sensi dell'art. 10 dello stesso T.U., ha una competenza di tipo economico: prepara i lavori del consiglio d'istituto e cura l'esecuzione delle relative delibere; inoltre propone il programma delle attività finanziarie dell'istituzione scolastica avvalendosi del parere del collegio dei revisori.

2.5.5 Le assemblee studentesche e dei genitori

Le assemblee studentesche e le assemblee dei genitori sono incontri organizzati all'interno delle scuole per favorire la partecipazione attiva degli studenti e dei genitori alla vita scolastica. Queste assemblee offrono un'opportunità di condivisione, dialogo e collaborazione tra i vari membri della comunità scolastica.

Le assemblee studentesche sono specificamente rivolte agli studenti e sono finalizzate a consentire loro di esprimere le proprie opinioni, discutere temi di interesse comune e proporre iniziative o miglioramenti per la scuola.

Le assemblee dei genitori, invece, coinvolgono i genitori degli studenti e hanno l'obiettivo di creare un momento di confronto e dialogo tra le famiglie e la scuola.

Le assemblee studentesche non possono essere convocate più di una volta al mese, non si possono svolgere nel mese conclusivo e non possono essere convocate sempre nello stesso giorno. Vengono approvate dal comitato studentesco di istituto su richiesta del 10% degli studenti.

L'assemblea dei genitori è convocata dalla maggioranza del comitato dei genitori e si compone da almeno 100 di essi. Deve essere approvata dal dirigente scolastico che deve essere informato circa gli argomenti da trattare.

2.5.6 Il patto educativo di corresponsabilità

Il Patto educativo di corresponsabilità, ai sensi del D.P.R. 235/2007, è un **accordo formale** che rappresenta l'impegno condiviso tra la scuola, la famiglia e gli studenti nel processo educativo. Si basa sull'idea che l'educazione di un individuo non sia un compito esclusivo della scuola, ma richieda una collaborazione attiva e responsabile di tutti gli attori coinvolti. Stabilisce una reciproca collaborazione tra la scuola con il corpo docenti e il personale Ata, la famiglia e gli studenti, riconoscendo che ciascuno ha un ruolo importante nella formazione e nel successo educativo degli studenti. Nasce per far fronte a episodi di Bullismo e Cyberbullismo e, nel contesto del Patto, la scuola si impegna a fornire un'istruzione di qualità, un ambiente di apprendimento sicuro e stimolante e a promuovere il benessere degli studenti. La scuola si impegna anche a comunicare in modo trasparente con le famiglie, fornendo informazioni sulle attività didattiche, gli obiettivi di apprendimento, le valutazioni e gli sviluppi degli studenti.

D'altra parte, le famiglie si impegnano a sostenere e incoraggiare l'apprendimento dei loro figli, a collaborare con la scuola, partecipando alle assemblee, agli incontri genitori-insegnanti e alle attività scolastiche. Le famiglie si responsabilizzano nel monitorare l'assiduità e il rendimento scolastico dei propri figli, fornendo un ambiente di sostegno e supporto a casa.

Gli studenti, a loro volta, si impegnano a partecipare attivamente alle attività scolastiche, ad adottare un comportamento rispettoso e responsabile, a perseguire gli obiettivi di apprendimento e a contribuire al clima positivo all'interno della scuola.

2.6 I nuclei di valutazione esterna

Il D.P.R 80/2013 definisce i nuclei di valutazione esterna (**NEV**) come una sottosezione del collegio dei docenti, presieduti dal dirigente tecnico e da due collaboratori. Sono delle unità operative dell'INVALSI (Istituto Nazionale per la Valutazione del Sistema Educativo di Istruzione e di Formazione) in Italia. L'**INVALSI è un organismo pubblico che si occupa della valutazione del sistema educativo italiano**.

I NEV sono costituiti da esperti nel campo dell'educazione e della valutazione, selezionati dall'INVALSI. Sono incaricati di condurre valutazioni esterne delle scuole italiane al fine di fornire un quadro di riferimento sulla qualità e sull'efficacia dell'istruzione, esaminando diversi aspetti, come l'organizzazione scolastica, i processi di insegnamento e apprendimento, la gestione, la qualità dell'offerta formativa e i risultati degli studenti.

I NEV definiscono gli **standard di valutazione** in base ai quali le scuole vengono valutate. Questi standard sono basati su criteri prestabiliti e linee guida definite dall'IN-VALSI, che tengono conto degli obiettivi educativi nazionali. I nuclei sviluppano strumenti di valutazione, come questionari, prove standardizzate o osservazioni in classe, per raccogliere dati e informazioni pertinenti sulla qualità dell'istruzione nelle scuole, analizzano i dati raccolti attraverso i diversi strumenti di valutazione e li interpretano per ottenere informazioni significative sulla *performance* delle scuole.

2.7 La digitalizzazione della scuola

2.7.1 Il Piano Nazionale Scuola Digitale

Il Piano Nazionale Scuola Digitale (PNSD) è un documento redatto dal Miur che rappresenta un'iniziativa del Ministero dell'istruzione, avviata nel 2015, con l'obiettivo di promuovere l'integrazione delle tecnologie digitali nell'ambiente scolastico italiano.
Le principali finalità del Piano sono:
- fornire le scuole italiane di infrastrutture tecnologiche adeguate, come la connessione internet ad alta velocità, reti *wireless*, dispositivi digitali (come computer, tablet) e attrezzature audiovisive;
- promuovere lo sviluppo delle competenze digitali degli insegnanti, degli studenti e del personale scolastico;
- sviluppare e rendere disponibili risorse digitali, strumenti e piattaforme di apprendimento, al fine di arricchire l'offerta educativa e favorire l'accesso a contenuti didattici di qualità;
- favorire l'adozione di metodologie didattiche innovative che sfruttano le potenzialità delle tecnologie digitali, come l'apprendimento collaborativo, la *flipped classroom*, la *gamification* e l'utilizzo di strumenti interattivi;
- utilizzare le tecnologie digitali per favorire l'inclusione di tutti gli studenti, adattando gli ambienti di apprendimento alle diverse esigenze;
- promuovere il coinvolgimento delle famiglie nella scuola attraverso l'utilizzo di piattaforme digitali che consentano la comunicazione e la condivisione di informazioni tra scuola e famiglia.

Per attuare il Piano Nazionale Scuola Digitale, sono state previste risorse finanziarie, formazione degli insegnanti e una serie di azioni coordinate a livello nazionale e regionale. Il PNSD rappresenta un impegno per affrontare le sfide dell'era digitale nel settore dell'istruzione e per preparare gli studenti a essere cittadini attivi nel contesto tecnologico in cui viviamo.
Il PNSD è stato introdotto per:
- investire risorse ai fini dell'introduzione di nuove tecnologie nelle scuole (LIM, videoproiettori, ecc.);
- diffondere l'idea di apprendimento permanente *(life long learning)*;
- estendere il concetto di scuola da mero luogo fisico di apprendimento a luogo di apprendimento anche virtuale.

Gli obiettivi, che hanno lo scopo di arricchire l'offerta formativa, sono:
- compiere ricerche approfondite e condividerle in tempo reale nello sviluppo delle competenze digitali;
- evitare la dispersione scolastica aumentando la motivazione degli studenti;
- facilitare la comprensione (specie per i BES) attraverso l'ausilio di strumenti didattici digitali;
- adottare strumenti tecnologici per favorire la *governance*, la trasparenza e la condivisione dei dati, ma anche lo scambio di info tra dirigenti, docenti e studenti.

Le azioni del PNSD sono 35 e possono essere raggruppate in 8 macro-aree:
- strumenti: fa riferimento ai vari tipi di connessione della scuola;
- spazi e ambienti per l'apprendimento:
  - azione 4: ambienti per la DDI;
  - azione 6: linee guida BYOD *(bring your own device)*, utilizzo dei propri strumenti digitali;
- identità digitale:
  - azione 9: profilo digitale studente;
  - azione 10: profilo digitale docente;
- amministrazione digitale:
  - azione 12: registro elettronico che semplifica i servizi della scuola;
- competenze digitali;
- digitale, imprenditorialità, lavoro;
- contenuti digitali:
  - azione 23: adozione del libro cartaceo con contenuti digitale; libro digitale;
  - azione 24: biblioteche scolastiche come ambienti di alfabetizzazione all'uso delle risorse informative digitali;
- formazione del personale:
  - azione 28: figura dell'animatore digitale (un docente interno scelto sulla base di una graduatoria stipulata, che è inerente al CV), che insieme al dirigente scolastico e al Direttore amministrativo ha il compito di coordinare l'innovazione digitale nell'ambito delle azioni previste dal PTOF.

2.7.2 L'animatore digitale

L'animatore digitale è una figura professionale a tempo indeterminato che ha il compito di promuovere e facilitare l'integrazione delle tecnologie digitali nell'ambiente scolastico. Il suo ruolo principale è quello di fornire supporto agli insegnanti, agli studenti e al personale scolastico nell'uso delle tecnologie digitali per migliorare le attività didattiche.

L'animatore digitale ha molte responsabilità nel suo ruolo. In primo luogo, si occupa della formazione del personale scolastico, offrendo sessioni di formazione, *workshop* e incontri di aggiornamento per condividere conoscenze e competenze digitali. Inoltre, fornisce supporto tecnico, aiutando ad affrontare eventuali problemi o difficoltà tecniche nell'utilizzo delle tecnologie digitali.

L'animatore è anche coinvolto nella ricerca e valutazione delle nuove tecnologie digitali nell'ambito educativo. Monitora l'evoluzione delle tecnologie, identifica strumenti e risorse rilevanti per la scuola e valuta l'efficacia dell'utilizzo delle tecnologie digitali nell'apprendimento degli studenti.

Inoltre, l'animatore digitale collabora con gli insegnanti nella progettazione di attività didattiche che integrano in modo efficace le tecnologie di cui si occupa. Suggerisce strumenti, risorse e strategie per coinvolgere gli studenti e favorire l'apprendimento attraverso l'utilizzo delle tecnologie digitali. Nei limiti delle possibilità, infine, egli organizza eventi, incontri e attività per coinvolgere genitori, studenti e insegnanti nella promozione delle competenze digitali e nell'utilizzo responsabile delle nuove tecnologie.

2.8 La governance della scuola

Il **Ministero dell'istruzione e del Merito** è l'organo del governo italiano responsabile della definizione e dell'attuazione delle politiche nel campo dell'istruzione. È strutturato in più dipartimenti che si occupano di settori specifici dell'istruzione e della formazione. I principali dipartimenti del Ministero sono:

- il **Dipartimento per il sistema educativo di formazione e istruzione**, che si occupa della definizione e dell'attuazione delle politiche nel campo dell'istruzione scolastica, dalla scuola dell'infanzia alla scuola secondaria di secondo grado; supervisiona le attività delle istituzioni scolastiche, la definizione dei curricoli, l'organizzazione delle valutazioni e la formazione degli insegnanti;
- il **Dipartimento per le risorse umane, finanziarie e strumentali**, che si occupa della gestione del personale all'interno del sistema educativo, della pianificazione del budget, dell'allocazione delle risorse finanziarie alle istituzioni scolastiche, nonché di coordinare l'approvvigionamento delle risorse strumentali, di garantirne la qualità e l'adeguatezza, e di promuovere l'uso efficace delle tecnologie digitali nelle scuole.

2.8.1 L'Ufficio scolastico regionale e l'ufficio scolastico provinciale

L'Ufficio scolastico regionale (USR) è una struttura amministrativa del Ministero dell'istruzione, che ha il compito di coordinare, supportare e vigilare sul sistema educativo nella Regione di competenza. Ogni regione italiana ha un proprio Ufficio Scolastico Regionale, il quale opera in base alle specificità e alle esigenze del contesto.

L'USR coordina le attività educative della Regione di appartenenza, lavorando in sinergia con le istituzioni scolastiche e le altre organizzazioni coinvolte nel settore dell'istruzione. Assicura l'implementazione delle politiche educative nazionali a livello regionale e favorisce la coerenza e l'armonizzazione delle prassi scolastiche. Inoltre svolge un ruolo di supervisione e monitoraggio sulle istituzioni scolastiche: si occupa di valutare la qualità dell'istruzione fornita e di verificare il rispetto delle norme e delle direttive ministeriali.

L'USR inoltre fornisce orientamento e supporto alle scuole nella Regione. Offre consulenza in ambito pedagogico, amministrativo e normativo, promuove la formazione e lo sviluppo professionale degli insegnanti e del personale scolastico, e supporta l'attuazione di progetti educativi e di innovazione.

L'USR si occupa anche dell'allocazione dei finanziamenti alle scuole, di coordinare l'assegnazione del personale docente e amministrativo, e di gestire gli interventi infrastrutturali e logistici necessari per il funzionamento delle scuole. Collabora con gli enti locali, le istituzioni regionali, le associazioni di categoria, i genitori e altre parti interessate per promuovere l'istruzione di qualità nella regione. Partecipa a tavoli di lavoro, incontri istituzionali e altre iniziative volte a favorire la sinergia e la cooperazione tra tutti gli attori del settore educativo.

L'USP, Ufficio scolastico provinciale, è un organo che ha competenza solo in materia di istruzione, fusione o accorpamento delle scuole, cura dei trasporti e dei servizi per gli alunni affetti da disabilità.

2.8.2 Il progetto VSA

Il "Progetto VSA" (Valutazione e sviluppo della qualità delle scuole), avviato con il D.M. 29/03/2011, è un'iniziativa promossa dal Ministero dell'istruzione, che mira a valutare e sviluppare la qualità delle scuole attraverso un approccio partecipativo e collaborativo, che prevede l'adozione di strumenti e metodologie di valutazione che coinvolgono gli insegnanti, gli studenti, i genitori e il personale scolastico nel processo di autovalutazione delle scuole. L'obiettivo è promuovere un'analisi critica degli aspetti organizzativi, didattici e di gestione della scuola al fine di identificare punti di forza, criticità e possibili aree di miglioramento.

Ad oggi il progetto è ancora in fase di sperimentazione, e ha visto l'adesione di 77 istituti tra le province di Mantova, Pavia, Arezzo e Siracusa.

2.9 Gli istituti comprensivi

Gli istituti comprensivi sono una tipologia di complessi scolastici nata con l'obiettivo di favorire l'integrazione e la continuità dell'istruzione tra la scuola dell'infanzia, la scuola primaria e la scuola secondaria di primo grado. Sono infatti organizzati in modo da offrire un percorso educativo e didattico unitario agli studenti, che copre l'intera durata dell'istruzione obbligatoria, dai 3 ai 14 anni.

Un istituto comprensivo è un complesso scolastico all'interno del quale coesistono più gradi di istruzione (materna, elementare e media). Gli istituti comprensivi promuovono l'interdisciplinarietà, cioè la collaborazione tra docenti di diversi gradi scolastici per favorire l'integrazione delle conoscenze e delle competenze degli studenti. Inoltre, favoriscono l'adozione di un curricolo comune che copre tutti i livelli di istruzione all'interno dell'istituto, pur lasciando spazio alla specificità di ciascun grado scolastico.

Tra gli obiettivi degli istituti comprensivi vi è anche quello di promuovere l'inclusione degli **studenti con disabilità o bisogni educativi speciali**, offrendo loro opportunità di apprendimento e partecipazione in un ambiente inclusivo.

Gli istituti comprensivi sono guidati da un dirigente scolastico, che ha la responsabilità di coordinare l'attività educativa e didattica dell'intero istituto. Inoltre, ogni istituto comprensivo è dotato di un consiglio d'istituto, che rappresenta gli organi collegiali della scuola e partecipa alle decisioni relative all'organizzazione e al funzionamento dell'istituto. Per acquisire autonomia devono contare su **un numero di almeno 1.000 alunni**, ridotto a 500 per gli istituti che hanno sede nelle piccole isole o nei comuni montani.

2.10 Il sistema di valutazione nazionale (SNV)

Il sistema di valutazione nazionale è stato introdotto con il D.P.R. n. 80 del 19 luglio 2013 ed è finalizzato a monitorare e valutare il funzionamento delle singole scuole nel raggiungimento degli obiettivi formativi, nonché a individuare eventuali aree di miglioramento e criticità interne.

Il sistema mira a promuovere l'autonomia delle scuole, coinvolgendo tutte le componenti che ne fanno parte, compresi i dirigenti, i docenti e gli apprendimenti degli studenti. Gli studenti, infatti, rappresentano il focus principale della scuola, e la valutazione delle altre componenti permette di comprendere il percorso individuale di ciascun alunno e se gli obiettivi prefissati sono stati raggiunti.

Il sistema di valutazione nazionale si articola in diverse componenti, tra cui:

- **valutazione delle istituzioni scolastiche**: riguarda l'intera scuola e include l'analisi dei risultati ottenuti, la qualità dei processi educativi, l'efficacia delle strategie didattiche, l'organizzazione e la gestione scolastica;
- **valutazione del merito dei docenti**: basata su criteri oggettivi e parametri definiti, al fine di riconoscere e valorizzare le eccellenze e promuovere il miglioramento professionale;
- **valutazione dei dirigenti scolastici**: anche i dirigenti scolastici vengono valutati sulla base di indicatori e criteri prestabiliti, al fine di giudicare la loro capacità di gestione e *leadership*;
- **formazione di corsi e prove di valutazione** per gli apprendimenti degli studenti: il sistema di valutazione nazionale prevede la definizione di percorsi formativi e l'elaborazione di prove di valutazione standardizzate per verificare le competenze e gli apprendimenti degli studenti a livello nazionale.

Il sistema nazionale di valutazione comprende tre elementi essenziali:

- **INVALSI** (Istituto Nazionale per la Valutazione del Sistema Educativo di Istruzione): un ente pubblico non economico istituito nel 2004. È sottoposto alla vigilanza del Ministero dell'istruzione, e il suo compito principale è quello di svolgere attività di valutazione del sistema educativo italiano. INVALSI si occupa di condurre valutazioni nazionali degli studenti per monitorare i livelli di apprendimento, le competenze acquisite e l'efficacia del sistema educativo, e per rimuovere i "distrattori" forti che possono far cadere l'alunno in errore. Le valutazioni nazionali vengono condotte in diverse discipline e gradi di istruzione e forniscono informazioni sullo stato dell'istruzione nel Paese.
- **INDIRE** (Istituto Nazionale Documentazione Innovazione Ricerca Educativa) è un ente pubblico di ricerca e sviluppo che opera nel campo dell'educazione, ed è sottoposto alla vigilanza del Ministero dell'istruzione. È stato istituito nel 1925 e svolge un ruolo fondamentale nella promozione dell'innovazione e della ricerca educativa. Si occupa di condurre studi e ricerche sul sistema educativo, sviluppare risorse e strumenti didattici, promuovere l'innovazione pedagogica, fornire supporto tecnico e scientifico alle scuole e ai docenti, e promuovere la diffusione di buone pratiche educative.
- **Contingente ispettivo**: realizza gli obiettivi del SNV partecipando ai nuclei di

valutazione esterna e attraverso il controllo sull'operato del dirigente scolastico e delle singole scuole.

INVALSI e INDIRE collaborano con il Ministero, le istituzioni scolastiche, gli insegnanti e altri attori del settore per contribuire al miglioramento del comparto istruzione in Italia. INVALSI si concentra principalmente sulla valutazione del sistema educativo, mentre INDIRE si occupa di ricerca, innovazione e sviluppo di risorse per l'educazione.

Le fasi delle valutazioni delle istituzioni scolastiche sono la RAV (Rapporto di autovalutazione), il PDM (Piano di miglioramento) e la RS (rendicontazione sociale).

Il **rapporto di autovalutazione** è la prima fase del processo di valutazione delle istituzioni scolastiche. È una valutazione interna svolta dalla scuola stessa, che coinvolge docenti, personale scolastico e, a volte, genitori e studenti. Durante questa fase, la scuola analizza i propri risultati, i processi didattici, l'organizzazione, le risorse e gli aspetti legati all'inclusione e all'educazione. Ogni scuola elabora il suo RAV in formato elettronico, secondo un quadro di riferimento predisposto da INVALSI. Il RAV fa riferimento all'anno precedente a quello in cui viene compilato, e agisce per migliorare la scuola l'anno successivo attraverso il PDM (Piano di miglioramento). Viene redatta una relazione che descrive l'autovalutazione e i punti di forza e debolezza individuati.

Sulla base della RAV, la scuola elabora il **Piano di miglioramento** per affrontare le criticità emerse dall'autovalutazione. Il PDM identifica gli obiettivi di miglioramento, le strategie e le azioni concrete che la scuola intende mettere in atto per raggiungerli. Il piano comprende interventi didattici, formazione del personale, miglioramento delle infrastrutture e l'implementazione di iniziative specifiche per affrontare le esigenze degli studenti, attività curriculari ed extracurriculari volte a migliorare il processo formativo dell'alunno. Viene redatto dal Dirigente scolastico e dal Nucleo di Valutazione con il supporto di INDIRE.

La **Rendicontazione sociale** rappresenta la conclusione del processo di valutazione. È una relazione finale che riassume i risultati dell'autovalutazione e fornisce una valutazione globale dell'istituzione scolastica. La RS include un'analisi dei progressi compiuti rispetto agli obiettivi del PDM, evidenziando i punti di miglioramento. Può essere utilizzata per rendere conto dei risultati raggiunti agli enti di controllo e al territorio.

2.11 Il Contratto collettivo nazionale di lavoro (CCNL)

CCNL è l'acronimo di Contratto collettivo nazionale di lavoro. Si tratta di un accordo stipulato tra una rappresentanza dei lavoratori (solitamente un sindacato) e un'organizzazione o un'associazione di datori di lavoro, che stabilisce le condizioni di lavoro e di impiego per una specifica categoria di lavoratori. Ovviamente esiste un CCNL specifico per il settore dell'istruzione.

Il CCNL degli insegnanti definisce i diritti e gli obblighi dei docenti, le modalità di reclutamento e di progressione di carriera, le tabelle retributive, le indennità e i trattamenti economici, le norme in materia di salute e sicurezza sul lavoro, le modalità di valutazione e di formazione professionale, e altre disposizioni relative all'ambito lavorativo degli insegnanti.

Il CCNL degli insegnanti è il risultato di trattative e negoziazioni tra le **organizzazioni sindacali dei lavoratori della scuola** e i **rappresentanti del governo o degli enti locali** responsabili del sistema educativo.

2.12 Il ciclo della performance

La L. n. 150/2009, promossa dal Ministro Renato Brunetta, ha introdotto il "Ciclo della performance" per la pubblica amministrazione, con l'obiettivo di ottimizzare la produttività del lavoro pubblico e l'efficienza delle amministrazioni. Il ciclo della performance si articola in diverse fasi:

- **definizione e assegnazione degli obiettivi**: vengono definiti gli obiettivi che si intendono raggiungere, i valori attesi di risultato e gli indicatori di misurazione; questi obiettivi sono collegati alla strategia complessiva dell'amministrazione e alle priorità definite;
- **collegamento tra obiettivi e allocazione di risorse**, in modo da garantire che siano disponibili i mezzi necessari per il loro raggiungimento;
- **monitoraggio in corso di esercizio**: viene attivato un sistema di monitoraggio continuo per valutare l'avanzamento verso gli obiettivi prefissati;
- **misurazione e valutazione della performance**: viene effettuata una misurazione della performance sia a livello organizzativo che individuale, utilizzando gli indicatori definiti in fase di definizione degli obiettivi;
- **utilizzo dei sistemi premianti** basati sui criteri di valutazione di merito.

2.13 Il PNRR e il Piano Scuola 4.0

Il Piano Nazionale di Ripresa e Resilienza (PNRR) è un piano approvato dall'Italia nel 2021 con l'obiettivo di stimolare la ripresa economica dopo la pandemia di COVID-19 e promuovere lo sviluppo verde e digitale del Paese. Il PNRR prevede risorse finanziarie considerevoli, destinate a settori chiave come la digitalizzazione, l'innovazione, la competitività e la cultura.

Nel contesto del PNRR, è stato istituito il "Piano Scuola 4.0", che si focalizza sulla trasformazione digitale del sistema scolastico italiano. Esso rappresenta uno strumento di sintesi e accompagnamento all'attuazione delle linee di investimento previste dal PNRR, per supportare le azioni delle istituzioni scolastiche nel rispetto della loro autonomia didattica.

Il Piano Scuola 4.0 prevede due azioni principali. L'**azione 1** riguarda le scuole primarie e le scuole secondarie di primo grado, e mira a favorire l'apprendimento attivo, la collaborazione, la motivazione e l'inclusione degli studenti. Vengono creati spazi didattici innovativi come aule a righe, laboratori di creatività, carrelli tematici, web radio.

L'**azione 2** riguarda le scuole secondarie di secondo grado ed è volta alla creazione di laboratori specifici per le professioni digitali del futuro. Vengono realizzati laboratori di robotica e automazione, realtà virtuale, laboratori di materie e indirizzo specifici, *podca-*

sting, web TV, metaverso lab, al fine di preparare gli studenti alle competenze richieste nel mondo del lavoro digitale.

2.14 Lo statuto delle studentesse e degli studenti

Lo Statuto in esame si configura quale documento fondamentale per gli studenti che frequentano la scuola secondaria italiana; dev'essere rispettato da ogni istituto nella stesura del proprio regolamento interno e del progetto educativo.

Esso nasce dal confronto aperto dal Ministero della pubblica istruzione, su iniziativa del ministro Luigi Berlinguer, attraverso le varie consulte provinciali degli studenti, ed è stato emanato con il D.P.R. 24/6/1998, n. 249.

Lo statuto è stato modificato successivamente con il D.P.R. 235/2007 che ha inserito l'art. 5-*bis* con cui si introduce il patto educativo di corresponsabilità, finalizzato a definire in maniera dettagliata e condivisa diritti e doveri nel rapporto tra istituzione scolastica autonoma, studenti e famiglie e il cui obiettivo primario è quello di impegnare le famiglie, fin dal momento dell'iscrizione, a condividere con la scuola i nuclei fondanti dell'azione educativa.

Lo studente, si legge, ha diritto ad una formazione culturale e professionale qualificata che rispetti e valorizzi, anche attraverso l'orientamento, l'identità di ciascuno e sia aperta alla pluralità delle idee. La scuola deve perseguire la continuità dell'apprendimento e valorizza le inclinazioni personali degli studenti, anche attraverso un'adeguata informazione, la possibilità di formulare richieste, di sviluppare temi liberamente scelti e di realizzare iniziative autonome.

I dirigenti scolastici e i docenti, con le modalità previste dal regolamento di istituto, attivano con gli studenti un dialogo costruttivo sulle scelte di loro competenza in tema di programmazione e definizione degli obiettivi didattici, di organizzazione della scuola, di criteri di valutazione, di scelta dei libri e del materiale didattico. Lo studente **ha inoltre diritto a una valutazione trasparente e tempestiva, volta ad attivare un processo di autovalutazione che lo conduca a individuare i propri punti di forza e di debolezza e a migliorare il proprio rendimento.**

Nei casi in cui una decisione influisca in modo rilevante sull'organizzazione della scuola gli studenti della scuola secondaria superiore, anche su loro richiesta, possono essere chiamati ad esprimere la loro opinione mediante una consultazione. Analogamente negli stessi casi e con le stesse modalità possono essere consultati gli studenti della scuola media o i loro genitori.

Gli studenti hanno poi diritto alla libertà di apprendimento ed esercitano autonomamente il diritto di scelta tra le attività curricolari integrative e tra le attività aggiuntive facoltative offerte dalla scuola. Le attività didattiche curricolari e le attività aggiuntive facoltative sono organizzate secondo tempi e modalità che tengono conto dei ritmi di apprendimento e delle esigenze di vita degli studenti.

Gli studenti stranieri hanno diritto al rispetto della vita culturale e religiosa della comunità alla quale appartengono. La scuola, a tal fine, promuove e favorisce iniziative volte all'accoglienza e alla tutela della loro lingua e cultura e alla realizzazione di attività interculturali.

2.15 Le attività funzionali all'insegnamento

Prima dell'inizio delle lezioni, il dirigente scolastico predispone, sulla base delle eventuali proposte degli organi collegiali, il piano annuale delle attività e i conseguenti impegni del personale docente, che sono conferiti in forma scritta e che possono prevedere attività aggiuntive. Il piano, comprensivo degli impegni di lavoro, è deliberato dal collegio dei docenti nel quadro della programmazione dell'azione didattico-educativa e con la stessa procedura è modificato, nel corso dell'anno scolastico, per far fronte a nuove esigenze

Le attività del docente si articolano in attività di insegnamento, ma anche in attività **funzionali alla prestazione di insegnamento** (art. 44 CCNL 2019-2021).

L'attività di insegnamento si svolge in:
- 25 ore settimanali nella scuola dell'infanzia;
- 22 ore settimanali nella scuola primaria, cui si aggiungono 2 ore di programmazione (da dedicare, anche in modo flessibile e su base plurisettimanale, esclusivamente alla programmazione didattica);
- 18 ore settimanali nella scuola secondaria di primo e secondo grado.

Le suddette ore sono distribuite in non meno di cinque giornate settimanali

L'attività funzionale all'insegnamento è costituita da ogni impegno inerente alla funzione docente previsto dai diversi ordinamenti scolastici. Essa comprende tutte le attività, anche a carattere collegiale, di **programmazione, progettazione, ricerca, valutazione, documentazione, aggiornamento e formazione, compresa la preparazione dei lavori degli organi collegiali,** la partecipazione alle riunioni e l'attuazione delle delibere adottate dai predetti organi.

Tra gli **adempimenti individuali** dovuti rientrano le attività relative:
- alla preparazione delle lezioni e delle esercitazioni;
- alla correzione degli elaborati;
- ai rapporti individuali con le famiglie.

Le **attività di carattere collegiale** riguardanti tutti i docenti sono costituite da:
- partecipazione alle riunioni del Collegio dei docenti, ivi compresa l'attività di programmazione e verifica di inizio e fine anno e l'informazione alle famiglie sui risultati degli scrutini trimestrali, quadrimestrali e finali e sull'andamento delle attività educative nelle scuole dell'infanzia e nelle istituzioni educative, fino a 40 ore annue;
- la partecipazione alle attività collegiali dei consigli di classe, di interclasse, di intersezione, inclusi i gruppi di lavoro operativo per l'inclusione.

L'articolo 44 dell'Ipotesi di CCNL 2019-2021 contempla la possibilità che le due ore di programmazione didattica collegiale nella scuola primaria possano svolgersi a distanza.

L'attività a distanza deve essere prevista nel Regolamento di Istituto.

Il nuovo contratto nazionale collettivo 2019-2021, oltre a prevedere la possibilità di svolgere a distanza le ore di programmazione alla primaria, contempla la medesima possibilità anche per alcune attività funzionali (sia quelle relative al collegio docenti/informazione alle famiglie che ai consigli di classe/interclasse/intersezione/GLO).

Appendice

GUIDA ALLA PROGETTAZIONE DIDATTICA

Sezione I

Guida alla progettazione UdA

Progettare l'UdA in maniera efficace

Le 5 fasi di lavoro per la costruzione di un'unità di apprendimento:
- la fase della preparazione della prestazione che valuterà lo sviluppo della competenza;
- la fase diagnostica;
- la fase dell'insegnamento delle conoscenze, della comprensione profonda, delle abilità o del cosa lo studente deve saper fare;
- la fase della valutazione dopo l'insegnamento;
- la fase della valutazione sommativa della competenza acquisita.

OBIETTIVI GENERALI UDA

Gli obiettivi generali rappresentano gli **indirizzi generali** dettati dal Ministero rispetto ai contenuti di insegnamento. Ogni grado di scuola ha la sua normativa di riferimento che indica gli obiettivi generali:
- per l'**infanzia e il primo ciclo** (scuola primaria e scuola secondaria di primo grado), la normativa di riferimento è rappresentata dal **D.M. 254/2012** (Indicazioni Nazionali primo ciclo);
- per il **secondo ciclo** (scuola secondaria di secondo grado) abbiamo **Indicazioni Nazionali e Linee Guida** differenti per ciascuna tipologia di istituto;
- per i **licei** valgono le Indicazioni Nazionali rappresentate dal **D.I. 211/2010;** per gli **istituti tecnici** bisogna fare riferimento ai criteri di riassetto didattico dettati dall'art. 26 D.l. 144/2022 a norma del quale il profilo educativo, culturale e professionale deve basarsi su uno stretto raccordo della scuola con il mondo del lavoro e delle professioni e ispirarsi ai modelli promossi dall'Unione europea, in coerenza con gli obiettivi di innovazione, sostenibilità ambientale e competitività del sistema produttivo in un'ottica di promozione e sviluppo dell'innovazione digitale determinata dalle evoluzioni generate dal Piano nazionale «Industria 4.0» e di personalizzazione dei percorsi contenuta nel Progetto formativo individuale; per gli **istituti professionali** occorre fare riferimento ai criteri per favorire l'adozione del nuovo assetto didattico dettati dal D. lgs. 61/2017 e dal relativo decreto di attuazione (D.M. 24 agosto 2021).

Per progettare unità di apprendimento, oltre a Linee Guida e Indicazioni Nazionali, rilevano anche le **competenze chiave per l'apprendimento permanente** (raccomandazione EU del 22 maggio 2018) e le **competenze chiave di cittadinanza** di cui al D.M. 139/2007.

LA PREPARAZIONE DELLA PRESTAZIONE CONTESTUALIZZATA O DI REALTÀ

La prestazione implica la descrizione concreta e definita di cosa uno studente deve essere in grado di fare al termine di un periodo di apprendimento. È una situazione di realtà, nella quale una persona può trovarsi ad applicare i contenuti di conoscenza appresi nell'unità. Tutti gli autori oggi sottolineano che essa deve essere complessa, verosimile e contenere l'espressione delle abilità che definiscono la competenza. Dicono McTighe e Wiggins (2015) che concretamente, quando si prepara la prestazione bisogna fare attenzione a diverse caratteristiche:

- la descrizione di una situazione che contestualizzi la prestazione;
- un ruolo assegnato allo studente e uno al destinatario, per il quale la prestazione viene eseguita;
- indicazioni chiare per il prodotto da realizzare;
- indicazione degli atteggiamenti che lo studente deve adottare per eseguire la prestazione, senza dare indicazioni su come deve procedere nell'eseguirla;
- la consegna dovrà essere accompagnata dalla rubrica con la quale lo studente auto-valuterà la sua prestazione.

LA FASE DIAGNOSTICA (CORNICE DI RIFERIMENTO)

Stabilito il punto di arrivo, l'insegnante può pensare alla progettazione didattica. È evidente che la progettazione didattica dipenderà dal punto di partenza in cui si trovano gli studenti e la classe. È anche ovvio che in una classe non si trovano tutti allo stesso punto di partenza. È quindi necessario che l'insegnante debba accertarsi "da dove" partono gli studenti rispetto a "dove" vuole che giungano. Tale attività viene anche chiamata valutazione diagnostica e ha l'obiettivo di dare informazioni all'insegnante sulla vicinanza o lontananza o sulla disponibilità *(readiness)* degli studenti ad apprendere il nuovo argomento. Spesso la prova diagnostica comincia con domande come le seguenti:

- *Ti è mai capitato di vedere … Cosa hai pensato di…? Perché avviene …?*
- *Hai sentito o letto queste parole … …. … … … cosa vogliono dire? Sapresti scrivere una frase nelle quali sia contenuta una di queste parole?*
- *Ti interessa sapere perché …*
- *Ti piacerebbe sapere …*
- *Se ti capitasse di trovarti in questa situazione …*
- *Guarda questa immagine (fotografia, grafico, tabella, ecc.) cosa capisci semplicemente osservandola con attenzione?*
- *Cosa pensi già di sapere su …*
- *Che utilità ha sapere che …*
- *Che cosa ti mancherebbe o non sapresti fare se non sapessi nulla di….*

Partendo dalle risposte a queste domande l'insegnante può progettare l'insegnamento.

Esempio

CORNICE DI RIFERIMENTO

Destinatari: CLASSE PRIMA - ISTITUTO PROFESSIONALE
Profilo professionale: 14 alunni 2 alunni BES
Livello iniziale: 2 insufficiente/2 base/8 intermedio/4 avanzato
Bisogni educativi speciali: dislessia certificata L. 170/2010
Strumenti compensativi: audio libro, sintesi vocale, registratore
Misure dispensative: lettura ad alta voce, scrittura sotto dettatura
Bisogni educativi speciali: disgrafia certificata L. 170/2010
Strumenti compensativi: programmi di videoscrittura, registratore vocale
Misure dispensative: prendere appunti, scrittura sotto dettatura

Diagnosi: dal profilo della classe emergono due alunni BES, pertanto, occorre adottare misure che favoriscono una didattica inclusiva; inoltre essendo presente in maggioranza il livello intermedio è possibile realizzare il *peer tutoring* in modo da valorizzare le eccellenze e recuperare le insufficienze.

L'INSEGNAMENTO DELLA COMPETENZA

Quando ha raccolto informazioni su "dove si trovano" gli studenti, l'insegnante può pensare a progettare l'insegnamento. Questo momento richiede inizialmente all'insegnante di definire, descrivere ed essere precisi su tre aspetti:
- quali sono le conoscenze e i concetti che gli studenti devono comprendere e familiarizzare;
- quale "comprensione profonda" queste conoscenze devono produrre o suscitare;
- cosa devono saper fare gli studenti con queste conoscenze.

I prerequisiti rappresentano le conoscenze e le abilità che gli studenti devono possedere per affrontare l'unità di apprendimento.

GLI OSA

Questa fase attiene agli obiettivi specifici di apprendimento (OSA) ovvero le conoscenze, abilità e **competenze** in base agli obiettivi generali e ai risultati di apprendimento attesi al termine dell'UDA.

La conoscenza è il sapere teorico; l'abilità è la capacità di utilizzare il sapere teorico; la competenza è un insieme integrato di conoscenze, abilità e atteggiamenti che permette di utilizzare conoscenze e abilità in contesti reali e situazioni nuove. La domanda guida per individuare gli OSA è la seguente: cosa devono sapere e saper fare gli alunni al termine dell'UDA/attività didattica?

LE ESPERIENZE DI APPRENDIMENTO

Stabilite le conoscenze, la comprensione profonda e le cose da saper fare, l'insegnante prepara una sequenza temporale di esperienze di apprendimento. Queste richiedono brevi periodi di tempo, sono molto ben definite e mirate a un obiettivo di apprendimento. Nel preparare la sequenza, l'insegnante deve tener conto di molte cose: la progressività, la partecipazione attiva degli studenti, la motivazione, la direzione ultima a cui devono convergere tutte le esperienze; stimolare l'assunzione degli atteggiamenti, controllare costantemente attraverso la valutazione formativa l'efficacia del proprio insegnamento, creare le condizioni di aiuto e valutazione reciproca; e altre ancora. Elementi irrinunciabili in una esperienza di apprendimento:

a. **Il richiamo dell'obiettivo dell'unità e dell'obiettivo particolare di quella esperienza di apprendimento.** In altre parole, è importante richiamare costantemente gli studenti sul senso e la ragione di ciò che si fa quel giorno e giorno dopo giorno, indicare dove si è diretti e perché è importante in quel momento imparare una determinata cosa e, mano a mano che si procede, richiamare quello che si è fatto e quello che rimane da sapere.

b. **Nell'esperienza di apprendimento, l'insegnante organizza l'attività avendo cura che tutti gli studenti siano sempre coinvolti.** È certamente di grande aiuto conoscere e saper utilizzare le tecniche del *cooperative learning* (*jigsaw*, pensare in due e condividere) nonché l'applicazione di metodi di apprendimento come il *problem solving*, la ricerca guidata, la costruzione fatta in coppia della mappa semantica di un testo, ecc. In genere, l'insegnante immagina questa attività in modo approssimativo e poi le concretizza quando si trova in classe. Questa abitudine va corretta, stabilendo in modo concreto e preciso, prima di entrare in classe, come procederà l'attività e adattandola, semmai, nel momento in cui si svolge.

c. **Le esperienze di apprendimento dovrebbero sempre essere strutturate in una forma che veda gli studenti partecipare in maniera attiva, ma anche in modo da "educare" gli atteggiamenti inclusi nel profilo di competenza.** Ad esempio, si può immaginare che nell'attività presentata sopra l'insegnante, chiedendo di "usare parole diverse per dire la stessa cosa" e di "controllare la precisione delle parole scelte" e "poi ancora [di] correggere il già corretto", intenda educare gli atteggiamenti della flessibilità, della precisione e dell'accuratezza.

d. **Può essere anche molto importante disporre di efficaci principi di apprendimento a cui fare riferimento.**

LA VALUTAZIONE FORMATIVA

La valutazione formativa è una tecnica di insegnamento che l'insegnante usa per migliorare l'apprendimento dello studente ed eventualmente per modificare le sue scelte didattiche, qualora si fossero dimostrate inefficaci per qualche studente. Anche se la ricerca sulla valutazione formativa è recente, gli studi e i risultati ottenuti sono molti e le pubblicazioni contengono moltissime strategie di applicazione. Ogni esperienza di apprendimento dovrebbe terminare con la risposta alle seguenti domande:

Ciò che gli studenti devono apprendere è chiaro? Quali aspetti della competenza (cono-scenze e abilità) sono in primo piano in questa attività? Quale atteggiamento viene educato? Quale strategia o tecnica di valutazione formativa viene applicata per verificare l'apprendi-mento?

LA VALUTAZIONE DOPO L'INSEGNAMENTO

La valutazione dopo l'insegnamento si riferisce a un periodo intermedio tra la fine delle esperienze di apprendimento e la prova per la verifica dell'apprendimento. Anche se durante le esperienze di apprendimento l'insegnante ha già verificato, a piccoli passi, il processo avvenuto lungo l'unità di apprendimento, può capitare che alcuni studenti manchino di visione integrata dell'argomento o che alcuni aspetti significativi siano an-cora poco chiari. La valutazione "dopo" l'insegnamento non aggiunge niente di nuovo a quello che è già stato insegnato, ma verifica come è stato assimilato l'argomento e se gli studenti siano pronti ad affrontare la prestazione conclusiva.

LA VALUTAZIONE SOMMATIVA

Innanzitutto va ricordato che la funzione della valutazione non è giudicare, motivare o punire. La valutazione assume oggi principalmente lo scopo di "informare" – studen-ti, insegnanti, genitori, lo Stato ecc. Anche se ci sono diversi sistemi di controllo o di misurazione dello sviluppo della competenza, riteniamo che la forma con meno limiti (non la migliore) sia la valutazione qualitativa attraverso lo strumento della rubrica. La rubrica è in grado di misurare le varie abilità contenute in una competenza e può, se ben costruita, suggerire allo studente e all'insegnante l'obiettivo successivo da realizzare. Se ben utilizzata, si evitano i molti problemi collegati alla valutazione in voti o a criteri di giudizio non imparziali, non attendibili e a complicazioni sul piano della motivazione e dell'auto-efficacia. La rubrica riprende come criteri le abilità presenti nella descrizione del profilo e ne evidenzia il contenuto. Di ogni abilità/criterio propone una scala, che in qualche modo, indica quanto bene o con quali limiti un'abilità può esprimersi. Il conte-nuto deve essere chiaro e comprensibile agli studenti. Questa preoccupazione può dimi-nuire in modo considerevole se i criteri sono costantemente utilizzati di anno in anno o di prestazione in prestazione. A poco a poco essa diventa una modalità comprensibile e utilizzabile anche dagli studenti.

MODELLO UDA n.1

Titolo: la Rivoluzione industriale.

Compito autentico: gli alunni, dopo aver studiato i materiali forniti dal docente, devono produrre una mappa concettuale, in gruppo, su una specifica fase della Rivoluzione o sui principali personaggi.

CORNICE DI RIFERIMENTO

Destinatari: L'UDA è rivolta ad una classe seconda della scuola secondaria di primo grado.

Profilo di classe: La classe è eterogenea per livello di apprendimento, è composta da 20 alunni di cui 2 con BES. In particolare un alunno dislessico con PDP ai sensi della L. 170/2010 e un alunno straniero con svantaggio linguistico con PDP ai sensi della Direttiva Ministeriale del 27 dicembre 2012.

Diagnosi: Il livello di interesse è medio-alto e non ci sono problemi comportamentali.

OBIETTIVI GENERALI

La normativa di riferimento è il D.M. 254/2012. A partire dal decreto individuiamo i **traguardi per lo sviluppo delle competenze** e gli obiettivi di apprendimento più pertinenti.

Traguardi per lo sviluppo delle competenze:

L'alunno si informa in modo autonomo su fatti e problemi storici anche mediante l'uso di risorse digitali. Comprende testi storici e li sa rielaborare con un personale metodo di studio.

Obiettivi di apprendimento:

Usare fonti di diverso tipo (documentarie, iconografiche, narrative, materiali, orali, digitali, ecc.) per produrre conoscenze su temi definiti.

Competenze chiave europee (dalla raccomandazione europea del 22 maggio 2018):

Competenza alfabetica funzionale.

Competenze personale, sociale e capacità di imparare a imparare.

Competenza in materia di consapevolezza ed espressione culturali.

OBIETTIVI SPECIFICI DI APPRENDIMENTO (OSA)

Conoscenze:

- Conoscere le cause e le conseguenze della Rivoluzione Industriale, identificando i principali eventi e personaggi chiave dell'epoca.
- Conoscere le origini e le scoperte della Rivoluzione Industriale e il loro impatto sulla società contemporanea..

Abilità:

- Comunicare efficacemente le proprie idee e opinioni riguardo agli argomenti trattati durante la Rivoluzione Industriale.
- Analizzare criticamente fonti storiche, inclusi documenti e opere d'arte, per ottenere una comprensione approfondita della Rivoluzione Industriale.
- Relazionare eventi e personaggi storici alla situazione politica, sociale e culturale dell'epoca.

Competenze:

- Essere in grado di lavorare in gruppo in modo collaborativo e cooperativo, rispettando le opinioni altrui e partecipando attivamente alle discussioni.
- Essere in grado di contribuire in modo proattivo alle attività di gruppo, assegnando e svolgendo compiti in modo equo e responsabile.

Prerequisiti: comprendere i concetti di società, politica, e uguaglianza; Capacità di leggere e comprendere testi storici di livello adeguato.

Raccordo con altre discipline:

- **Italiano:** lettura e analisi di testi storici, scrittura di saggi o relazioni sulla Rivoluzione Industriale;
- **Arte e immagine:** studio e analisi delle opere d'arte prodotte durante la Rivoluzione Industriale.

Metodi, tecniche e strumenti:

- **Lezione partecipata e brainstorming** per fornire le informazioni di base sulla Rivoluzione Industriale;
- **Circle time** per discutere e analizzare gli eventi e i personaggi chiave;
- **Cooperative learning** per la produzione delle mappe concettuali. Utilizzo di **materiale didattico multimediale** (video, immagini, documenti storici) per favorire la comprensione e l'interesse degli studenti.

ARTICOLAZIONE OPERATIVA

1. Verifica dei prerequisiti (e valutazione diagnostica). **Tempi:** 30 minuti.
2. Introduzione alla Rivoluzione Industriale attraverso una panoramica delle cause e dei principali eventi. **Tempi:** 2-3 ore.
3. Approfondimento delle diverse fasi della Rivoluzione Industriale. **Tempi:** 6-8 ore.
4. Verifica intermedia (e valutazione formativa). **Tempi:** 1 ora.
5. Analisi dei documenti storici e delle scoperte prodotte. **Tempi:** 2-4 ore.
6. Discussione dei profili sociali della Rivoluzione industriale in circle time. **Tempi:** 2-4 ore.
7. Realizzazione mappe concettuali in gruppo sulle fasi della Rivoluzione Industriale.
8. Verifica finale (e valutazione sommativa). **Tempi:** 2 ore.

Si evidenzia che i tempi non possono precisi, ma possono variare. Questo accade in quanto l'UdA pone gli alunni al centro del processo di apprendimento e quindi i tempi dipendono dagli alunni. Inoltre, sono previste tre forme di valutazione : **diagnostica**, per accertare i prerequisiti; **formativa**, per regolare il processo di apprendimento; **sommativa**, per accertare il raggiungimento degli obiettivi di apprendimento.

VERIFICA E VALUTAZIONE

Verifica

Conoscenze e abilità: prova semistrutturata per verificare la conoscenza degli eventi della Rivoluzione Industriale.

Competenze: compito autentico: dati diversi documenti riguardanti la Rivoluzione Industriale (brani, documenti dell'epoca, opere, brani, scoperte), realizzare una mappa concettuale, in gruppi di 4 alunni, sulle diverse fasi della Rivoluzione e sui Paesi protagonisti.

Valutazione

Conoscenze e abilità: griglia di valutazione. I criteri devono riferirsi agli OSA.

Competenze: rubrica valutativa per valutare la competenza (lavorare in gruppo). **Esempi di dimensioni:** partecipazione, collaborazione, comunicazione efficace, rispetto degli altri.

RICORDA CHE...

Non tutte le prove di verifica sono uguali!

Le **prove non strutturate** sono delle prove aperte o a risposta libera. Queste prove lasciano agli alunni piena libertà rispetto alle modalità di svolgimento della prova e al contenuto della risposta. **Esempi di prove non strutturate** possono essere le interrogazioni, i temi d'italiano o i riassunti. Le risposte ai tali prove non sono prevedibili, quindi è necessario stabilire a priori dei criteri oggettivi di valutazione degli elaborati.

Le **prove strutturate** prevedono uno **stimolo chiuso e una risposta predefinita.** Le prove strutturate possono includere quesiti di diverso tipo. Ad esempio vero-falso, a scelta multipla, a corrispondenza, a completamento.

Esempio:.
- **Vero-falso:** La capitale della Spagna è Madrid
  - Vero
  - Falso
- **Risposta multipla:** Dove si trova Barcellona?
  - Francia
  - Spagna
  - Italia
- **A corrispondenza:** vengono proposti due elenchi di elementi e si richiede di stabilire un collegamento. Esempio: geranio-verde (associazione pianta-colore).
- **A completamento** *fill in the blanks).* Gli *items* sono prefissati: 1. Parigi, 2. Verde, 3. Italia.
  - Parigi si trova in _____
  - Il geranio è _____

Le prove strutturate hanno il **vantaggio** di essere oggettive, ma non mettono in evidenza il ragionamento dell'alunno.

Le **prove semistrutturate** rappresentano una via di mezzo tra quelle non strutturate e quelle strutturate. Tali prove prevedono uno **stimolo chiuso** e una **risposta aperta.** Gli alunni sono guidati nella risposta, ma hanno comunque la libertà di formularla. Questo tipo di prove solitamente è costituito da domande a risposta aperta.

MODELLO UDA n.2

Titolo: Gestione e controllo delle emozioni negative

Traguardi per lo sviluppo delle competenze	Obiettivi specifici d'apprendimento
PRESENTAZIONE DELL'UDA Il ragazzo indica rispondendo ad un questionario quali relazioni predilige o respinge all'interno della classe. Le relazioni fanno riferimento sia all'aspetto emotivo-ludico che all'aspetto funzionale lavorativo (lavorare in gruppo). DURATA: 16 h in presenza	• Essere consapevoli delle dinamiche del gruppo classe (leader-emarginato-isolato marginale-popolare)
LAVORO SULLE EMOZIONI E SULLA GESTIONE DELLE EMOZIONI NEGATIVE	
LE EMOZIONI – SCIENZE Il ragazzo riconosce e descrive le proprie emozioni collegandole al suo vissuto. Classificazione delle emozioni secondo l'intensità. Collegamento delle emozioni ai pensieri. LE EMOZIONI – ITALIANO LE EMOZIONI – SCIENZE MOTORIE	• Conoscere le emozioni primarie e le emozioni secondarie • Collegare il proprio vissuto alle emozioni • Riconoscere i segnali del corpo che preannunciano l'insorgere di una reazione emotiva. • Imparare a individuare i correlati neurovegetativi delle emozioni. • Praticare la consapevolezza dei pensieri collegati a stati emozionali (abilità meta-emotive). • ITALIANO: Individuare in un testo scritto/ in una poesia le parti che connotano l'emozione. Saper descrivere per iscritto episodi emotivi. • SCIENZE MOTORIE: Approccio a tecniche di rilassamento come mezzo per attenuare le reazioni negative connesse a forti emozioni
LE EMOZIONI – DISCIPLINE PITTORICHE/GRAFICHE/LABORATORIO	• ARTE: cogliere le emozioni in un'immagine partendo dalle composizioni cromatiche • ARTE: saper esprimere operativamente in modo creativo e personale emozioni mediante tecniche particolari di stesura dei colori, utilizzo di vari materiali, attività di manipolazione e di modellaggio
LE CARATTERISTICHE DEL PERSONAGGIO DEL FUMETTO Il ragazzo definisce e disegna delle bozze	• Collaborare in coppia o in piccolo gruppo per la realizzazione di un disegno comune
SITUAZIONI RELAZIONALI PROBLEMATICHE Il ragazzo esprime ai propri compagni le situazioni che lo mettono a disagio.	• Esprimere il proprio pensiero in riferimento ad alcune problematicità emerse in classe • Ascoltare il pensiero altrui • Condividere e accettare
LA COMUNICAZIONE EFFICACE Il ragazzo scopre la propria modalità comunicativa e scopre che esistono altre modalità di comunicazione	• Conoscere le varie modalità della comunicazione • Collocare l'esperienza personale in un sistema di regole fondato sul reciproco riconoscimento dei diritti garantiti dalla Costituzione, a tutela della persona, della collettività e dell'ambiente.

RICERCA DI SOLUZIONI ALLE SITUAZIONI RELAZIONALI PROBLEMATICHE Il ragazzo riflette, si confronta, discute con i compagni e riconosce la reciprocità di attenzione tra chi parla e chi ascolta.	• Comprendere la necessità di trovare un accordo tra pensieri e punti di vista diversi. • Argomentare, sostenere le proprie ragioni
RISOLUZIONE DI EMOZIONI NEGATIVE LEGATE ALLO STUDIO DELLE SINGOLE MATERIE	• Riflettere sulle emozioni negative che condizionano l'apprendimento e cercare i pensieri che aiutano a risolvere le problematiche dello studio
ATTIVITÀ PER CONOSCERSI MEGLIO, CONOSCERE MEGLIO L'ALTRO	
LA FIDUCIA NEI COMPAGNI Il ragazzo riflette sul grado di fiducia che ripone nei propri compagni • Essere consapevoli del ruolo della fiducia e riuscire a potenziarla	• Essere consapevoli del ruolo della fiducia e riuscire a potenziarla
CHI CONOSCIAMO MEGLIO Il ragazzo riflette sugli aspetti problematici tra sé e i compagni	• Essere consapevoli delle differenze
L'ASPETTO POSITIVO NEGLI ALTRI Il ragazzo si interessa ai tutti i suoi compagni e sceglie volontariamente di vedere nell'altro solo i lati positivi	• Cogliere negli altri i pregi, i contributi positivi, le risorse
TRASFORMARE I PROBLEMI IN RISORSA Il ragazzo disegna una propria caricatura trasformando un suo difetto fisico in risorsa	• Conoscere la tecnica del disegno di una caricatura • Utilizzare la creatività per sorprendere gli altri
IL PUNTO DI VISTA DELL'ALTRO Il ragazzo comprende che gli altri, "estranei" a noi, condividono con noi pensieri ed emozioni; sviluppa la capacità di assumere il punto di vista dell'altro, diventa consapevole delle sue emozioni e dei suoi bisogni.	• Ascoltare e riconoscere pensieri e punti di vista diversi dal proprio. • Assumere il punto di vista dell'altro • Dare la corretta risposta emotiva ai bisogni dell'altro
Conclusione UdA 1.DISEGNO DEL FUMETTO Il ragazzo esprime attraverso il fumetto le situazioni problematiche e propone una soluzione originale e creativa condivisa con i compagni	• Utilizzare in modo creativo strumenti, tecniche e materiali. • Individuo le strategie appropriate per la soluzione dei problemi
Conclusione UdA 2.TESTO ARGOMENTATIVO SULLA IMPORTANZA DELL'ASCOLTO	• Verifica: saper scrivere un testo argomentativo

ESEMPIO DI TESTO ARGOMENTATIVO: SAPERE ASCOLTARE LE DIVERSITÀ

"QUELLO CHE MOMO SAPEVA FARE"

Da Momo, di Michael Ende, ed. Longanesi, 1981

Quello che Momo sapeva fare come nessun altro era ascoltare.

Non è niente di straordinario, dirà più di un lettore: chiunque sa ascoltare.

Ebbene è un errore. Ben poche persone sanno davvero ascoltare. E come sapeva ascoltare Momo era una maniera assolutamente unica.

Momo sapeva ascoltare in tal modo che ai tonti, di botto si affacciavano alla mente idee molto intelligenti. Non perché dicesse o domandasse qualche cosa atta a portare gli altri verso queste idee, no; lei stava soltanto lì e ascoltava con grande attenzione e vivo interesse. Mentre teneva fissi i suoi vividi grandi occhi scuri sull'altro, questi sentiva con sorpresa emergere pensieri – riposti dove e quando? – che mai aveva sospettato di possedere.

Lei sapeva ascoltare così bene che i disorientati o gli indecisi capivano all'improvviso ciò che volevano.

Oppure i pavidi si sentivano, a un tratto, liberi e pieni di coraggio. Gli infelici e i depressi diventavano fiduciosi e allegri. E se qualcuno credeva che la sua vita fosse sbagliata e insignificante, se credeva di essere soltanto una nullità fra milioni di persone, uno che non conta e che può essere sostituito – come si fa con una brocca rotta – e andava lì… e raccontava le proprie angustie alla piccola Momo, ecco che, in modo inspiegabile, mentre parlava, gli si chiariva l'errore; perché proprio lui, proprio così com'era, era unico al mondo, quindi per la sua peculiare maniera di essere, individuo importantissimo per il mondo.

Così sapeva ascoltare Momo!

MODELLO UDA n.3

TITOLO: La Comunicazione Empatica (CE)

SCHEDA DI PROGETTO

Denominazione: *"Mi immedesimo in… "*

MOTIVAZIONI

Nella scuola i conflitti fanno parte della vita quotidiana e la comunicazione empatica può rappresentare uno strumento di supporto prezioso sia per gli studenti sia per i docenti. L'elemento fondamentale del processo della comunicazione empatica è l'individuazione dei bisogni propri e di quelli altrui; se il nostro dialogo è basato sui di essi, la nostra comunicazione può migliorare significativamente. Per "bisogni" si intendono i bisogni interiori universali che sono alla base del comportamento delle persone. Una maggiore consapevolezza di essi e dei sentimenti di appagamento o frustrazione che ne nascono se vengono soddisfatti o meno, aiuta ad attribuire a noi stessi e non agli altri, la responsabilità delle nostre emozioni e conduce sulla strada che porta alla capacità di chiedere agli altri supporto per soddisfare le nostre esigenze, in modo efficace, non conflittuale e collaborativo.

OBIETTIVI

- imparare a distinguere e dare un nome alle proprie emozioni e ampliare il lessico di riferimento;
- distinguere le emozioni generate da bisogni soddisfatti e insoddisfatti;
- saper individuare i propri bisogni e le strategie più efficaci per soddisfarli; - imparare a chiedere la collaborazione degli altri perché accolgano le nostre richieste;
- capire la differenza tra richieste e pretese e imparare ad accettare i no;
- migliorare la capacità di ascolto di sé stessi e degli altri;
- immaginare i bisogni e i sentimenti degli altri quando hanno scelto strategie vincenti o perdenti per ottenere ciò che desideravano;
- giocare a "mettersi nei panni degli altri";
- affrontare lo studio delle discipline in modo diverso e coinvolgente e approfondire la conoscenza di alcuni personaggi storici o contemporanei nell'ambito della programmazione annuale di classe;
- offrire a tutti i docenti della classe la possibilità di sfruttare questa opportunità di lavoro.

Destinatari: Alunni di scuola secondaria di primo grado

Prerequisiti: valutazione della conoscenza dell'argomento e della percezione della sua importanza.

Domande Guida. Sapresti dare una definizione della parola empatia? Potresti fare qualche esempio? Cosa significa per te dare e ricevere empatia? Prova a spiegare cosa si intende con l'espressione "mettersi nei panni di". Descrivi alcuni comportamenti che ti sembrano empatici e altri che pensi non lo siano. In quali occasioni ti senti ascoltato veramente? Cosa provi in quel caso? Come ti senti invece quando ti sembra che gli altri non ascoltino quello che dici? Cosa provi quando ricevi un "no" a una tua richiesta? Quando ti senti più felice e incline a di dire "sì" alle richieste degli altri? A scuola ti senti ascoltato? Se sì, in quali occasioni e da chi?

Competenze che si vogliono far acquisire o potenziare Capacità di ascolto, comunicazione efficace, auto-consapevolezza, pensiero divergente, intelligenza emotiva, empatia.

STRUMENTI E METODOLOGIE DIDATTICHE

- Lettura di testi che approfondiscono il tema delle emozioni

- Problem solving e apprendimento cooperativo

- Drammatizzazione

- Conversazione allargata o individuale con studenti che ne sentano il bisogno

- Giochi di ruolo che prevedano il "mettersi nei panni di..."

PIANO DI LAVORO

	ATTIVITA'	STRUMENTI	EVIDENZE OSSERVABILI	ESITI	TEMPI	VALUTAZIONE
1	Presentazione della CE: terminologia, principi fondanti, i 4 passi della comunicazione, ecc.	Libri di testo	Partecipazione alle attività proposte	Lo studente è informato sul lavoro e stimolato a cominciarlo	4h	Partecipazione e ascolto
2	La CE applicata in classe	Racconti di esperienze personali	Raccolta e condivisione di sentimenti e di bisogni degli studenti durante il racconto di episodi che li hanno stimolati positivamente o negativamente	Ogni studente redige una lista di sentimenti e di bisogni che è riuscito a identificare ripensando a un episodio specifico	4h	Produzione di una lista comune di bisogni e sentimenti; a turno ogni studente prova a ripetere i sentimenti e i bisogni raccontati dai compagni
3	Prove di comunicazione ed empatia	Consegna ad ogni studente di un esempio di comunicazione inefficace in un conflitto, che non ha portato ad esiti favorevoli	Ogni studente analizza il suo caso e cerca di individuare cosa non ha funzionato e soluzioni alternative che avrebbero favorito la comunicazione nei casi analizzati	Ogni studente realizza un elaborato nel quale indica quali termini, strategie, approcci alternativi avrebbero potuto essere impiegati perché il confronto avesse un esito positivo	4h	Produzione di un elaborato e condivisione con la classe delle soluzioni proposte

4	Suddivisione in gruppi della classe e scelta di personaggi storici o contemporanei (in funzione della programmazione didattica della classe) di cui dovranno immaginare emozioni e sentimenti in un momento particolare della loro vita (es. prima o dopo una battaglia, durante la realizzazione di un'opera d'arte, di una poesia ecc.)	Libri di testo, ricerche Web. Lavoro di gruppo e cooperativo	Gli studenti si dividono in gruppi e ogni gruppo sceglie un personaggio del quale approfondirà la vita, le esperienze, le opere…	I gruppi presentano brevemente il personaggio scelto, il momento che hanno individuato per immaginare le sue emozioni e i motivi della scelta	8h	Partecipazione e ascolto delle scelte di ogni gruppo
5	Elaborazione di un testo che racconti le emozioni e i sentimenti del personaggio nel momento scelto, come se fossero raccontate in prima persona da lui/lei	Lavoro di gruppo e cooperativo	Partecipazione alle attività proposte	Ogni gruppo registra un audio di massimo 3 minuti con il testo elaborato	8h	Realizzazione dell'audio che verrà reso disponibile anche ad altre sezioni nel caso affrontino lo studio di qualcuno dei personaggi scelti
6	Viene scelto un portavoce per ogni gruppo, che si traveste con gli abiti che il personaggio scelto potrebbe aver indossato nel momento in cui "parla"	Lavoro di gruppo e drammatizzazione.	Partecipazione alle attività collettive	Ogni gruppo a turno ascolta la testimonianza dei personaggi scelti dai compagni	4h	Partecipazione e ascolto

CONSEGNA AGLI STUDENTI

Per "consegna" si intende il documento che l'équipe dei docenti/formatori presenta agli studenti, sulla base del quale essi si attivano realizzando il compito autentico nei tempi e nei modi definiti, tenendo presente anche i criteri di valutazione.

Il linguaggio deve essere accessibile, comprensibile, semplice e concreto.

Titolo "Mi immedesimo in …"

Cosa prevede il progetto. Scoprirai cosa significa dare e ricevere empatia, potrai esercitarti a fare richieste in modo più efficace affinché ricevano una risposta positiva e potrai verificare in prima persona come, con un po' di attenzione al tuo linguaggio, possano migliorare i rapporti con tuoi compagni, docenti e perfino con i tuoi genitori. Potrai dare libero sfogo alla tua immaginazione per ricostruire i pensieri di un personaggio che sceglierai con i tuoi compagni, in un momento particolare della sua vita, che deciderete insieme. Darete voce al vostro personaggio registrando un audio che, alla fine del progetto, verrà fatto ascoltare ai tuoi compagni. In che modo Lavorerai da solo/a e in gruppo.

Quali artefatti. Realizzerete un audio di non più di 3 minuti che racconterà emozioni e sentimenti di un personaggio storico o contemporaneo in un momento della sua vita particolarmente significativo e che senso ha (a cosa serve, per quali apprendimenti). Imparerai a riconoscere e a dare un nome alle emozioni e ai sentimenti che provi in situazioni che ti rendono felice o che non ti piacciono; proverai ad ascoltare gli altri e immaginare cosa provano in diverse situazioni. Avrai la possibilità di fare richieste cercando le strategie più rispettose e allo stesso tempo efficaci, per aumentare la probabilità che vengano accolte.

Tempi Il lavoro sarà realizzato nel corso di tutto l'anno scolastico.

Criteri di valutazione. Gli elaborati e l'audio finale varranno valutati in funzione del linguaggio utilizzato, della coerenza con la vita e la storia dei personaggi scelti e dello sforzo creativo impiegato.

RELAZIONE INDIVIDUALE DEGLI STUDENTI

Ti chiediamo di rispondere alle domande che seguono per capire i punti di forza e di debolezza del progetto e se ci siano spetti che a tuo parere, si possono migliorare. - Descrivi il percorso generale dell'attività e gli obiettivi che aveva - Indica come avete svolto il compito nei gruppi e come hai contribuito tu - Indica se hai avuto problemi, come li hai affrontati, sia da solo sia con il tuo gruppo, e come li hai/avete risolti - Cosa pensi di aver imparato durante questo progetto? - Ci sono degli aspetti che ritieni di dover ancora migliorare? Se sì quali? - Ti sei divertito/a? - Hai suggerimenti?

SCHEDA DI AUTOVALUTAZIONE

Ora ti chiediamo di rispondere alle domande che seguono per capire cosa pensi di aver imparato da questo percorso e se ci sono delle parti che non ti sono ancora chiare che vorresti approfondire.

1. GLI ARGOMENTI - Di quali argomenti vi siete occupati? Li hai trovati facili o difficili? - Sapevi già qualcosa su questi argomenti si/no. Se sì, cosa?. Ti è servito per realizzare meglio il lavoro? Si/no - Scrivi cinque cose che hai imparato e che ti sono rimaste più impresse.

2. IL PRODOTTO FINALE

- Che voto daresti al lavoro prodotto? - Che cosa ti piace del vostro lavoro? - C'è qualcosa che cambieresti?

3. IL MIO GRUPPO DI LAVORO

Ti piacciono i lavori di gruppo in generale? Ti è piaciuto lavorare con i tuoi compagni? Avete collaborato facilmente? Vorresti rifare un lavoro con il tuo gruppo? (1 pochissimo, 2 poco, 3 molto, 4 moltissimo) - Su cosa si poteva migliorare il lavoro del gruppo?

4. IL MIO LAVORO

Che cosa ho fatto nel gruppo? - Che cosa mi è piaciuto di questa attività e perché? - Che cosa non mi è piaciuto di questa attività e perchè?

MODELLO UDA N. 4

Titolo: Le fasce fragili

Durata ore in presenza:	6 ore
COMPETENZA di riferimento	Comprendere le specificità di ciascun utenza e sapere, per ciascuna di esse, i sistemi di comunicazione adatti
CONOSCENZE ATTESE	I minori - Diritti dell'infanzia e violazione di tali diritti - Disagio, disadattamento e devianza • I diversamente abili: - Disabilità, menomazione e handicap - I diritti delle persone diversamente abili • La concezione della vecchiaia nel corso del tempo • I pregiudizi sulla vecchiaia • Le caratteristiche del fenomeno immigrazione • Interculturalità e immigrazione • La comunicazione con i bambini e gli adolescenti, con i diversamente abili, con gli anziani e con gli immigrati
ABILITÀ ATTESE	Riconoscere i passaggi storici e culturali che hanno condotto al riconoscimento dei diritti dell'infanzia Riconoscere i diritti dell'infanzia e i contesti di negazione di tali diritti Cogliere la differenza tra situazioni di disagio, disadattamento e devianza Individuare le diverse forme di disagio giovanile Utilizzare la terminologia corretta rispetto alle tematiche della disabilità Riconoscere i diritti delle persone diversamente abili Individuare i principali pregiudizi esistenti sulla vecchiaia Riconoscere le problematiche tipiche delle persone immigrate Individuare i diversi sistemi di comunicazione in relazione alle differenti tipologie di utenza
METODOLOGIE/STRATEGIE DIDATTICHE/AMBIENTI di LAVORO UTILIZZATI	• Lezione frontale • Costruzione di mappe concettuali • Brainstorming • Cooperative learning • Aula • Laboratorio informatico • Aula Lim • Libro di testo • Video • Mappe concettuali • Appunti
	Spiegazione • Esercitazioni pratiche • Lavori di gruppo
VERIFICA e VALUTAZIONE tipologie utilizzate	• Interrogazioni orali brevi • Interrogazioni orali approfondite • Prove scritte semistrutturate

Sezione II

Guida alla lezione inclusiva

Conoscere i disturbi specifici di apprendimento

I Disturbi Specifici di Apprendimento interessano alcune specifiche abilità dell'apprendimento scolastico, in un contesto di funzionamento intellettivo adeguato all'età anagrafica. Sono coinvolte in tali disturbi: l'abilità di lettura, di scrittura, di fare calcoli. Sulla base dell'abilità interessata dal disturbo, i DSA assumono una denominazione specifica:

-   **Dislessia** (lettura): si manifesta attraverso una minore correttezza e rapidità della lettura a voce alta rispetto a quanto atteso per età anagrafica, classe frequentata, istruzione ricevuta. Risultano più o meno deficitarie - a seconda del profilo del disturbo in base all'età - la lettura di lettere, di parole e non-parole, di brani. In generale, l'aspetto evolutivo della dislessia può farlo somigliare a un semplice rallentamento del regolare processo di sviluppo. Tale considerazione è utile per l'individuazione di eventuali segnali anticipatori, fin dalla scuola dell'infanzia.
-   **Disgrafia e disortografia** (scrittura): fa riferimento al controllo degli aspetti grafici, formali, della scrittura manuale, ed è collegata al momento motorio-esecutivo della prestazione; la disortografia riguarda invece l'utilizzo, in fase di scrittura, del codice linguistico in quanto tale. La disgrafia si manifesta in una minore fluenza e qualità dell'aspetto grafico della scrittura, la disortografia è all'origine di una minore correttezza del testo scritto; entrambi, naturalmente, sono in rapporto all'età anagrafica dell'alunno. In particolare, la **disortografia si può definire come un disordine di codifica del testo scritto, che viene fatto risalire ad un deficit di funzionamento delle componenti centrali del processo di scrittura**, responsabili della transcodifica del linguaggio orale nel linguaggio scritto.
-   **Discalculia:** riguarda l'abilità di calcolo, sia nella componente dell'organizzazione della cognizione numerica (intelligenza numerica basale), sia in quella delle procedure esecutive e del calcolo. Nel primo ambito, la discalculia interviene sugli elementi basali dell'abilità numerica: il *subitizing* (o riconoscimento immediato di piccole quantità), i meccanismi di quantificazione, la seriazione, la comparazione, le strategie di composizione e scomposizione di quantità, le strategie di calcolo a mente. Nell'ambito procedurale, invece, la discalculia rende difficoltose le procedure esecutive per lo più implicate nel calcolo scritto: la lettura e scrittura dei numeri, l'incolonnamento, il recupero dei fatti numerici e gli algoritmi del calcolo scritto vero e proprio.
-   **Comorbilità.** Pur interessando abilità diverse, i disturbi sopra descritti possono coesistere in una stessa persona - ciò che tecnicamente si definisce "comorbilità".

Ad esempio, il Disturbo del Calcolo può presentarsi in isolamento o in associazione (più tipicamente) ad altri disturbi specifici. La comorbilità può essere presente anche tra i DSA e altri disturbi di sviluppo (disturbi di linguaggio, disturbi di coordinazione motoria, disturbi dell'attenzione) e tra i DSA e i disturbi emotivi e del comportamento. In questo caso, il disturbo risultante è superiore alla somma delle singole difficoltà, poiché ognuno dei disturbi implicati nella comorbilità influenza negativamente lo sviluppo delle abilità complessive.

I docenti devono avere ben chiari gli obiettivi e i destinatari della didattica inclusiva per creare un clima scolastico che permetta a tutti gli alunni di sentirsi accettati, capiti e valorizzati.

Pertanto nell'esercizio della loro funzione gli stessi devono:

- valorizzare stili di apprendimento differenti, sfruttando i punti di forza degli studenti;
- favorire la partecipazione dell'intera classe, rispetto alle tradizionali lezioni frontali;
- sviluppare l'autostima degli alunni e la fiducia nelle loro capacità;
- facilitare l'apprendimento, rendendolo interattivo e coinvolgente;
- mantenere alta la motivazione di ciascun alunno;
- creare opportunità di dialogo e collaborazione.

Adozione delle strategie indicate nelle linee guida ministeriali

La scuola secondaria richiede agli studenti la piena padronanza delle competenze strumentali (lettura, scrittura e calcolo), l'adozione di un efficace metodo di studio e prerequisiti adeguati all'apprendimento di saperi disciplinari sempre più complessi; elementi, questi, che possono mettere in seria difficoltà l'alunno con DSA, inducendolo ad atteggiamenti demotivati e rinunciatari. Tali difficoltà possono essere notevolmente contenute e superate individuando opportunamente le strategie e gli strumenti compensativi nonché le misure dispensative.

Disturbo di lettura

Nel caso di studenti con dislessia, la scuola secondaria dovrà mirare a promuovere la capacità di comprensione del testo. La decodifica, ossia la decifrazione del testo, e la sua comprensione sono processi cognitivi differenti e pertanto devono essere considerati separatamente nell'attività didattica. A questo riguardo possono risultare utili alcune strategie riguardanti le modalità della lettura. È infatti opportuno:

- insistere sul passaggio alla lettura silente piuttosto che a voce alta, in quanto la prima risulta generalmente più veloce e più efficiente;
- insegnare allo studente modalità di lettura che, anche sulla base delle caratteristiche tipografiche e dell'evidenziazione di parole chiave, consenta di cogliere il significato generale del testo, all'interno del quale poi eventualmente avviare una lettura più analitica.

Per uno studente con dislessia, gli strumenti compensativi sono primariamente quelli che possono trasformare un compito di lettura (reso difficoltoso dal disturbo) in un compito di ascolto. A tal fine è necessario fare acquisire allo studente competenze adeguate nell'uso degli **strumenti compensativi**. Si può fare qui riferimento:

- alla presenza di una persona che legga gli *items* dei test, le consegne dei compiti, le tracce dei temi o i questionari con risposta a scelta multipla;
- alla sintesi vocale, con i relativi software, anche per la lettura di testi più ampi e per una maggiore autonomia;
- all'utilizzo di libri o vocabolari digitali. Studiare con la sintesi vocale è cosa diversa che studiare mediante la lettura diretta del libro di testo; sarebbe pertanto utile che i docenti o l'eventuale referente per la dislessia acquisiscano competenze in materia e che i materiali didattici prodotti dai docenti siano in formato digitale.

Per lo studente dislessico è inoltre più appropriata la proposta di nuovi contenuti attraverso il canale orale piuttosto che attraverso lo scritto, consentendo anche la registrazione delle lezioni. Per facilitare l'apprendimento, soprattutto negli studenti con difficoltà linguistiche, può essere opportuno semplificare il testo di studio, attraverso la riduzione della complessità lessicale e sintattica. Si raccomanda, inoltre, l'impiego di **mappe concettuali, di schemi, e di altri mediatori didattici** che possono sia facilitare la comprensione sia supportare la memorizzazione e/o il recupero delle informazioni.

In merito alle **misure dispensative**, lo studente con dislessia è dispensato:

- dalla lettura a voce alta in classe;
- dalla lettura autonoma di brani la cui lunghezza non sia compatibile con il suo livello di abilità;
- da tutte quelle attività ove la lettura è la prestazione valutata.

In fase di verifica e di valutazione, lo studente con dislessia può usufruire di tempi aggiuntivi per l'espletamento delle prove o, in alternativa e comunque nell'ambito degli obiettivi disciplinari previsti per la classe, di verifiche con minori richieste. Nella valutazione delle prove orali e in ordine alle modalità di interrogazione si dovrà tenere conto delle capacità lessicali ed espressive proprie dello studente.

Disturbo di scrittura

In merito agli **strumenti compensativi**, gli studenti con disortografia o disgrafia possono avere necessità di compiere una doppia lettura del testo che hanno scritto: la prima per l'autocorrezione degli errori ortografici, la seconda per la correzione degli aspetti sintattici e di organizzazione complessiva del testo. Di conseguenza, tali studenti avranno bisogno di maggior tempo nella realizzazione dei compiti scritti. In via generale, comunque, la valutazione si soffermerà soprattutto sul contenuto disciplinare piuttosto che sulla forma ortografica e sintattica. Gli studenti in questione potranno inoltre avvalersi:

- di mappe o di schemi nell'attività di produzione per la costruzione del testo;
- del computer (con correttore ortografico e sintesi vocale per la rilettura) per velocizzare i tempi di scrittura e ottenere testi più corretti;
- del registratore per prendere appunti.

Per quanto concerne le **misure dispensative**, oltre a tempi più lunghi per le verifiche scritte o a una quantità minore di esercizi, gli alunni con disgrafia e disortografia sono dispensati dalla valutazione della correttezza della scrittura e, anche sulla base della gravità del disturbo, possono accompagnare o integrare la prova scritta con una prova orale attinente ai medesimi contenuti.

Area del calcolo

Riguardo alle difficoltà di apprendimento del calcolo e al loro superamento, non è raro imbattersi in studenti che sono distanti dal livello di conoscenze atteso e che presentano un'impotenza appresa, cioè un vero e proprio blocco ad apprendere sia in senso cognitivo che motivazionale. Sebbene la ricerca non abbia ancora raggiunto dei risultati consolidati sulle strategie di potenziamento dell'abilità di calcolo, si ritengono utili i seguenti principi guida:

- gestire, anche in contesti collettivi, almeno parte degli interventi in modo individualizzato;
- aiutare, in fase preliminare, l'alunno a superare l'impotenza guidandolo verso l'esperienza della propria competenza;
- analizzare gli errori del singolo alunno per comprendere i processi cognitivi che sottendono all' errore stesso con intervista del soggetto;
- pianificare in modo mirato il potenziamento dei processi cognitivi necessari. In particolare, l'analisi dell'errore favorisce la gestione dell'insegnamento.

Tuttavia, l'unica classificazione degli errori consolidata nella letteratura scientifica al riguardo si riferisce al calcolo algebrico:

- errori di recupero di fatti algebrici;
- errori di applicazione di formule;
- errori di applicazione di procedure;
- errori di scelta di strategie;
- errori visuospaziali;
- errori di comprensione semantica.

L'analisi dell'errore consente infatti di capire quale confusione cognitiva l'allievo abbia consolidato in memoria e scegliere, dunque, la strategia didattica più efficace per l'eliminazione dell'errore e il consolidamento della competenza.

Riguardo **agli strumenti compensativi e alle misure dispensative**, valgono i principi generali secondo cui la calcolatrice, la tabella pitagorica, il formulario personalizzato, ecc. sono di supporto ma non di potenziamento, in quanto riducono il carico ma non aumentano le competenze.

Didattica per le lingue straniere

Poiché la **trasparenza linguistica**, ossia la corrispondenza fra come una lingua si scrive e come si legge, influisce sul livello di difficoltà di apprendimento della lingua da parte degli studenti con DSA, è opportuno che la scuola, in sede di orientamento o al momento di individuare quale lingua straniera privilegiare, informi la famiglia sull'opportunità di scegliere - ove possibile - una lingua che ha una trasparenza linguistica maggiore. Analogamente, i docenti di lingue straniere terranno conto, nelle prestazioni attese e nelle modalità di insegnamento, del principio sopra indicato.

In sede di programmazione didattica è raccomandato di **assegnare maggiore im-**

portanza allo sviluppo delle abilità orali rispetto a quelle scritte. Poiché i tempi di lettura dell'alunno con DSA sono più lunghi, è altresì possibile consegnare il testo scritto qualche giorno prima della lezione, in modo che l'allievo possa concentrarsi a casa sulla decodifica superficiale, lavorando invece in classe insieme ai compagni sulla comprensione dei contenuti.

In merito agli **strumenti compensativi**, con riguardo alla lettura, gli alunni e gli studenti con DSA possono usufruire di audio-libri e di sintesi vocale con i programmi associati. **La sintesi vocale può essere utilizzata sia in corso d'anno che in sede di esame di Stato**. Relativamente alla scrittura, è possibile l'impiego di strumenti compensativi come il computer con correttore automatico e con dizionario digitale. Anche tali strumenti compensativi possono essere impiegati in corso d'anno e in sede di esame di Stato.

Per quanto concerne le **misure dispensative**, gli alunni e gli studenti con DSA possono usufruire:

- di tempi aggiuntivi;
- di una adeguata riduzione del carico di lavoro;
- in caso di disturbo grave, è possibile in corso d'anno dispensare l'alunno dalla valutazione nelle prove scritte e, in sede di esame di Stato, prevedere una prova orale sostitutiva di quella scritta, i cui contenuti e le cui modalità sono stabiliti dalla Commissione d'esame sulla base della documentazione fornita dai Consigli di classe.

Resta fermo che in presenza della dispensa dalla valutazione delle prove scritte, gli studenti con DSA utilizzeranno comunque il supporto scritto in quanto utile all'apprendimento anche orale delle lingue straniere, soprattutto in età adolescenziale. In relazione alle forme di valutazione, per quanto riguarda la comprensione (orale o scritta), sarà valorizzata la capacità di cogliere il senso generale del messaggio; in fase di produzione sarà dato più rilievo all'efficacia comunicativa, ossia alla capacità di farsi comprendere in modo chiaro, anche se non del tutto corretto grammaticalmente.

Lo studio delle lingue straniere implica anche l'approfondimento dei caratteri culturali e sociali del popolo che parla la lingua studiata e, con l'avanzare del percorso scolastico, anche degli aspetti letterari. Poiché l'insegnamento di tali aspetti è condotto in lingua materna, saranno in questa sede applicati gli strumenti compensativi e dispensativi impiegati per le altre materie. Sulla base della gravità del disturbo, nella scuola secondaria i testi letterari in lingua straniera assumono importanza minore per l'alunno con DSA: considerate le sue possibili difficoltà di memorizzazione, **risulta conveniente insistere sul potenziamento del lessico ad alta frequenza piuttosto che focalizzarsi su parole più rare**, o di registro colto, come quelle presenti nei testi letterari.

Quali sono le strategie didattiche inclusive che favoriscono il rispetto della diversità e la comunicazione?

Di seguito di un elenco non esaustivo di tecniche e strategie utili a garantire un **apprendimento consapevole e responsabile**:

- *Apprendimento cooperativo o cooperative learning*. Tra le strategie e metodologie didattiche inclusive, quella dell'apprendimento cooperativo è la più facile da implementare. Studiando insieme in piccoli gruppi, gli alunni ricordano meglio i concetti grazie all'interazione e sviluppano qualità come responsabilità, interdipendenza positiva e abilità sociali.

- *Tutoring.* Chiedere ad alcuni alunni di diventare tutor degli altri è una delle metodologie di sostegno che può favorire nuovi contatti sociali e l'apprendimento interattivo. Inoltre, è anche utile per l'alunno che svolge il ruolo di tutor, sia per memorizzare i concetti, sia per una sua maggiore responsabilizzazione ed educazione alla diversità.
- *Problem solving.* Trovare soluzioni a problemi attraverso conoscenze già acquisite, suscita l'interesse degli alunni e aumenta la loro autostima e fiducia nelle proprie capacità.
- *Studio di caso.* Consiste in una descrizione dettagliata di un problema reale che gli alunni devono identificare e posizionare, trovando delle modalità di approccio efficaci.
- *Didattica laboratoriale.* Questo metodo si basa sulla riproduzione pratica di un concetto teorico appreso in precedenza, che permette agli studenti di produrre qualcosa attraverso strategie già conosciute o apprese sul momento.
- *Flipped classroom.* Tecnica che prevede dei materiali multimediali su un tema che gli studenti consultano a casa per essere già preparati sull'argomento del giorno.
- *Dibattito.* Metodologia estremamente efficace per sviluppare competenze linguistiche, logiche e comportamentali utili per far parte della cittadinanza attiva.
- *Processo a personaggi storici.* Strategia simile a quella del dibattito, dove però si mette in atto un processo a un personaggio storico. Il metodo favorisce la comprensione logica degli eventi e l'espressione chiara e concisa del proprio punto di vista supportato dai fatti.
- *Role playing.* Una forma di esercitazione dove gli alunni svolgono per un tempo limitato il ruolo di attori davanti a un gruppo di spettatori. Questo metodo aiuta a comprendere meglio dinamiche sociali e punti di vista diversi dal proprio.
- *Compiti di realtà.* Strategia didattica inclusiva volta alla risoluzione di una situazione-problema simile bella vita reale, che offre l'occasione di esaminare i problemi da diverse prospettive teoriche e pratiche, preparando gli alunni alle interazioni sociali fuori dalla scuola, e che in più offre l'occasione di collaborare riflettendo sul proprio comportamento.
- *Utilizzo di tecnologie.* L'uso di tecnologie, come robotica educativa o software, facilitano l'apprendimento, aiutano gli alunni ad approcciarsi alle competenze tecnico-scientifiche in modo interattivo e a colmare il digital divide.

Come fare una lezione inclusiva?

La Legge 170/2010 dispone che le istituzioni scolastiche garantiscano "l'uso di una didattica individualizzata e personalizzata, con forme efficaci e flessibili di lavoro scolastico che tengano conto anche di caratteristiche peculiari del soggetto, quali il bilinguismo, adottando una metodologia e una strategia educativa adeguate".

Le risorse che l'insegnante può utilizzare durante una lezione inclusiva sono molteplici, dall'interazione con i compagni di classe, all'adattamento del proprio stile comunicativo e dei materiali rispetto ai diversi livelli di abilità e stili cognitivi presenti in classe. Va, tuttavia, evidenziato che il docente deve fare attenzione ai seguenti aspetti:

- **comunicativi:** esprimere il messaggio in modo chiaro e usare più codici comunicativi attraverso mappe concettuali, video, tabelle, immagini;
- **cognitivi:** attivare i processi cognitivi negli studenti adattando il contenuto a carichi di difficoltà diversi e guidando un cambiamento consapevole nella loro mente;
- **gestionali:** controllo della classe attraverso la comunicazione di regole chiare e condivise e gestione dei feedback;
- **partecipativi:** garantire la partecipazione di tutti contenendo il calo di attenzione e motivazione.

Le risorse che l'insegnante può utilizzare durante una lezione inclusiva sono molteplici, dall'interazione con i compagni di classe, all'adattamento del proprio stile comunicativo e dei materiali rispetto ai diversi livelli di abilità e stili cognitivi presenti in classe.

L'elenco delle strategie didattiche inclusive può essere utile per strutturare le proprie lezioni in modo da incoraggiare la partecipazione di tutti gli studenti.

Suggerimenti per una lezione inclusiva

L'apprendimento è più efficace se gli alunni sanno che cosa si apprenderà e con quali modalità. Ecco perché all'inizio di ogni lezione è buona prassi attivare le conoscenze apprese dalle lezioni precedenti.

Fornire la lezione registrata per poterla riascoltare e altri materiali multimediali come approfondimento.

Il *brainstorming* e strumenti come mappe concettuali possono essere utili per condividere con gli alunni gli obiettivi della lezione e le modalità di apprendimento.

Variare azioni e contenuti per permettere a tutti i tipi di intelligenze di connettersi con il tema della lezione e a mantenere alta la motivazione della classe.

Fare spesso la sintesi dei contenuti e controllare che tutti abbiano li abbiano compresi.

Ripetere spesso i concetti più importanti, supportati da schemi, diagrammi, tabelle, video, ecc.

Seguire strategie di apprendimento cooperativo in modo che gli alunni con BES e DSA possano imparare dai loro compagni che assumono il ruolo di mediatori o tutor.

Sezione III

Quesiti specifici per la prova orale

1.Motivazione alla lettura

La lettura implica la negoziazione di significati, che si basa sia sulla ricostruzione dei quadri di significato intesi dall'autore, sia sull'interpretazione da parte degli studenti, sulla base dei loro significati quotidiani (amore, potere, perdita, ecc.). Oggi i ragazzi leggono poco. Quale strategia s'intende adottare per creare stimoli alla lettura?

Risposta. La strategia dei Circoli letterari, ovvero creare piccoli gruppi riguardo la lettura di un testo scelto dagli studenti. Dal punto di vista dell'apprendimento, i Circoli letterari favoriscono la responsabilizzazione degli studenti riguardo il proprio processo di comprensione del testo. Gli studenti discutono ciò che hanno letto e stabiliscono l'avanzamento degli incontri successivi. Ciascuno studente assume a rotazione un ruolo specifico nella sua fase di lettura e discussione (esposizione del testo, identificazione dei contenuti essenziali, chiarificazione dei significati difficili). Lo scopo è quello di comprendere la lettura come "negoziazione del significato" che parte dalle reazioni personali per giungere ad analisi più sofisticate del testo. Ovviamente, coloro per i quali la lettura è un compito scolastico avulso dalla propria esperienza, all'inizio sono poco motivati e hanno difficoltà a focalizzarsi sul testo; la disposizione cognitiva è di una lettura superficiale, basata sulla semplice decodifica. In questi casi, l'insegnante può rendere esplicita la funzione della lettura, la sua potenzialità di approfondire aspetti del proprio pensiero, e modellizzare le competenze necessarie per affrontare il testo. In questo senso, la funzione di esplicitazione, di orientamento dell'insegnante e di discussione tra pari introducono una "mediazione" tra i lettori riluttanti e il testo, che può produrre una maggiore disposizione alla lettura attiva. Le condizioni sono quelle di fornire una modellizzazione almeno iniziale delle competenze (e le incertezze) nella lettura da parte dell'insegnante, la difficoltà generale nel saper elaborare il significato di un testo e l'incoraggiamento a porre domande, a riconoscere gli aspetti rilevanti del testo, a esplorare diverse interpretazioni, sulla base degli elementi testuali. In particolare l'insegnante deve:

- **creare ambienti che favoriscono la discussione dei significati**; gli studenti e le studentesse discutono i loro punti di vista, gli elementi problematici e le parole di cui non conoscono il significato;
- **offrire feedback precisi alle performances** e sviluppare la valutazione per l'apprendimento.

2. La motivazione ad apprendere

L'emergenza, oggi, è data dalla dispersione scolastica e dalla povertà culturale che sta dilagando nelle zone fragili, non solo periferiche, della penisola italiana. Entrando in una classe, l'insegnante si trova, quindi, davanti a una difficile sfida, ma anche all'enorme opportunità di formare bambine e bambini, ragazze e ragazzi che saranno i cittadini di un mondo che ancora non conosciamo.

Risposta. Le esperienze culturali sono fondamentali perché favoriscono la comprensione non soltanto della propria prospettiva e dei propri stati d'animo, ma invitano a riconoscere che gli altri possano vedere la stessa situazione in maniera diversa. La comprensione reciproca delle prospettive diverse è un meccanismo di riparazione delle relazioni interpersonali, instaura una potenzialità positiva, di compromesso e di cooperazione anche di fronte a situazioni problematiche e sfidanti.

Esperienze ripetute di tensione e di stress, con un mancato coinvolgimento della persona in esperienze motivanti e significative, in un contesto istituzionale producono una pressione psicologica personale che non permette di elaborare un *growth mindset,* un atteggiamento mentale orientato alla crescita, all'apprendimento, che si riverbera sulla mancanza di obiettivi di apprendimento e la difficoltà ad accettare l'incertezza e l'insuccesso. Fattori che a loro volta producono l'evitamento delle situazioni di apprendimento. Le persone in questa condizione tendono ad avere difficoltà a pianificare e riformulare i loro processi di elaborazione di un compito.

L'atteggiamento è procedurale, con scarsa attenzione agli aspetti strutturali della conoscenza. Per contrastare la povertà educativa e rompere questo ciclo di convinzioni si richiede l'apertura di "zone di sviluppo prossimo" in cui gli adulti producono situazioni di apprendimento prolungate per gli allievi e li guidano a rompere la fissità delle loro convinzioni sull'apprendimento.

Sono necessarie due componenti:

- la presentazione di compiti autentici ovvero aperti, con più possibilità di interpretazione ("compito autentico" non significa "qualcosa che si incontra meccanicamente nella vita quotidiana");
- la discussione esplicita tra insegnante e allievi dei processi di *problem solving,* per mettere in luce come l'apprendimento sia un processo dinamico, che elabora le risorse delle esperienze precedenti in nuovi quadri concettuali, anche attraverso la fatica, la formulazione di obiettivi e l'imperfezione.

3. L'inclusione

Lavorare per costruire relazioni positive all'interno della scuola è un aspetto cruciale ed è considerato un fattore protettivo per il futuro scolastico dei ragazzi e delle ragazze stranieri. In adolescenza l'inclusione all'interno di un gruppo dei pari è quanto mai un aspetto fondamentale al fine di garantire una positiva integrazione all'interno del contesto scolastico, e di conseguenza ridurre il rischio di abbandono. Quale approccio si considera adeguato nella fattispecie in esame?

Risposta. Schneider e Arnot (2018) mettono in luce come la comunicazione transazionale possa rappresentare un valido modello di riferimento per facilitare il processo di comunicazione. Il punto centrale della comunicazione transazionale è il raggiungimento della comprensione reciproca, che avviene quando si acquisisce consapevolezza rispetto alle opinioni possedute da tutti i partecipanti. Il modello interazionale crea le condizioni affinché avvenga una simultanea comunicazione condivisa. I principi su cui si fonda sono la comprensione dell'altro e l'ascolto empatico, che possono essere raggiunti instaurando una dinamica di scambio interattivo di messaggi. Viene condiviso l'uso ciclico dei feedback, ma superando la logica del semplice scambio di messaggi. L'approccio transazionale intende la comunicazione come uno scambio comunicativo in cui viene attribuito un significato mutuo a ciò che viene detto. Secondo Schneider e Arnot ci sono delle aree chiave che dovrebbero essere tenute presente dalla scuola al fine di trovare un modo efficace per coinvolgere le famiglie straniere:

- la scuola dovrebbe essere consapevole delle conoscenze possedute dalle famiglie sul sistema scolastico;
- si dovrebbe conoscere il modo in cui i genitori sostengono i loro figli nell'apprendimento a casa;
- dovrebbero essere esplicitate le barriere che i genitori incontrano nella partecipazione al percorso scolastico dei figli e nella comunicazione.

Le autrici infatti riscontrano come spesso ci siano delle discrepanze tra la percezione degli insegnanti e quella delle famiglie, che portano poi ad errori e a fraintendimenti nella comunicazione. Per molti genitori stranieri infatti la scarsa conoscenza sul sistema scolastico rappresenta una grossa barriera per la partecipazione, nonostante la volontà di essere presenti e di partecipare alla vita scolastica dei loro figli. Queste discrepanze di percezioni tra famiglie e insegnanti, possono essere causate da una mancanza di comunicazione collaborativa ed empatica, che favorisca, attraverso l'uso di feedback efficaci, la comprensione reciproca. Schneider e Arnot individuano qualche strategia per superare questi ostacoli:

- raccogliere informazioni rispetto alle conoscenze possedute dai genitori e agli ostacoli da loro incontrati;
- evitare generalizzazioni che possano rivelarsi sbagliate;
- mantenere una coerenza nelle strategie di comunicazione;
- utilizzare traduzioni per affrontare le barriere linguistiche;
- favorire la partecipazione dei genitori stranieri (ad esempio tramite la formazione di reti di genitori);
- dare l'opportunità di esprimere la propria personale esperienza come un valore aggiunto per la scuola.

La scuola dovrebbe progettare sistemi di comunicazione con le famiglie, elaborando un portale cui le famiglie difficili da raggiungere possano orientarsi facilmente e recuperare le informazioni necessarie; lunghe liste scritte di procedure non sono facilmente comprensibili; conviene sviluppare l'oralità secondaria garantita dalle tecnologie digitali e fornire dei tutorials; è preferibile mantenere lo stesso template per tutte le informazioni, rendendo esplicito all'inizio "cosa troveranno nel tutorial e per quale scopo".

4. Pensiero divergente e linguaggio non verbale

Il pensiero divergente può giovarsi di linguaggi che nella scuola secondaria di secondo grado non sono molto utilizzati, come ad esempio quelli non verbale, visivo e motorio. Il candidato illustri un intervento didattico finalizzato a un chiaro obiettivo di apprendimento che utilizzi uno o più di questi linguaggi.

Risposta. Spesso le attività educative utilizzate nella scuola dell'infanzia e nella scuola primaria privilegiano l'uso di materiali non verbali e visivi (come il disegno, la manipolazione e la creazione di oggetti), mentre nella scuola secondaria l'apprendimento include linguaggi verbali che coinvolgono maggiormente la sfera cognitiva. Questa distinzione può avere un senso in termini di fase evolutiva, dove l'insegnamento si orienta in relazione allo sviluppo di abilità sempre più complesse. Se però pensiamo allo sviluppo della creatività e del pensiero divergente, con questa distinzione si rischia di circoscrivere l'intervento educativo e limitare così le possibilità di apprendimento degli alunni.

Utilizzare la sola sfera cognitiva può condizionare quella immaginativa e ideativa che invece sono fondamentali per potenziare il pensiero divergente.

Facciamo di seguito l'esempio di un intervento didattico finalizzato a sviluppare l'abilità di esprimersi liberamente per favorire l'emergere di idee originali utilizzando il **canale emotivo in relazione anche alle sensazioni corporee**.

- Fase 1. I ragazzi si dispongono in cerchio e l'insegnante sceglie un brano musicale da ascoltare. La consegna è quella di chiudere gli occhi e di stare in contatto con le emozioni e le sensazioni corporee che emergono.
- Fase 2. Finito l'ascolto, si invitano gli alunni a riaprire gli occhi e riportare solamente le emozioni e le sensazioni avvertite senza spiegare i possibili motivi, ricordi e pensieri. Una regola fondamentale da parte dell'insegnante è quella di astenersi dal commentare o esprimere giudizi e invitare gli alunni a fare altrettanto fra loro. L'unica comunicazione verbale, infatti, è finalizzata all'espressione e alla condivisione in gruppo di emozioni e sensazioni.
- Fase 3. Si chiede di rappresentare su un foglio quello che hanno sentito con le modalità che preferiscono (astratta o realistica) utilizzando la matita, i colori, ritagli di giornale, acquerelli messi a disposizione dall'insegnante.
- Fase 4. Viene infine chiesto ai ragazzi di prendersi cinque minuti per osservare le loro produzioni grafiche e dargli un titolo originale.

Questa attività è un esempio di come i canali non verbali, visivi e corporei possono essere utilizzati per allenare la creatività anche nei ragazzi delle scuole secondarie.

5. Il bullismo: la prevenzione primaria

Essere rispettati è un diritto, rispettare gli altri è un valore e un dovere che gli alunni e gli studenti dovrebbero acquisire nel corso della loro esperienza scolastica. Per tale ragione, le istituzioni scolastiche devono puntare alla costruzione di un'etica civile e di convivenza grazie alla quale ogni ragazzo/ragazza conosca e comprenda il significato delle parole dignità, riconoscimento, rispetto, valorizzazione. La prima azione di contrasto al bullismo e al cyberbullismo è la cura della relazione con l'Altro, estesa a ogni soggetto della comunità educante, accompagnata da una riflessione costante su ogni forma di discriminazione, attraverso la valorizzazione delle differenze e il coinvolgimento in progetti e percorsi collettivi di ricerca e di dialogo con il territorio. Illustri il candidato le strategie di intervento utili ad arginare comportamenti a rischio messe in campo nell'ambito delle politiche scolastiche.

Risposta. Nelle *"Linee di Orientamento per la prevenzione e il contrasto del cyberbullismo"*(2021) viene suggerito di effettuare in modo sistematico e continuativo azioni **"prioritarie"** (es. valutazione degli studenti a rischio, osservazione del disagio, rilevazione dei comportamenti dannosi per la salute di ragazzi/e), ovvero **"consigliate"**. (es. sviluppare l'"educazione civica" e l'"educazione digitale" di pari passo, puntando al raggiungimento delle competenze civiche e favorendo processi di responsabilizzazione e di miglioramento delle relazioni con gli altri).

In particolare sono definite azioni di prevenzione le azioni volte a promuovere e a preservare lo stato di salute e ad evitare l'insorgenza di patologie e disagi. Secondo l'OMS, la prevenzione si articola su tre livelli:

1. **Prevenzione primaria o universale,** le cui azioni si rivolgono a tutta la popolazione. Nel caso del bullismo, esse promuovono un clima positivo improntato al rispetto reciproco e un senso di comunità e convivenza nell'ambito della scuola.

2. **Prevenzione secondaria o selettiva,** le cui azioni si rivolgono in modo più strutturato e sono focalizzate su un gruppo a rischio, per condizioni di disagio o perché presenta già una prima manifestazione del fenomeno.

3. **Prevenzione terziaria o indicata,** le cui azioni si rivolgono a fasce della popolazione in cui il problema è già presente e in stato avanzato. Nel caso del bullismo la prevenzione terziaria/indicata si attua in situazioni di emergenza attraverso azioni specifiche rivolte ai singoli individui e/o alla classe coinvolta negli episodi di bullismo. Gli episodi conclamati sono anche definiti "acuti". Le azioni di prevenzione terziaria/indicata vengono poste in essere da unità operative adeguatamente formate dalla scuola (i Team Antibullismo).

In riferimento al livello della prevenzione primaria, al fine di maturare la consapevolezza e la responsabilizzazione tra gli studenti, nella scuola e nelle famiglie, sono suggerite le iniziative indirizzate a:

1. accrescere la diffusa consapevolezza del fenomeno del bullismo e delle prepotenze a scuola attraverso attività curricolari incentrate sul tema (letture, film video, articoli, etc.);

2. responsabilizzare il gruppo classe attraverso la promozione della consapevolezza

emotiva e dell'empatia verso la vittima, nonché attraverso lo sviluppo di regole e di "politiche scolastiche";

3. impegnare i ragazzi in iniziative collettive di sensibilizzazione e individuazione di strategie appropriate per la prevenzione dei fenomeni di bullismo e cyberbullismo, come, ad esempio, Hackathon (a diversi livelli, d'istituto, di rete, provinciali, regionali) che hanno la capacità di mobilitare le migliori energie dei ragazzi, facendo loro vivere esperienze positive di socializzazione, con la contestuale valorizzazione delle competenze di cittadinanza e della loro creatività;

4. organizzare dibattiti sui temi del bullismo e cyberbullismo, per sollecitare i ragazzi ad approfondire con competenza i temi affrontati e a discuterne, rispettando le regole della corretta argomentazione. Tali diversi approcci possono essere tra loro integrati, con l'obiettivo di accrescere l'attenzione sul tema e aiutare le ragazze e i ragazzi a costruire una scuola libera dal bullismo.

6. Il bullismo: il protocollo ministeriale di intervento per un primo esame nei casi acuti

Illustri il candidato il protocollo di intervento di intervento nei casi acuti.

Risposta. Quando si verificano episodi acuti di bullismo, la prima azione deve essere orientata alla tutela della vittima, includendo, successivamente, il bullo/prevaricatore e il gruppo classe. In generale, in caso di episodio sospetto e/o denunciato, si suggerisce di seguire il seguente schema di intervento: - colloquio individuale con la vittima; - colloquio individuale con il bullo; - possibile colloquio con i bulli insieme (in caso di gruppo) - possibile colloquio con vittima e bullo/i se le condizioni di consapevolezza lo consentono; - coinvolgimento dei genitori di vittima e bullo/i. Tuttavia, essendo ogni situazione di bullismo differente in termini di modalità, è opportuno valutare di volta in volta quale sia l'ordine più efficace. In base alle norme vigenti., in caso di rilevanza penale del comportamento, è obbligo della scuola segnalare l'evento all'autorità giudiziaria. L'azione del coinvolgimento del gruppo classe è consigliata solo quando è possibile rilevare un chiaro segnale di cambiamento nel presunto bullo (o più di uno) e il coinvolgimento del gruppo non implica esposizioni negative della vittima, ma può facilitare la ricostruzione di un clima e di relazioni positive nella classe.

PROTOCOLLO DI INTERVENTO PER UN PRIMO ESAME NEI CASI ACUTI E DI EMERGENZA

Intervento con la vittima	Intervento con il bullo
- accogliere la vittima in un luogo tranquillo e riservato; - mostrare supporto alla vittima e non colpevolizzarla per ciò che è successo; - far comprendere che la scuola è motivata ad aiutare e sostenere la vittima; - informare progressivamente la vittima su ciò che accade di volta in volta; - concordare appuntamenti successivi (per monitorare la situazione e raccogliere ulteriori dettagli utili.	- importante, prima di incontrarlo, essere al corrente di cosa è accaduto; - accogliere il presunto bullo in una stanza tranquilla, non accennare prima al motivo del colloquio; - iniziare il colloquio affermando che si è al corrente dello specifico episodio offensivo o di prevaricazione; - fornire al ragazzo/a l'opportunità di esprimersi, favorire la sua versione dei fatti; - mettere il presunto bullo di fronte alla gravità della situazione; - non entrare in discussioni; - cercare insieme possibili soluzioni ai comportamenti prevaricatori; - ottenere, quanto più possibile, che il presunto bullo dimostri comprensione del problema e bisogno di riparazione; - in caso di più bulli, i colloqui avvengono preferibilmente in modo individuale con ognuno di loro, uno di seguito all'altro, in modo che non vi sia la possibilità di incontrarsi e parlars - una volta che tutti i bulli sono stati ascoltati, si procede al colloquio di gruppo;
Incontro prevaricatore e vittima Questa procedura può essere adottata solo se le parti sono pronte e il Team rileva un genuino senso di pentimento e di riparazione nei prepotenti; è importante: - ripercorrere l'accaduto lasciando la parola al bullo/i; - ascoltare il vissuto della vittima circa la situazione attuale; - condividere le soluzioni positive e predisporre un piano concreto di cambiamento.	**Colloquio di gruppo con i bulli** - iniziare il confronto riportando quello che è emerso dai colloqui individuali - l'obiettivo è far cessare le prevaricazioni individuando soluzioni positive

7. Uso positivo delle tecnologie digitali

I ragazzi/e sono sempre più esposti, e sempre più precocemente, a occasioni di interazione con Internet attraverso una gamma via via più ricca di dispositivi facilmente alla loro portata. L'accesso a Internet, soprattutto per i bambini e adolescenti, rappresenta da una parte un'opportunità di accrescimento del sapere, di incremento delle capacità comunicative, di sviluppo delle competenze e di miglioramento delle prospettive di lavoro, ma dall'altra può esporre a situazioni di vulnerabilità che richiedono interventi specifici. Quale approccio metodologico viene suggerito sul tema?

Risposta. Il Ministro dell'Istruzione ha avviato la stesura di un documento (Linee guida per l'uso positivo delle tecnologie digitali) nell'ambito delle attività del progetto "Generazioni Connesse". E' sollecitata la promozione di conoscenze specifiche rivolte a tutti gli attori scolastici (insegnanti, studenti e genitori) in merito all'uso delle tecnologie digitali attraverso metodologie formative attive e partecipative che consentano anche processi di apprendimento orizzontale fra pari (peer to peer support) e di self/peer empowerment.

L'approccio metodologico raccomandato prevede nella specie i seguenti punti:

1. Promozione dell'educazione al rispetto. Assunzione e promozione di un approccio basato sui diritti umani e sulla tutela della dignità umana, su un dialogo paritario e rispettoso tra tutti gli individui, che promuova il contrasto a messaggi di odio, violenza e discriminazione sia online sia nella dimensione reale.

2. Sviluppo del pensiero critico per un uso consapevole delle tecnologie digitali e della capacità di assumersi la responsabilità delle proprie azioni e delle proprie scelte nell'utilizzo di tali tecnologie.

3. Promozione dell'Educazione Civica Digitale attraverso l'uso delle risorse messe a disposizione dal Curriculum di Educazione Civica Digitale, che aiuti ad una maggiore comprensione dei rischi e delle potenzialità degli ambienti digitali.

Viene inoltre proposta una strategia di prevenzione che prevede:

- la messa in campo di azioni volte a intervenire prima della possibile insorgenza di comportamenti a rischio, che promuovano il benessere e l'uso sicuro e positivo delle tecnologie digitali per tutti gli attori della scuola a partire da quella primaria;

- la promozione di interventi educativi e azioni a supporto di studenti e studentesse in caso di situazioni di cyberbullismo o di problematiche relative all'utilizzo della rete che coinvolgano tutti gli attori della scuola in linea con la legge 71/2017;

- la progettazione e realizzazione di azioni e interventi che siano caratterizzati da multidisciplinarietà e alta qualificazione delle figure coinvolte;

- in caso di interventi proposti da attori esterni alla scuola, la preferenza per il contributo di professionalità diverse (es. educatori, psicologi, esperti informatici, polizia, etc) che abbiano competenze sul tema delle tecnologie digitali e lavorino con obiettivi comuni, coordinati dalla scuola stessa;

- l'adozione di un sistema di tutela dei minori che coinvolga tutti gli attori pubblici e privati coinvolti in un percorso di formazione nelle scuole e che preveda misure preventive specifiche, come la sottoscrizione di un codice di condotta e di un'autocertificazione ai sensi dell'art.2 del D. lgs. 39/2014, da parte di tutti coloro (dipendenti, collaboratori, esperti, volontari) che abbiano contatti diretti con i minori.

Scansiona il codice QR per restare sempre aggiornato

sulle novità Portalba Editori ®

Printed in Great Britain
by Amazon

34436761R00203